사주팔자 위로 흘러온 인생

사주팔자 위로 흘러온 인생

발행일   2021년 2월 23일

지은이   문태식
펴낸이   손형국
펴낸곳   (주)북랩
편집인   선일영   편집   정두철, 윤성아, 배진용, 이예지
디자인   이현수, 한수희, 김민하, 김윤주, 허지혜   제작   박기성, 황동현, 구성우, 권태련
마케팅   김회란, 박진관
출판등록   2004. 12. 1(제2012::000051호)
주소   서울특별시 금천구 가산디지털 1로 168, 우림라이온스밸리 B동 B113~114호, C동 B101호
홈페이지   www.book.co.kr
전화번호   (02)2026-5777   팩스   (02)2026-5747

ISBN   979-11-6539-573-5 03180 (종이책)   979-11-6539-574-2 05180 (전자책)

(주)북랩 성공출판의 파트너

북랩 홈페이지와 패밀리 사이트에서 다양한 출판 솔루션을 만나 보세요!

홈페이지 book.co.kr   •   **블로그** blog.naver.com/essaybook   •   **출판문의** book@book.co.kr

문태식 지음

초등학교 교장 출신 명리학자가 들려주는 인생과 운명 이야기

사주팔자 위로 흘러온 인생

인생은 우연의 연속이라고 하지만 놀랍게도 우리는
사주팔자의 프로그램대로 살고 있다.

평생 교직에 몸담았던 명리학자가 밝혀낸
인생과 사주의 기기묘묘한 궤적.

북랩 book Lab

사주는 사람이 어떤 운명을 가지고 태어났는지, 어떤 운명으로 인생을 살아야 하는지를 말해 준다. 사주 중에는 모두가 부러워할 만큼 훌륭하고 좋은 사주도 있을 것이고, 평범하게 보통의 인생을 살아갈 사주도 있을 것이며, 사주가 깨어지고 좋지 않아 힘들게 살아야 할 사주도 있을 것이다. 그러나 좋은 사주는 좋은 사주대로, 좋지 못한 사주는 좋지 못한 사주대로 평생을 살아가면서 지켜야 하고 조심해야 할 것이 있기 마련이다. 사주의 구성이 좋다고 해서 그냥 가만히 있어도 잘산다는 것은 아닐 것이고, 사주의 구성이 좋지 않다고 해서 평생 힘들고 고달프게 살아야 한다는 것은 더더욱 아닐 것이다. 설령 사주가 좋지 못하더라도 나름대로 최선을 다하여 노력을 한다면 다른 많은 사람들처럼 평범하게 보통의 인생은 살 수 있을 것이다. 따라서 사람이 자신의 사주를 알게 되면 수신과 처세에 큰 도움이 될 것이고, 자신의 인생을 스스로 개척할 수 있는 힘도 길러질 것이다.

과학자들은 사람의 출생에 대해서 과학적으로 설명한다. 하지만 어떤 사람은 대기업 회장의 자식으로 태어나서 큰 노력을 하지 않고도 기업을 승계받아 평생 경제적인 걱정 없이 떵떵거리며 살아가고, 어떤 사람은 하루에 죽 한 그릇도 제대로 얻어먹을 수 없는 가난한 집에 태어나서 평생 착하게 살며 성실하게 일을 해도 고생만 하다가 죽는다. 이러한 차이에 대해서는 그 어느 훌륭한 과학자도 명쾌하게 설명하지 못하고 있다. 따라서 사주가 사람의 인생을 과학적으로, 합리적으로, 객관적으로, 분명한 인과관계로 설명하지 못한다고 해도 인종, 국적, 종교 등에 관계없이 사람이 태어날 때부터 정해지는 생년월일시를 거부할 수는 없는 것이다.

사주첩경을 집필하신 자강 이석영 선생은 1920년 평안북도 삭주군 삭주면 남평리에서 부농의 아들로 태어나서 어린 시절부터 한학과 역학에 조예가 깊었던 조부 이양보의 영향을 깊이 받았다.

"신랑이 수명이 짧아서 서른셋을 넘기지 못하는 팔자라서 길레가 서른 살을 넘지 못하여 과부가 되니, 이 결혼은 하지 않는 것이 좋겠다."

이석영의 조부께서 결혼을 앞둔 이석영의 누님인 이길레와 매형이 될 사람의 궁합을 보시고는 결혼을 반대하였다. 그러나 부모님은 재산과 명망과 학벌 등 어디 하나 나무랄 데가 없어 보이는 사윗감을 놓치기 아까웠고, 또 누님 길레도 결혼을 하고 싶어 했기 때문에 다시 한 번 조부님의 승낙을 청하였다.

"너희들이 평소에는 내 말을 잘 듣더니, 왜 이번에는 그렇게도 말을 듣지 않는 것이냐? 이것은 곧 하늘이 정한 배필인가 보다. 이다음에 길레가 일을 당하고 나서 나의 사당 앞에서 울부짖으며 통곡할 것을 생각하니 참으로 가엾구나. 그렇지만 이 결혼을 하고 안 하고는 너희들의 마음에 있는 것이 아니겠느냐?"

결국 부모님의 뜻대로 길레 누님은 결혼을 하였고, 조부님은 1937년 丁丑年에 작고하셨으며, 이석영 선생의 매형은 2년 후엔 1939년 己卯年에 죽고 말았다. 누님 길레는 조부의 사당 앞에 가서 울부짖으며 통곡하였다.

우리는 어쩌면 이 이야기를 통해, 사람은 어차피 사주로부터 도망칠 수 없기 때문에 팔자대로 살아야 한다는 운명론에 빠질지도 모른다. 그렇지만 누님 길레가 조부의 말씀에 따랐다면 또 어떤 인생을 살았을지는 아무도 모르는 일이다.

필자는 사주를 인생의 내비게이션이라고 생각한다. 내비게이션은 밝은 대낮보다는, 비바람이 거세게 몰아치고 앞이 제대로 보이지 않는 어두운 밤길이나 한 번도 가 본 적이 없는 길을 갈 때 더욱더 그 존재 가치가 있는 것이다. 따라서 사람이 살면서 자신의 사주를 알고 모르고의 차이는 자신의 자동차에 내비게이션이 장착되어 있느냐, 장착되어 있지 않느냐의 차이만큼 큰 것이다. 내비게이션이 장착되어 있지 않은 자동차를 운전하여 한 번도 가 본 적이 없는 길을 찾아갈 때 참으로 힘들 것이라는 것은 쉽게 짐작할 수 있다. 그렇다고 우리가 내비게이션을 절대적으로 맹신하고 반드시 내비게이션이 시키는 대로 갈 필요는 없다. 얼마 전에 업데이트가 되지 않은 내비게이션 안내를 따라 운행하던 승용차가 하천에 빠져 운전자가 크게 다쳤다는 뉴스를 보았는데, 이것은 사람들이 운명은 결정된 것이라는 판단의 오류로 인해 삶을 황폐하게 만들기도 하는 예시이다. 우리가 사주 명리학을 연구하는 궁극적인 목적은 사주 명리학을 통해서 예측되는 운명의 흐름을 사전에 파악하여 좋지 못하거나 손해를 끼칠 수 있는 현상을 사전에 차단하고, 반면에 좋은 현상이나 이익이 되는 현상은 더욱 극대화하여 우리의 삶을 더욱 행복하게 설계하는 데 있다. 인간을 지배하는 것은 사주이지만, 사주를 지배하는 것은 인간의 의지이므로, 운명은 얼마든지 개척이 가능한 것이다.

한편 사주를 일기 예보에 비유하기도 하는데, 일기 예보에서 비가 온다고 하면 우산을 준비하면 되는 것이다. 아침에 비가 온다는 일기 예보를 들은 사람은 우산을 준비하여 비를 맞지 않을 것이고, 일기 예보를 듣지 못한 사람은 우산을 준비하지 못하여 비를 맞을 수밖에 없는 것이다. 우산을 준비하지 못한 사람 중에 어떤 사람은 커피숍에서 진한 향의 따뜻한 커피를 마시면서 여유롭게 비를 피하기도 하고, 어떤 사람은 남의 집 처마 밑에서 비를 피하기도 하고, 또 어떤 사람은 비를 맞으면서 걸어가기도 하고, 또 어떤 사람은 머리에 신문지라도 뒤집어쓰고 뛰어가기도 할 것이다. 비라고 하는 하나의 기상에 대해서 일기 예보를 들은 사람과 듣지 않은 사람이 대처하는 방법과 결과가 다르듯이 사주에 대한 사람들의 생각과 인식 차이로 인생의 역정이 달라질 수도 있다는 것이다.

우리가 사주를 감명하면서 과거를 보는 것은 미래를 유추하기 위한 방법이지만, 과거는 이미 지나간 시간이므로 지나치게 얽매여서는 안 되며, 또 미래는 아직 오지 않았기 때문에 지나치게 두려워할 필요는 없는 것이다. 따라서 사주의 감명을 통해 자신의 장점과 단점을 파악하여 장점은 더욱 부각시키고, 단점은 보완하고 개선하여 자신의 인생을 한층 업그레이드하는 기회로 삼아야 할 것이다. 따라서 역술가가 "당신은 사주가 나빠서 고생이 많겠다."고 하더라도 인생은 일종의 사이클이므로 절망 뒤에는 반드시 희망이 있다는 것을 잊어서는 안 되며, 어떤 경우에도 희망을 포기해서는 안 될 것이다. 이제 필자의 이야기를 통해 사주가 미신이라는 생각에서 벗어나, 사주를 여러분 인생의 내비게이션과 일기 예보로 활용하여 보다 나은 인생을 살았으면 하는 바람이다.

필자는 경수의 삶을 통해 필자의 인생 일대기를 사주 명리학 측면에서 살펴보았다. 경수는 1952년 음력 10월 14일 오전 6시 10분 출생으로 1973년 부산교육대학에 진학하여 초등 교사와 교감, 교장을 거쳐서 2015년 정년퇴직을 했다. 퇴직 후에 사주 명리학을 공부하면서, 그간 살아온 인생 이야기를 사주 명리학과 대조하여 엮어 보았다.

이 이야기는 사주에 관한 이론서가 아니고, 필자가 살아온 인생의 이력과 사주를 대조해 봄으로써 사주를 통해서 알게 된 점과 느낀 점을 글로 표현한 것에 불과하다. 또 통변

내용이 독자의 관법과 다르거나 내용에 따라서는 전혀 동의할 수 없는 내용이 있을 수 있겠지만, 그냥 사주에 관한 에피소드로 가볍게 읽어 주시면 좋겠다. 아울러 책의 내용을 연대순으로 서술하지 않고 테마 중심으로 서술했기 때문에 시간 상 혼란이 있을 수 있다는 것도 이해해 주시기 바란다. 또한 사주를 잘 모르는 독자들을 위해 제1장에는 사주의 기본 개념을 수록하였고, 제2장에서는 필자의 인생 이야기를 수록하였다. 그리고 사주 기둥은 일반적인 방법에 따라 오른쪽에서 왼쪽으로 생년월일시를 적기로 한다.

끝으로 이 책이 출판될 수 있도록 격려해 주신 부산 진관역학회 설진관 선생님과 참고 문헌으로 활용한 명리 이론서들을 집필하신 작가님들과 각종 인터넷 사이트를 운영하시는 분들께 진심으로 감사의 말씀을 드린다. 특히 인연법 진여비결 해설(설진관, 창조명리, 2016), 야학신결(윤경선 외, 창조명리, 2017), 진여명리강론(신수훈, 창조명리, 2019), 설진관 추명가 해설(박상호 외, 창조명리, 2019) 등이 큰 도움이 되었음을 밝혀 둔다.

이 책의 십간, 12신살, 12운성 그림은 야학신결(윤경선 외 3인, 창조명리, 2017) 저자의 허락을 받아 게재하였습니다.

차례

머리글 **4**

I. 사주 명리학을 익히다

01. 사주를 배우다   14
02. 사주팔자란 무엇인가   18
03. 태극과 음양오행   22
04. 세상의 이치인 오행의 상생상극을 알아보다   27
05. 세상살이, 인간의 욕망을 알아보는 십성   29
06. 사주 기둥을 세우다   40
07. 천간 겁재가 있는 경수의 운명   42
08. 간지의 변화를 추리하는 합   45
09. 지지의 변화를 알아보는 극·충·형살·파살·해살   57
10. 역술인 강 낭자의 교훈   70
11. 하늘의 비밀이 숨어 있는 지장간   72
12. 명리학의 틀이 되는 격(格)   76
13. 일간의 강약을 구별하는 신강사주와 신약사주   84
14. 운명의 흐름을 알아보는 열쇠, 용신   87
15. 10년간 운명을 지배하는 대운   98
16. 운명을 개운시키는 비결, 12신살의 신비   102
17. 오행과 십간의 생로병사의 열쇠, 12운성   129
18. 일반 신살   154

19. 공망은 허무의 대명사인가   182

20. 무속인이 귀신을 쫓을 때에 복숭아나무 가지를 사용하는 이유   187

21. 공포의 대상, 삼재   189

22. 이사   191

23. 이율곡, 그 출생의 비밀   198

II. 사주로 보는 내 인생 이야기

24. 사주팔자에 남아 있는 아버지와의 추억   **204**

25. 사주 할아버지와의 만남   **209**

26. 인연은 있지만, 때를 만나야 한다   **212**

27. 사주에 나타난 천직, 교사의 길   **214**

28. 다시 한 번 재기를 노리는 파살   **220**

29. 이별의 아픔을 딛고   **223**

30. 교사 발령, 첫 출근   **227**

31. 아~ 아~ 얄미운 사람, 원진살   **231**

32. 부부간의 좋고 나쁨을 알아보는 궁합   **240**

33. 가문 인연   **250**

34. 조선 최고의 시각 장애인 점쟁이, 홍계관   **251**

35. 결혼에 성공하다   **256**

36. 재물을 잃을 운수, 손재수   **259**

37. 채무로 이어지는 보증   **262**

38. 터를 옮기는 이사   **264**

39. 사주의 수호신, 택신   **269**

40. 교감 승진   **273**

41. 교감 전보   **275**

42. 교장 승진, 인생의 꽃을 피우다   277

43. 문학과 지혜의 별, 화개귀인   281

44. 조선 최고의 관상가, 박유봉   284

45. 자신의 품위를 스스로 지키는 자존심   287

46. 사주의 구조에 따라 학습 방법이 다르다   291

47. 자녀의 성적을 올려 주는 개운 비법   299

48. 이입정사 달마도   306

49. 기흉 시술을 받다   312

50. 명리학으로 열어 가는 진로 상담   317

51. 형충의 사무관   322

52. 아내의 악몽   325

53. 아내와 투기   327

54. 당신은 나의 로또   330

55. 이름 속에 깃든 운명의 비밀   337

56. 집을 팔다   342

57. 세상에 공짜는 없다   344

58. 재물복이 많은 사주   346

59. 죽은 사람의 넋을 기리는 천도   349

60. 직업 유형   352

61. 진시황   355

62. 인생의 아픔, 이혼   358

63. 운수가 좋은 날을 택일   361

64. 할아버지가 되다   366

65. 그림책으로 길흉화복을 알아보는 당사주   369

66. 부부 인연을 찾는 비결   374

67. 어머니께서 돌아가시다   378

68. 나는 사주팔자대로 살았다   381

69. 내 사주, 내가 푼다   387

부록 – 여보게, 나도 이제 사주 볼 줄 안다네

01. 오행의 종류   398

02. 오행의 상생상극   399

03. 사주 세우는 요령   400

04. 10천간과 12지지의 종합 정리표   402

05. 육십갑자와 공망표   403

06. 명리학의 핵심인 용신을 한 방에 해결한다   404

07. 외격의 종류   407

08. 일주 기준 월별 조후 도표   414

09. 명리학에서 알아 두면 편리한 신살류   415

参考 文献   430

문태식 약력(소설가·동화 작가)   431

I

사주 명리학을
익히다

사주를 배우다

2014년 5월 어느 일요일 오후에 경수는 아내와 함께 부산진구 초읍 성지곡수원지를 산책했다. 경수는 공원 간이음식점에 앉아 여느 때와 마찬가지로 당근주스 한 잔을 마시며 잠시 생각에 잠겼다.

"당신, 무슨 걱정이 있어요?"

아내가 걱정스러운 표정을 지으며 물었다.

"아니, 특별히 걱정이 있는 것은 아닌데, 퇴직이 다가오니 이런저런 생각이 많아지네. 퇴직을 해도 특별히 할 일도 없고, 무엇을 해야 할지 걱정이네."

"당신도 그동안 40년 가까이 교직에서 힘들게 일했으니, 이제 편안히 쉬어야지, 일은 또 무슨 일을 한다는 거예요?"

아내는 일중독이라고 핀잔을 준다.

'글쎄, 사람이 쉬는 것도 일을 하면서 쉬어야지, 일을 하지 않고 쉬기만 한다면 그것은 쉬는 것이 아니라 죽는 것이 아닐까' 하는 것이 경수의 생각이다. 이제 의술이 더욱 발달하여 사람이 재수 없으면 120년을 살 수도 있다고 하니, 퇴직 후에 50년이 넘는 인생을 살려면 새로운 인생 설계도가 필요한 것이다.

5월의 눈부신 하늘을 보던 경수는 조용히 눈을 감고 지난 세월을 되돌아보았다. 경수의 지난 세월이 파노라마처럼 지나갔다. 가정 형편이 어려웠던 어린 시절을 힘겹게 보내고, 이제 초등학교 교장이 되었으니 참으로 잘 살아왔다고 자부할 수 있는 삶이지만, 그래도 인생의 곳곳에 숨어 있는 후회와 허망함을 떨칠 수는 없었다.

6월 어느 일요일, 경수는 아내와 함께 성지곡수원지 근처에서 횡단보도 신호를 기다렸다. 문득 고개를 드니, 20년 가까이 횡단보도를 건너면서도 한 번도 보지 못했던 역리문화협회라는 간판이 눈에 띄었다. 순간적으로 '사주'라는 단어가 스쳐 지나갔다.

'사주? 그래, 바로 저것이야.'

경수는 역리문화협회에 전화를 했다. 일요일인데도 마침 원장님이 나와 계셨다.

"여보, 잠시 갔다 올 테니까. 여기서 잠시만 기다리고 있어요."

"아니, 갑자기 어딜 가신다고 그래요?"

"저기 역리협회에 잠시 갔다 올게요. 뭘 물어볼 게 있어서."

역리문화협회는 건물 4층에 있었다.

"사주 공부를 하고 싶어서 왔습니다."

"사주 공부를 얼마나 하셨습니까?"

"사주 공부를 한 적은 한 번도 없습니다. 사주 공부는 어느 정도 해야 되는지, 또 얼마나 어려운지 궁금해서 왔습니다."

"사주 공부가 보통 어려운 것이 아닌데, 시간도 많이 걸리고……. 어떻게 해내실 수 있겠습니까?"

"그렇습니까? 그래도 한 번 시작은 해 보고 싶은데……."

"알겠습니다. 그럼, 한 번 해 보시죠. 그런데 지금은 등록 기간이 아니니, 9월 초에 오셔서 등록을 하시면 됩니다."

"알겠습니다. 등록금은 지금 드리고 가겠습니다. 나중에 마음이 변할지도 모르거든요."

경수는 6개월 수강료를 내고 역리문화협회를 나섰다. 경수는 아내와 함께 성지곡수원지를 한 바퀴 도는 내내 사주 공부를 선택한 것이 정말 잘한 것이라는 생각이 들었다.

"그런데 당신이 사주 공부를 하면 사람들이 욕하지 않을까요?"

"내가 사주 공부하는데 왜 욕을 해요?"

"학생들을 가르치는 교장 선생님이 미신이라고도 하는 사주를 공부한다는 것이 좀 그래요."

"내가 학생들에게 사주를 가르치는 것도 아니고, 내가 사주 공부를 하는 것인데, 누가 나를 욕한다 말이오? 그런 걱정은 안 하셔도 됩니다."

경수가 역학 공부를 선택한 것은 순간적인 기분으로 선택한 것이 아니고, 고등학교 때 만났던 사주 할아버지의 기억이 평소에도 문득문득 떠올랐기 때문이었다.

'도대체 그 할아버지는 어떻게 내가 세 가지 직업을 선택할 것이라고 예언을 했단 말인가? 군인으로, 교육자로, 종교인으로 살아야 한다는 그 할아버지의 말이 다 맞지 않는가 말이다. 참으로 신기한 일이다.'

육군사관학교 시험에는 불합격했지만, 부산교육대학에 합격하여 교육자의 길을 걸었으며, 이제 퇴직 후에 역학자의 길을 가고자 하니 사주 할아버지 예언이 맞는 것이다. 세 번째로 선택해야 할 직업이 종교, 철학, 인문 등이라고 했으니, 이제 아무런 고민 없이 역학자의 길을 걸어야겠다고 경수는 다짐해 본다.

처음 사주 공부를 할 때는 부산 남구 용신초등학교 교장으로 근무할 때인데, 학교 퇴근 후에 초읍 학원 근처 식당에 가서 저녁을 사 먹으면서 공부를 했다. 사주 초급반은 일주일에 2회 수업이 있고, 수업은 1회 3시간씩 진행되었는데, 사주 공부도 공부지만 학교에서 학원에 가는 데만 1시간이 넘게 걸리는 것이 보통 고역이 아니었다.

'아, 내가 무슨 부귀영화를 누리겠다고, 이 나이에 이 짓을 하고 있단 말인가? 그만둘까? 아니, 그래도 일단 한 번 해 보기나 하자.'

그 후에도 사주 공부를 그만두고 싶을 때가 한두 번이 아니었다. 더구나 초급반에는 남자 5명과 여자 1명이 함께 공부를 하는데, 경수가 공부를 제일 못한다고 야단을 치는 강사의 편잔도 보통이 아니었다.

"도대체 교장 선생님은 말귀를 못 알아들으시네요. 수강생들 중에서 교장 선생님이 제일 바보예요. 집에서 복습을 많이 하셔야 되겠습니다."

쉬는 시간이면 남자들이 모여 담배를 피우면서 사주 공부의 어려움을 토로하곤 했다.

"사주 공부가 보통 어려운 것이 아니네."

경수가 입을 열었다.

"교장 선생님, 조금만 더 열심히 해 보세요."

학원 근처에서 부동산 중개업을 하는 최 형이 말했다.

"어제 우리 사무실에 왔던 여자들의 사주를 봐 주었더니 다 맞다고 하더라."

서면에서 화장품 가게를 하는 박 사장이 말했다.

"일지와 월지가 원진살이 되면 처와 시어머니의 사이가 좋지 않다고 했는데, 내 고객 중에 김 사장이라고 있는데 김 사장의 모친과 처의 사이가 좋지 않다고 하면서 걱정을 하더라고."

은행 지점장을 지냈다는 김 형이 말했다.

"그리고 년지와 월지가 원진살이면 할아버지와 아버지가 서로 사이가 좋지 않다고도 하지."

"맞아, 맞아, 그렇지."

"그래도 사주 공부가 보통 어려운 것은 아니지."

머칠 전에야 사주 공부를 시작한 사람들이 도대체 어떻게 남의 사주를 봐줄 수 있단 말인가? 경수는 그들과 함께 공부도 하고 담배도 피웠지만, 그들의 대화를 도저히 이해할 수 없었다. 나중에 알고 보니, 이 사람들은 이미 사주 기본 공부를 마치고, 사주 통변을 잘 가르치는 사람이나 학원을 찾아다니면서 자신의 실력을 한층 업그레이드시키는 중이었던 것이다. 甲乙丙丁도 모르는 경수가 그런 사람들과 함께 공부를 했으니, 공부를 제일 못하는 바보라는 소리를 듣는 것은 당연한 것이었다. 주변에는 사주 공부를 함께 시작했다가 그만둔 친구들이 제법 있다.

"나는 이제 그만두어야겠다. 공부가 너무 어려워."

"우리 나이에 어느 공부인들 쉽게 할 수 있는 공부가 있을까? 이왕 시작한 것 함께 가 보자."

"아니, 사주 공부가 끝이 없다잖아."

"공부가 끝이 없으니까 더 좋잖아. 우리가 죽을 때까지 공부할 수 있으니까 말이야."

경수

시	일	월	년		대운	72	62	52	42	32	22	12	2
己	庚	辛	壬			己	戊	丁	丙	乙	甲	癸	壬
卯	辰	亥	辰			未	午	酉	辰	卯	寅	丑	子

사주에 丑土가 있으면 종교, 철학, 역학 등에 심취하는 성향이 있는데, 역학자들 중에는 丑土 대운에 역학에 입문하는 경우가 많다고 한다. 경수도 고등학교 3학년 때인 癸丑 대운에 사주 할아버지를 만났으니, 어쩌면 이때 이미 역학에 입문을 한 것인지도 모른다.

◈ 02 ◈
사주팔자란 무엇인가

경수는 집 근처에 있는 대학 교정을 가로질러 사무실을 향해 걷고 있었다. 5월의 교정에는 장미와 철쭉이 붉게 피어 있었다. 경수는 연못 옆에 있는 정자에 앉아서 오가는 대학생들의 활기찬 모습을 바라보며 자신의 대학 생활을 회상해 보았다. 대학을 졸업한 지도 벌써 45년이 지난 세월이다. 경수가 지난 세월의 회상에서 깨어나기도 전에 휴대폰 벨이 울렸다.

"어, 박 교장이 어쩐 일이오?"

30대 젊은 시절에 같은 학교에서 근무한 적이 있는 교대 동기생이었다.

"오늘 오후에 문 교장 사무실 근처에 볼일이 있는데, 사무실에 한 번 들러도 될까 하고 전화를 해 봤습니다."

"그럼, 언제든지 환영이지요. 조금 일찍 와서 점심을 함께해도 좋은데……."

"점심은 어렵고, 일단 오후에 들러 보겠습니다."

박 교장은 평소에 사주를 미신으로 치부했기에 웬일인가 궁금했다. 오후에 박 교장이 사무실에 왔다.

"그래, 하시는 사업은 잘되십니까?"

"사업은 무슨 사업? 그냥 사무실에서 책이나 보고 그러는 거지요. 그런데 박 교장께서 웬일로 철학원을 다 방문해 주시고 이거 영광입니다."

"문 교장이 공무원 공단에서 사주 강의를 한다는 이야기를 들었습니다."

"아, 그래요? 한 번 오셔서 강의를 들어 봤으면 좋았을 텐데, 그러면 사주가 미신이 아니고 대단한 학문이라는 것을 알 수 있을 텐데요."

두 사람은 최근 근황을 주고받으며 즐거운 시간을 보냈다.

"문 교장, 도대체 사주가 뭐요?"

박 교장이 느닷없이 물었다.

"아니, 왜 갑자기 사주가 궁금하십니까?"

"그게 아니고, 여기 온 김에 한 번 물어보는 거지요."

박 교장이 갑자기 사무실에 들른 것을 보니 아마 사주에 대한 관심이 생긴 모양이다.

"사주는 사람이 태어난 년월일시의 네 간지. 또는 이에 근거하여 사람의 길흉화복을 알아보는 점이라고 하지요. 다시 말하면 사람이 태어나 어머니 배 속에서 나오는 순간에 처음으로 맞이하는 우주의 기운을 생년월일시의 부호로 표시한 것으로 보면 되지요. 사주는 생년월일시의 네 개 기둥으로 되어 있으니 사주이고, 각 기둥의 천간과 지지에 한 글자씩 있어서 모두 여덟 글자가 되기 때문에 사주팔자라고 하지요. 그리고 사주팔자를 통해 사람의 삶을 예측할 수 있는 학문으로 발전한 것이 동양 역학인 명리학이지요."

"아, 그것이 우리가 흔히 말하는 사주팔자라는 것이오?"

"그렇지요. 그리고 그 사주팔자를 연구하는 것을 명리학이라고 하는데, 이렇게 연구된 명리학은 사람의 미래를 예측합니다. 그리고 사람들에게 좋지 않은 것은 피하고, 좋은 것은 적극적으로 받아들이는 지혜로 활용하도록 하지요. 때로는 사람의 운명을 보완하면서 운명을 개척할 수 있는 방향을 알려 주기도 하는 학문이지요."

"사주가 사람의 운명을 예측할 수 있다는 말이오?"

"그렇지요. 계곡의 얼음이 녹으면 머지않아 봄이 올 것이고, 봄이 오면 꽃이 필 것이고, 다시 가을이 오면 열매를 맺을 것이고, 겨울이 오면 만물은 휴식기에 들어가지요. 이렇게 자연에 춘하추동이 있는 것처럼 사람도 춘하추동이라는 시간의 흐름을 비켜 나갈 수는 없는 것이지요."

"그러면 사람의 운명은 이미 결정되어 있는데, 사주를 본들 무슨 소용이 있어요?"

"박 교장, 사주는 고정된 것이 아니고, 개인의 기본 정보에 불과합니다. 따라서 자신의 의지에 따라 얼마든지 인생의 전환점을 만들 수 있기 때문에 사주를 알면 좋겠지요."

"사주를 보고 인생의 전환점을 어떻게 만든단 말이요?"

박 교장은 얼른 이해가 되지 않는다는 듯한 표정을 지었다.

"박 교장, 내가 조금 전에 말한 것처럼 사주는 좋은 것과 나쁜 것이 오는 때를 알려 주는 학문입니다. 그러니 운이 좋은 것은 적극적으로 활용하고, 운이 나쁠 때에는 물러설 줄 아는 지혜를 얻기 위해 사주를 보지요. 예를 들어 농부가 머지않아 겨울이 오는 것을 안다면 밭에 나가서 씨를 뿌리는 우를 범하지 않을 것이고, 머지않아 봄이 온다는 것을 안다면 열심히 밭을 가꾸고 씨를 뿌리지 않겠습니까? 그런데 농부가 다가올 계절을 모른다면 어찌 되겠소? 겨울에 씨를 뿌리는 우를 범할 수도 있고, 밭을 가꾸어야 할 봄에 밭도 가꾸지 않고 씨도 뿌리지 않는다면 가을에 무엇을 수확할 수 있겠소? 그래서 사주는 춘하추동, 즉 시간의 흐름인 계절을 중시하는 계절학이기도 하지요."

"그래도 사주를 믿기는 어려운데……."

"사주를 보는 근본 목적은 씨를 뿌리는 때와 거두어들여야 할 때를 사전에 알고, 삶을 슬기롭게 살아갈 수 있는 정보를 자연에서 얻기 위함이지요."

"그럼, 사주가 맞기는 맞나요?"

박 교장은 여전히 사주에 대해 믿음이 가지 않는 표정을 지었다.

"사주는 조상님들이 수천 년 동안 자연을 관찰한 경험을 학문으로 밝혀 놓은 것입니다. 만일에 그것이 맞지 않는다면 어찌 수천 년의 세월이 흘렀는데도 아직 그 맥을 이어 올 수 있겠습니까?"

"나는 지금까지 사주를 한 번도 안 보고도 잘 살아왔는데, 우리가 굳이 사주를 봐야 할 이유가 어디 있어요?"

"사주를 보지 않고도 별 탈 없이 잘 지냈다면 굳이 사주를 볼 필요는 없겠지요. 그러나 사주를 보면 각 개인의 성향과 기질, 진학과 진로, 배우자 인연, 건강, 재물, 직업 등에 관한 정보를 얻을 수 있고, 사주 정보를 참고로 하여 그때그때 필요한 노력과 올바른 선택을 한다면 지금보다 나은 인생을 살 수 있지요. 이를 통해 지금보다 긍정적이면서 활기찬 인생을 살 수 있을 것이라고 생각합니다. 그리고 사주와 뿌리를 같이 하는 주역의 경우도 공자가 韋編三絶(위편삼절 : 주역책을 엮은 가죽끈이 세 차례 끊어지도록 읽었다)하도록 읽고 또 읽어 탐독했다고 하지 않소. 사주, 주역 등 역학은 사람이 살아가는 데 있어 나침반이 되고 삶의 지혜가 되는 것이 분명합니다."

"문 교장의 이야기를 들으니 제법 그럴 듯하게 들리기는 하는데……."

"박 교장도 사주가 무조건 미신이라고 치부할 것이 아니라 기회가 되면 한 번 공부해 보세요. 공부를 하다 보면 사주가 정말 심오하다는 것을 체감할 수 있을 것이오."

"내가 사주 공부를 할 일이 있겠소. 그냥 사무실에 들른 김에 한 번 물어본 것뿐이오."

경수는 박 교장이 사무실에 들른 이유를 짐작할 수 있었지만 아무 말도 하지 않았다.

"문 교장, 사주 공부는 어떻게 하는 것이오?"

며칠 후에 박 교장으로부터 전화가 왔다.

"예. 사주 공부를 하려면 우선 음양오행부터 알아야 합니다. 언제 시간이 나면 사무실로 나오십시오. 제가 상세히 가르쳐 드리겠습니다."

지인들의 소문에 의하면 최근에 박 교장에게 가정적으로 어려운 일이 있었다고 했지만, 경수는 자세히 물어보지 않았다.

❀ 03 ❀
태극과 음양오행

"박 교장, 사주를 알기 위해서는 먼저 음양오행을 알아야 합니다. 오늘은 음양과 오행을 알려 드릴게요. 그리고 세상 만물의 근본 요소인 오행을 이해해야 합니다. 최초의 태극은 천지만물이 생기기 이전의 혼돈한 상태인 기운을 말하고, 하늘과 땅을 구별할 수 없으니 일체가 하나이고, 어둡고 혼돈한 상태이지요.

태극이 둘로 나뉘어져서 음양이 되어 하늘과 땅이 생기고, 남자와 여자가 생긴 것입니다. 음은 차가운 기운, 움직이지 않는 기운, 어두운 기운, 부드럽고 약한 기운을 말하고, 양은 따뜻한 기운, 움직이는 기운, 밝은 기운, 굳세고 강한 기운을 말합니다. 또 음과 양은 서로 대립하는 개념이 아니고 서로 균형을 이루고자 하는 것으로, 음이 있어야 양이 있고 양이 있어야 음이 있는 것입니다. 양은 드러내는 것이고, 음은 드러내지 않는 것이지요. 오행도 천간 오행과 지지 오행으로 나누어지지요."

❀ 음양

양	음
남자	여자
양달	음달
광명	암흑
태양	달
낮	밤

양	음
희망	후회
시작	마무리
활발	침체
미래	과거
밝음	어두움

✿ 오행

"오행은 우주 삼라만상을 대별하는 것으로 木, 火, 土, 金, 水를 말하지요. 또 오행은 하늘에 떠 있는 木星, 火星, 土星. 金星, 水星으로 우리 지구에 가장 많은 영향을 미치는 다섯 개의 별을 말하기도 합니다. 오행에는 천간 오행과 지지 오행이 있는데, 우선 천간 오행에 대해 설명을 드리지요. 저 그림을 보십시오. 저 그림을 보면 오행의 기운이 만물에 서려 있음을 알 수 있지요."

:: 천간 오행

천간 오행은 木(甲木, 乙木), 火(丙火, 丁火), 土(戊土, 己土), 金(庚金, 辛金), 水(壬水, 癸水)입니다. 천간 오행에 음양을 부여하면 甲木은 양목이고, 乙木은 음목입니다. 丙火는 양화이고, 丁火는 음화입니다. 戊土는 양토이고, 己土는 음토입니다. 庚金은 양금이고, 辛金은'음금입니다. 壬水는 양수이고, 癸水는 음수입니다. 이렇게 甲乙丙丁戊己庚辛壬癸의 10가지 천간 오행을 십간이라고 합니다.

십간의 성향을 간단히 설명하면 대체로 다음과 같습니다. 사주의 일간을 보면 그 사람의 성향을 알 수 있습니다. 일간이 甲木이면 甲木의 성향을 가진 사람이고, 일간이 庚金이면 庚金의 성향을 가진 사람으로 유추할 수 있지요.

십간 그림

甲木

甲木은 하늘을 향해 뻗어 가는 큰 나무로, 딱딱하고 성질이 매우 곧습니다. 고집이 세고 고지식하며, 꺾어지기는 해도 휘어지지는 않습니다. 승부욕이 강하고, 보스 기질이 있습니다. 또 甲木은 자신을 표출하려는 성향이 매우 강해서 일단 나서고 보는 성향이 있기 때문에 행동을 하기 전에 반드시 한 번 생각을 한 후 실행해야 합니다.

乙木

乙木은 화초, 덩굴, 새 등으로 주변 사람들과 어울리는 것을 좋아하지만, 간섭받는 것을 매우 싫어합니다. 乙木이 승천을 하기 위해서는 甲木을 타고 올라가야 하기 때문에 의존성이 강한데, 이것을 藤蘿繫甲(등라계갑 : 乙木은 초목으로 甲木을 감고 올라가야 성장할 수 있다는 것으로 乙木은 반드시 甲木이 필요하다)이라고 합니다. 따라서 乙木은 甲木을 좋아하지만, 甲木은 乙木을 좋아하지 않습니다.

丙火

丙火는 태양, 솥뚜껑 등인데, 태양은 만물을 양생하므로 희생, 봉사 정신이 강하여 항상 손해 보는 경향이 있습니다. 또 밥이 익으면 솥뚜껑이 들썩거리듯 변덕이 심합니다. 丙火의 성향은 흑백의 논리가 분명하다는 것입니다. 성격은 다소 급하지만 뒤끝이 없다는 장점도 있습니다. 다만 丙火 일간은 주변 사람들에게 이용을 잘 당하므로 항상 조심해야 합니다.

丁火

丁火는 촛불이므로 항상 주변 사람들을 배려하고 봉사하는 따뜻한 마음도 있고 종교와도 깊은 연관성이 있지만, 丁이 못처럼 생겼으므로 남의 가슴에 못 박는 소리도 잘합니다. 사주에 丁火가 2개 이상이면 장남, 장녀, 맏며느리 역할을 해야 하는 경우가 많습니다.

戊土

戊土는 포용력이 있어서 주변 사람들과 잘 지내고, 사람들 사이의 중간 역할을 잘합니다. 戊土는 厂(언덕 한)와 戈(창 과)를 합한 글자로 무인을 나타내므로 군인, 경찰, 검찰 등에 적합합니다. 주관이 뚜렷하고 결단력이 있으며 의리도 있지만, 공과 사를 지나치게 구별하는 원칙주의라서 유연성이 부족할 수 있습니다. 여명 戊土 일간은 자식에 대한 욕심이 많은 편입니다.

己土

己土는 밭, 성벽의 형상으로 포용력이 강하고, 성실하고 부지런하고 측은지심이 강하지만, 보수적인 성향도 강합니다. 己土는 현실을 수용하고 환경에 적응을 잘합니다. 사주에 己土가 있으면 기록 등을 잘합니다.

庚金

庚金은 원석, 바위, 도끼, 새장, 단군, 제사장 등을 나타내므로 군인, 경찰, 검찰 등에 인연이 있습니다. 庚金은 무서운 집념과 의지를 지녔으며 개혁적인 성향이 지나치게 강하여 주변 사람들에게 독선적으로 보일 수도 있습니다.

辛金

辛金은 보석, 보검 등이므로 사주에 辛金이 있으면 공주병, 왕자병처럼 외모에 신경을 많이 쓰고 기억력도 좋고 똑똑하고 예쁘지만, 자기주장이 강하여 주변 사람들과 갈등을 잘 일으킬 수 있으니 항상 언행을 조심해야 합니다.

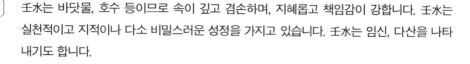
壬水

壬水는 바닷물, 호수 등이므로 속이 깊고 겸손하며, 지혜롭고 책임감이 강합니다. 壬水는 실천적이고 지적이나 다소 비밀스러운 성정을 가지고 있습니다. 壬水는 임신, 다산을 나타내기도 합니다.

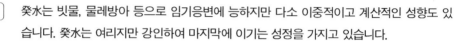

癸水

癸水는 빗물, 물레방아 등으로 임기응변에 능하지만 다소 이중적이고 계산적인 성향도 있습니다. 癸水는 여리지만 강인하여 마지막에 이기는 성정을 가지고 있습니다.

:: 지지 오행

지지 오행은 木(寅木, 卯木), 火(巳火, 午火), 土(辰土, 未土, 戌土, 丑土), 金(申金, 酉金), 水(亥水, 子水)로 12개입니다. 寅木은 양목이고, 卯木은 음목입니다. 巳火는 양화이고, 午火는 음화입니다. 辰戌土는 양토이고, 丑未土는 음토입니다. 申金은 양금이고, 酉金은 음금입니다. 亥水는 양수이고, 子水는 음수입니다.

子水는 12지지의 시작점으로 씨앗을 의미합니다. 丑土는 습기와 냉기가 가득한 언 땅으로 일종의 냉장고입니다. 寅木은 입춘으로 봄의 시작이지만, 아직 겨울의 찬 기운이 남아 있습니다. 卯木은 봄의 한가운데로 겨울은 지나가고 봄의 기운만 가득합니다. 辰土는 나무가 뿌리를 내릴 수 있는 가장 좋은 옥토입니다. 巳火는 입하로 여름의 시작입니다. 午火는 한여름으로 열기가 매우 강합니다. 未土는 여름의 열기로 인해 바짝 마른 흙입니다. 申金은 입추로 가을 결실의 전 단계입니다. 酉金은 가을의 기운이 완연한 계절로 수확의 계절입니다. 戌土는 늦가을로 황량한 사막과 같은 흙입니다. 亥水는 입동으로 겨울의 시작입니다.

"박 교장, 여기 지지 오행의 성향 도표를 드릴 테니 집에 가서 한 번 보십시오. 그리고 천간 오행과 지지 오행 도표를 익히면 그만큼 공부 속도가 빨라지지요."

지지	오행	동물 형상	방향	월(음력)
子	음수	쥐	정북	동짓달(11月)
丑	음토	소	북동	섣달(12月)
寅	양목	호랑이	동북	정월(1月)
卯	음목	토끼	정동	2月
辰	양토	용	동남	3月
巳	양화	뱀	남동	4月
午	음화	말	정남	5月
未	음토	양	남서	6月
申	양금	원숭이	서남	7月
酉	음금	닭	정서	8月
戌	양토	개	서북	9月
亥	양수	돼지	북서	10月

천간 음양오행과 지지 음양오행을 표로 나타내면 다음과 같습니다.

오행 / 종류	木		火		土		金		水	
기본형	나무		불		흙		쇠		물	
음양	양	음	양	음	양	음	양	음	양	음
천간	甲	乙	丙	丁	戊	己	庚	辛	壬	癸
	대목	화초	태양	등촉	큰 산	밭	원석	보석	바다	빗물
지지	寅	卯	巳	午	辰 戌	丑 未	申	酉	亥	子
	범	토끼	뱀	말	용 개	소 양	원숭이	닭	돼지	쥐
월별	1월	2월	4월	5월	3월 9월	12월 6월	7월	8월	10월	11월
색상	청색		적색		황색		백색		흑색	
방향	동쪽		남쪽		중앙		서쪽		북쪽	

※ 巳火와 亥水의 체는 음이고, 용은 양입니다. 午火와 子水의 체는 양이고, 용은 음입니다. 본서에서는 용 중심으로 기술하여 巳火와 亥水를 양으로, 午火와 子水를 음으로 기술합니다.

❈ 04 ❈
세상의 이치인 오행의 상생상극을 알아보다

"문 교장, 이제 음양오행에 대해서는 대충 알겠는데, 도대체 이 음양오행은 어디에 쓰이는 것이오?"

"박 교장, 사주의 핵심은 음양오행의 상생상극이지요. 木火土金水 오행의 음양과 상생상극 관계를 통해 십성을 배우게 되는데, 이것이 사주 공부의 첫걸음이지요. 오행은 서로 상생과 상극을 하는데, 상생상극의 이론은 매우 복잡하지만 간단하게 그림으로 나타내면 다음과 같답니다."

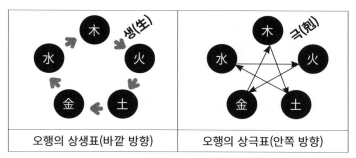

오행 상생 상극

○ 오행의 상생은 **木生火, 火生土, 土生金, 金生水, 水生木**이다.

  - 木生火 : 나무는 자신을 태워서 불을 지핀다.

  - 火生土 : 불이 꺼지고 난 뒤의 재가 흙이 된다.

  - 土生金 : 흙에서 금이 나온다.

  - 金生水 : 바위 속에서 물이 나온다.

  - 水生木 : 나무에게 물을 제공하여 생명을 유지시킨다.

○ 오행의 상극은 **木剋土, 土剋水, 水剋火, 火剋金, 金剋木**이다.

- 木剋土 : 나무뿌리가 흙을 파헤친다.

- 土剋水 : 흙(제방)이 물길을 막는다.

- 水剋火 : 물이 불을 끈다.

- 火剋金 : 불이 쇠를 녹인다.

- 金剋木 : 쇠가 나무를 자른다.

"박 교장, 결국 사주 통변이라는 것은 사주팔자 여덟 글자에서 일간, 그리고 일간을 제외한 나머지 일곱 글자와의 상생상극 관계를 설명하는 것이고, 일간과 다른 오행의 상생상극 관계에 대한 결과가 바로 십성이지요. 십성은 비겁, 식상, 재성, 관성, 인성의 다섯 가지가 있는데, 이것을 다시 세분화하면 비겁은 비견과 겁재, 식상은 식신과 상관, 재성은 편재와 정재, 관성은 편관과 정관, 인성은 편인과 정인으로 열 가지가 됩니다."

"아, 사주라는 것이 보통 어려운 공부가 아닌 것 같습니다. 문 교장은 이 어려운 공부를 어떻게 했습니까?"

"나도 처음에 공부할 때는 바보 소리도 많이 들었지요. 그렇지만 열심히 공부하다 보면 어느 순간에 '아, 그렇구나!'하고 깨치게 되지요."

"나도 그럴 때가 올까요?"

"박 교장, 사주 공부를 하다 보면 어느 순간에 사주 공부하는 꿈을 꾸게 되지요. 그때가 정식으로 사주에 입문하는 때입니다."

세상살이, 인간의 욕망을 알아보는 십성

"박 교장, 우리가 지금까지 음양오행과 오행의 상생상극을 배운 것은 바로 십성을 구하기 위한 것이지요. 사주 공부에서 중요한 것 중의 하나가 바로 십성입니다. 십성은 천간네 글자와 지지 네 글자 중 일간과 일간을 제외한 나머지 일곱 글자의 상생과 상극 관계에 따라 주어지는 명칭이지요. 사주 공부에서 음양오행과 상생상극을 공부하는 가장 큰이유는 바로 십성을 구하기 위한 것이라는 것을 다시 한 번 말씀드립니다."

"문 교장, 사주 공부가 갈수록 어려워지는 것 같습니다."

"박 교장, 차근차근히 하시면 됩니다. 오늘은 십성에 대해 공부하도록 합시다. 우선 십성을 구하는 방법부터 공부해 봅시다. 십성을 구하는 방법은 이제 내 사주와 내 아내의사주로 설명해 보겠습니다. 자, 잘 보십시오."

※ 십성의 종류

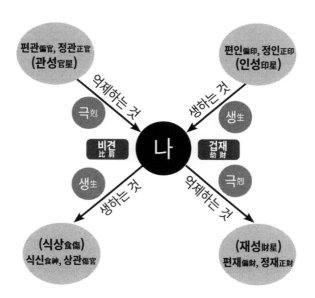

○ **아지동기(我之同氣)** : 비겁(比劫) - 나와 같은 오행이면서 음양이 같으면 비견, 음양이 다르면 겁재
○ **아생타(我生他)** : 식상(食傷) - 내가 생해 주는 상대 오행이면서 음양이 같으면 식신, 음양이 다르면 상관
○ **아극타(我剋他)** : 재성(財星) - 내가 극하는 상대 오행이면서 음양이 같으면 편재, 음양이 다르면 정재
○ **타극아(他剋我)** : 관성(官星) - 나를 극해 오는 상대 오행이면서 음양이 같으면 편관, 음양이 다르면 정관
○ **타생아(他生我)** : 인성(印星) - 나를 생해 주는 상대 오행이면서 음양이 같으면 편인, 음양이 다르면 정인

구분	십성	상생상극 관계와 성향
비겁	비견	비견은 일간과 오행이 동일하고, 음양도 동일한 오행
		비견은 의지와 독립심이 강하며, 형제자매, 동료, 동업자, 친구
	겁재	겁재는 일간과 오행은 동일하고, 음양이 다른 오행
		겁재는 자기중심적이고, 손재수, 형제자매, 친구, 경쟁자
식상	식신	식신은 일간이 생해 주는 오행이면서 음양이 동일한 오행
		식신은 일간의 재능, 활동, 밥벌이, 아랫사람, 여자는 자식
	상관	상관은 일간이 생해 주는 오행이면서 음양이 다른 오행
		상관은 관성을 상하게 하며, 활동, 투자, 표현력, 경쟁심, 여자는 자식
재성	편재	편재는 일간이 극하는 오행이면서 음양이 동일한 오행
		편재는 아버지, 재물, 투기, 투자, 요행, 남자는 애인
	정재	정재는 일간이 극하는 오행이면서 음양이 다른 오행
		정재는 재물, 월급, 정직, 성실, 남자는 정처
관성	편관	편관은 일간을 극하는 오행이면서 음양이 동일한 오행
		편관은 직업, 벼슬, 질병, 인내심, 남자는 자식, 여자는 애인
	정관	정관은 일간을 극하는 오행이면서 음양이 다른 오행
		정관은 직업, 직위, 합리성, 남자는 자식, 여자는 남편
인성	편인	편인은 일간을 생해 주는 오행이면서 음양이 동일한 오행
		편인은 계모, 이모, 공부, 문서, 자격증, 허가증, 부동산
	정인	정인은 일간을 생해 주는 오행이면서 음양이 다른 오행
		정인은 친모, 공부, 문서, 자격증, 허가증, 부동산

❀ 십성 구하기

		경수					아내	
시	일	월	년		시	일	월	년
정인	일간	겁재	식신		겁재	일간	겁재	정재
己	**庚**	**辛**	**壬**		**庚**	**辛**	**庚**	**甲**
-土	+金	-金	+水		+金	-金	+金	+木
卯	**辰**	**亥**	**辰**		**寅**	**亥**	**午**	**午**
-木	+土	+水	+土		+木	+水	-火	-火
정재	편인	식신	편인		정재	상관	편관	편관
甲	乙	戊	乙		戊	戊	丙	丙
	癸	甲	癸		丙	甲	己	己
乙	戊	壬	戊		甲	壬	丁	丁

경수 사주의 십성은 일간 庚金에서 년간 壬水를 보면 金生水로 庚金이 壬水를 생해 주면서 일간과 같은 양이므로 식신입니다. 년지 辰土의 지장간 乙癸戊에서 년지 辰土와 같은 오행인 정기 戊土가 일간 庚金을 생해 주면서 일간과 같은 양이므로 편인입니다. 일간 庚金에서 월간 辛金을 보면 일간과 동일한 오행이지만, 庚金은 양이고, 辛金은 음으로 음양이 다르므로 겁재입니다. 일간 庚金은 월지 亥水 지장간 戊甲壬에서 월지 亥水와 같은 오행인 정기 壬水를 생해 주면서 일간과 같은 양이므로 식신입니다. 일지 辰土는 지장간 乙癸戊에서 정기 戊土로 년지와 같은 편인입니다. 일간 庚金에서 시간 己土를 보면 己土가 일간 庚金을 생하므로 인성인데, 일간 庚金은 양이고, 시간 己土는 음으로 음양이 다르므로 정인입니다. 시지 卯木 지장간 甲乙에서 시지 卯木과 같은 오행인 乙木은 일간 庚金의 재성이면서 음양이 서로 다르기 때문에 정재입니다.

일간에서는 지지에 육친을 붙일 수 없고, 지지 지장간의 정기에 붙이는 것이 원칙이지만, 지지와 지장간의 정기가 같은 오행이기 때문에 편의상 일간에서 지지에 육친을 붙이기도 합니다.

경수					아내			
시	일	월	년		시	일	월	년
정인	일간	겁재	식신		겁재	일간	겁재	정재
己	庚	辛	壬		庚	辛	庚	甲
	+金					-金		
卯	辰	亥	辰		寅	亥	午	午
-木	+土	+水	+土		+木	+水	-火	-火
정재	편인	식신	편인		정재	상관	편관	편관

경수 사주 일간 庚金에서 년지 辰土를 보면 년지 辰土가 일간 庚金을 土生金으로 생해 주면서 음양이 같으므로 편인입니다. 일간 庚金에서 월지 亥水를 보면 金生水로 일간 庚金이 월지 亥水를 생해 주면서 음양이 동일하기 때문에 식신입니다. 일간 庚金이 일지 辰土를 보면 일지 辰土가 일간 庚金을 생해 주면서 음양이 같기 때문에 편인입니다. 일간 庚金이 시지 卯木을 보면 金剋木하면서 음양이 서로 다르기 때문에 정재입니다.

아내 사주의 십성은 일간 辛金에서 년간 甲木을 보면 일간 辛金이 년간 甲木을 金剋木으로 극하면서 음양이 다르기 때문에 정재입니다. 일간 辛金에서 년지 午火를 보면 午火가 일간 辛金을 火剋金으로 극하면서 음양이 서로 같기 때문에 년지 午火는 편관입니다. 일간 辛金에서 월간 庚金을 보면 같은 오행이면서 음양이 다르므로 겁재입니다. 일간 辛金에서 월지 午火를 보면 역시 년지와 같이 편관입니다. 일간 辛金에서 일지 亥水를 보면 일간 辛金이 일지 亥水를 金生水로 생하면서 음양이 다르므로 상관입니다. 일간 辛金에서 시간 庚金을 보면 역시 월간과 같이 겁재입니다. 일간 辛金에서 시지 寅木을 보면 일간 辛金이 시지 寅木을 金剋木으로 극하면서 음양이 다르므로 정재입니다.

"문 교장, 내 사주를 가지고 십성을 한 번 구해 봅시다."
"그게 좋겠습니다. 어디 생일을 한 번 불러 보십시오."
"1952년 음력 1월 19일 오전 6시 39분입니다."

정인	일간	식신	식신
己	庚	壬	壬
-土	+金	+水	+水
卯	子	寅	辰
-木	-水	+木	+土
정재	상관	편재	편인

"자, 박 교장, 아까 배운 대로 한 번 구해 보십시오."

박 교장이 끙끙대며 앓는 소리를 하는 것이 아무래도 십성 구하기가 어려운 모양이다.

"박 교장, 왜 잘 안 됩니까?"

"와, 이거 장난 아닙니다. 아까 설명을 들을 때는 다 알 것 같았는데, 막상 십성을 구하려고 하니 무엇을 어떻게 해야 할지 하나도 모르겠습니다."

"자, 그럼 다시 한 번 십성을 구하는 실습을 해 봅시다. 우선 사주의 천간 오행과 지지 오행의 음양에 대해 적어 보십시오. 그리고 일간 庚金과 일간을 제외한 나머지 일곱 개의 천간과 지지 오행의 음양에 따른 관계를 알아보십시오. 그것이 바로 십성이지요."

"문 교장, 나는 식상이 3개, 재성이 2개, 인성이 2개인 것이요?"

"그렇지요. 일단 식상이 3개로 가장 많으니까 식상 과다에 대한 설명을 해야 하는데, 십성 과다는 아직 배우지 않았으니까 오늘은 십성을 구하는 방법으로 만족하시지요."

❀ 십성의 성향

∷ 비견

비견은 의지와 자존심이 강하기 때문에 다른 사람들과 경쟁을 할 때 지는 것을 싫어하고, 새로운 시작을 잘합니다.

∷ 겁재

겁재는 자만심이 강하고 솔직하며 허식이 없는 편이지만, 지나치게 자기중심적이기 때문에 마음속으로는 다른 생각을 하고 있어서 소탐대실의 위험이 큽니다.

:: 식신

식신은 온후하고 공경하는 마음을 가지고 있으며 항상 명랑하고 쾌활한 성격입니다. 사주에 식신이 너무 많으면 고집이 세고, 매사에 이론을 앞세웁니다. 식신이 약하면 심신이 안정되지 못하고 침착성이 부족합니다.

:: 상관

상관은 총명하고 영리하며 다재다능하지만, 비밀을 간직하지 못하고 곧잘 털어놓습니다. 또 의협심이 강해서 강한 자에게는 반항을 하지만, 약한 자는 잘 보살핍니다.

:: 편재

편재는 사업가 기질로 활동적이고 빈틈이 없고, 요령과 기교가 있습니다. 재물에 대한 집착이 강하여 투기, 요행 등을 바라는 한탕주의 성향이 강합니다.

:: 정재

정재는 정직하고 성실하며 근검절약 정신이 매우 강하지만, 때로는 주변 사람들로부터 인색하다는 비난을 받기도 합니다.

:: 편관

편관은 의협심이 강하고 항상 남을 먼저 생각하며 총명하고 과단성이 있습니다. 다른 사람들과 경쟁하여 지기 싫어하며, 사주에 편관이 많고 재성이 없으면 사기꾼처럼 허풍이 셉니다. 또 사주에 식상이 과다하면 극을 받아 무능할 수도 있습니다.

:: 정관

정관은 정직하고 총명하며 공명정대합니다. 지성적이고 인자하며 관대한 군자형의 성향을 가졌습니다. 만약 여명 사주에 정관이 많으면 남편과의 관계가 불리합니다.

:: 편인

편인은 눈치가 빠르고 요령이 있어서 임기응변의 기회를 잘 포착하며, 성격은 명랑하고 다방면에 다재다능하지만, 항상 유시무종(시작한 일을 마무리하지 못하는 것)을 조심해야 합니다.

:: 정인

정인은 총명하고 단정하며 너그럽고 지혜롭습니다. 재물에도 큰 관심이 없는 편입니다. 정인은 이상주의자로, 때로는 불가능한 일이라도 무리하게 추진하는 경우가 많습니다.

"문 교장, 오행에 이런 뜻이 있단 말이오? 정말 깜짝 놀랄 일이오."
"그럼요. 이걸 가지고 인생사를 추리하는 것이지요."

⊕ 십성의 과다(과다 : 많을 때)

:: 비겁 과다

사주에 비겁이 많으면 재성을 극합니다. 재성은 여자와 부친과 재물입니다. 비겁이 재성을 극하면 남자에게는 재물과 여자가 온전하지 못하다고 보고, 여자에게는 재물이 모이지 않고 흩어진다고 봅니다.

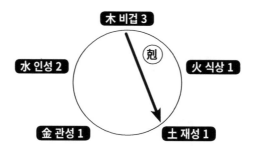

:: 식상 과다

사주에 식상이 많으면 관성을 극합니다. 관성은 남자에게 자식, 직장, 명예, 승진 등이고 여자에게는 남편, 직장 등입니다. 식상이 관성을 극하면 남자에게는 자식, 직장, 명예, 승진 등이 불리하다고 보고, 여자에게는 직장운이 불리하고, 자식 출산 후에 남편과 이별수가 있을 수 있습니다.

:: 재성 과다

사주에 재성이 많으면 재성은 인성을 극합니다. 인성은 남자와 여자 모두에게 어머니, 학업, 문서, 부동산 등입니다. 재성이 인성을 극하면 어머니의 건강을 걱정해야 하고, 학업과 인연이 멀다고 봅니다.

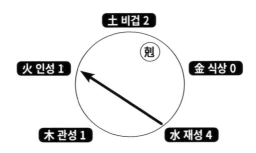

:: 관성 과다

사주에 관성이 많으면 관성은 비겁을 극합니다. 비겁은 형제, 친구, 동업 등이므로 관성이 비겁을 극하면 형제, 친구, 동업 등의 관계가 불리하다고 봅니다.

:: 인성 과다

사주에 인성이 많으면 인성은 식상을 극합니다. 식상은 남자에게는 할머니, 장모, 활동, 표현, 아이디어, 아랫사람 등이고, 여자에게는 할머니, 자식, 활동, 표현, 아이디어, 아랫사람 등입니다. 인성이 식상을 극하면 남자는 할머니의 건강을 걱정해야 하고, 활동력이 미약합니다. 여자는 자식에 대한 애로가 많고, 출산에 어려움이 있다고 봅니다.

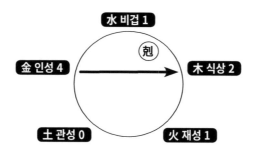

"박 교장 사주는 식상이 3개이므로 식상 과다라고 할 수 있지요. 조금 전에 배운 식상 과다의 내용을 잘 숙지하셔서 조심을 하면 개운을 할 수 있을 것입니다."

"문 교장, 십성 과다는 누구에게나 적용되는 것이요?"

"그렇죠. 누구에게나 적용되는 것이죠. 박 교장, 조금 전에 배운 십성 과다는 비법 중의 비법이니 어디 주변 사람들에게 한 번 활용해 보십시오. 이건 초보자도 바로 알 수 있는 것으로 사람들이 깜짝 놀랄 것이오."

"문 교장, 이건 바로 써먹어도 되겠어요. 사람들이 나보고 아마 도사라고 하겠는데……."

"박 교장, 사주 공부에서 자만은 항상 금물입니다."

⽊ 십성의 생극

"박 교장, 또 생과 극이 나오는데, 지난번에 배운 것은 木火土金水 오행의 생극이고, 이번에는 십성의 생극을 배우게 됩니다."

"문 교장, 사주 공부가 정말 쉬운 것이 아니군요. 이 공부를 어떻게 10년간이나 했소?"

"글쎄요. 나도 조금만 더, 조금만 더 배우려고 하다 보니까 어느덧 10년이란 세월이 흘렀지요. 오행이 木生火, 火生土, 土生金, 金生水, 水生木의 상생과 木剋土, 土剋水, 水剋火, 火剋金, 金剋木의 상극이 있듯이 십성도 생극이 있지요."

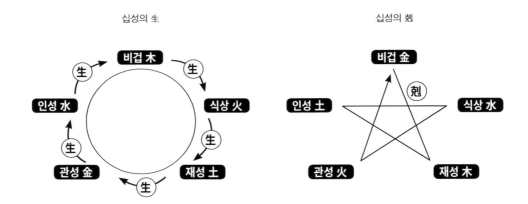

"박 교장, 십성의 상생도에서 비겁은 식상을 생하고, 식상은 재성을 생하고, 재성은 관성을 생하고, 관성은 인성을 생하고, 인성은 비겁을 생하지요. 십성의 상극도에서 비겁은 재성을 극하고, 재성은 인성을 극하고, 인성은 식상을 극하고, 식상은 관성을 극하고, 관성은 비겁을 극하지요. 즉, 한 칸을 뛰어넘어 극을 하지요."

"문 교장, 사주가 참으로 신기하다는 생각이 듭니다. 내가 벌써 도사가 된 기분입니다. 내가 문 교장을 진정으로 스승으로 모시겠습니다. 오늘 집에 가면 우리 가족들 사주부터 한 번 봐야겠습니다."

"그렇지요. 사주 공부한 것을 주변 사람들부터 하나씩 적용해 보는 것이 아주 중요하답니다. 그렇다고 가만히 있는 사람에게 사주를 봐 주겠다고 사주를 내놓으라고 하면 안 되지요."

"왜요? 대부분의 사람들은 자신의 사주가 궁금하지 않을까요?"

"사람들은 박 교장 선생님의 실력을 알지도 못하는데, 사주를 내놓을까요? 사주도 개인 정보인데 말입니다."

❈ 06 ❈
사주 기둥을 세우다

그동안 열심히 공부하던 박 교장이 너무 힘들었는지 며칠 동안 연락이 없다가 공부를 할 수 있는지 전화가 왔다.

"자, 음양오행의 상생상극을 통해서 십성을 배우면 사주의 네 기둥을 세워야 하는데, 최근에는 만세력보다 스마트폰에 앱으로 원광만세력, 하늘도마뱀 등을 다운받으면 되지요. 일단 만세력부터 다운받읍시다."

"이제부터 진짜 사주팔자에 들어가는 것이오?"

"예. 우리가 흔히 말하는 사주팔자의 구조와 명칭을 배우는 것이지요."

시주	일주	월주	년주	구분
(시간) 己	(일간) 庚	(월간) 辛	(년간) 壬	천간
卯 (시지)	辰 (일지)	亥 (월지)	辰 (년지)	지지

생년월일 중에서 생년을 나타내는 壬辰을 년주라고 하고. 생월을 나타내는 辛亥를 월주라고 하고, 생일을 나타내는 庚辰을 일주라고 하고, 생시를 나타내는 己卯를 시주라고 합니다. 壬水, 辛金, 庚金, 己土가 있는 곳을 천간이라고 하고, 辰土, 亥水, 辰土, 卯木이 있는 곳을 지지라고 합니다.

사주를 불러 줄 때는 년주부터 시작하여 壬辰, 辛亥, 庚辰, 己卯라고 합니다. 壬水는 년주의 천간에 있는 오행이므로 년간이라 하고, 辛金은 월주의 천간에 있는 오행으로 월간이라 하고, 庚金은 일주의 천간에 있는 오행으로 일간이라 하고, 己土는 시주의 천간에 있는 오행으로 시간이라고 합니다.

辰土는 년주의 지지에 있는 오행으로 년지라고 하고, 亥水는 월주의 지지에 있는 오행으로 월지라고 하고, 辰土는 일주의 지지에 있는 오행으로 일지라고 하고, 卯木은 시주의 지지에 있는 오행으로 시지라고 합니다.

사주에서 가장 중요한 것은 나 자신인 일간입니다. 사주의 모든 통변은 일간을 중심으로 진행되기 때문에 반드시 일간을 알아야 합니다. 일간은 일주의 천간을 말합니다.

경수					아내			
시	일	월	년		시	일	월	년
己	庚	辛	壬		庚	辛	庚	甲
卯	辰	亥	辰		寅	亥	午	午

경수는 일간이 庚金이므로 庚金의 성향으로 교육, 군인, 경찰 등 무관에 인연이 있습니다. 그리고 자신의 목표를 달성하기 위한 강한 집념과 의지가 있고, 개혁적인 성향이 강하여 주변 사람들에게 독선적으로 보일 수 있으므로 항상 주변 사람들과 원만한 인간관계를 맺는 것이 좋습니다.

아내는 일간이 辛金이므로 천간 십간 중 辛金의 성향으로 머리가 총명하고 예쁘지만, 자기주장이 강하여 주변 사람들과 갈등, 대립, 반목 등을 일으킬 수 있으므로 항상 언행을 조심해야 합니다.

"문 교장, 庚金과 辛金에 대한 설명을 해 주지 않았잖소?"
"박 교장, 사주 공부를 처음 시작할 때에 이미 천간 십간에서 설명했지요. 오늘 집에 가면 천간 십간에 대한 성향을 다시 공부해 보십시오. 천간 십간은 사주 공부를 하는 동안 절대로 잊어서는 안 될 성향입니다."

※ 07 ※
천간 겁재가 있는 경수의 운명

"문 교장 사주를 보면 土가 많아 일간 庚金의 인성이 많다는 것은 알겠습니다. 그런데 월간에 있는 辛金은 겁재인데, 겁재는 어떤 역할을 하나요?"

"박 교장, 겁재는 일간 庚金과 오행은 같은 金이면서 음양이 다른 오행을 말하는 것으로 일반적으로 형제자매, 친구, 동업자, 재물 손실 등을 말하지요."

경수

시	일	월	년
		겁재	
己	庚	辛	壬
卯	辰	亥	辰

십성 중에 일간과 오행이 같은 것을 비겁이라고 합니다. 비겁은 비견과 겁재로 나뉘는데, 비견은 일간과 같은 오행이면서 음양도 같은 것을 말합니다. 일간 甲木의 비견은 천간에 있든지 지장간에 있든지 甲木이고, 일간 庚金의 비견은 천간에 있든지 지장간에 있든지 庚金입니다. 비견은 일간과 똑같은 친구이므로 사주에 비견이 많으면 사교성이 뛰어나 주변에 친구가 많고, 주체성과 독립성이 매우 강합니다.

겁재는 일간과 같은 오행이면서 음양이 같지 않은 것을 말합니다. 일간 甲木의 겁재는 천간에 있든지 지장간에 있든지 乙木이고, 일간 庚金의 겁재는 천간에 있든지 지장간에 있든지 辛金입니다. 겁재는 일간과 같은 오행으로 신약사주일 때는 일간에게 도움을 준다고 하지만, 글자 그대로 겁재이므로 결국은 일간의 재물을 탈취하기 때문에 비록 신약사주라고 해도 사주에 겁재는 없는 것이 좋습니다. 특히 비겁이 왕한 신왕사주일 때는 신왕한 일간이 신약한 재성을 극하기 때문에 손재, 파혼 등으로 흉의 작용이 큽니다. 사주에 비겁이 태왕하면 남에게 종속되는 것을 싫어하고, 남 밑에서 일하는 것을 싫어합니다.

세운에 비견운이 들어오면 공동 사업이나 무리한 사업 확장 등으로 손재, 사업 실패, 부부 문제 등이 발생할 수 있으므로 항상 조심해야 합니다. 겁재란 재성을 탈취한다는 것으로 세운에서 겁재를 맞이하면 생각하지도 않았던 재물에 대한 쟁탈 문제가 발생하고, 형제나 친척 또는 주위 사람과의 사이에서 구설과 파재하는 사건이나 부부 불화 등을 조심해야 합니다. 겁(劫)이란 힘(力)으로 빼앗는다(去)는 의미인데, 결국은 무력으로 탈취한다는 것입니다.

경수 사주 일간 庚金 입장에서 보면 월간 辛金은 겁재입니다. 辛金 겁재가 월간에 있어서 일간 庚金보다 앞에 있기 때문에 여러 가지로 庚金의 신경을 거슬리게 할 수 있다는 것입니다.

또 대운이나 세운에서 庚金의 정재인 乙木이 들어오면 일간 庚金이 乙庚合을 하여 재물을 취하기도 전에 월간 辛金 겁재가 乙辛剋으로 일간 庚金의 정재를 극해 버리는 것이니, 이 또한 일간 庚金에게 큰 손실인 것 같지만, 乙辛剋보다는 乙庚合이 우선이므로 재물 피해는 별로 없을 것 같습니다. 따라서 사주 천간에 겁재가 있어서 좋은 경우도 있겠지만, 천간에는 가급적이면 겁재가 없는 것이 좋습니다. 천간에 겁재가 있으면 평생을 살면서 보증, 금전 거래 등을 조심해야 합니다.

세운에서 비견이 들어오면 새로운 일을 벌이려고 하지만, 아직 생각의 정리가 제대로 되지 않았기 때문에 반드시 주변의 여건을 확인해야 하고, 세운에서 겁재가 들어오면 비견에서 생각을 했으므로 행동으로 옮기는데, 겁재는 자신의 욕망을 채우면 바로 떠나기 때문에 겁재운에는 손재수, 동업 등을 조심해야 합니다.

월지가 비견인 경우와 월지가 겁재인 경우가 있습니다. 월지가 비견이면 내면적으로는 일간의 친구가 한 명 더 있는 것과 같아서 일간 자신에 대한 애정도와 자존감이 높은 편으로, 위계질서가 분명한 조직에서는 생활하기 어려운 성향입니다. 그렇기에 어떤 조직에 속해 일을 하는 것보다 스스로 자립하여 활동하는 것이 좋을 것입니다.

월지가 겁재이면 월지가 비견인 것과 기본적인 성향은 같습니다. 월지 비견은 일간을 친구로 생각하지만, 월지 겁재는 일간 친구를 경쟁자로 생각합니다. 겁재는 승부욕과 경쟁심, 성공에 대한 욕망 등이 매우 강하고, 타인에게 지기 싫어하는 성향으로 공부를 열심히 잘하기도 합니다. 월지 겁재이면 운동선수, 프로게이머 등에 인연이 있습니다. 월지가 비겁인 사람은 대인 관계, 인맥 등을 중요시합니다. 일반적으로 천간의 비겁은 경쟁자로 보고, 지지의 비겁은 일간의 근으로 보기도 합니다.

경수

시	일	월	년
己	庚	辛	壬
卯	辰	亥	辰

　사주의 천간과 지지는 년간에서 시간 순으로 생하든, 시간에서 년간 순으로 생하든 순차적으로 생해 주면 좋고, 또 년지에서 시지 순으로 생하든, 시지에서 년지 순으로 생하든 순차적으로 생해 주면 좋습니다. 경수 사주 천간은 년간에서 시간으로 생하는 것이 아니고, 시간에서 년간으로 생하고 있습니다. 즉, 己土生庚金生壬水의 역순으로 생하므로 항상 주변 사람들과는 다른 역발상을 하고, 또 과거 경험을 생활의 근간으로 활용하기도 합니다. 년간에서 시간으로 생을 하면 순리대로 살며, 대체로 주변 사람들의 생각과 같은 생각을 합니다.

⊛ 08 ⊛
간지의 변화를 추리하는 합

"박 교장, 오늘은 합에 대해 공부해 봅시다."

"합이란 두 오행이 합하는 것을 말하는 것이오?"

"예. 질문하시는 것이 이제 거의 도사 가까이에 온 것 같습니다. 사주에는 합이라는 개념이 있는데, 합은 개개의 관념·개념·판단 따위를 결합시켜 새로운 관념이나 개념을 구성하는 것으로, 변화를 통한 새로운 생성을 말하는 것입니다. 합에는 천간합(명합), 방합, 육합, 삼합, 명암합, 암합이 있습니다. 자, 이제부터 하나씩 공부해 봅시다."

⊛ 천간합

천간합은 일간이 년간, 월간, 시간과 합을 하는 것으로, 일간이 정재 또는 정관과 합을 하기 때문에 일간이 정재와 천간합을 했다면 현실 중시의 실리적 기질이 매우 강하고, 일간이 정관과 천간합을 했다면 공직, 명예, 체면 등을 중시하는 보수적 기질이 매우 강합니다. 일간 중심으로 천간합을 설명했지만, 년간과 월간, 년간과 시간, 월간과 시간의 천간합도 있다는 것을 알아야 합니다.

천간합(명합)은 일간과 천간의 합으로 甲木과 己土가 합하여 甲己合土가 되고, 乙木과 庚金이 합하여 乙庚合金이 되고, 丙火와 辛金이 합하여 丙辛合水가 되고, 丁火와 壬水가 합하여 丁壬合木이 되고, 戊土와 癸水가 합하여 戊癸合火가 되는 것을 말합니다.

세운에서 甲己合이 되면 지금까지 잘되었던 일, 활동, 사업 등에 장애가 생길 수 있으므로 조심해야 합니다. 세운에서 乙庚合이 되면 현재의 일, 활동, 사업 등의 세력을 확장할 수 있습니다. 세운에서 丙辛合이 되면 새로운 시작을 할 수 있습니다. 세운에서 丁壬

합이 되면 지금까지 했던 일, 활동, 사업 등의 방향 전환이 있을 수 있습니다. 세운에서 戊癸합이 되면 변동, 변화, 이동 등이 발생할 수 있습니다.

천간합(명합)	甲己合土, 乙庚合金, 丙辛合水, 丁壬合木, 戊癸合火

남명 1

甲 甲 己 辛
戌 子 亥 亥

甲己合土

남명 2

庚 乙 壬 戊
辰 未 戌 寅

乙庚合金

남명 3

戊 丙 庚 辛
戌 寅 寅 亥

丙辛合水

여명 1

丁 乙 癸 壬
亥 卯 丑 寅

丁壬合木

여명 2

庚 壬 戊 癸
戌 戌 午 未

戊癸合火

남명 1의 甲己합은 일간 甲木이 월간 己土 정재와 합을 하므로 남명 일간 甲木은 돈과 여자에 대해 관심이 많으며, 여자에게 의지하려는 성향이 있습니다.

남명 2는 일간 乙木으로 시간 庚金 정관과 乙庚합을 했으므로 명예, 공직 등에 관심이 많으며, 자식에게 의지하려는 성향도 있습니다.

남명 3의 丙辛합은 일간 丙火가 년간 辛金 정재와 합을 하므로 남명 일간 丙火는 여자와 재물에 대해 관심이 많으며, 여자에게 의지하려는 성향이 있습니다. 또 丙火와 辛金이 만나면 丙火가 辛金을 빛나게 해 주지만, 辛金이 자신의 임무를 망각하여 시비, 구설이 따릅니다.

여명 1은 년간 壬水 조상과 시간 丁火 자식이 丁壬합을 하였으므로 조상과 자식 간의 사이가 조화롭다고 봅니다.

여명 2는 년간 癸水와 월간 戊土의 戊癸합으로 할아버지와 아버지의 관계가 조화롭다고 봅니다.

❀ 방합

방합은 형제의 합, 계절의 합이라고도 하며,
寅卯辰 목국으로 木의 기운이 강해지고,
巳午未 화국으로 火의 기운이 강해지고,
申酉戌 금국으로 金의 기운이 강해지고,
亥子丑 수국으로 水의 기운이 강해집니다.

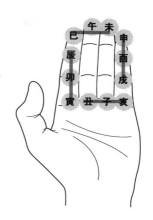

방합	寅卯辰 木局, 巳午未 火局, 申酉戌 金局, 亥子丑 水局

사주 1

壬 壬 丁 甲
寅 辰 卯 申
　　寅卯辰 방합

사주 2

乙 丙 壬 乙
未 申 午 巳
　　巳午未 방합

사주 3

丙 辛 庚 丁
申 未 戌 酉
　　申酉戌 방합

사주 4

乙 己 乙 壬
丑 卯 巳 子
　　子丑 방합

사주 1은 지지에 寅卯辰 방합이 있어 木의 기운이 강해집니다.
사주 2는 지지에 巳午未 방합이 있어 火의 기운이 강해집니다.
사주 3은 지지에 申酉戌 방합이 있어 金의 기운이 강해집니다.
사주 4는 지지에 子丑 방합이 있어 水의 기운이 강해집니다.

❀ 육합

육합은 지지합이라고도 하며 지지 간의 합을 말하는 것으로
子水와 丑土가 子丑合을 하여 土가 되고,
寅木과 亥水가 寅亥合을 하여 木이 되고,
卯木과 戌土가 卯戌合을 하여 火가 되고,
辰土와 酉金이 辰酉合을 하여 金이 되고,
巳火와 申金이 巳申合을 하여 水가 되지만,
午火와 未土는 午未合을 해도 변함이 없습니다.

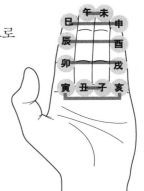

육합	寅亥合木, 卯戌合火, 辰酉合金, 巳申合水, 子丑合土, 午未 불변

사주 1	사주 2	사주 3	사주 4	사주 5	사주 6
시 일 월 년	시 일 월 년	시 일 월 년	시 일 월 년	시 일 월 년	시 일 월 년
癸 戊 庚 戊	庚 丙 己 庚	庚 庚 辛 癸	辛 庚 乙 乙	辛 甲 庚 辛	丙 壬 甲 己
亥 子 申 寅	子 戌 卯 申	辰 戌 酉 亥	巳 申 酉 卯	未 申 子 丑	午 戌 戌 未
寅亥合木	卯戌合火	辰酉合金	巳申合水	子丑合土	午未 불변

사주 1의 寅亥合은 조상과 자식 간의 관계가 조화롭습니다.

사주 2의 卯戌合은 일간의 배우자와 어머니의 관계가 조화롭습니다.

사주 3의 辰酉合은 일간의 어머니와 자식 간의 관계가 조화롭습니다.

사주 4의 巳申合은 일간의 배우자와 자식 간의 관계가 조화롭습니다. 그러나 巳申은 형살과 파살이 함께하므로 조심해야 하는 것은 두 사람의 관계가 처음에는 좋았다가 나중에 나빠질 수 있기 때문입니다.

사주 5의 子丑合은 조상과 부모 간의 관계가 조화롭습니다.

사주 6의 午未合은 조상과 자식 간의 관계가 조화롭습니다.

합은 인연, 결합, 공유 등을 나타내지만, 寅亥合은 先合後破(선합후파)로 처음에는 합을 했지만, 나중에는 파살로 작용하여 좋지 않은 합으로 봅니다. 또 巳申合도 巳申合刑破로 처음에는 합을 했지만, 나중에는 형살과 파살로 작용하는 좋지 않은 합으로 봅니다.

경수					아내			
시	일	월	년		시	일	월	년
己	庚	辛	壬		庚	辛	庚	甲
卯	辰	亥	辰		寅	亥	午	午

경수 사주에는 년지 辰土와 시지 卯木의 卯辰 방합(방합은 3자가 모두 모여야 성립되는 것이 원칙이나, 2자만 있어도 반 방합이라고 하기도 한다)으로 조상과 자식 간의 관계가 조화롭고, 일지 辰土와 시지 卯木의 卯辰 방합으로 처와 자식 간의 관계도 조화롭습니다.

아내 사주에는 일지 亥水와 시지 寅木의 寅亥合이 있는데, 시지는 자식 자리이므로 아내는 자식과 원만한 관계를 형성하고 있다고 볼 수 있습니다. 그렇지만 寅亥合은 先合後破(선합후파 : 처음에는 합의 작용을 하다가 나중에는 파살의 작용을 한다)이므로 아내와 자식의 관계가 다소 걱정스럽기는 하지만, 현재까지는 두 사람의 관계가 너무나 원만하고 조화롭습니다.

❀ 삼합

삼합은 마음속에만 있고 현재는 실현되지 아니한 미래의 사실에 목표를 두고 행동하는 사회적인 합입니다. 삼합에는 寅午戌合火, 巳酉丑合金, 申子辰合水, 亥卯未合木이 있으며, 삼합을 연결하면 정삼각형을 이룸으로써 가장 안정된 형태임을 알 수 있습니다. 申子辰 삼합에서 申金은 시작이고, 子水는 활동이고, 辰土는 수국의 완성입니다. 다시 말하면 첫 오행인 申金 생지에서 시작하고, 둘째 오행인 子水 왕지에서 왕성하게 활동하며, 셋째 오행인 辰土 고지에서 완성되는 것입니다.

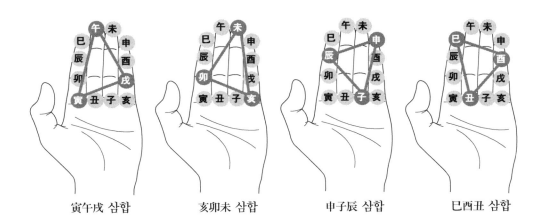

寅午戌 삼합	亥卯未 삼합	申子辰 삼합	巳酉丑 삼합

사주 1

시 일 월 년
甲 戊 戊 戊
寅 午 午 戌

寅午戌合火

사주 2

시 일 월 년
丁 庚 己 乙
亥 午 卯 未

亥卯未合木

사주 3

시 일 월 년
丙 庚 甲 壬
子 戌 辰 申

申子辰合水

사주 4

시 일 월 년
丁 乙 戊 乙
丑 酉 寅 巳

巳酉丑合金

삼합	국	생지	왕지	고지
寅午戌	火局	寅	午	戌
亥卯未	木局	亥	卯	未
申子辰	水局	申	子	辰
巳酉丑	金局	巳	酉	丑

사주 1			
○	戊	○	○
○	申	子	辰

사주 1의 지지 申子辰 삼합 수국은 일간 戊土에서 보면 재성이므로 돈을 벌기 위해 삼합을 이루었다고 볼 수 있습니다. 申金은 戊土 일간의 식상으로 일간의 활동이고, 子水는 戊土 일간의 재성으로 투자금 등이고, 辰土는 戊土 일간의 비겁입니다. 戊土 일간은 辰土 비겁 동업과 子水 재성 투자금과 申金 식상 활동으로 申子辰 수국 재성인 돈을 벌려고 하는 것입니다. 申子辰 삼합이 완성되어야 돈이 되는데, 돈이 되는 시기는 辰土인 재고를 충하는 戌年, 戌月이라고 봅니다. 큰돈은 辰戌丑未가 개고될 때인데, 辰戌丑未는 형충에서는 개

고가 되지만, 합에서는 개고가 되지 않습니다. 일반적으로 개고는 지지 辰戌丑未가 충이나 형을 맞으면 개고가 되어 辰戌丑未 지장간이 모두 천간으로 투간 되는 것을 말합니다.

사주 2의 지지 申子辰 수국은 일간 甲木의 인성으로 새로운 문서, 상속, 허가 등을 신청하기 위해 申金 관성인 조직과 子水 인성인 신청서와 辰土 재성인 자금을 투입하는 것입니다.

사주 3의 지지 申子辰 수국은 丙火 일간의 관성으로 법인을 만들 목적으로 조직된 것입니다. 법인은 辰土를 충하는 戌年, 戌月 등 戌運에 완성됩니다.

사주 4는 일단 申金이 와야 申子辰 삼합이 일어납니다. 申年에 새로운 일, 새로운 투자, 새로운 사업 등이 생깁니다. 사주에 辰土 고지가 있으면, 생지 申年이나 申月 등 申運에 申子辰 수국이 생깁니다.

❀ 명암합

명합은 눈에 보인다는 뜻으로 천간의 합을 말하고, 명암합은 눈에 보이지 않는 것이 나타나게 된다는 의미로 천간과 지장간의 합을 말합니다. 일간과 합을 하는 오행은 어느 지지에 있든지 명암합이 성립됩니다.

남명 일간이 지장간의 정재와 명암합을 하거나 여명 일간이 지장간의 정관과 명암합을 하면 배우자 외 다른 이성과 깊은 관계를 맺을 가능성이 매우 높다고 봅니다.

지지 아래에 있는 천간을 지장간이라고 하는데, 여기서는 명암합 개념만 알고, 지장간에 대한 자세한 설명은 후술하는 '11. 하늘의 비밀이 숨어 있는 지장간'에서 자세히 설명하겠습니다.

<table>
<tr><td>

사주 1

甲	甲	丁	丁
戌	午	未	未
(辛 丁 戊)	(丙 己 丁)	(丁 乙 己)	(丁 乙 己)

</td></tr>
</table>

사주 1은 일간 甲木이 일지 午火 지장간 己土, 월지 未土 지장간 己土, 년지 未土 지장간 己土와 甲己合 명암합을 하고 있습니다. 사주 1이 남명이라면 남명 甲木이 재성인 己土와 명암합했기에 숨겨 둔 여자나 재물이 많거나 여자나 재물에 대한 생각이 많다고 볼 수 있습니다.

사주 2

辛	丁	辛	己
丑	亥	未	酉
(癸 辛 己)	(戊 甲 壬)	(丁 乙 己)	(庚 辛)

사주 2의 일간 丁火가 일지 亥水 지장간 壬水와 丁壬合 명암합을 하고 있습니다. 사주 2가 여명이라면 일간 丁火는 일지 亥水 지장간 壬水 정관 남편과 명암합을 하였는데, 정관 壬水 남편이 지장간에 있으므로 힘이 없는 남편이거나 숨겨 둔 남자일 수 있습니다.

사주 3

己	戊	戊	庚
未	子	寅	戌
(丁 乙 己)	(壬 癸)	(戊 丙 甲)	(辛 丁 戊)

사주 3의 일간 戊土는 일지 子水 지장간 癸水와 戊癸合 명암합을 하고 있습니다. 사주 3이 남명이라면 일지 子水 지장간 癸水와 戊癸合을 하여 癸水가 처인데, 癸水 처는 년지 戌土 지장간 戊土, 그리고 월지 寅木 지장간 戊土와 戊癸合을 하므로 주변에 남자가 많거나 직업 전변이 많거나 남자가 많은 직장에 다니거나 남성용 상품을 취급할 수도 있습니다.

<table>
</table>

사주 4			
甲	辛	癸	丁
午	丑	卯	未
(丙 己 丁)	(癸 辛 己)	(甲 乙)	(丙 己 丁)

사주 4의 일간 辛金은 년지 未土 지장간 丙火, 시지 午火 지장간 丙火와 丙辛合 명암합을 하고 있습니다. 사주 4가 여명이라면 일간 辛金은 년지 未土 지장간 丙火 관성 남자, 그리고 시지 午火 지장간 丙火 관성 남자, 이렇게 두 명의 남자와 丙辛合으로 명암합을 하고 있습니다.

사주 5			
甲	壬	丙	丁
辰	辰	午	未
(乙 癸 戊)	(乙 癸 戊)	(丙 己 丁)	(丁 乙 己)

사주 5의 일간 壬水는 년지 未土 지장간 丁火, 월지 午火 지장간 丁火와 丁壬合 명암합을 하고 있습니다. 사주 5가 남명이라면 일간 壬水는 년지 未土 지장간 丁火 재성, 그리고 월지 午火 지장간 丁火 재성과 丁壬合을 하여 숨겨 둔 재물이나 여자가 있을 수 있습니다.

경수			
시	일	월	년
己	庚	辛	壬
卯	辰	亥	辰
(甲 __ 乙)	(乙 __ 戊)	(戊 甲 壬)	(乙 癸 戊)

아내			
시	일	월	년
庚	辛	庚	甲
寅	亥	午	午
(戊 丙 甲)	(戊 甲 壬)	(丙 己 丁)	(丙 己 丁)

명암합은 천간과 지장간의 합인데, 경수 사주의 일간 庚金은 년지 辰土 지장간 乙木과, 일지 辰土 지장간 乙木과, 시지 卯木 지장간 乙木과 乙庚合을 하고 있으므로 여자가 많은

직장에 근무하거나 주변에 여자들이 많이 있거나 아니면 숨겨 둔 돈이 있다고 보는 것입니다. 특히 시지 卯木 지장간 乙木 정재로 늦게까지 돈을 벌거나 만질 수 있다는 것입니다. 일반적으로 시지가 정재이면 말년에 임대 수입, 은행 이자, 연금 등의 고정된 수입이 있다고 봅니다.

아내 사주의 명암합은 일간 辛金이 년지 午火 지장간 丙火와, 월지 午火 지장간 丙火와, 시지 寅木 지장간 丙火와 丙辛合을 하고 있으므로 직업 전변이 많거나 남자들이 많은 직장에 근무하거나 주변에 남자가 많거나 일이 많다고 볼 수 있습니다.

❀ 암합

암합은 어두운 공간에서 눈에 보이지 않게 비밀리에 합을 한다는 것으로 지장간끼리의 합을 말합니다. 특히 부부 관계가 암합이 되면 갈등, 원망, 반목을 하면서도 쉽게 헤어지지 않습니다.

사주 1			
丙	壬	甲	乙
午	戌	申	巳
(丙	(辛	(戊	(戊
己	丁	壬	庚
丁)	戊)	庚)	丙)

사주 1은 월지 申金 지장간 壬水, 일지 戌土 지장간 丁火, 시지 午火 지장간 丁火와 丁壬合 암합을 하고 있습니다. 일지 戌土 지장간 辛金은 년지 巳火 지장간 丙火, 시지 午火 지장간 丙火와 丙辛合 암합을 하고 있습니다.

사주 2			
癸	辛	戊	丙
巳	未	戌	辰
〔 戊 庚 丙 〕	〔 丁 乙 己 〕	〔 辛 丁 戊 〕	〔 乙 癸 戊 〕

　　사주 2는 년지 辰土 지장간 癸水가 월지 戌土 지장간 戊土, 시지 巳火 지장간 戊土와 戊癸合 암합을 하고, 시지 巳火 지장간 庚金이 년지 辰土 지장간 乙木, 일지 未土 지장간 乙木과 乙庚合 암합을 하고, 시지 巳火 지장간 丙火가 월지 戌土 지장간 辛金과 丙辛合 암합을 하고 있습니다.

사주 3			
丙	己	辛	甲
寅	丑	未	辰
〔 戊 丙 甲 〕	〔 癸 辛 己 〕	〔 丁 乙 己 〕	〔 乙 癸 戊 〕

　　사주 3은 시지 寅木 지장간 戊土, 년지 辰土 지장간 戊土가 년지 辰土 지장간 癸水, 일지 丑土 지장간 癸水와 戊癸合 암합을 하고, 시지 寅木 지장간 丙火가 일지 丑土 지장간 辛金과 丙辛合 암합을 하고, 시지 寅木 지장간 甲木이 월지 未土 지장간 己土, 일지 丑土 지장간 己土와 甲己合 암합을 하고 있습니다.

사주 4			
辛	甲	壬	癸
未	午	戌	卯
〔 丁 乙 己 〕	〔 丙 己 丁 〕	〔 辛 丁 戊 〕	〔 甲 乙 〕

　　사주 4는 일지 午火 지장간 丙火가 월지 戌土 지장간 辛金과 丙辛合 암합을 하고, 년지 卯木 지장간 甲木이 시지 未土 지장간 己土와 甲己合 암합을 하고 있습니다.

사주 5			
壬	戊	辛	壬
戌	寅	亥	寅
（辛 丁 戊）	（戊 丙 甲）	（戊 甲 壬）	（戊 丙 甲）

사주 5는 시지 戌土 지장간 辛金이 년지 寅木 지장간 丙火, 일지 寅木 지장간 丙火와 丙辛合 암합을 하고, 시지 戌土 지장간 丁火가 월지 亥水 지장간 壬水와 丁壬合 암합을 하고 있습니다.

경수					아내			
시	일	월	년		시	일	월	년
己	庚	辛	壬		庚	辛	庚	甲
卯	辰	亥	辰		寅	亥	午	午
（甲	乙	戊	乙		戊	戊	丙	丙
	癸	甲	癸		丙	甲	己	己
乙）	戊）	壬）	戊）		甲）	壬）	丁）	丁）

암합은 경수 사주의 경우에는 년지 辰土 지장간 癸水와 월지 亥水 지장간 戊土의 戊癸合과 월지 亥水 지장간 戊土와 일지 辰土 지장간 癸水의 戊癸合이 있습니다. 암합이 있으면 육친 간에 갈등과 원망이 반복되어도 쉽게 헤어지지는 않습니다.

아내의 사주에서 년지와 월지의 지장간 己土는 엄마이고, 일지와 시지의 지장간 甲木은 일간 辛金의 재성으로 재물인데, 甲己合으로 일간 辛金의 재물인 甲木을 엄마인 己土가 甲己合으로 가지고 있습니다. 아내는 교육대학을 가지 않으려고 했지만, 엄마가 거의 반강제적으로 교대에 보냈다고 하니, 아내의 재물은 엄마가 만들어 준 것이라고 볼 수 있습니다.

지지의 변화를 알아보는 극·충·형살·파살·해살

"박 교장, 천간에 합이 있으면 극도 있어야 하겠지요?"

"극이라는 것이 무슨 뜻입니까?"

"일반적으로 극은 쳐서 없애는 것으로 알고 있지만, 물론 극에는 그런 뜻도 있지만 우위를 점한다는 뜻도 강하지요. 다시 말하면 두 오행 중에 극을 하는 오행이 극을 당하는 오행보다 우위라는 것이지요. 또 혹자는 천간극을 천간충이라고 하는데, 여기에서는 천간극으로 정리하겠습니다."

"이제 천간극만 배우면 기초는 끝이 나는 겁니까?"

"사주를 통변할 때에 가장 중요하면서도 비중이 큰 극·충·형살·파살·해살 등도 알아두면 편리하지요. 조금만 참아 봅시다."

⊛ 천간극

천간에는 천간합 외에 천간극이라는 것이 있습니다. 천간의 오행끼리 서로 극을 하는 것입니다. 일반적으로 천간충이라는 용어를 사용하는데, 천간의 관계는 충이라고 하지 않고 극으로 표현하는 것이 맞습니다. 충은 깨어진다는 뜻이 아니고, 지지 기운의 조화로 지지가 가진 음과 양의 기운이 어우러져 하나가 되는 것이기 때문에 子午沖, 寅申沖 등으로 충이란 개념을 사용하는 것입니다. 子水와 午火의 관계를 오행으로 보면 子水가 午火를 극하는 水剋火이지만, 지지의 기운으로 보면 水剋火가 아니고, 子午沖은 子水 물과 午火 불이 만나 서로 어우러지는 것으로 한류와 난류가 만나는 것입니다. 충의 작용은 변수, 변화, 이별 등으로 만나고 헤어짐을 반복하는 일종의 스위치 역할을 하기 때문에 일지가 충이 되는 해에는 미혼자는 결혼을 할 수 있고, 기혼자는 이성 문제가 발생하기도 합니다.

극은 상대에 대해 우위를 점하는 것이기 때문에 甲戊剋이면 甲木이 戊土보다 우위를 점한다는 것입니다. 따라서 충과 극은 구별해서 사용해야 합니다. 흔히 지지의 酉金이 卯木을 극한다는 말을 쓰는데, 천간은 오행이기 때문에 극하지만, 지지는 음양이기 때문에 극이란 용어를 사용할 수 없는 것입니다. 지지의 酉金이 卯木을 극하는 것이 아니고, 酉金의 지장간 辛金이 卯木의 지장간 乙木을 극하여 乙辛剋이 되는 것이고, 지지 卯木과 酉金은 卯酉冲을 하는 것입니다.

천간 십간인 甲乙丙丁戊己庚辛壬癸가 연속으로 나열되어 있는데, 甲木에서 시작해서 7번째에 해당하는 庚金과 甲庚剋을 하고, 乙木에서 시작해서 7번째 해당하는 辛金과 乙辛剋을 하고, 丙火에서 시작하여 7번째에 해당하는 壬水와 丙壬剋을 하고, 丁火에서 시작하여 7번째에 해당하는 癸水와 丁癸剋을 하고, 戊土에서 시작하여 7번째에 해당하는 甲木과 戊甲剋을 하고, 己土에서 시작하여 7번째에 해당하는 乙木과 己乙剋을 하고, 庚金에서 시작하여 7번째에 해당하는 丙火와 庚丙剋을 하고, 辛金에서 시작하여 7번째 해당하는 丁火와 辛丁剋을 하고, 壬水에서 시작하여 7번째에 해당하는 戊土와 壬戊剋을 하고, 癸水에서 시작하여 7번째에 해당하는 己土와 癸己剋을 합니다.

이것을 도표로 나타내면 다음과 같습니다.

일간	甲	乙	丙	丁	戊	己	庚	辛	壬	癸
천간	庚	辛	壬	癸	甲	乙	丙	丁	戊	己
천간극	甲庚剋	乙辛剋	丙壬剋	丁癸剋	戊甲剋	己乙剋	庚丙剋	辛丁剋	壬戊剋	癸己剋

사주 1
丁 甲 庚 丙
卯 子 子 戌

사주 2
壬 乙 辛 辛
午 未 丑 酉

사주 3
癸 丁 庚 壬
卯 巳 戌 寅

사주 4
戊 辛 戊 乙
子 酉 寅 丑

사주 5
壬 癸 己 丁
戌 卯 酉 酉

사주 1은 일간 甲木과 월간 庚金이 甲庚剋을 하고, 월간 庚金과 년간 丙火가 庚丙剋을 합니다.

사주 2는 일간 乙木과 년간 辛金, 월간 辛金이 乙辛剋을 합니다.

사주 3은 일간 丁火과 시간 癸水가 丁癸剋을 합니다.

사주 4는 일간 辛金이 년간 乙木과 乙辛剋을 합니다.

사주 5는 년간 丁火와 일간 癸水가 丁癸剋을 하고, 일간 癸水가 월간 己土와 癸己剋을 합니다.

✸ 육충(지지충)

"박 교장, 지난번에 천간합과 천간극을 공부했지요. 마찬가지로 이번에는 육합의 반대 개념인 육충에 대해 공부해 봅시다."

"문 교장, 사주가 10년 공부인 이유를 이제 알 것 같습니다."

"박 교장, 너무 서두르지 마시고 차근차근히 하시면 됩니다. 앞으로 배울 것을 걱정하지 마시고, 지금까지 배운 것을 잘 새기십시오."

사주의 충은 일반적으로 좋지 않다고 하지만, 충을 반드시 나쁘다고만 할 수 없습니다. 충은 '깬다, 부수다'의 의미보다는 변수, 변화, 이별의 뜻이 더 강합니다. 즉, 사주 지지에 충이 발생하면 해당 육친에게 변수, 변화, 이별이 발생하는 것입니다.

육충 중에서 가장 중요하게 생각하는 것은 월지 충입니다. 월지는 인생의 10대 중반에서 30대 초반에 해당하는데, 이 15년을 어떻게 보내느냐에 따라 삶의 질이 달라지기 때문입니다.

구분	시주	일주	월주	년주
	자식(처가, 시가)	나, 배우자	부모 형제(친가)	조상
	가게, 점포	안방	직장, 가정, 건물	토지, 비석, 족보
	자식, 가게에 관련된	본인, 배우자에 관련된	부모 형제, 건물에 관련된	조상, 토지에 관련된
충	~에게 변화, 변수, 이별이 발생한다.			
년지	조상, 족보, 비석, 토지 등에 관한 변화, 변수, 이별 등이 발생한다.			
월지	부모 형제, 직장, 건물, 친가 등에 관한 변화, 변수, 이별 등이 발생한다.			
일지	본인, 배우자 등에 관한 변화, 변수, 이별 등이 발생한다.			
시지	자식, 가게, 사업처, 처가, 시가 등에 관한 변화, 변수, 이별 등이 발생한다.			

세운에서 세운 지지가 년지를 충하면 조상, 족보, 비석, 토지 등에 관한 변화, 변수, 이별 등이 발생합니다. 세운 지지가 월지를 충하면 부모 형제, 친가, 직장, 건물 등에 관한 변화, 변수, 이별 등이 발생합니다. 세운 지지가 일지를 충하면 본인, 배우자 등에 관한 변화, 변수, 이별 등이 발생합니다. 세운 지지가 시지를 충하면 자식, 처가, 시가, 가게, 사업처 등에 관한 변화, 변수, 이별 등이 발생합니다.

남명 사주에서 년주와 월주 그리고 일간은 본가이고, 일지와 시주는 처가입니다. 여명 사주에서 년주와 월주 그리고 일간은 친정이고, 일지와 시주는 시가입니다.

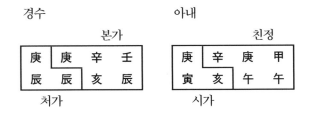

"문 교장, 사주 네 기둥에 저런 의미가 숨어 있었단 말이오?"

"그렇지요. 우리가 그냥 사주, 사주라고 하는데, 사실은 사주 네 기둥에 저런 심오한 의미가 숨어 있었답니다."

육충	寅申冲	卯酉冲	辰戌冲	巳亥冲	子午冲	丑未冲

남명 1	세운	남명 2	세운	남명 3	세운	남명 4	세운
己癸丁己	乙	丙己庚辛	庚	戊己丙癸	丁	甲乙辛辛	丙
未亥卯丑	未	辰丑寅丑	申	戌巳午未	亥	戌巳卯丑	辰

　남명 1은 세운에서 丑未冲으로 년지를 충했으므로 乙未年에는 조상, 토지, 족보, 비석 등에 관한 변화, 변수, 이별이 발생합니다.

　남명 2는 세운에서 寅申冲으로 월지를 충했으므로 庚申年에는 부모 형제, 친가, 직장, 건물 등에 관한 변화, 변수, 이별이 발생합니다.

　남명 3은 세운에서 巳亥冲으로 일지를 충했으므로 丁亥年에는 본인, 배우자에 등에 관한 변화, 변수, 이별이 발생합니다.

　남명 4는 세운에서 辰戌冲으로 시지를 충했으므로 丙辰年에는 자식, 시가, 가게, 사업처 등에 관한 변화, 변수, 이별이 발생합니다.

⌘ 형살

　형살은 자신의 고집과 주장이 너무 강하여 피해를 보는 일종의 自繩自縛(자승자박 : 자기의 줄로 자기의 몸을 옭아 묶는다는 뜻으로, 자기가 한 말과 행동에 옭혀 곤란하게 됨을 비유적으로 이르는 말)으로 신체적 상해와 주변 사람들의 배신을 잘 당하기 때문에 항상 말과 행동을 조심하지 않으면 관재, 송사, 구설, 풍파 등으로 고생을 합니다.

　과거에는 형살을 형벌이나 좋은 운기를 삭감하는 좋지 않은 신살로 봤지만, 현대에서 형살은 군인, 경찰, 사법, 특수 가공, 조립, 의료 등 여러 가지 재능을 말하기도 합니다.

　형살에는 寅巳申, 丑戌未 삼형살과 子卯 형살과 자형이 있습니다. 寅巳申 삼형살은 氣勢之刑(기세지형)으로 자신의 힘만 믿고 어떤 일을 할 때에 급하게 서두르거나 과정이나 절차를 무시하고 진행하다가 낭패를 당하는 형벌입니다. 丑戌未 삼형살은 無恩之刑(무은지형)으로 믿었던 주변 사람들로부터 배신을 당하는 것입니다. 특히 사업을 하는 사람은 보증, 문서 사기, 사업 부도 등을 조심해야 합니다. 子卯 형살은 無禮之刑(무례지형)으로 타인에게 예의가 없고 무례하게 굴며 매너가 부족합니다. 子卯 형살은 상형으로 子水는 卯木에게, 卯木은 子水에게 서로 형을 가합니다. 자형은 12지지에서 寅巳申, 丑戌未, 子卯를 뺀 나머지 글자인 辰辰, 午午, 酉酉, 亥亥로 자기 스스로 형벌을 준다는 것으로 쓸데없는 걱정과 근심을 하는 것을 말합니다.

:: 寅巳申삼형살

寅巳申 삼형살은 寅木과 巳火와 申金의 조합으로 양의 기운이 강하여 역마살의 대표적인 기운입니다. 寅巳申 삼형살은 양의 기운이 강하므로 외향적인 성격이어서 사회적으로 높은 지위에 올라가려는 욕망이 매우 강하기 때문에 자신의 지위보다 높은 사람과 어울리려고 하는 반면에 자신보다 지위가 낮은 사람과는 거리를 두기도 합니다.

삼형살은 寅巳, 巳申, 寅申의 두 글자만 있어도 형살의 효력이 발생하는데, 특히 寅申의 효력이 강한 것은 寅申은 충이면서 형살이기 때문입니다. 사주에 寅巳申 삼형살이 모두 있는 사람은 생사여탈권으로 교육, 의사, 검찰, 경찰, 법조계 등에 인연이 있고, 특히 정확하게 설계하고 자르는 제도 등에 재주가 뛰어나서 기계, 항공, 조선, 자동차 등의 직업에도 인연이 있습니다.

사주에 寅巳, 巳申, 寅申이 있는데, 삼형살에서 빠진 申金, 寅木, 巳火가 들어오는 대운과 세운에는 寅巳申 삼형살이 발동되어 일간의 신강사주, 신약사주를 불문하고 건강이나 직장 문제, 주변 사람들과의 관재구설 등을 조심해야 합니다.

寅巳申 삼형살이 있는 사람은 주변 사람들을 무시하고, 자신만이 최고이며, 자기가 하는 일만이 옳다는 사고방식 때문에 주변 사람들로부터 배척당하기 쉽기 때문에 항상 말과 행동을 조심해야 합니다. 또 형살이 발동되는 해에는 매사에 신중을 기해야 하고 항상 언행을 삼가야 합니다. 사주에 寅巳申 삼형살이 있는 사람은 주변 사람들로부터 금전적인 배신을 많이 당하니 항상 금전 거래를 조심해야 합니다. 또 대세운에서 寅巳申 삼형살이 들어오는 해에는 새해 첫날에 가까운 경찰서 구내식당에서 밥을 한 번 사 먹든지 아니면 집에서 사용

하지 않는 오래된 그릇을 1~2개 깨뜨리면 흉살을 면할 수 있다고 합니다.

:: 丑戌未 삼형살

丑戌未 삼형살은 재고이므로 재물에 대한 집착이 매우 강해서 금전을 잘 쓰지 않는데도 불구하고 오히려 금전 때문에 골머리를 앓는 편이지만, 그래도 재물복은 보통 이상이며, 특히 주무르고 만들고 하는 재주가 뛰어납니다.

丑戌未 삼형살은 土의 기운이므로 金으로 유통이 되어야 좋은데, 사주에 金이 없으면 土의 기운이 제대로 유통되지 못해서 흉작용이 나타나고, 사주에 丑戌未 형살이 있다고 하더라도 金으로 유통이 되면 흉 작용이 감소됩니다.

사주에 丑戌未 삼형살이 있는 사람은 지나치게 자기주장을 하거나 고집을 부리지 말고, 투기보다는 투자 중심으로 재물을 관리한다면 큰 재물을 모을 수 있을 것입니다. 특히 丑戌未 삼형살이 작용하는 운에는 주변 사람들로부터 인간적인 배신을 당할 수 있으므로 항상 인간관계를 조심해야 합니다.

또 대운이나 세운에서 丑戌未 삼형살이 형성되면 마음만 급하고, 되는 일이 없으며, 사고와 사건이 자주 발생하므로 언행을 조심해야 합니다.

:: 子卯 형살

子卯 형살은 무례지형으로 구설, 시비, 배신, 관재가 발생하는데, 성질이 무례하여 타인에게 불쾌감을 주기도 합니다. 子水는 卯木을 생하므로 子水가 卯木의 어머니인데, 甲木 자식이 子水를 보면 목욕이므로 자식이 어머니를 사모하는 형상이 되어 무례를 넘어서 패륜이 되는 것으로 일반적으로 각종 색정으로 인한 간음, 간통, 불륜, 근친상간, 변태 성욕 등으로 관재가 발생하기도 합니다.

사주에 卯木이 2개 붙어 있거나 卯木이 심하게 충이나 극을 당하면 수술수가 있거나 가정, 사회, 직장과 이탈, 분리 작용이 있으므로 조심해야 합니다. 또한 卯木은 현침살의 기운을 가지고 있으므로 뇌 질환이나 신경 계통을 조심해야 합니다.

여명 일지가 식신이나 상관이면서 형살에 해당되면 자연 유산, 자궁 외 임신, 임신 중독, 제왕 절개 등의 수술을 하게 됩니다. 또 여명 시지가 卯木이거나 子水이면서 세운에서 子水나 卯木이 들어오면 子卯 형살로 자궁 수술 또는 제왕 절개 등의 변수가 발생합니다.

:: 자형

사주에서 辰辰, 午午, 酉酉, 亥亥가 자형인 것은 같은 기운끼리 만나서 스스로 형을 한다는 것입니다. 또 자형은 같은 기운이 자리하여 자신의 역할을 서로 미루기 때문에 좋지 않다는 의미이기도 합니다. 월지와 일지에 辰辰 자형이 나란히 붙어 있으면, 이 辰辰은 자신의 역할을 상대방에게 미룬다는 의미이기 때문에 독립심이 부족하고 의타심이 강해서 자신의 역할을 제대로 해내지 못하는 것입니다. 또한 자신에게 주어진 역할을 제대로 하지 못하면 여러 가지 변명과 핑계를 댄다고 합니다. 자형은 자신의 성질을 다스리지 못하여 스스로 문제를 만드는 것으로 항상 언행을 조심해야 합니다.

자형은 12지지 중에서 寅巳申, 丑戌未, 子卯 형살을 제외한 나머지 오행인 辰辰, 午午, 酉酉, 亥亥가 겹치거나 대운이나 세운에서 만날 때 형살이 발동하는 것입니다.

辰辰 자형은 왕한 수고로 인한 수재, 냉해, 익사, 매몰 등의 사고를 조심해야 하고, 직업으로는 수산업, 보관업, 법조계에서 두각을 나타낼 수 있습니다. 또 다른 해석은 辰辰 자형은 거대한 용인 辰土가 승천을 하려는데, 또 다른 용이 승천을 하려고 하니 거대한 소용돌이가 발생하는 것입니다. 용은 왕을 상징하는 동물인데, 하늘 아래 왕이 둘일 수는 없는 것으로 하나의 왕을 제거하기 위하여 피바람이 불게 된다는 것입니다.

午午 자형은 午火 화재가 발생해서 모든 것이 타고 있는데, 또 午火 불을 만나서 모든 것이 타서 없어지거나 왕한 화기의 폭발로 화기 사고, 폭발, 약물 중독 등이 우려되지만, 직업으로는 전기, 가스, 주유소, 보일러 등에 인연이 있습니다.

酉酉 자형은 금기가 강하므로 칼이나 연장, 기계 등으로 인한 상해, 수술 등을 경험하게 되고, 여명은 생리통 등의 질병으로 고생을 합니다. 또 다른 해석은 酉金인 날카로운 칼이 일간을 향해 날아오는데, 또 다른 칼이 일간을 향해 날아오니 목숨이 위태로운 것입니다.

亥亥 자형은 수재, 폭설, 폭풍, 한파로 인한 재해를 입거나 혈액이나 비뇨기 계통의 질병으로 고생하는데, 직업으로는 목욕, 세탁업, 청소, 유흥업 등에 인연이 있습니다. 또 다

른 해석은 亥亥 자형의 亥水는 큰 바다인데 또 큰 바다인 亥水를 만났으니 수해가 걱정이 됩니다.

사주에 자형이 있으면 좋은 것은 아니지만, 자형을 통제하고 관리할 힘이 있다면 오히려 권력을 휘두르기도 합니다. 가끔 정치인, 검찰 등 고위직으로 있다가 어느 날 갑자기 범죄자가 되어 교도소에 갇히는 것을 보게 되는데, 이것은 형살의 양면성인 것으로 사주가 힘이 있을 때는 형살을 집행하는 위치에 있지만, 운세의 흐름이 나빠지면 오히려 형살이 나쁘게 작용하게 되는 것입니다.

그러나 사주에 형살이 있다고 해서 그렇게 두려워할 필요는 없고, 다만 주변 사람들과 교류하면서 항상 말을 조심하고, 행동을 할 때는 한 번 더 생각해 보고 신중하게 행동하면 되는 것입니다.

사주 1	세운	사주 2	세운	사주 3	세운	사주 4	세운
○甲○○	○	○甲○○	○	○甲○○	○	○甲○○	○
申○○○	巳	○戌○○	未	○○巳○	寅	申○○○	巳

사주 1은 ○巳年이 되면 시지 申金과 巳申刑이 되어 자식, 가게, 사업처 등에 형살이 붙습니다. 자식에게 문제가 생기거나 가게, 사업처 등에 좋지 않은 일이 발생할 수 있습니다.

사주 2는 ○未年이 되면 일지 戌土와 戌未刑이 되어 戌土 편재와 未土 정재에 형살이 붙어 처, 애인, 재물 등에 문제가 발생합니다.

사주 3은 ○寅年이 되면 월지 巳火와 寅巳刑이 되어 직장, 가정 등에 문제가 발생할 수 있습니다.

사주 4는 ○巳年이 되면 시지 申金과 巳申刑이 되어 시지 申金 관성에 형살이 붙습니다. 남명의 경우에는 자식에게 형살이 붙었으므로 자식에게 법적인 문제가 발생할 수 있고, 또 지위, 명예, 승진 등에 형살이 붙었으니, 승진이 어렵고, 관청으로부터 제재를 받을 수 있습니다.

사주 1과 사주 4는 동일한 사주 구조라고 하더라도 궁위 중심의 통변과 십성 중심의 통변이 서로 다르다는 것을 보여 주는 예시입니다.

사주 1				세운		사주 2				세운
壬	癸	丙	癸	庚		己	庚	辛	壬	壬
戌	未	辰	卯	子		卯	辰	亥	辰	辰
		합	형				형		형	

사주 1에서 세운 庚子年에는 세운 지지 子水가 년지 卯木과 子卯刑이 되어 조상에 관한 시비, 송사, 이별이 발생합니다. 또 세운 지지 子水가 월지 辰土와 子辰合으로 가정, 직장 등에 만남, 인연이 발생하기도 합니다. 여명의 경우에는 월지 辰土가 정관인데, 정관 辰土가 일간 癸水의 비견인 子水와 子辰合을 하므로 남편의 외도가 걱정이기도 합니다.

사주 2는 사주에 辰辰 자형이 있는데, 세운에서 또 辰土가 들어오면 자형이 중복되기 때문에 주변 사람들에 의한 관재구설, 구설, 시비, 갈등을 조심해야 합니다.

❀ 파살

　파살은 일상생활 중에서 직업, 사업, 활동 등의 변경, 이동, 진로 수정 등을 말하는 것으로 '다시, 재결합'이라는 의미가 강합니다. 파살에는 寅亥破·卯午破·辰丑破·巳申破·戌未破·子酉破가 있습니다.

파살	寅亥	卯午	辰丑	巳申	戌未	子酉

사주 1				세운	사주 2				세운
辛	己	丙	己	戊	甲	丙	乙	辛	壬
未	酉	寅	酉	戌	午	申	未	亥	寅

(戌未 파, 형) (寅亥 합, 파)

사주 1은 戊戌年이 되면 세운 지지 戌土가 시지 未土 비견에 戌未 파살이 붙습니다. 비견에 파살이 붙으면 헤어진 형제, 친구를 다시 만나거나 예전에 만났던 동업자를 다시 만나는 것을 말합니다.

사주 2는 壬寅年이 되면 세운 지지 寅木이 년지 亥水 관성에 파살이 붙습니다. 관성에 파살이 붙으면 남자는 헤어진 자식을 다시 만날 수 있고, 여자는 헤어진 남자를 다시 만날 수 있습니다. 또 예전에 다녔던 직장을 다시 다닌다는 것을 말합니다.

세운에서 식상에 파살이 붙으면 예전에 했던 일, 활동, 투자, 사업 등을 다시 한다는 것을 말합니다.

세운에서 재성에 파살이 붙으면 남자는 헤어진 아버지를 다시 만날 수 있고, 여자도 헤어진 아버지를 다시 만날 수 있습니다. 또 예전에 사업 등에서 잃었던 돈을 다시 벌 수 있다는 것을 말합니다.

세운에서 인성에 파살이 붙으면 헤어진 어머니를 다시 만나거나 예전에 했던 공부를 다시 하거나 예전에 취급했던 문서를 다시 취급한다는 것을 말합니다.

년지가 파살을 맞으면 조상, 이장, 비석, 족보, 이향, 직업 변동 등의 문제가 다시 발생할 수 있습니다.

월지가 파살을 맞으면 주택, 건물, 가정, 직업 변동, 사업장 이전 등의 문제가 다시 발생할 수 있습니다.

일지가 파살을 맞으면 자신이나 배우자의 신변에 수술이나 사고 등이 다시 발생할 수 있습니다.

시지가 파살을 맞으면 자식, 아랫사람, 가게, 사업처 등에 관한 문제가 다시 발생할 수 있습니다.

❀ 해살

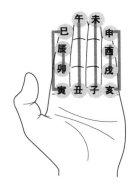

해살은 주변 사람과 갈등을 일으키거나 원망을 하든지, 아니면 주변 사람이 일간과 갈등을 일으키거나 원망하는 것으로 항상 말과 행동을 조심하여 구설과 시비 등을 피해야 할 것입니다. 해살은 寅巳·卯辰·丑午·子未·申亥·酉戌의 6가지입니다.

해살	寅巳	卯辰	丑午	子未	申亥	酉戌

사주   세운

庚　乙　丙　壬　　　　○
戌　未　辰　午　　　　丑
형　충　파　해　　（세운 지지 丑土 기준）

사주에서 ○丑年이 되면 세운 지지 丑土가 년지 午火와 丑午 해살이 되어 조상에 관한 갈등, 불화, 골육상쟁이 발생합니다. 세운 지지 丑土가 월지 辰土와 辰丑 파살이 되면 가정, 직장 등에 다시 재결합이 발생한다는 것으로 이혼 또는 별거 중인 배우자와 재결합을 하거나 예전에 다니던 직장에 다시 갈 수 있습니다. 세운 지지 丑土가 일지 未土와 丑未冲이 되면 일간 또는 배우자의 신상에 변수, 변화, 이별이 발생합니다. 세운 지지 丑土가 시지 戌土와 丑戌刑이 되면 자식, 가게, 사업처 등에 시비, 송사, 이별이 발생한다고 봅니다.

사주 1　　　　　사주 2　　　　　사주 3　　　　　사주 4

辛　庚　甲　戊　　甲　癸　己　戊　　丁　庚　丁　乙　　戊　辛　壬　丁
巳　寅　子　子　　寅　卯　未　子　　丑　申　亥　卯　　戌　未　寅　酉

寅巳 형, 해살　　　子未 해살　　　　申亥 해살　　　　酉戌 해살

사주 1의 일지 寅木과 시지의 巳火의 寅巳 해살은 자식과 갈등이 있거나 사업처, 가게 등에서 아랫사람과 원망, 갈등이 발생할 수 있습니다. 사주 일지와 시지에 해살이 있으면 상대방에게 해를 끼치거나 노년에 잔병으로 고생을 한다고 합니다.

사주 2의 년지 子水와 월지의 未土의 子未 해살은 할아버지와 아버지의 원망, 갈등이 있습니다.

사주 3의 월지 亥水와 일지 申金의 申亥 해살은 일간과 부모 형제, 배우자와 부모 형제 간에 원망, 갈등이 있습니다.

사주 4의 년지 酉金과 시지 戌土의 酉戌 해살은 조상과 자식 간에 원망, 갈등이 있습니다.

사주의 월지와 상대방의 월지가 해살일 경우에 인간관계에서 연인끼리, 친구끼리, 직원 동료끼리 서로에게 해를 끼칠 수 있고 당뇨, 중풍, 심장병 등 지병으로 고생을 하는 경우가 많다고 합니다.

구분	시주	일주	월주	년주
	자식(처가, 시댁)	나, 배우자	부모 형제(친가)	조상
	가게, 점포	안방	건물	토지
	자식, 가게에 관련된	본인, 배우자에 관련된	부모 형제, 건물에 관련된	조상, 토지에 관련된
합	만남, 인연이 발생한다.			
충	변수, 변화, 이별이 발생한다.			
형살	시비, 송사, 이별이 발생한다.			
파살	다시, 반복, 재결합하는 일이 발생한다.			
해살	갈등, 골육상쟁이 발생한다.			

❀ 10 ❀
역술인 강 낭자의 교훈

아주 오래된 이야기이다. 서울에 강 낭자 철학원이 있었다. 하루는 한 중년 부인이 사색이 되어 강 낭자 앞에 엎드려서 울기 시작했다.

"제발 우리 손자를 살려 주십시오. 우리 손자가 죽게 되었습니다. 병원에서도 살릴 수 없다고 합니다. 제발 우리 손자를 살려 주십시오."

"안 됩니다. 인명은 재천으로 사람의 목숨은 하늘에 달려 있기 때문에 목숨의 길고 짧음은 사람의 힘으로는 어쩔 수가 없는 것입니다."

"우리 손자를 살려만 주신다면 돈을 얼마든지 드리겠습니다. 제발 우리 손자를 살려 주십시오."

강 낭자는 중년 부인을 타일러서 돌려보냈지만, 중년 부인은 매일 찾아와서 큰돈을 들이대며 손자를 살릴 수 있는 부적을 써 줄 것을 간청하였다. 중년 부인이 그렇게 간청을 해도 강 낭자가 부적을 써 주지 않은 것은, 중년 부인이 강 낭자에게 간청한 것이 대업이기 때문이었다. 대업은 어떤 사람 대신에 다른 사람을 다치게 하거나 죽게 하는 것이다.

"안 됩니다. 부인의 손자가 아무리 귀하다고 해도 손자 대신 다른 사람을 죽게 할 수는 없습니다. 돌아가십시오."

중년 부인이 점점 더 큰돈을 들이대며 강 낭자에게 간청을 하니, 결국 강 낭자가 부적을 써 주기로 했다.

"이 부적을 가지고 나가다가 가장 먼저 만나는 손자 나이 또래의 아이 손에 이 부적을 쥐어 주십시오. 그러면 손자는 괜찮을 것입니다."

중년 부인은 허리를 굽혀 수십 번의 감사 인사를 하고 돌아갔다. 중년 부인이 돌아간 뒤에 강 낭자가 마당에서 놀고 있는 아들을 쳐다보았다. 그런데 아들의 손에 무언가 쥐어져 있는 것처럼 보였다.

"애야, 이리 오너라. 너 손에 쥐고 있는 것이 무엇이니?"

"아까 우리 집에 오신 할머니가 제게 주고 갔어요."

강 낭자는 아들의 손에 있는 부적을 보고는 기절을 하였다. 결국 강 낭자의 아들은 얼마 가지 않아 죽었다고 한다.[1]

명리를 공부하는 사람은 함부로 사람의 수명을 논하거나 부적을 돈벌이의 수단으로 악용해서는 안 될 것이다. 자신의 행위는 선의로 했든 악의로 했든 자업자득으로 자기가 저지른 일의 결과를 자기가 받는 것이기 때문이다. 이것은 우리 역학인들이 반드시 알아야 할 교훈이다.

---

1)   부산 진관역학회 설진관 선생님의 이야기 인용

11

하늘의 비밀이 숨어 있는 지장간

"박 교장, 오늘은 지장간에 대해 공부해 봅시다."

"지장간이요? 한 번 들어본 것 같은데……."

"지난번에 명암합을 공부할 때 지장간에 대해 간단하게 공부했지요. 그 지장간을 좀 더 자세히 배우는 것이지요."

"박 교장, 지장간의 일수에 대해 알려 드릴게요. 지금은 몰라도 되지만 깊은 공부를 위해서는 반드시 알아두어야 할 것입니다. 조금 어렵다는 생각이 들어도 한 번 열심히 공부하시는 것이 좋겠습니다."

支藏干의 支는 지지를 말하고, 藏은 감추고 있다는 것을 말하고, 干은 천간을 말합니다. 지장간은 지지에 숨겨져 있는 천간이라고 할 수 있습니다.

사주에는 하늘을 상징하는 10개의 천간과 땅을 상징하는 12개의 지지가 있는데, 지장간은 12지지에 숨겨져 있는 천간을 말합니다. 지장간은 지난달의 기운이 남아 있는 여기(초기), 중간의 중기, 지지의 특성을 말해 주는 정기(본기)로 구성됩니다.

지지		寅	卯	辰	巳	午	未	申	酉	戌	亥	子	丑
오행		양목	음목	양토	양화	음화	음토	양금	음금	양토	양수	음수	음토
지장간	여기	戊	甲	乙	戊	丙	丁	戊	庚	辛	戊	壬	癸
	중기	丙		癸	庚	己	乙	壬		丁	甲		辛
	정기	甲	乙	戊	丙	丁	己	庚	辛	戊	壬	癸	己
일수		7,7,16	10,20	9,3,18	7,7,16	10,9,11	9,3,18	7,7,16	10,20	9,3,18	7,7,16	10,20	9,3,18

※ 巳午火와 亥子水는 체와 용을 달리함을 유의하시기 바랍니다.

한 달을 30일로 보면, 寅申巳亥의 일수는 7일, 7일, 16일이고, 辰戌丑未의 일수는 9일, 3일, 18일이고, 子午卯酉의 일수는 10일, 20일입니다. 이것은 지지 寅木의 지장간은 戊丙甲인데, 寅木의 지장간 일수가 7일, 7일, 16일이므로 寅月의 1일부터 7일까지는 戊土의 기운이 가장 강하고, 8일부터 14일까지는 丙火의 기운이 가장 강하고, 15일부터 30일까지는 甲木의 기운이 가장 강하다는 것입니다.

卯木의 지장간은 甲乙인데, 卯木의 지장간 일수가 10일, 20일이므로 卯月의 1일부터 10일까지는 甲木의 기운이 가장 강하고, 11일부터 30일까지는 乙木의 기운이 가장 강하다는 것입니다.

辰土의 지장간은 乙癸戊인데, 辰土의 지장간 일수가 9일, 3일, 18일이므로 辰月의 1일부터 9일까지는 乙木의 기운이 가장 강하고, 10일부터 12일까지는 癸水의 기운이 가장 강하고, 13일부터 30일까지는 戊土의 기운이 가장 강하다는 것입니다.

巳火의 지장간은 戊庚丙인데, 巳火의 지장간 일수가 7일, 7일, 16일이므로 巳月의 1일부터 7일까지는 戊土의 기운이 가장 강하고, 8일부터 14일까지는 庚金의 기운이 가장 강하고, 15일부터 30일까지는 丙火의 기운이 가장 강하다는 것입니다.

午火의 지장간은 丙己丁인데, 午火의 지장간 일수가 10일, 9일, 11일이므로 午月의 1일부터 10일까지는 丙火의 기운이 가장 강하고, 11일부터 19일까지는 己土의 기운이 가장 강하고, 20일부터 30일까지는 丁火의 기운이 가장 강하다는 것입니다. 子午卯酉에서 子卯酉는 지장간이 2개씩 있지만 午火는 丙己丁으로 3개가 있는 이유는 만약 午火의 지장간이 丙丁火만 있다면 강한 화기로 폭발할 위험이 있기 때문에 폭발을 막기 위해서 丙火와 丁火 가운데 습토인 己土를 넣은 것으로 봅니다.

未土의 지장간은 丁乙己인데, 未土의 지장간 일수가 9일, 3일, 18일이므로 未月의 1일부터 9일까지는 丁火의 기운이 가장 강하고, 10일부터 12일까지는 乙木의 기운이 가장 강하고, 13일부터 30일까지는 己土의 기운이 가장 강하다는 것입니다.

申金의 지장간은 戊壬庚인데, 申金의 지장간 일수가 7일, 7일, 16일이므로 申月의 1일부터 7일까지는 戊土의 기운이 가장 강하고, 8일부터 14일까지는 壬水의 기운이 가장 강하고, 15일부터 30일까지는 庚金의 기운이 가장 강하다는 것입니다.

酉金의 지장간은 庚辛인데, 酉金의 지장간 일수가 10, 20일이므로 酉月의 1일부터 10일까지는 庚金의 기운이 가장 강하고, 11일부터 30일까지는 辛金의 기운이 가장 강하다는 것입니다.

戌土의 지장간은 辛丁戊인데, 戌土의 지장간 일수가 9일, 3일, 18일이므로 戌月의 1일부터 9일까지는 辛金의 기운이 가장 강하고, 10일부터 12일까지는 丁火의 기운이 가장 강하고, 13일부터 30일까지는 戊土의 기운이 가장 강하다는 것입니다.

亥水의 지장간은 戊甲壬인데, 亥水의 지장간 일수가 7일, 7일, 16일이므로 亥月의 1일부터 7일까지는 戊土의 기운이 가장 강하고, 8일부터 14일까지는 甲木의 기운이 가장 강하고, 15일부터 30일까지는 壬水의 기운이 가장 강하다는 것입니다.

子水의 지장간은 壬癸인데, 子水의 지장간 일수가 10일, 20일이므로 子月의 1일부터 10일까지는 壬水의 기운이 가장 강하고, 11일부터 30일까지는 癸水의 기운이 가장 강하다는 것입니다.

丑土의 지장간은 癸辛己인데, 丑土의 지장간 일수가 9일, 3일, 18일이므로 丑月의 1일부터 9일까지는 癸水의 기운이 가장 강하고, 10일부터 12일까지는 辛金의 기운이 가장 강하고, 13일부터 30일까지는 己土의 기운이 가장 강하다는 것입니다.

지장간의 가장 중요한 역할은 격을 정하는 데에 있으며, 또 일간의 내면을 알 수 있는 매우 중요한 단서를 제공하기도 합니다. 또 지장간의 명암합과 암합을 활용하면 사주 통변의 실력을 한층 업그레이드할 수 있습니다.

경수			
己	庚	辛	壬
卯	辰	亥	辰
(甲	(乙	(戊	(乙
	癸	甲	癸
乙)	戊)	壬)	戊)

경수 사주의 년지 辰土 지장간에는 乙木 정재가, 월지 亥水 지장간에는 甲木 편재가, 일지 辰土 지장간에는 乙木 정재가, 시지 卯木 지장간에는 甲木 편재와 乙木 정재가 있습니다. 이것으로 경수는 주변 사람들 몰래 숨겨 둔 재물이 많든지, 처 몰래 숨겨 둔 애인이 많든지, 여자들이 많은 곳에서 근무를 한다고 짐작할 수 있습니다.

여명			
庚	丁	己	丙
戌	亥	亥	申
(辛丁戊)	(戊甲壬)	(戊甲壬)	(戊壬庚)

여명 丁火 일간은 년지 申金 지장간 壬水 정관과 丁壬合인 명암합을 하고, 월지 亥水 지장간 壬水 정관과 丁壬合인 명암합을 하고, 일지 亥水 지장간 壬水 정관과 丁壬合인 명암합을 하니, 주변 남자들에게 인기가 많다고 할 수 있습니다. 또는 여명에게 관성은 직장이기도 하기 때문에 직장이 많다거나 직장을 자주 바꾼다고도 할 수 있는데, 여명이 결혼 전에 직장을 자주 바꾸면 결혼 후에 일부종사가 어렵다고 합니다.

남명			
丁	庚	丁	己
丑	戌	丑	酉
(癸辛己)	(辛丁戊)	(癸辛己)	(庚辛)

남명은 일지 戌土와 시지 丑土가 丑戌刑으로 부부궁이 불리하여 이혼의 위기에 처할 수 있지만, 일지 戌土 지장간 戊土와 시지 丑土 지장간 癸水가 戊癸合인 암합을 하므로 쉽게 헤어지지 않을 것입니다.

12

명리학의 틀이 되는 격(格)

"박 교장, 사주 공부하느라고 힘드시죠? 조금만 참으세요. 이제 조금만 고생하시면 도사가 될 텐데, 한 번 참고 견디어 봅시다."

"오늘은 격 공부를 하기로 했지요?"

"예, 격은 사주 구조의 특성과 형상으로 일간의 부귀와 빈천을 판단할 수 있는 운명의 근본이 되는 것이지요."

"그럼, 사주의 격을 보면 그 사람의 부귀빈천을 알 수 있다는 것이오?"

"그렇습니다. 사주의 격은 그 사람의 품성이나 성격 등을 사주적으로 분류해 놓은 것이지요. 일간이 선천적인 성격이나 성향을 말한다면, 격은 후천적인 성격과 그 사람 그릇의 크기를 나타내는 것이지요."

※ 격의 개념

사람마다 사주가 다르다는 것은 사주팔자의 틀이 되는 구조가 다르다는 것입니다. 어떤 사람은 甲木 일간이고, 어떤 사람은 癸水 일간입니다. 또 어떤 사람은 년지가 寅木이고, 어떤 사람은 년지가 丑土입니다.

사주를 공통적인 성향으로 구분하는 방법 중의 하나가 바로 격입니다. 격은 월지에서 가장 왕성한 오행에 대한 일간의 관계성을 규율하면서 정해지는 것입니다. 그리고 격은 일간이 태어난 주변적 환경의 요소를 월지 육친에 대비하여 표현한 것으로써 일간의 환경이 되는 것입니다.

격의 판단 기준은 다음과 같습니다. 첫째, 월지 지장간 정기가 일간을 제외한 년간, 월간, 시간에 투출되면 그 정기가 격이 됩니다. 둘째, 월지 지장간 중기가 년간, 월간, 시간에 투출되면 그 중기가 격이 됩니다. 셋째, 월지 지장간 여기가 년간, 월간, 시간에 투출되면 그 여기가 격이 됩니다. 넷째, 월지의 여기와 중기가 동시에 투출한 경우에는 여기나 중기 중 강한 것을 격으로 잡습니다. 다섯째, 월지가 子午卯酉일 때는 지장간의 오행이 천간에 투출되지 않아도 격으로 잡기도 하는데, 이것은 子午卯酉가 사왕지이기 때문입니다. 여섯째, 월지에서 투출된 천간 오행이 없으면 지장간 정기를 격으로 잡습니다. 그 외에도 월지가 辰戌丑未일 때 격을 잡는 방법 등 다양한 방법이 있습니다.

사주를 보고 격을 알면 일간의 성격, 학문, 직업, 부귀빈천 등을 나름대로 파악할 수 있습니다. 격국의 격은 내격과 외격이 있는데, 내격은 팔격으로서 식신격, 상관격, 편재격, 정재격, 편관격, 정관격, 편인격, 정인격이지만 최근에는 월지가 일간의 건록인 건록격과 월지가 일간의 겁재인 양인격을 합하여 10가지로 구별하기도 합니다. 내격은 월지에서 격을 정하는 것이고, 외격은 월지 기준이 아니라 사주 구조를 보고 격을 정하는 것입니다. 여기에서는 내격 중심으로 설명하기로 합니다. 외격으로는 종격, 화격이 있는데 종격, 화격에 관한 내용을 부록에 수록한 것은 기본적으로 내격을 충실히 학습한 후에 외격을 공부하라는 의미입니다.

사주 1			
丙	庚	丙	丙
子	寅	申	戌
		（戊 壬 庚）	

사주 1은 월지 申金이 일간 庚金의 건록(월지가 일간의 건록이 되는 경우)이므로 건록격입니다.

사주 2			
戊	甲	癸	丁
辰	午	卯	巳
		（甲 乙）	

사주 2는 월지 卯木이 일간 甲木의 겁재(월지가 일간의 양인이 되는 경우)이므로 양인격입니다.

<table>
<tr><td>사주 3</td><td></td><td></td><td></td></tr>
<tr><td>壬
辰</td><td>辛
亥</td><td>戊
戌
（辛
丁
戊
）</td><td>丙
午</td></tr>
</table>

　　사주 3은 월지 戊土 지장간 辛丁戊에서 정기인 戊土가 월간
에 투출 되었는데, 월간 戊土는 일간 辛金의 정인이므로 정인
격입니다.

<table>
<tr><td>사주 4</td><td></td><td></td><td></td></tr>
<tr><td>丁
未</td><td>丁
巳</td><td>戊
寅
（戊
丙
甲
）</td><td>庚
戌</td></tr>
</table>

　　사주 4는 월지 寅木 지장간 戊丙甲에서 여기 戊土가 월간에
투출 되었는데, 월간 戊土는 일간 丁火의 상관이므로 상관격입
니다.

<table>
<tr><td>사주 5</td><td></td><td></td><td></td></tr>
<tr><td>甲
午</td><td>丙
申</td><td>庚
寅
（戊
丙
甲
）</td><td>辛
亥</td></tr>
</table>

　　사주 5는 월지 寅木 지장간에서 정기 甲木이 시간에 투출 되
었는데, 시간 甲木은 일간 丙火의 편인이므로 편인격입니다.

사주 6			
己	庚	辛	壬
卯	辰	亥	辰
		(戊甲壬)	

　　사주 6은 월지 亥水 지장간 戊甲壬에서 정기 壬水가 년간에 투출 되었는데, 년간 壬水는 일간 庚金의 식신이므로 식신격입니다.

사주 7			
乙	癸	庚	丁
卯	丑	戌	丑
		(辛丁戊)	

　　사주 7은 월지 戌土 지장간 辛丁戊에서 중기 丁火가 년간에 투출 되었는데, 년간 丁火는 일간 癸水의 편재이므로 편재격입니다.

사주 8			
壬	壬	丁	丁
寅	辰	未	丑
		(丁乙己)	

　　사주 8은 월지 未土 지장간 丁乙己에서 여기 丁火가 년간과 월간에 투출 되었는데, 년간과 월간 丁火는 일간 壬水의 정재이므로 정재격입니다.

사주 9는 월지 未土 지장간 丁乙己에서 정기 己土가 년간에 투출 되었는데, 년간 己土는 일간 癸水의 편관이므로 편관격입니다.

사주 10은 월지 巳火 지장간 戊庚丙에서 여기 戊土가 년간에 투출 되었는데, 년간 戊土는 일간 辛金의 정인이므로 정인격입니다. 또 월지 巳火 지장간 戊庚丙에서 정기 丙火가 시간에 투출 되었는데, 시간 丙火는 일간 辛金의 정관이므로 정관격입니다. 일간 辛金은 정관격과 정인격으로 2개의 격을 가지는데, 초년에는 정인격으로 살다가 말년에는 정관격으로 살아간다고 통변하기도 하고, 정인격보다 정관격의 세력이 강하기 때문에 정관격으로 보기도 합니다.

❀ 격의 특성

"문 교장, 격을 알았으면, 그 격이 운명에서 무엇을 설명하는 거요?"
"지금 설명해 드리지요. 성질도 참 급하시네."
"문 교장, 사주 공부가 너무 재미있어요. 빨리 설명해 주세요."
"내격의 10가지 정격은 다음과 같은 특성을 가지고 있답니다."

∷ 건록격(월지가 일간의 건록이 되는 경우)
건록격은 독립하려는 주관이 강해 일찍이 독립하여 자수성가하는 사람이 많고, 목표를 정하면 남의 조언이나 바른말을 무시한 채 자신의 일만 하는 사람이라 융통성이 심하게 결여

된 편이지만 초지일관의 자세로 성공하려는 성향이 매우 강합니다. 건록격은 직장 생활보다는 혼자서 활동을 하는 프리랜서, 의사, 변호사, 언론인 등에 인연이 있습니다.

:: 양인격(월지가 일간의 양인이 되는 경우)

양인격은 마음이 아주 강인하고 승부욕과 경쟁심이 매우 강해서 성공에 집착합니다. 양인격의 강인한 성향으로 인해서 사람들과 갈등이 심하고, 구설, 시비, 비난 등을 받을 수 있으므로 주변 사람들과 인간관계를 잘 맺어야 합니다. 양인격은 교육, 군인, 경찰, 검찰, 의료, 세무, 금융, 스포츠 등에 인연이 있습니다.

:: 식신격

식신격은 성격이 활달하고 표현력이 좋아 어학, 문학 등에 능력이 있어서 문필가나 작가로 이름을 떨치는 사람이 많습니다. 식신격은 장인 정신이 매우 강합니다. 식신격은 교육, 의사, 연구원 등에 인연이 있습니다.

:: 상관격

상관격은 임기응변에 능하지만, 승부욕이 강하여 상대를 배려하지 않으며, 참을성이 없어서 함부로 말을 내뱉는 독설이 있어 항상 자기 수련이 필요합니다. 상관격은 예체능, 언론, 과학, 발명, 제조 등에 인연이 있습니다.

:: 편재격

편재격은 안정적인 것보다 모험과 변화를 추구하며 움직이는 것을 좋아해서 한곳에 가만히 있지 못하기 때문에 한 직장에서 꾸준히 일하기가 어렵습니다. 편재격은 영업 방면에 능력이 있고, 짧은 시간에 많은 재물을 얻고자 하는 면이 강해서 특이한 사업이나 새로운 업종에 관심이 많고, 그 방면에 능력을 발휘하며, 이해타산에 따른 계산이 확실합니다. 편재격은 무역, 유통, 부동산, 금융, 증권 등에 인연이 있습니다.

:: 정재격

정재격은 안정을 추구하는 기질을 가졌으며, 절약 정신과 책임감이 강해서 한 조직에서 꾸준히 근무합니다. 안정을 추구하면서 재물을 모으려는 경향이 있고, 사업보다는 안정적인 장사를 통해 부동산 같은 것을 사 두는 경향이 있으며, 투자보다는 적금을 좋아하고 아주 알뜰합니다. 정재격은 공무원, 회사원, 은행, 금융, 재정, 회계, 경리, 무역, 세무 등에 인연이 있습니다.

:: 편관격

편관격은 권위적이고 독선적인 성향으로 권력이나 명예에 대한 집착이 강해 권력 지향적이지만 한편으로는 의리를 중시하는 성격이기도 합니다. 편관격은 교육, 군인, 경찰, 검찰, 차압, 수색 등에 인연이 있습니다.

:: 정관격

정관격은 원리원칙을 따르는 면이 강하고 공명정대함을 추구하면서 꾸준히 노력하는 성격이라 할 수 있습니다. 실리와 명분을 중시하고 모험적인 행동은 하지 않는 편으로, 행정 공무원에 적합한 성격입니다. 정관격은 공무원, 학자, 군인, 경찰, 법무, 회사원, 연구직 등에 인연이 있습니다.

:: 편인격

편인격은 재주가 많고 능력이 뛰어날 뿐만 아니라 이해력이 빨라서 모든 면에 능력을 보이는 편입니다. 그러나 꾸준한 면이 부족하고 게으른 성격이 내재되어 있습니다. 편인격의 단점은 어떤 사안에 대해 결정을 내린 후에도 계속 그 결정에 대한 생각을 한다는 것입니다. 편인격은 교육, 의료, 예술, 역술가 등에 인연이 있습니다.

:: 정인격

정인격은 총명하고 대인 관계도 원만하지만, 자신이 알고 있는 것만 말합니다. 정인격은 봉사 정신과 수치에 대한 능력이 뛰어납니다. 정인격은 교육, 육영, 문화, 예술, 창작, 민원, 세무 등에 인연이 있습니다.

경수   아내

                  식신

己   庚   辛   壬   庚   辛   庚   甲
卯   辰   亥   辰   寅   亥   午   午
정재   편인   식신   편인   정재   상관   편관   편관

           ⌒   ⌒
           戊   丙
           甲   己
           壬   丁
           ⌣   ⌣
        식신격   편관격

경수 사주의 격은 월지 亥水 지장간 戊甲壬에서 년간 壬水가 투출되었는데, 일간 庚金에서 년간 壬水를 보면 식신이므로 식신격이라고 합니다. 식신격의 일간은 솔직하고 성실하게 주변 사람들을 대하며 사람 사귀는 것을 매우 좋아하지만 변화를 싫어합니다. 또 성격이 활발하고 표현력이 뛰어나므로 어학, 문학 등에도 관심이 많으며 교수, 박사 등에도 인연이 있습니다. 특히 일간이 金이고, 월지가 水인 金水 식신격(상관격)은 金白水清(금백수청 : 金은 희고, 水는 맑으니, 가을에 태어난 金이 壬水를 만날 때를 말한다)이라고 하여 총명하고 다재다능하며 학문이 넓습니다. 경수는 사람 사귀는 것은 좋아하지만, 변화를 싫어하여 20년 가까이 일요일마다 금정산을 등산하면서 오직 같은 길만을 걷고 있으며, 지금까지 40권이 넘는 책을 집필했습니다.

아내 사주의 격은 월지 午火 지장간에서 천간에 투출된 것이 없기 때문에 일간 辛金에서 월지 午火 지장간 丁火를 보면 편관으로 편관격입니다. 편관격은 교육, 군인, 경찰, 검찰, 차압, 수색 등에 인연이 있는데, 아내는 편관격의 성향으로 교사 생활을 한 것으로 볼 수 있습니다.

사주에서 격은 일간의 대체적인 성향, 재능, 직업 등을 설명하지만, 이것을 전적으로 맹신해서는 안 됩니다. 왜냐하면 사람 수만큼이나 다양하고 복잡한 개인의 특성을 단지 10개의 격으로 설명하기에는 무리가 있기 때문입니다. 다만 사주를 감명하는 데 기본 단서가 된다는 정도로 참고하면 좋을 것입니다.

13

일간의 강약을 구별하는 신강사주와 신약사주

"문 교장, 그러면 사람의 운명은 격으로 결정되는 것이오?"

"아닙니다. 격은 그 사람을 나타내는 한 가지 방법에 불과하지요. 사람의 운명을 판단하는 데에는 여러 가지 조건들이 복합적으로 작용하지요. 오늘 공부할 신강사주와 신약사주도 그중의 한 가지이지요."

『사주정설』(백영관 저) 서론에 이런 이야기가 나옵니다. 일본의 운명학 연구가인 의학박사 오구시(大串) 씨의 병원에는 여름이면 이질 환자들이 많이 입원을 하는데, 대개 비슷한 나이의 어린아이들이고 중환자들입니다. 병원에서는 이질 환자들에게 현대 의학의 최첨단 치료법을 쓰고 만반의 주의를 기울여 성의 있는 간호를 합니다. 그런데 모든 아이들에게 같은 치료를 해도, 어떤 아이는 점차 쾌유하지만 어떤 아이는 병세가 악화되어 죽고 맙니다. 같은 병에 걸린 어린이들을 같은 방법으로 치료해도 누구는 죽고, 누구는 산다는 사실을 오구시 씨는 과학적으로 설명할 수가 없었지요. 입빠른 사람들은 사망 원인을 적리균의 강독 감염이거나 허약 체질의 탓으로 말하겠지만, 왜 강독 감염에 걸렸느냐, 왜 허약 체질인가에 대한 근본적 원인은 과학적으로 설명할 수 없으니 결국 그 사람의 팔자이고 운명이라고 할 수밖에 없다고 했지요.

처음 사주 공부를 할 때 신강사주와 신약사주의 구별이 매우 중요하다고 가르치는 것은 신강사주와 신약사주에 따라 용신이 바뀌기 때문일 것입니다. 일반적으로 일간을 도와주는 비겁과 인성이 많은 사주는 신강사주로 보고, 일간의 힘을 빼는 식상·재성·관성이 많은 사주는 신약사주로 봅니다.

❀ 신강(신왕)사주

　　신강사주의 특징은 인성이나 비겁이 많은 것으로 정신력이 매우 강합니다. 그릇이 커서 일희일비하지 않으며, 주변 사람들을 잘 품어 주고 아랫사람들을 잘 거느리며 이해해 준다는 것입니다. 그러나 신강사주의 단점은 자신이 신강하기 때문에 주변 사람들의 말을 잘 듣지 않으며 고집스러운 면이 많다는 것이고, 조직 생활에 적응을 잘하지 못해 다른 사람 밑에서 일을 하기 어렵다는 것입니다. 또한 주변 사람들을 챙겨 주기보다는 자신이 먼저 대접을 받으려고 합니다.

　　또 신강사주라고 하더라도 월지가 인성이나 비겁이 아니면 겉은 강해 보이고 투지가 강한 것처럼 보이지만, 어떤 일을 하면서 쉽게 포기하고 좌절합니다. 또 시작은 장대하지만 끝은 미미할 수 있으므로 항상 치밀한 계획을 기반으로 실행해야 합니다.

❀ 신약사주

　　신약사주는 대체로 여리고 착한 사람들로, 자기 자신의 이익보다는 사회의 규범이나 규칙을 중요시하고 항상 주변 사람들을 배려하는 것을 우선으로 합니다. 어떤 자리에서든 항상 예의 바르게 행동하며 주변 사람들을 위해 무엇을 할 것인가를 먼저 생각합니다.

　　신약사주의 단점은 항상 자신보다는 주변 사람들의 기분을 살피고 눈치를 보며 살기 때문에 스트레스가 심하다는 것입니다. 또 자신이 신약하기 때문에 주변 사람들(어머니, 형제, 친구, 동료 등)에게 의지하려고 하는 성향이 매우 강합니다. 신약사주의 용신은 비겁과 인성이므로 기신운인 식상운, 재성운, 관성운이 들어오면 인생이 고달프고 힘들어집니다.

　　사주에서 중요한 것은 신강사주인지, 신약사주인지가 아니고 자신에게 주어진 환경과 여건, 자신의 능력 등에 감사하며 그것을 자신의 삶에 최대한 활용하면서 행복한 삶을 사는 것입니다. 신강사주는 늘 일을 벌이려고 하지만 새로운 일을 시작할 때 항상 신중해야 할 것이고, 신약사주는 일을 벌이기보다 자신이 가지고 있는 것을 지키는 삶이 더 중요합니다.

일반적으로 신강사주를 다시 신왕사주와 신강사주로 구분하기도 합니다.

신왕사주	비겁이 많아서 신왕해진 사주	비겁은 재성을 극한다. 처, 여자, 재물이 안 된다.
신강사주	인성이 많아서 신강해진 사주	식상은 사업적 수단이며 기반인데, 신강하면 인성이 식상을 극해서 사업이 안 된다.

❀ 14 ❀
운명의 흐름을 알아보는 열쇠, 용신

경수는 잠이 오지 않아 역학 서적을 뒤적이다가 문득 10여 년 전에 처음 학원에서 역학을 공부할 때를 회상해 보았다.

"교장 선생님, 생년월일을 한 번 불러 보십시오."

"1952년 음력 10월 14일 오전 6시 10분입니다."

원장님이 경수 사주를 칠판에 커다랗게 적기 시작했다.

경수

己 庚 辛 壬
卯 辰 亥 辰

대운　92　82　72　62　52　42　32　22　12　2

辛 庚 己 戊 丁 丙 乙 甲 癸 壬
酉 申 未 午 巳 辰 卯 寅 丑 子

"야, 교장 선생님은 지금 살아 있는 것이 신기할 정도입니다. 어릴 적에 고생을 엄청 많이 하셨겠습니다. 맞습니까?"

"예. 제대로 먹지도 못해서 건강도 그리 좋은 편이 아니었던 것으로 기억하고 있습니다."

"교장 선생님은 대학에 들어가면서부터 고생은 끝이 났습니다. 정말 교육대학을 잘 갔습니다. 처음부터 교육대학을 가려고 생각했습니까?"

"그건 아니고, 사실은 육사를 가려고 했는데 시험에 떨어지는 바람에 교육대학에 갔습니다. 또 내 나이도 같은 학년 친구들보다 두 살 많기 때문에 병역 문제도 있고 해서 교육대학을 갔습니다."

"그래도 교장 선생님께서는 교대를 졸업하고 교직에 근무하면서부터 크게 고생하지 않고 살았을 것입니다. 20대에 들어서면서 교장 선생님의 고생은 끝이 났습니다. 교장 선생님의 대운은 2대운이 壬子이고, 12대운이 癸丑이니, 초년 사주가 물구덩이였습니다. 교장 선생님의 용신은 火인데, 火가 물구덩이에서는 꺼지게 되어 초년고생은 이만저만이 아니었을 것입니다. 그런데 22대운이 甲寅 대운이라 甲木과 寅木이 木生火로 용신인 火를 생하니, 교장 선생님의 인생이 제대로 풀리는 것이지요. 32대운은 乙卯 대운으로 역시 木生火가 되어 용신 火를 생해 주니까 계속 좋아지는 것이죠. 그렇게 72대운 己未 대운까지 좋다고 봐야지요. 나이로 따지자면 81살까지입니다."

"노년에도 무난한 삶을 살 수 있을까요?"

"이미 잘살고 있지 않습니까? 이런 시대에 교장으로 근무하고 계시니 된 것 아닙니까? 그리고 교장 선생님은 사주에 편인이 많아서 역학도 체질에 맞기 때문에 열심히 공부하십시오. 그리고 퇴직 후에 역학 연구소라도 차려서 후학들을 가르치면 좋지 않겠습니까?"

"현재로써는 그렇게 할 생각입니다마는 제가 언제 공부해서 그렇게 되겠습니까? 제가 우리 반에서 제일 공부를 못하는 것 같은데."

"처음에는 다 서툰 법입니다. 저 사람들도 처음에는 교장 선생님처럼 甲乙丙丁도 모르고 시작했으니 너무 걱정하지 마시고 천천히 공부하십시오. 또 교장 선생님은 대운에서 용신의 흐름이 너무 좋아서 평생 걱정하지 않아도 잘살 수 있습니다. 대운도 60년간 좋은데, 이렇게 좋은 대운을 갖기도 참으로 힘들지요."

"원장님, 용신이 뭡니까?"

"용신? 나중에 배우게 됩니다. 교장 선생님의 용신은 일단 木火로 보시면 됩니다. 교장 선생님은 겨울 亥月에 출생한 庚金이라서 사주가 차갑습니다. 그래서 사주를 따뜻하게 해 주는 火를 용신으로 하고, 木生火로 火를 도와주는 木을 희신으로 생각하시면 됩니다."

사실 그 당시에는 그렇게 어렵게만 느껴지던 용신 구하기가 시간이 지나고 보니 자연스럽게 익혀졌습니다.

사주에서 매우 중요한 것 중의 하나가 바로 용신입니다. 용신은 사람이 살아가는 데에 필요한 오행을 말하는 것으로 용신을 모르면 사주를 제대로 풀기 어렵습니다. 최근에는 용신을 찾지 않아도 된다는 사람들도 많은데, 그것은 아마 용신 찾기가 너무 어렵기 때문일 것입니다. 우리가 사주를 통변하면서 용신을 몰라도 된다면 아마 우리가 배워야 할 공부의 양이 반쯤 줄어들 것이니 그렇게 반갑고 고마울 수가 없을 것입니다. 그렇지만 우리가 반드시 용신을 알아야 하는 이유는 용신이 사주를 판단하는 기준이 되기도 하기 때문이지요. 남자의 경우, 용신이 정인이 되면 그 남자는 처의 도움을 받기는커녕 오히려 처덕이 없다고 예측할 수 있을 것입니다. 왜냐하면 재성인 처가 일간의 용신인 정인 어머니를 극하기 때문입니다. 그러나 남자의 용신이 정재라면 그 남자는 처덕을 볼 수 있을 것입니다.

용신을 사업의 시작 시기와 관련지어 보면 용신이 火인 사람은 亥子丑 수국 대운에는 사업이나 활동을 하지 말고 용신운이 오는 木火運을 기다려야 하는 것입니다.

용신을 찾는 방법으로는 조후용신, 억부용신, 통관용신, 병약용신, 전왕용신 등이 있는데, 그중에서 일반적으로 조후용신, 억부용신, 통관용신을 많이 활용합니다.

❀ 조후용신

용신법의 왕도는 조후용신입니다. 조후용신은 사주의 온도가 차가운가 뜨거운가를 기준하여 용신을 정하는 것으로 반드시 그렇지는 않지만 기본적으로 월지가 巳午未로 여름에 출생을 했다면 사주가 뜨거울 수 있으므로 水를 용신으로 한다는 것이고, 월지가 亥子丑으로 겨울에 출생을 했다면 사주가 차가울 수 있으므로 火를 용신으로 한다는 것입니다. 물론 겨울에 출생을 했더라도 사주에 얼어 죽지 않을 정도의 火氣가 있다면 굳이 火를 용신으로 할 필요는 없습니다. 따라서 사주 전체의 구조를 살펴서 용신을 정해야 합니다. 즉, 사주가 뜨거우면 찬 기운이 필요하고 사주가 차가우면 더운 기운이 필요한 이치입니다.

사주 1	사주 2	사주 3	사주 4
丁 己 辛 壬	己 丙 乙 丁	壬 壬 丙 己	乙 丙 癸 丙
卯 丑 亥 辰	亥 午 巳 丑	子 辰 子 丑	未 午 巳 午

사주 1은 亥月의 己土와 년간 壬水, 일지 丑土 등으로 사주가 전체적으로 차갑기 때문에 火가 용신입니다.

사주 2는 巳月의 丙火와 년간 丁火, 일지 午火 등으로 사주가 전체적으로 뜨겁기 때문에 水가 용신입니다.

사주 3은 子月의 壬水와 년지 丑土, 일지 辰土, 시간 壬水, 시지 子水로 사주가 전체적으로 차갑기 때문에 火가 용신입니다.

사주 4는 巳月의 丙火와 년간 丙火, 년지 午火, 일지 午火 등으로 사주가 전체적으로 뜨겁기 때문에 水가 용신입니다.

❈ 억부용신

억부용신의 '억부'는 누를 抑(억), 도울 扶(부)입니다. 신강사주에서는 일간의 힘을 설기시키고, 신약사주에서는 일간의 힘을 도와 사주를 중화시키는 데 필요한 오행이 바로 억부용신입니다. 신강사주와 신약사주를 구별하는 방법은 득령과 득지와 득세를 살피는 것입니다.

득령은 일간과 월지의 관계를 보는 것인데, 월지가 일간의 비겁이나 인성으로 일간을 생해 주면 득령을 한 것이고, 월지가 일간을 생해 주지 못하면 실령을 했다고 합니다.

득지는 일간과 일지의 관계를 보는 것인데, 일지가 일간의 비겁이나 인성으로 일간을 생해 주면 득지를 한 것이고, 일지가 일간을 생해 주지 못하면 실지를 했다고 합니다.

득세는 일간과 월지, 일지를 제외한 오행 중에서 일간을 생해 주는 오행이 몇 개가 있느냐에 따라 득세와 실세로 구분하는 것입니다.

경수

| 己 | 庚 | 辛 | 壬 |
| 卯 | 辰 | 亥 | 辰 |

경수 사주에서 일간과 월지 관계는 일간 庚金이 월지 亥水를 金生水하여 월지 亥水가 일간 庚金의 힘을 설기시켰기 때문에 실령을 한 것입니다.

경수 사주에서 일간과 일지의 관계는 일지 辰土가 일간 庚金을 土生金하므로 일지 辰土가 일간을 도와주기에 득지를 했다고 합니다.

경수 사주에서 득세는 일간과 월지, 일지를 제외한 년지 辰土, 시간 己土가 일간 庚金을 생하므로 득세를 한 것으로 봅니다.

신강사주와 신약사주의 용신은 용신 정법에 따라 정해지지만 이 방법이 절대적인 것은 아니며, 단지 신강사주와 신약사주를 구분하는 수많은 방법 중의 하나인 것입니다. 용신 정법은 간지 오행과 육친에 일정한 숫자를 부여하여 합산함으로써 신강사주와 신약사주를 구분하는 것입니다.

時	日	月	年	구분
1	日干	1	1	天干
2	2	2.5	1.5	地支

위의 도표에서 일간을 빼고 모두 합하면 11이 됩니다. 일간을 도와주는 십성의 숫자 합이 6 이상이면 신강사주이고 6 미만이면 신약사주로 봅니다. 합산 숫자가 5.5일 경우, 월지가 비겁이나 인성이면 신강사주로 보고 월지가 식상·재성·관성이면 신약사주로 봅니다.

사주 1

丁	戊	辛	乙
巳	子	巳	未

사주 2

丁	甲	辛	辛
卯	辰	卯	亥

사주 3

辛	壬	甲	癸
亥	午	子	亥

사주 1~3을 먼저 오행으로 구분합니다.

사주 1

火	戊	金	木
火	水	火	土

사주 2

火	甲	金	金
木	土	木	水

사주 3

金	壬	木	水
水	火	水	水

오행으로 구분된 사주를 다시 육친으로 정리합니다.

사주 1

인성	土	식상	관성
인성	재성	인성	비겁

사주 2

식상	木	관성	관성
비겁	재성	비겁	인성

사주 3

인성	水	식상	비겁
비겁	재성	비겁	비겁

일간을 도와주는 비겁과 인성 육친에 숫자를 부여합니다.

사주 1

1	土		
2		2.5	1.5

사주 2

	木		
2		2.5	1.5

사주 3

1	水		1
2		2.5	1.5

사주 1은 7, 사주 2는 6, 사주 3은 8로 모두 신강사주입니다. 용신 정법이 숙달되면 사주에서 바로 숫자를 부여할 수 있을 것입니다. 신강사주의 용신은 일간의 힘을 설기시키는 식상·재성·관성입니다. 사주 1의 용신은 金水木이고, 사주 2의 용신은 火土金이고, 사주 3의 용신은 木火土입니다.

사주 4

乙	戊	甲	戊
卯	午	寅	申

사주 5

甲	丁	乙	癸
辰	巳	丑	丑

사주 6

癸	丁	癸	庚
卯	酉	未	戌

사주 4~6을 먼저 오행으로 구분합니다.

사주 4

木	戊	木	土
木	火	木	金

사주 5

木	丁	木	水
土	火	土	土

사주 6

水	丁	水	金
木	金	土	土

오행으로 구분된 사주를 다시 육친으로 정리합니다.

사주 4

관성	土	관성	비겁
관성	인성	관성	식상

사주 5

인성	火	인성	관성
식상	비겁	식상	식상

사주 6

관성	火	관성	재성
인성	재성	식상	식상

일간을 도와주는 비겁과 인성 육친에 숫자를 부여합니다.

사주 4

	土		1
	2		

사주 5

1	火	1	
	2		

사주 6

	火		
2			

사주 4는 3, 사주 5는 4, 사주 6은 2로 일간을 도와주는 것이 6 미만이므로 신약사주

입니다. 신약사주의 용신은 일간의 힘을 생해 주는 비겁과 인성입니다. 사주 4의 용신은 火土이고, 사주 5의 용신은 木火이고, 사주 6의 용신은 木火입니다.

신약사주 중에서 가장 걱정이 되는 것은 재다신약사주인데, 재다신약사주는 신약사주이면서 정재와 편재가 혼합된 사주로 남자인 경우에 주변에 여자가 많다는 뜻으로 재혼할 사주로 보기도 하는데, 재다신약사주는 처와 재물이 기신이므로 처덕을 보기는 조금 힘들 것 같습니다.

재성이 많아서 신약이 된 사주를 흔히 재다신약사주라고 하는데, 재다신약사주는 자기 처에게는 무정하지만 남의 여자에게는 유정하기 때문에 나중에 혹시 여난이 발생하지 않을까 걱정이 되기도 합니다. 재다신약사주는 재물에 대한 집착은 강하지만 뜻대로 되지 않으니, 아예 장사나 사업과는 거리가 멀고 인생에서 오직 공부로만 승부를 걸거나 직접 자신의 재물을 챙기기보다는 다른 사람의 돈을 관리하는 은행, 금융, 재정 분야에 근무를 하면 좋습니다.

재다신약사주는 주변 사람들로부터 사기를 당하는 경우가 많기 때문에 평생 보증을 서거나 돈거래를 해서는 안 되며, 직업으로는 자신을 드러내지 않는 공무원, 연구원, 교사 등이 무난합니다.

특히 재다신약사주가 재물을 모을 때는 무서운 기세로 일어나지만, 재물이 없어질 때는 또 하루아침에 망하는 경우가 많습니다. 따라서 재다신약사주는 신약한 일간을 도와주는 비겁운이 오면 크게 성공하기도 하지만, 재물 관리를 철저히 하지 않으면 편안한 삶을 살기 어렵게 됩니다.

또 재다신약사주는 재성이 인성을 극하므로 재물을 취득하기 어렵고, 어머니와 인연이 약하거나 공부운이 좋지 않거나 도박 등으로 패가망신을 하게 되니 항상 재물 관리를 잘 해야 합니다.

사주 7			
壬	戊	乙	己
子	申	亥	亥

사주 8			
戊	丁	乙	庚
申	巳	酉	辰

사주 9			
辛	辛	丁	甲
卯	酉	卯	寅

사주를 육친으로 정리합니다.

사주 7

재성	戊		
재성		재성	재성

사주 8

	丁		재성
재성		재성	

사주 9

	辛		재성
재성		재성	재성

사주 7~9는 용신 정법에 따르면 신약사주인데, 신약사주의 원인은 재성이 많기 때문이므로 재다신약사주가 됩니다. 재성은 일간의 힘을 설기시켜 신약사주로 만들기 때문에 재다신약사주의 용신은 일간의 힘을 생해 주는 비겁입니다. 사주 7의 용신은 土이고, 사주 8의 용신은 火이고, 사주 9의 용신은 金입니다.

✿ 통관용신

통관용신은 사주에서 두 오행의 강약이 균등하여 대치할 때에 이들 사이에서 통관(연결)해 주는 오행을 통관용신이라고 합니다. 즉, 두 오행의 가운데 오행을 용신으로 하여 두 오행의 극을 생으로 바꾸어 극을 없애는 것입니다.

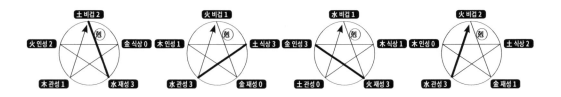

사주 1은 왕한 비겁 土와 재성 水가 상전하므로 가운데 오행인 식상 金이 土生金, 金生水를 하여 통관용신이 됩니다.

사주 2는 왕한 식상 土와 관성 水가 상전하므로 가운데 오행인 재성 金이 土生金, 金生水를 하여 통관용신이 됩니다.

사주 3은 왕한 재성 火와 인성 金이 상전하므로 가운데 오행인 관성 土가 火生土, 土生金을 하여 통관용신이 됩니다.

사주 4는 왕한 비겁 火와 관성 水가 상전하므로 가운데 오행인 인성 木이 水生木, 木生火를 하여 통관용신이 됩니다.

남명

비견 일간 겁재 식신

庚　庚　辛　壬

辰　辰　亥　辰

편인 편인 식신 편인

金	庚	金	水	비견	庚	겁재	식신	1	庚	1	
土	土	水	土	편인	편인	식신	편인	2	2		1.5

　남명은 亥月의 庚金으로 사주가 차기 때문에 조후용신인 木火를 용신으로 합니다. 또 남명의 억부용신을 구한다면 월지 亥水 식신으로 실령을 했지만, 일지 辰土 인성으로 득지를 했습니다. 그리고 년지 辰土 인성, 월간 辛金 비겁, 일지 辰土 인성, 시간 庚金 비겁, 시지 辰土 인성으로 득세를 하여 7.5로 신강사주입니다. 신강사주의 용신은 일간의 힘을 설기시키는 식신 水와 재성 木과 관성 火가 용신이지만, 일반적으로 일간이 극을 하는 재성 木과 일간을 극하는 관성 火를 용신으로 정하기도 합니다. 남명의 조후용신과 억부용신이 같기 때문에 木火가 확실한 용신인 것입니다. 따라서 남명은 인성인 土와 비겁인 金이 기신입니다.

　용신을 활용하여 신강사주인 己亥年의 운을 통변하면 다음과 같습니다.

己 → 土 → 기신

土는 인성으로 일간을 더욱 강하게 하기 때문에 기신입니다.

亥 → 水 → 기신

　水는 식상이니 용신으로 정할 수도 있습니다. 그런데 년간 壬水와 월지 亥水의 수기로 일간 庚金을 설기시킵니다. 세운에서 지지 亥水가 들어와서 신강사주인 일간 庚金의 힘을 설기시키는 것은 좋으나 水氣가 너무 강해져서 일간 庚金이 물에 가라앉는 水多金沈

(수다금침 : 金이 水를 생하지만, 水가 많으면 金이 가라앉는다)이 되기 때문에 기신으로 보는 것입니다.

己亥年의 세운은 다음과 같이 통변할 수 있습니다.

비겁 金運에는 신강사주를 더욱 신강하게 하는 金 비겁이 기신이기 때문에 형제, 친구, 동업 등의 운은 흉합니다.

식상 水運에는 水 식상이 용신이므로 일, 활동, 사업, 연구, 발명, 육체노동 등의 운은 길합니다. 그렇지만 水는 기신의 역할을 할 수도 있기 때문에 水運에는 조심해야 합니다.

재성 木運에는 木 재성이 용신이므로 처, 재물 등의 운은 길합니다.

관성 火運에는 火 관성이 용신이므로 명예, 승진, 남편, 자식 등의 운은 길합니다.

인성 土運에는 土 인성이 기신이므로 학문, 문서, 계약 등의 운은 흉합니다.

용신을 구하는 방법은 어느 한 가지로 정해진 것이 아니고 용신의 쓰임에 따라 다르기 때문에 어느 한 가지 방법만을 고집해서는 안 될 것입니다. 역학 공부를 하는 사람들이 가장 힘들어하는 부분이 용신인데, 독자들이 용신 정법에 따라 용신을 쉽게 찾을 수 있도록 도표를 제시합니다.

〈 내격 용신 도표 〉

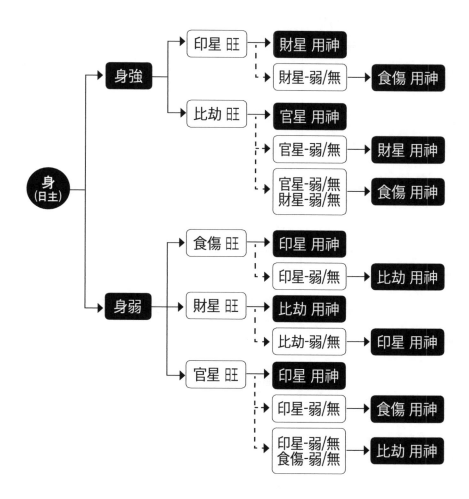

10년간 운명을 지배하는 대운

사무실에서 내담자와 상담 중인데, 휴대폰 벨이 울린다.

"문 교장, 나요. 지금 시간 있어요?"

"왜, 무슨 일이라도 있습니까?"

"아니, 사주 공부가 하고 싶어서 전화를 했지요. 오늘은 모처럼 야외에 나가서 공부합시다."

경수는 상담을 마치고, 박 교장과 함께 부산 근교 기장 바닷가의 어느 카페를 찾았다.

"문 교장, 사람은 사주도 중요하지만, 하루하루 살아가면서 만나는 운도 중요한 것이 아니겠소?"

박 교장은 자리에 앉자마자 물어보기 시작한다.

"그렇지요. 사람이 살아가는 데에 중요한 것은 사주보다 운이지요. 특히 대운이 중요하지요."

"대운은 우리가 말하는 운하고 다른 것인가요?"

"우리가 일반적으로 운이라고 하는 것은 대운을 말하지요. 대운은 10년마다 바뀌는 운인데, 이 대운이 앞서 배운 용신과 같은 운으로 흘러가거나 용신을 도와주는 희신운으로 흘러야 발복을 할 수 있지요."

"문 교장, 보통 대운이 온다고 하면 좋은 것이 아니요?"

"아니, 그것은 사람들이 대운이라는 말을 오해한 것입니다. 대운은 10년 단위이므로 좋건 나쁘건 모두 대운이라고 하는 거요. 좋은 대운인지 나쁜 대운인지는 운을 살펴봐야만 알 수 있는 거요."

사주를 자동차라고 하면 대운은 도로인데, 자동차가 아무리 멋지고 좋은 차라고 해도 도로가 비포장도로에 울퉁불퉁하면 자동차가 제 속력을 낼 수 없을 것이고, 자동차는 이내 망가질 것입니다. 그렇지만 비록 낡고 오래된 자동차라고 하더라도 도로가 시원하게 뚫린 고속 도로라면 그런대로 제 속력을 낼 수 있을 것입니다. 그래서 명리학에서는 사주 못지않게 대운도 중요하게 여기는 것입니다. 어떤 사람은 좋은 대운이 초년에 지나가서 평생을 고생하는 사람이 있는가 하면, 어떤 사람은 좋은 대운이 70세가 넘어서 오는 사람도 있고, 어떤 사람은 좋은 대운이 아예 오지 않는 사람도 있을 수 있습니다.

사주 공부를 하는 목적은 바로 이 운수를 알아서 개운을 하는 것입니다. 사람의 운수를 알기 위해서는 용신을 알아야 하고, 용신을 알아야 대운을 볼 수 있으며, 대운을 알아야 그 사람의 평생 운수를 알 수 있는 것입니다. 어쩌면 사람은 하루하루 운으로 살아가는 것이니, 사주보다 대운이 더 좋아야 하는 것입니다.

대운은 10년 만에 오는 운으로 사주에 10년간 작용을 하는데, 양년생 남명과 음년생 여명은 순행을 하고, 음년생 남명과 양년생 여명은 역행을 합니다. 순행하는 대운은 월주 다음의 간지에서 육십갑자를 시작하고, 역행하는 대운은 월주 앞의 간지에서 육십갑자를 역순으로 시작합니다.

대운을 구하는 방법은 다음과 같습니다. 남명이 甲丙戊庚壬인 양년생이면 월주에서 시작하여 순행을 하고, 여명이 乙丁己辛癸인 음년생도 월주에서 시작하여 순행을 합니다. 남명이 乙丁己辛癸인 음년생이면 월주에서 시작하여 역행을 하고, 여명이 甲丙戊庚壬인 양년생도 월주에서 시작하여 역행을 합니다.

대운을 찾기 위해서는 먼저 육십갑자를 알아야 합니다. 육십갑자는 고대의 중국과 우리나라의 역법에서 일상적으로 사용되었던 주기를 말합니다. 1년의 주기가 12개월이고, 1주일의 주기가 7일이듯이 육십갑자의 주기는 60년입니다.

육십갑자는 천간 甲乙丙丁戊己庚辛壬癸와 지지 子丑寅卯辰巳午未申酉戌亥에서 천간 甲木과 지지 子水를 결합하여 甲子로 시작해서 乙丑, 丙寅, 丁卯 … 壬申, 癸酉, 甲戌, 乙亥…로 진행하다가 마지막 癸亥로 끝나는 60개의 간지를 말하며, 환갑이란 일간이 태어난 해가 다시 돌아온 것으로 만 60세가 되는 날입니다.

甲子	乙丑	丙寅	丁卯	戊辰	己巳	庚午	辛未	壬申	癸酉
甲戌	乙亥	丙子	丁丑	戊寅	己卯	庚辰	辛巳	壬午	癸未
甲申	乙酉	丙戌	丁亥	戊子	己丑	庚寅	辛卯	壬辰	癸巳
甲午	乙未	丙申	丁酉	戊戌	己亥	庚子	辛丑	壬寅	癸卯
甲辰	乙巳	丙午	丁未	戊申	己酉	庚戌	辛亥	壬子	癸丑
甲寅	乙卯	丙辰	丁巳	戊午	己未	庚申	辛酉	壬戌	癸亥

경수

대운	82	72	62	52	42	32	22	12	2

己 庚 辛 壬　　　　庚 己 戊 丁 丙 乙 甲 癸 壬
卯 辰 亥 辰　　　　申 未 午 巳 辰 卯 寅 丑 子

경수는 남자이면서 壬水 양년생이므로 대운은 순행을 하게 됩니다. 월주가 辛亥이므로 辛亥 다음 간지에서 시작을 하면 壬子, 癸丑, 甲寅, 乙卯 순으로 대운이 전개됩니다. 경수는 亥月에 출생한 庚金이므로 사주가 차가우니, 火가 용신인 것이고, 火를 생해 주는 木이 희신인 것입니다. 22대운부터 72대운까지는 대운이 木火로 흘러가니 60년 대운이 좋은 것입니다. 그렇다고 재벌이 되거나 무소불위의 권력을 쥐는 것은 아니고, 인생의 여정이 대체로 좋은 운수로 큰 굴곡 없이 무던한 삶을 살 수 있다는 것입니다. 경수의 2壬子 대운은 2살에서 11살까지 10년간의 운수를 말하는 것이고, 12癸丑 대운은 12살에서 21살까지 10년간 운수를 말하는 것입니다.

아내

대운	86	76	66	56	46	36	26	16	6

庚 辛 庚 甲　　　　辛 壬 癸 甲 乙 丙 丁 戊 己
寅 亥 午 午　　　　酉 戌 亥 子 丑 寅 卯 辰 巳

아내는 여명이면서 甲木 양년생이므로 대운은 역행을 하게 됩니다. 월주가 庚午이므로 庚午 앞의 간지 己巳에서 시작하여 역행을 하면 戊辰, 丁卯, 丙寅, 乙丑, 甲亥 순으로 대운이 전개됩니다.

아내는 午月에 출생하고 년주에 甲午가 있어서 화기가 상승하여 조열하므로 이것을 해갈하는 水가 용신이고, 水를 생해 주는 金이 희신입니다. 지금 아내의 대운은 丑亥子 수국으로 흘러가므로 아주 좋은 운수로 흘러가고 있다고 볼 수 있습니다. 또 丑亥子 수국 대운이 지나가면 壬戌, 辛酉, 庚申 대운이 희신 金運으로 흘러가니 또한 아주 좋은 운수입니다. 결과적으로 보면 아내는 46乙丑 대운부터 평생을 좋은 운수로 살아갈 수 있는 것입니다. 대운이 좋다는 것은 대한민국 최고의 재벌이 된다거나 최고의 권력을 쥔다는 것이 아니고, 삶에 큰 고통이나 굴곡이 없이 무던하게 살 수 있다는 것을 말하는 것입니다. 물론 공직이나 직장에 근무하는 사람은 승진을 할 수 있는 운수이고, 사업을 하는 사람이라면 사업운이 좋아지는 운수이고, 공부하는 학생이면 공부가 잘되는 운수 등으로 보면 됩니다.

대운수는 스마트폰에서 원광만세력, 하늘도마뱀 등의 앱을 다운받으면 사주에 자동으로 표시되기 때문에 별도로 대운수 찾는 법을 배울 필요는 없고, 대운수를 사주 통변에 활용하는 방법만 알면 됩니다. 대운 찾기가 어려우면 아래의 표를 적어 두고 참고하셔도 됩니다.

대운 순역표
남자 - 년간 양간(甲丙戊庚壬) - 순행
남자 - 년간 음간(乙丁己辛癸) - 역행
여자 - 년간 양간(甲丙戊庚壬) - 역행
여자 - 년간 음간(乙丁己辛癸) - 순행
암기법 : 양남음녀는 순행, 음남양녀는 역행

❈ 16 ❈
운명을 개운시키는 비결, 12신살의 신비

"이제부터는 12신살에 대한 공부를 할 것입니다. 어떤 사람들은 12신살을 무시하면서도 도화살, 역마살, 화개살은 활용하기도 하지요. 12신살을 잘 활용하면 사주 통변을 더욱 잘할 수 있지요."

"신살이라고 하니까 조금 무섭다는 생각이 드네요. 혹시 귀신이 붙는 것은 아니죠?"

"하하하, 걱정하지 마십시오. 12신살 공부를 해 보면 정말 사주 공부가 재미있다는 것을 알게 되지요. 12신살은 년지 삼합 중심으로 년지와 각 지지 간의 관계를 말하는 것이지요."

"12신살이라는 것은 사주를 볼 때에 어떻게 활용하는 거요?"

"사주 공부를 하러 가면 12신살에 대해 공부를 하지만 실제 12신살을 활용하는 방법은 잘 가르쳐 주지 않지요. 그것도 비법이고 노하우이기 때문이지요."

"그럼, 문 교장은 12신살 비법을 가르쳐 준단 말이오?"

신살은 하늘에서 결정한 사항을 우리에게 알려 주는 것으로 12신살 중에는 길신보다는 흉신이 더 많은 편입니다. 신살은 사람의 몸으로 태어나서 살아가는 동안에 접하게 되는 길한 귀신인 길신과 흉한 귀신인 흉신을 모두 아우르는 것인데, 보편적으로 활용되는 12가지의 길신과 흉신을 12신살이라고 합니다. 12신살은 지지와 지지 사이의 관계에서 삼합의 작용에 따라 변화하는 상태와 형태를 풀이한 것으로 겁살, 재살, 천살, 지살, 연살(도화살), 월살, 망신살, 장성살, 반안살, 역마살, 육해살, 화개살의 12가지가 있습니다. 12신살은 보통 년지와 일지를 중심으로 보는 편이나 최근에는 년지 위주로 보며, 전체 사주와의 조화를 살펴 길흉을 판단해야 합니다.

인생사 모든 것은 자신이 하기 나름이라고 생각하고, 자신의 부족한 점을 채울 수 있도록 끊임없이 노력해야 합니다. 또 자신이 감당하기 어렵고 힘든 일이 발생하더라도 항상 밝고 긍정적인 마음을 가지고 솔선수범하여 노력한다면 사주에 없는 행운도 들어올 수 있으므로, 오직 꾸준한 노력으로 자신과 주변 환경을 변화시켜 자신의 운명도 바꿀 수 있다는 것을 명심해야 합니다.

12신살의 예시를 두 가지 이상으로 제시한 것은, 같은 12신살이라도 상황에 따라 서로 다르게 통변할 수 있어야 하기 때문입니다.

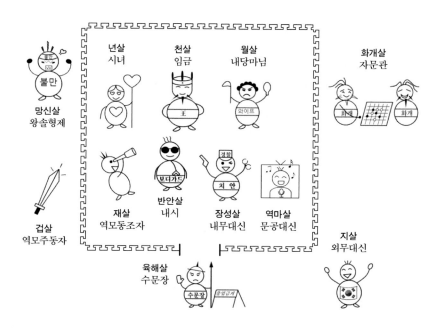

〈 12신살표 〉

12신살	寅午戌年生	巳酉丑年生	申子辰年生	亥卯未年生
겁살	亥	寅	巳	申
재살	子	卯	午	酉
천살	丑	辰	未	戌
지살	寅	巳	申	亥
연살(도화살)	卯	午	酉	子
월살(고초살)	辰	未	戌	丑
망신살	巳	申	亥	寅
장성살	午	酉	子	卯
반안살	未	戌	丑	辰
역마살	申	亥	寅	巳
육해살	酉	子	卯	午
화개살	戌	丑	辰	未

⊗ 겁살(劫殺)

겁살은 역모주동자로 겁탈, 강제, 강압, 구속, 차압, 강제 집행, 관재, 좌천, 개혁, 쿠데타 등과 관련이 있으며 사주에 겁살이 있는 사람은 자기주장이 강하지 못하여 자신의 것을 외부로부터 강탈당하거나 자신이 하는 일에 방해를 받는 경우가 많습니다. 또한 자신의 노력과 열정에 비해 결과가 미미하고, 평소 잘 지내던 주변 사람들과 관재구설에 휘말릴 수가 있으므로 항상 언행을 조심해야 합니다.

세운에서 겁살운이 들어오면 보증, 금전 거래 등으로 손재가 발생하며 재물을 강제로 빼앗기는 봉급 차압, 압류, 도둑, 강도, 집단 폭행, 금전 손실, 수술 등의 재난을 조심해야 하고 관재구설, 강제 차압, 압류, 세무 감사, 강제 철거, 강제 집행 등의 불이익을 당하더라도 소송을 제기하면 안 됩니다. 내가 옳고 상대방의 소송이 부당하다고 생각하지만, 상대방의 입장에서 보면 정당방위이므로 내게 항변 능력이 없는 것이기 때문입니다.

특히 겁살이 재성이면 보증, 금전 거래 등으로 손재가 일어나면서 재물을 강제로 빼앗기는 재난이 발생할 수 있거나 월급 차압, 압류 등이 들어올 수 있으므로 평생 금전 관리를 철저히 해야 할 것입니다.

겁살년에 결혼하면 순간적인 오기나 감정에 따라 결정해 버리는 결혼, 가족이 반대하는 결혼 등 말썽 많은 결혼을 하게 되므로 겁살년에는 결혼을 하지 않는 것이 좋습니다. 부부 중 한 사람이라도 세운에서 겁살운이 들어오면 부부 싸움이 잦아지고 이혼까지 가는 경우도 있으니 겁살운을 잘 넘겨야 합니다. 특히 겁살이 金이나 火에 해당되면 교통사고를 조심해야 합니다.

학생이 대학에 진학할 때 겁살 대운에 들었다면 의대, 법대, 체대, 사관학교, 경찰대학 등이 좋습니다. 왜냐하면 겁살은 힘의 논리이기 때문입니다.

사주에 겁살이 중중하고 겁살이 관성일 때는 의사, 군인, 경찰, 법관, 세무, 감사, 건축물 철거, 파괴 공학 등의 직업에 인연이 있으며, 행정관은 수상과 같고, 군인은 병권을 잡는다고 합니다.

집안 대주 년지 중심으로 겁살 방향과 천살 방향에 있는 대문 등을 함부로 수리하면 집안의 중심인물이 화를 입는 경우가 많으므로 조심해야 합니다.

그러나 겁살이 무조건 나쁜 것만은 아닙니다. 겁살생인 寅申巳亥生은 부모로부터 가업,

유산 등을 상속받을 수 있습니다. 겁살은 빼앗긴다는 개념보다는 빼앗는다는 개념이 더 강하기 때문에 주변 사람들이 관심이나 배려를 베풀어도 그 고마움을 알지 못합니다. 그래서 여명의 관성이 겁살이면 남편에게 아무리 잘해 주어도 남편이 고마워하지 않고, 자식이 겁살이면 부모가 힘들게 뒷바라지를 해도 다른 부모들처럼 해 주지 못한 것에 대한 불평불만을 늘어놓고, 인성이 겁살이면 어려운 형편 가운데 힘들게 부모를 봉양해도 부모는 자식의 효도를 모릅니다. 남명 사주에 재성이 겁살이면 처는 남편을 돈을 벌어 오는 기계쯤으로만 알고 자신은 놀고먹는 것을 당연하게 생각하면서 남편의 고마움을 모릅니다. 상대방이 일간의 겁살 띠가 되면 상대방은 일간의 생활 패턴을 바꾸려고 합니다.

겁살이 년지에 있으면 초년에 객지 생활로 고생을 하며, 가문을 잇기 어렵다고 합니다.

겁살이 월지에 있으면 부모 형제와 정이 없고, 형제 중에 단명한 사람이 있을 수 있습니다.

겁살이 일지에 있으면 부부 사이가 좋지 않고, 배우자가 질병에 고통당할 수 있습니다.

겁살이 시지에 있으면 자식의 몸이 허약하거나 자식이 귀합니다.

년지가 寅午戌 삼합이면 겁살은 삼합의 끝 글자 戌土 화개살 다음 글자인 亥水입니다.

남명				여명			
壬	戊	丙	辛	乙	戊	乙	己
子	寅	申	丑	卯	申	亥	亥
	겁살				겁살		

남명은 일지 寅木 관성에 겁살이 있으니 직장에서 공격의 대상이 되거나 법과 관련된 일이 발생합니다.

여명은 일지 申金 식상에 겁살이 있으니 일간이 하는 일, 사업, 아이디어, 생산품, 지적재산권 등에 압류가 들어옵니다. 또 자식 유산 등을 걱정할 수 있습니다.

사주 1				사주 2				사주 3			
甲	戊	戊	癸	己	甲	壬	庚	庚	甲	丁	庚
寅	申	午	亥	巳	辰	午	辰	午	辰	亥	寅
	겁살				겁살					겁살	

사주 1은 일지가 겁살이므로 부부 사이가 좋지 않고, 배우자가 질병으로 고통받을 수 있습니다.

사주 2는 시지 巳火 식상에 겁살이 붙으면 일간이 하는 일, 활동, 사업, 아이디어, 생산품, 지적 재산권 등에 압류가 들어옵니다. 또 여명인 경우에는 식상 자식에게 겁살이 붙으면 자식이 친구들로부터 왕따를 당하거나 폭행을 당하는 경우도 있습니다.

사주 3은 월지에 겁살이 붙었으므로 직장 등에 차압, 압류, 감원 등의 문제가 발생할 수 있습니다. 또 월지 亥水는 인성이므로 어머니, 문서 등에 겁살이 붙었다고 봅니다. 어머니의 건강을 유의해야 하고, 문서 취급을 할 때 조심해야 합니다. 월지 겁살이면 부모 형제와 정이 없고, 형제 중에 일찍 단명한 사람이 있을 수 있다고 합니다.

❀ 재살(災殺)

재살은 역모동조자인 일명 수옥살로 총명성, 아이디어, 연구, 정보, 첩보, 입원, 수감, 송사 등을 의미하며, 사주에 재살이 있는 사람은 교도소에 가거나 그렇지 않으면 신문 가판대, 컨테이너 등 좁은 공간에서 활동을 하게 됩니다.

재살은 꾀돌이며 머리가 총명한 편으로 순간적으로 불리한 처지를 벗어나려는 계책에 능하지만 자충수를 두어서 자신도 모르게 자신을 궁지로 몰아넣어 구속이 되거나 자유롭지 못한 상황이 되기도 하기 때문에 잔머리를 굴리거나 편법을 사용하지 말고 정도를 걷는 것이 매우 중요합니다. 사주에 재살이 있는데 또 대운과 세운에서 재살이 들어오면 먼저 명예를 실추당한 다음에 손재, 실물수, 관재구설, 배신 등을 당할 수 있으므로 항상 조심해야 하고, 재살은 일종의 손재이므로 세운에서 재살이 들어오면 그 재살에 해당하는 육친에 의한 손재, 송사, 병원 입원 등이 발생할 수 있습니다. 또 재살 대운에는 교통사고, 수술, 외과 질환 등이 우려된다고 합니다. 학생은 법학, 경찰, 군인, 스포츠 학과 등이 좋습니다. 일간의 재살 띠의 사람은 자기 실속만 채우기 때문에 동업을 하거나 종업원으로 채용을 하면 곤란한 일이 발생할 수 있습니다.

재살이 비겁이면 형제, 친구, 동업자 등으로 인하여 관재나 송사가 발생하게 되고, 때로는 증인으로 법정에 출두해야 하는 경우도 생깁니다.

재살이 식상이면 부하 혹은 아랫사람으로 인한 사고가 발생하게 되고 심하면 배신을 당하기도 합니다. 또 여명 식상이 재살이면 자식이 병원에 입원하는 경우도 생깁니다.

재살이 재성에 해당되면 남명은 처 혹은 아버지로 인한 손재, 즉 부친이나 처첩으로 인한 재산 압류, 재산으로 인한 송사가 발생하고, 여자로 인한 갈등이 발생하게 됩니다. 여명은 시어머니로 인한 갈등이 발생할 수 있습니다.

남명 재살이 관성과 동주하면 직장 상사와 업무 관계로 인한 관재와 송사 등이 발생할 수 있고, 여명 재살이 관성에 해당되면 남편이나 애인으로 인한 손재를 암시하고, 남편의 형제나 친구로 인해 관재구설과 송사 등이 발생할 수 있습니다.

재살이 인성이면 문서, 서류, 계약 등의 사기로 손실을 당할 수 있습니다. 특히 인성과 관성의 재살은 관재로 인한 관청의 소환을 받을 수 있으며 어음, 수표 등 상거래와 관련하여 경제 사범이 될 수도 있으므로 문서, 서류, 계약 등을 할 때는 특히 조심을 해야 할 것입니다.

사주에 재살이 있는 사람은 법규를 준수하는 군인, 경찰, 법무 등에 근무하면 관액을 면할 수 있다고 하며, 재살을 충하는 장성살운이 되면 신장개업이나 시험 합격, 취업 등의 길운으로 나타날 수 있습니다.

재살이 길신일 때는 경찰, 교도소, 군인 등을 상대로 재물을 모을 수도 있으며, 재살이 용신이면 군인, 경찰관, 교도관 등과 인연이 있게 됩니다. 또 재살이 재성에 해당되면 경찰서, 법원, 형무소 주변에 구내식당이나 관련 사업이 좋다고 합니다.

재살은 백호대살과 유사하므로 재살 방향으로는 이사를 가지 않는 것이 좋다고 하며, 재살은 일간의 비밀을 알고 있는 사람이기 때문에 집안에 중병의 환자가 발생했을 때는 재살 방향의 병원이 좋고, 병원 출입구도 환자 기준으로 재살 방향이면 좋습니다.

상대방이 일간의 재살 띠가 되면 상대방은 일간을 감시하고 놓아주지 않고, 의부증과 의처증을 가지고 있기 때문에 사는 것이 즐겁지 않습니다.

재살이 년지에 있으면 소송, 감금 등의 일이 있을 수 있습니다.

재살이 월지에 있으면 부모 형제 중에 큰 사고를 당하거나 객사한 사람이 있을 수 있습니다.

재살이 일지에 있으면 부부 사이가 좋지 않아 해로하기 어려울 수 있고, 자신이나 배우자가 사고를 당할 수 있습니다.

재살이 시지에 있으면 자식과 사이가 좋지 않고, 또 그 자식의 몸이 허약하고 질병이 있어 고생을 면하기 어렵다고 봅니다.

년지가 寅午戌 삼합이면 재살은 가운데 글자인 午火 장성살을 충하는 子水입니다.

남명				여명			
戊	戊	乙	甲	乙	戊	丙	辛
午	辰	亥	辰	卯	寅	申	丑
재살				재살			

남명은 시지 午火 정인에 재살이 붙었으므로 어머니가 총명하고 영리하며, 연구직 계통에 인연이 있습니다.

여명은 시지 卯木 정관에 재살이 붙었으므로 남편 혹은 직장의 송사, 사고 등을 조심해야 합니다.

오래 전의 이야기입니다. 교통사고로 부산 구치소에서 복역 중인 친구 면회를 갔다가 구치소 앞에서 수감 생활에 필요한 각종 의복, 서적 등을 리어카에 깔아 놓고 팔고 있는 고등학교 동기생을 만났는데, 그 친구 부모님은 옛날에 일식집을 경영할 정도로 상당한 재력가였습니다.

"아니, 니가 와 여기서 이런 장사를 하고 있노?"

"그렇게 됐네. 사업을 몇 번 망하고 나니 그렇게 되었어. 그래도 이것이 보기보다는 수입이 괜찮아."

"아니, 우리 고등학교 다닐 때, 너는 부잣집 아니었나?"

"부모님이 물려주신 그 많은 재산을 모두 날리고 나니까 살고 싶지 않더라고. 그래서 죽을 결심을 하고 부모님 위패를 모신 절에 가서 부모님에게 마지막 인사를 드리고 나오는데, 웬 스님이 부르더라고. 스님께 내가 살아온 이야기를 모두 말씀드렸더니, 스님께서 교도소 앞에 가서 장사를 한 번 해 보라고 하시더라고. 그렇게 된 거야."

40년 전의 이야기로 그 친구의 사주를 알 수는 없지만 혹시 스님께서 그 친구의 사주 재살이 재성인 것을 알고 계셨을까요?

❀ 천살(天殺)

　　천살은 임금으로 사주에 천살이 있으면 하늘을 쳐다보고 탄식할 일이 생기며, 인간의 힘으로는 어쩔 수 없는 자연적인 재앙이 발생한다고 합니다. 주로 천재지변, 마비, 정지, 불치병, 돌발 사고, 교통사고, 한해, 냉해, 수해, 지진, 낙뢰, 혈육 이별, 언어 장애 등과 관련이 있으므로 농업에 종사하는 것은 불리합니다. 또 임금은 최고의 능력자이므로, 천살의 은혜를 입어 승진 등을 하기도 합니다.

천살은 임금을 상징하는 최고의 지존으로서 사주에서나 세운에서 형충파극이 되지 않아야 합니다. 천살에 형충파극 등이 들어오면 집안에 시끄러운 일이 발생하고, 사업이나 활동 등이 잘 풀리지 않으며, 예상하지 못했던 일들로 인하여 주변을 시끄럽게 만듭니다.

천살은 하늘 천의 글자 그대로 상제, 군주, 왕을 의미하므로 하늘과 같이 높은 이상에 비해서 현재의 상황이 만족스럽지는 않습니다. 그렇지만 어쩔 수 없이 수용하게 됩니다. 사주에 천살이 있으면 일반인들에 비해 영감이 발달했다고 합니다. 천살은 왕이기에 하늘의 뜻을 그대로 받는 사자이기 때문입니다. 천살은 하늘이 내리는 혜택이나 재앙이 됩니다.

천살은 임금이므로 사주에 천살이 있으면 주변 사람들에게 굽히지 않고 받을 줄만 알며 잘 베풀지 못하지만, 이론을 펼치는 교수나 학계에 진출하면 권위가 살아납니다. 그래서 인성이 천살인 사람은 종교, 학문, 연구, 교육 등의 진로가 좋습니다.

천살 방향은 조상 방향과 선생님 방향이므로 학생의 책상 방향을 학생의 출생 띠에 맞추어 천살 방향으로 두면 학생의 성적이 오르지만, 학생의 책상 방향이 천살을 충하는 반안살 방향이면 열등아, 문제아가 될 수 있다고 합니다. 천살 방향은 조상의 왕래 방향이며 제사를 지내는 방향이므로 성경, 불경, 십자가, 마리아상, 교회나 절에서 가져온 달력, 그림, 액자 등의 종교물, 요란하고 시끄러운 물건 등을 놓아두면 좋지 않습니다.

천살 띠를 만나면 일간이 떠받들고 살아야 하고, 천살 띠의 말을 거역하면 무언가 불편한 느낌을 받기도 합니다. 일반적으로 두침 방향은 반안살 방향이 좋은데, 미혼녀가 천살 방향으로 두침을 하면 남자가 생겨서 결혼을 할 수 있지만, 남명이 천살 방향으로 두침을 하면 송사가 발생할 수 있기 때문에 조심해야 합니다. 남명이 결혼을 하고 싶으면 반안살 방향으로 두침을 해야 합니다.

천살이 년지에 있으면 초년 타향살이의 고생을 면하기 어렵습니다.

천살이 월지에 있으면 부모나 형제가 큰 사고를 당할 수 있습니다.

천살이 일지에 있으면 부부 관계가 좋지 않습니다.

천살이 시지에 있으면 자식에게 좋지 않은 일이 일어나기 쉬워서 자식으로 인한 근심과 걱정이 많습니다.

월지나 일지에 천살이 있으면 부부 관계가 좋지 않고, 배우자 중 어느 한 쪽이 불의의 화를 입을 수 있는 흉살이므로 일찍 결혼을 하는 것은 좋지 않습니다. 여명 사주에 천살이 있으면 임신이나 출산에 고통이 따릅니다.

년지가 寅午戌 삼합이면 천살은 삼합의 첫 글자 寅木 지살 앞 글자인 丑土입니다.

남명				여명			
丙	戊	戊	癸	甲	丙	庚	丁
辰	午	午	酉	午	子	戌	亥
천살						천살	

남명은 비겁이 천살이므로 형제, 친구, 동업자가 능력자 인연입니다.

여명은 식상이 천살이므로 사건 브로커, 중개인 등에 인연이 있습니다.

❀ 지살(地殺)

 지살은 외무대신으로 역마살과 달리 자의에 의해 이동, 변동을 하는 것이며 대표, 간판, 명함, 전단지 등 유형의 것을 말하고, 역마살은 소문, 홍보 등 무형의 것을 말합니다. 지살은 외교력을 나타낸다는 의미가 매우 강하기 때문에 지살 대운에 사업을 시작하는 것이 좋고, 영업장이나 가게의 간판, 홍보 포스터는 지살, 연살 방향에 걸거나 붙이는 것이 좋습니다. 지살과 충을 하는 역마살 방향에는 간판을 걸거나 홍보 포스터 등을 붙이지 않아야 합니다.

지살의 의미는 땅, 흙, 대지, 토지, 도로 등과 연관성이 많기 때문에 지살이 형충을 맞으면 교통사고를 조심해야 합니다. 사주에 지살이 있는데 대운과 세운에서 지살이 들어오면 해외 출입을 할 수 있습니다. 지살은 합형충파가 되면 변화가 발생하므로 이때 조심을 해야 합니다. 지살과 역마살이 충을 하면 주변의 환경 변화로 일간이 세웠던 계획적인 삶에 변화가 오기 때문에 수정해야 할 일이 생깁니다. 지살과 역마살이 충을 한 결과는 대체로 좋지 않은 경우가 많다고 하는데, 이때에는 특히 교통사고를 조심해야 합니다.

지살이 상관이면 세일즈맨이나 영업 분야가 적합하고, 지살이 재성이면 재성은 여자이고 돈이기 때문에 돈을 벌기 위해서 분주히 돌아다니게 됩니다. 지살로 돌아다니다가 여자를 만나기도 하고, 타지 또는 외국에서 돈을 벌거나 여자를 만나기도 합니다. 지살이 관성이면 외무부, 교통부, 무역업, 여행사 등 해외 근무의 인연이 많고, 지살이 관성이면 직장을 자주 바꾸게 되어 고정적인 직장에서 일을 하기 어렵다고 봅니다.

지살 대운이면 사업가는 자기 사업의 최고 전성기로 보고, 연예인은 최고의 인기를 얻게 되고, 학생은 정치 외교, 신문 방송, 외국어 등과 인연이 있고, 직장인이면 세일즈맨, 보험, 여행, 관광, 무역업, 통신, 항공, 자동차, 해운, 선박, 철도 등과 인연이 있습니다.

지살이 장성살과 합을 이루면 먼 곳으로 떠나서 공적인 임무를 수행할 수 있다고 합니다. 장성살은 자신을 버리고 공적인 일에 매진할 수 있기 때문입니다.

지살이 년지에 있으면 초년 타향 생활로 고생을 하며 자수성가합니다.

지살이 월지에 있으면 조상의 조업을 이어받지 못하고 부모복은 없지만, 관직 진출은 길합니다.

지살이 일지에 있으면 문장과 예술에 타고난 소질은 있으나 이로 인해 이동과 이사, 변동이 심하므로 필히 생명 보험에 가입을 해 두는 것이 좋고, 배우자가 서로 다른 사람을 찾아 떠돌아다니게 되어 부부 관계가 좋지 않습니다.

지살이 시지에 있으면 부동산으로 돈을 모을 수 있고, 지살 대운이나 세운에 인성운과 반안살운이 들어와도 부동산으로 재물을 모을 수 있다고 합니다.

년지가 寅午戌 삼합이면 지살은 삼합의 첫 글자 寅木입니다.

남명				여명 1				여명 2				대운	2015
庚	丙	己	庚	辛	丁	戊	丁	庚	辛	辛	甲	甲	乙
子	戌	卯	申	亥	巳	申	酉	寅	亥	未	午	子	未
			지살				지살	지살				재살	반안살
													편인

남명은 년지 申金 재성이 지살이므로 돈을 벌기 위해 돌아다니거나, 돌아다니다가 여자를 만납니다. 재성이 지살이면 외환, 국제 무역, 외국 투자, 국제결혼 등과 관련이 있습

니다. 처가 전문가이고 대표입니다.

여명 1은 일지 巳火 비겁이 지살이므로 형제자매가 멀리 떨어져 있거나 전문가이고 대표입니다.

여명 2는 시지가 지살이면 부동산으로 돈을 모을 수 있고, 지살 대운이나 세운에 인성운과 반안살운이 들어와도 부동산으로 재물을 모을 수 있다고 합니다. 여명은 甲子 대운으로 지살 대운은 아니지만, 평생 자신의 명의로 된 것이 하나도 없었는데 시지 寅木 지살과 2015년 乙未年의 未土는 인성운과 반안살운이므로 자신 명의의 아파트를 하나 구입할 수 있었습니다.

❀ 연살(年殺)

 연살은 시녀로 일명 도화살이라고도 하는데, 국립국어원 표준국어대사전에서 도화살을 검색하면 '여자가 한 남자의 아내로 살지 못하고 사별하거나 뭇 남자와 상관하도록 지워진 살'이라고 되어 있습니다. 조선 시대에 여자의 개가를 인정하지 않았을 때의 연살(도화살)은 멸문의 살로, 이 살이 있는 여자는 성욕이 강해서 한 남자로는 만족할 수 없다고 하여 남편과 사별하는 원인이 된다고 믿었기에 여자 사주에 연살(도화살)이 있으면 음란한 성질 때문에 자신을 망하게 하는 것은 물론 한 집안을 망하게 한다는 이유 때문에 혼인에 있어서 기피하는 사례가 많이 있었습니다.

도화살에서 도화란 복숭아나무 桃(도), 꽃 花(화)로 붉은 복숭아꽃이란 뜻인데, 꽃처럼 아름다운 모습으로 사람들을 유혹한다 하여 좋지 않게 표현했습니다. 그러나 지금은 도화살이 있는 사람은 활동적이고 주변 사람들의 인기를 얻는 살이라고 하여 이성에게 섹시하고 매력적으로 보이는 살이라고 표현합니다. 연예인, 예술가, 가수, 작가 등 대중을 상대로 하는 직업에는 좋은 살로 여겨지고 있습니다. 그러나 사주에 도화살이 있으면 항상 이성과 색정 관련 문제를 조심해야 합니다. 또 사주에 도화살이 있으면 결혼상담소, 중매, 남녀 동석, 모텔 등의 직업에 인연이 있고, 도화살운에 사업을 시작하면 사업 부진입니다.

도화살이 있는 사람은 사교적인 성격으로 항상 명랑하고 타인에게 친절합니다. 비즈니

스나 직장 내 처세 또는 대인 관계에서 도화살이 있어야 유능하다는 평가를 얻고 인기도 얻습니다. 관상학에서는 입 주변의 점을 도화점이라고 하고, 여명의 경우에 매력 포인트로 작용하기도 합니다. 또 눈웃음이 많고 보조개가 있는 사람도 도화기가 있다고 봅니다.

사주에서 말하는 도화살은 지지의 子午卯酉이므로 지지에 子午卯酉가 어디에든 있으면 일단 도화살이 있다고 보면 됩니다.

년지에 도화살이 있으면 남자는 연상의 여자를 만나고, 여자는 연하의 남자를 만납니다.

월지에 도화살이 있으면 부모 도화살이므로 조심해야 합니다.

일지에 도화살이 있으면 색정과 이성 관련 구설로 고생을 할 수 있습니다.

시지에 도화살이 있으면 시지는 자식 자리이므로 원조 교제 등과 같이 자식 같은 남녀와 색난을 일으킬 수 있으므로 조심해야 하고, 자식이 애정 문제로 속을 썩이기도 합니다.

도화살이 형살을 맞으면 비뇨기과, 산부인과 질환이 있을 수 있고, 세운에서 도화살이 들어오면 이성과 관련된 일이 발생하므로 조심해야 하지만, 특히 연예인인 경우에는 대중들로부터 인기와 주목을 받기도 합니다. 연예인뿐만 아니라 성형외과, 헤어 디자이너, 학원 강사, 영업 사원 등 대중을 상대로 하는 직업을 가진 사람들은 인기와 주목을 받는 도화살이 매우 유리하게 작용할 수도 있습니다. 연예인 사주에 도화살이 있으면 대중들의 인기와 사랑을 독차지하고 엄청난 재능을 발휘할 수 있을 것입니다. 또 백화점과 같은 화려한 곳에서 액세서리, 화장품, 명품 의류, 명품 가방, 보석 등을 취급한다면 뛰어난 유행성 감각과 천진난만한 성격으로 많은 고객을 확보할 수 있을 것입니다.

연예인 등 대중을 상대하는 사람들을 제외하고, 일반 사람들이 도화살을 막을 수 있는 방법은 매사에 말과 행동을 조심하는 것입니다.

도화살과 홍염살의 차이는 다음과 같습니다. 도화살은 대중들에게 사랑을 받고 그것을 누리고 만끽하는 것이지만, 홍염살은 외모도 매력적이지만 애교가 많고 성격이 사랑스럽고 대인 관계가 원만하기 때문에 대중들에게 인기와 주목을 받아야 하는 연예인들에게는 필수적인 신살이라고 할 수 있습니다. 도화살은 홍염살보다 주변 사람들을 의도적으로 유혹하는 경향이 강합니다. 홍염살이 있는 사람들은 자신을 화려하게 꾸미는 것을 좋아하여 연예인, 예술가, 디자이너 등의 직업에 인연이 있다고 합니다.

일반적으로 간판, 게시물 등은 지살 방향이 좋다고 하지만, 도화살 방향으로 간판이나 홍보물을 게시해도 좋고, 식당을 경영할 때는 주방을 도화살 방향으로 해도 좋다고 합니다.

요즘의 도화살은 인기와 주목을 받는 살이므로 가장 좋은 살 중의 하나입니다.

또 도화살을 다른 12신살과 다르게 일지로 참고하는 경우도 있는데, 寅午戌日生이면 卯日에 도화살이 발생할 수 있고, 음력 2月 卯月에도 도화살이 발생할 수 있다고 봅니다.

년지가 寅午戌 삼합이면 도화살은 삼합의 첫 글자 寅木, 지살의 다음 글자인 卯木입니다.

남명				여명			
壬	戌	乙	己	丁	己	己	庚
子	申	亥	亥	卯	酉	丑	寅
연살				연살			

남명은 시지 子水 재성이 연살이므로 재물은 남녀 동석, 꾸미는 것, 남녀 공학, 모텔, 찜질방 등과 관련이 있습니다.

여명은 시지 卯木 관성이 연살이므로 여명이 다니는 회사가 꽃단장을 하는 회사이거나 드라마 각색 등과 인연이 있습니다.

❀ 월살(月殺)

월살은 내당마님으로 모든 것이 고갈되고, 무기력증이나 위축증으로 고생하는 일명 고초살로 내 명분이 없어지는 기운입니다. 여러 사람이 함께 씨를 뿌려도 내 것만 싹이 트지 않는 것입니다. 그러나 그것이 반사 이익으로 좋은 결과를 가져올 수도 있으므로 그렇게 걱정하지 않아도 됩니다. 택일을 할 때 년지 중심의 월살일과 일지 중심의 월살일을 택일하지 않습니다. 왜냐하면 월살은 화개살을 충하기 때문입니다. 특히 과거 농업 시대에는 월살을 고초살이라고 하여 월살일에 씨 뿌리는 것을 금지하였습니다. 또한 월살일에는 잔치, 이사, 집수리, 혼인 등을 하지 않습니다.

월살을 내당마님에 비유하는 이유도, 내당마님이 사실은 정통 황후가 아니고 제왕의 소실격이기 때문입니다. 그리고 소실로서 고초가 많을 것이라고 하여 고초살이라고도 하는 것입니다. 따라서 월살은 의도하지 않은 일로 변화를 당하는 것으로 자신의 의사와 관계없이 이동, 변동이 따릅니다.

월살은 가정주부가 남편에게 한 달 용돈을 주듯이 내당마님이 천살에게 용돈을 준다고 하여 월살이 들어오는 운에는 상속의 의미가 있습니다. 유산, 상속, 보험금 등으로 재물은 들어오지만 결국은 부모, 남편, 처 등의 혈육을 잃어버리는 고초를 당하는 것입니다. 그래서 사주에 월살이 있으면 무조건 보험 가입을 권유합니다. 작은 상속, 유산이라도 받을 수 있는 운이기 때문입니다. 특히 월지가 월살이면 상속받을 일이 생긴다고 합니다. 장인과 장모가 월살 띠 사위를 만나면 사위 덕이 있고, 남자가 월살 띠 여자를 만나면 처덕이 있다고 합니다. 또 비서를 구할 때는 월살 띠가 좋습니다.

월살은 화개살을 충하는 살입니다. 화개살을 정통 종교라고 보면, 월살은 사이비 종교이거나 기본 종교에 대한 불만을 말하는 것입니다. 년지 기준으로 사주에 월살운이 들어오거나 사주에 월살이 있으면 조상을 종교적으로 거부하거나 조상의 가업을 이어받지 못하고, 조상 산소 이장 등의 문제가 발생합니다.

년지에 월살이 있으면 조실부모하거나 타향 생활로 고생할 수 있으며, 하는 일이 생각보다 잘 풀리지 않습니다.

월지에 월살이 있으면 머리가 총명한 팔방미인입니다. 일을 많이 벌이지만, 자만심으로 인하여 용두사미로 끝나서 손해를 보는 경우가 많습니다.

일지에 월살이 있으면 배우자와의 인연이 좋지 않아서 서로 별거하거나 주말 부부가 되기 쉽습니다.

시지에 월살이 있으면 자식으로 인한 근심과 걱정이 많습니다.

상대방이 일간의 월살 띠가 되면 상대방은 일간이 하는 일을 간섭하고 감시합니다.

월살의 직업은 기존의 시스템을 파괴하는 것으로 비밀, 스파이, 야간작업, 정보, 사채, 철학, 작가 등에 인연이 있습니다. 또한 월살은 화개살을 충하여 기존 시스템을 파괴하는 성향으로, 학생이 건축학을 전공한다면 파괴 공학 등이 좋습니다. 월살은 辰戌丑未 土이므로 부동산 브로커, 중개인, 중매인 등이 좋습니다. 특히 사주에 식상이 없으면 중간 과정을 생략해서 돈을 가져가는 것이니까 더욱 부동산 브로커, 중개인, 중매인 등이 좋습니다.

천살, 월살, 반안살, 화개살은 辰戌丑未로 육친 입묘 성질이 있으므로 사주에 土가 많으면 항상 암을 조심해야 합니다. 土는 일종의 잡신이므로 새집에 입주할 때는 반드시 쑥, 팥, 소금, 고춧가루 등으로 악기 제거 및 소독을 해야 합니다. 사주에 년지 중심의 월살이 있으면 월살에 입묘되는 조상이 행방불명이 되었거나 객사, 아사를 했다고 보는 것입니다.

년지가 寅午戌 삼합이면 월살은 삼합의 끝 글자인 戌土 화개살과 충을 하는 辰土입니다.

남명				여명			
丁	辛	癸	乙	壬	癸	癸	庚
酉	丑	未	酉	戌	未	未	辰
		월살			월살		

남명은 월지 未土 인성이 월살이므로 어머니에게 장애가 있거나 사회 활동이 활발하지 못할 수 있고, 공부에 장애가 발생할 수 있습니다.

여명은 시지 戌土 관성이 월살이므로 남편이 사사건건 간섭하고 방해를 합니다. 또 남편에게 장애가 있거나 사회 활동이 활발하지 못합니다.

✳ 망신살(亡身殺)

망신살은 왕솔형제이지만 임금이 되지 못한 한, 미련, 아쉬움 등이 있습니다. 그래도 왕솔형제이기에 전문가로 승부를 걸고 경쟁하지만, 내 의지대로 되지 않으니 승진 누락 등의 불이익이 있습니다.

망신살은 일명 官符殺(관부살), 破軍殺(파군살)이라고도 하며 주색으로 인하여 주변 사람들의 구설수에 오르거나 망신을 당하는 것을 말합니다. 남명의 주색은 재물이 있어야 가능하기 때문에 재력을 의미하기도 하지만, 사리 분별이 미숙하여 재물이나 사업에 실패하는 경우가 많기 때문에 망신살 방향에는 간판을 걸지 않고 홍보 포스터도 붙이지 않습니다. 또한 주색으로 인한 관재구설로 경찰서나 법원 등에 자주 가게 되고, 건강을 망치거나 금전적으로 손실을 볼 수 있기 때문에 항상 과욕을 줄이는 것이 중요합니다. 도화살과 망신살의 다른 점은, 도화살은 이성 관계로 인한 색난이고 망신살은 인간관계, 재물, 관재, 보증 등으로 망신을 당하는 것입니다. 망신살 방향은 작은 이익을 창출할 수 있는 방향으로, 짧은 시간 내에 어떤 목적을 달성할 수 있는 방향이기도 하기 때문에 급한 돈은 망신살 띠에게 빌리러 가곤 합니다. 돈을 빌리는 것이 망신이기 때문입니다.

연예인의 사주에 망신살이 있으면 항상 스캔들을 조심해야 하고, 일지 중심 12신살로 여명 망신살 띠가 바람을 피우면 반드시 남편에게 들키게 되어 있고, 남편이나 처가 바람이 나서 집을 나갔다면 망신살 방향에 있습니다. 특히 건록은 일간의 몸이기 때문에 건록인 망신살이 충을 당하면 건강이 좋지 않습니다.

년지가 망신살이면 가까운 조상대에 주색으로 구설수에 오른 경우가 있을 수 있고, 일찍부터 객지 생활을 하거나 물려받은 가산을 탕진할 수 있으므로 재물 관리를 잘 해야 합니다.

월지가 망신살이면 부모 형제가 구설수에 오를 수 있어 집안이 불안하고 위태로운 생활의 연속이 될 수 있습니다.

일지가 망신살이면 부부간에 정이 없어 서로 갈등이 심할 수 있으므로 서로 배우자의 입장을 이해하고 배려하는 마음이 필요합니다.

시지가 망신살이면 자식으로 인한 구설수에 휘말려서 말년이 편하지 않을 수 있으므로 어릴 때부터 자식 교육에 만전을 기하는 것이 좋습니다. 그러나 망신살 띠인 자식을 잘 키우면 큰 효자가 되기도 합니다.

망신살은 구설, 시비, 망신 등으로 재성이 망신살이면 금전, 재물 때문에 망신을 당할 일이 생기거나 배우자에 대한 불만이 있습니다.

세운이 망신살이면 오랫동안 묵었던 문제를 풀고 평가를 기다리는 긍정적인 운으로 시험 합격, 승진, 취업 등의 길운이기도 합니다.

년지가 寅午戌 삼합이면 망신살은 삼합의 끝 글자 戌土, 화개살 다음 글자인 亥水, 겁살을 충하는 巳火입니다.

남명				여명			
甲	戊	乙	己	丙	辛	癸	壬
寅	申	亥	亥	申	亥	丑	子
망신살				망신살			

남명은 시지 寅木 관성이 망신살이므로 직장에서 승부를 걸겠다고 열심히 일을 하지만, 남명의 의지와 의욕대로 잘되지 않고, 모든 일이 어긋나서 괴롭고 허탈한 마음입니다.

여명은 일지 亥水 식상이 망신살이므로 자식에 대한 한, 미련, 아쉬움 등이 있습니다.

경수

己	庚	辛	壬
卯	辰	亥	辰
		망신살	

월지가 망신살이면 부모 형제에 대한 한, 미련, 아쉬움 등이 있습니다. 노인에게 망신살 운이 오면 건강을 조심해야 한다고 하는 것은, 망신살을 염하는 모습으로 보기 때문입니다. 자식이 망신살 띠면 부모의 기대에 미치지 못하는 자식, 안타까운 자식, 아쉬운 자식, 부모의 잔손이 많이 가는 자식 등이라고 볼 수 있습니다.

경수는 월지 亥水가 망신살이므로 월간 辛金도 망신살에 해당하는데, 월간 辛金은 겁재로 경수의 형제이기도 하지만, 월간으로 아버지일 수도 있습니다. 아버지는 태어나기도 전에 할아버지가 돌아가시는 유복자였으니 초년 성장 과정에 얼마나 많은 한, 미련, 아쉬움이 있었을까요? 아버지는 젊은 시절 일본에 징용을 가셨다가 해방 후에 돌아오셨습니다. 아버지는 술을 마시면 으레 부르시는 노래가 있었습니다.

"이 풍진 세상을 만났으니 너의 희망이 무엇이냐
부귀와 영화를 누렸으면 희망이 족할까
푸른 하늘 밝은 달 아래 곰곰이 생각하니
세상만사가 춘몽 중에 또다시 꿈 같도다"

❀ 장성살(将星殺)

장성살은 내무대신으로 머리가 총명하고 정의감이 강하고 주관이 뚜렷하며, 용맹, 승진, 번영, 권력 등을 말합니다. 정치, 관직 등에 진출하면 대권을 장악할 수 있는 출세를 말하지만, 고집이 세어서 주변 사람들과 갈등을 잘 일으킬 수 있으므로 항상 주변 사람들과 대인 관계를 잘 맺어야 합니다. 사주에 장성살이 있는 사람은 자신이 하는 일에 신념을 가지고 끊임없이 노력해야 하고, 사람을 대하는 데 있어서 유연하고 부드러워야 하며, 주변 사람들의 의견에 귀를 기울이는 포용력도 가져야 합니다. 장성살은 학업 중단, 직장 중단의 위험이 있어서 재수, 독학을 하거나 다른 일을 할 수도 있습니다.

장성살은 장군의 역할로 자존심이 강하고 주관과 개성이 뚜렷합니다. 장성살은 나를 지켜 주는 장군으로 귀인과 같아서 집, 사무실, 영업장 등의 방문을 장성살 방향으로 내면 안 되고, 장성살 방향은 막혀 있어야 됩니다. 장성살 방향에 출입문이 있으면 사람이 안정되지 않고, 재물이 모이지 않고 새어 나갑니다. 만약 장성살 방향에 창문이 있다면 창문은 막으면 되고, 영업장이나 가게의 장성살 방향으로 출입문이 있다면 장성살 반대 방향인 재살 방향으로 작은 문을 하나 내는 것이 좋습니다.

집안에 질병이 발생했을 때를 살펴보면 침실 방향이 장성살 방향으로 나 있는 경우가 많거나 두침을 천살 방향으로 하고 있으며, 천살 방향에 종교물 등이 놓여 있는 경우가 많습니다. 산모가 출산을 할 때도 신생아 띠를 기준으로 장성살 방향에 산실 문이 있으면 좋지 않다고 합니다.

장성살이 년지에 있으면 높은 권력으로 사람들을 통솔하는 위치에 오를 수 있습니다.

장성살이 월지에 있으면 교육, 사법, 검찰, 경찰, 군인 등 공직으로 진출할 수 있습니다.

장성살이 일지에 있으면 자신은 부귀공명을 떨칠 수 있으나 부부 사이는 좋지 않아서 별거, 이별이 있을 수 있으므로 평소 부부간의 사이가 나빠지지 않도록 서로 이해하고 배려하는 마음이 필요합니다.

장성살이 시지에 있으면 말년이 고귀해지는 팔자로 영화롭고 고귀한 생활을 할 수 있습니다.

장성살이 공망되면 세상을 도피하는 경향이 있고, 재성과 동주하면 거부가 될 운이며, 양인살과 동주하면 법관이 될 운입니다.

여명에 장성살이 있으면 남편에게 순종하지 않고, 가정생활보다는 사회 활동에 관심이 더 많습니다.

년지가 寅午戌 삼합이면 장성살은 가운데 글자인 午火입니다.

남명				여명 1				여명 2			
己	庚	庚	乙	戊	丙	庚	丙	庚	辛	庚	甲
卯	午	辰	未	戌	子	寅	子	寅	亥	午	午
장성살					장성살	장성살			장성살	장성살	

남명은 시지 卯木 정재가 장성살이므로 돈을 주고받고, 현금을 집행하는 경리, 총무 등에 인연이 있습니다.

여명 1은 년지 子水 관성과 일지 子水 관성이 장성살이므로 남편이 교육, 경찰, 군인 등에 인연이 있을 수 있고, 여명 자신이 장성살 기운을 가지고 있습니다.

년지가 장성살이면 높은 권력으로 사람들을 통솔하는 위치에 오를 수 있고, 월지가 장성살이면 교육, 사법, 경찰, 군인, 검찰 등 공직으로 진출할 수 있다고 합니다.

여명 2는 1976년 3월에 초등 교사 발령을 받아 38년간 봉직한 후에 2013년에 명예퇴직을 하였습니다.

❀ 반안살(攀鞍殺)

반안살은 내시로 임금을 보디가드하면서 임금의 비밀, 비자금을 은닉하는 한편 전문가로서의 역할을 잘 수행합니다. 그러나 반안살은 너무 정직하여 사업을 할 경우에 성공하는 경우가 드뭅니다. 반안살은 말과 승용차를 탄다는 의미로 고위직, 관리직 등에 오를 수 있어 승진과 출세를 암시하고, 말재주가 좋고 임기응변이 뛰어나서 대인 관계가 원만합니다. 어떤 분야의 전문직, 고위직이 되기 위해서는 사주에 반안살이 있으면 좋습니다. 사주에 반안살이 있으면 일찍 출세하고 만인의 존경을 받게 됩니다. 공부하는 사람은 합격을 하게 되고, 직장인은 승진을 할 수 있습니다. 사주에 반안살이 있는 사람은 년월일시에 해당하는 육친의 음덕을 입게 됩니다.

사업장, 사무실, 영업장에서의 금고 위치는 반안살 방향이 좋고, 미혼 남명이 결혼을 희망하면 반안살 두침 방향이 좋고, 현모양처를 만나려면 반안살 방향에 사는 여성을 배필로 삼으면 됩니다. 반안살 방향은 이사 방향으로도 좋고, 자식이 없는 부부는 반안살 방향으로 두침을 하면 자식을 생산할 수 있다고 합니다.

년지에 반안살이 있으면 조상의 음덕과 부모덕이 좋아서 형제가 화목하고 집안이 부유합니다.

월지에 반안살이 있으면 부모 형제의 덕을 볼 수 있어서 큰 어려움이 없는 생활을 할 수 있습니다.

일지에 반안살이 있으면 서로 배우자를 위한 마음이 극진하고, 금슬이 좋아서 평생 화목하게 지내게 됩니다.

시지에 반안살이 있으면 귀한 자식을 두거나 효성이 지극한 자식을 두게 되어 노후에 효도를 받을 수 있습니다.

반안살은 부부 화목을 위한 남편 두침 방향이고, 사업을 성공하기 위한 이주 방향이며, 사무실 금고를 두는 위치입니다.

년지가 寅午戌 삼합이면 반안살은 가운데 글자인 午火 장성살 다음 글자인 未土입니다.

남명				여명			
庚	庚	辛	癸	丙	癸	乙	丙
辰	戌	酉	亥	辰	酉	未	午
반안살						반안살	

남명은 시지 辰土 인성이 반안살이므로 어머니가 전문가이거나 대접을 받는 사람입니다.

여명은 월지 未土 관성이 반안살이므로 남편은 여명을 위해 많은 것을 희생할 수 있습니다.

⊛ 역마살(駅馬殺)

역마살은 문공대신으로 국립국어원의 표준국어대사전에는 역마살이 '분주하게 이리저리 떠돌아다니게 된 액운'으로 기술되어 있는 것처럼 사주에 역마살이 있으면 이사, 이동, 변동, 여행, 출장, 소문, 소식, 변화, 광고 등을 암시하며, 임기응변에도 능숙하지만 일생 동안 바쁘게 움직이며 살아간다고 합니다. 즉, 역마살은 운송 수단, 통신 수단 등과 같이 이동이나 변화를 나타내는 살입니다. 한곳에 정착하지 못하고 돌아다녀야 하므로 매사 적극적인 활동성을 가지고 있다고 볼 수 있습니다. 그러나 역마살은 寅申巳亥이므로 역마살인 寅申巳亥가 형충을 맞으면 평생 분주하게 떠돌아다니게 되니 항상 교통사고를 조심해야 합니다. 寅木은 자동차, 申金은 기차, 巳火는 항공기, 亥水는 선박으로 봅니다.

년지에 역마살이 있으면 초년에 고향을 떠나 객지 생활을 할 수 있습니다.

월지에 역마살이 있으면 객지에서 사업에 성공하여 재물을 모을 수는 있으나, 일정한 거처를 두지 못해 안정된 생활을 하기 어렵습니다.

일지에 역마살이 있으면 부부간에 정이 없어서 인연이 바뀔 수 있으며, 노후에는 타향살이로 고독한 생활을 할 수 있습니다.

시지에 역마살이 있으면 자식이 이민을 가거나 서로 멀리 떨어져서 자주 볼 수 없습니다.

형제들이 많다고 해도 역마살 띠를 가진 형제가 장손 역할을 하게 되고, 부부가 역마살 띠끼리 만나면 오히려 빈궁 팔자로 보지만, 부부 중 한 사람이 역마살 띠이면 한때 고생을 하더라도 노후에는 유복하게 살게 됩니다.

역마살 띠에게 취업을 부탁하면 잘되고, 관재구설을 당하여 구속된 사람은 역마살운이 되어야 석방이 되는데, 수감자는 역마살 띠의 변호사나 역마살 띠의 성씨에게 부탁해야 구속을 피할 수 있다고 합니다. 丁卯年에 발생한 문제는 역마살월인 巳月에 가야 실마리가 풀립니다. 사주에서 역마살이 재성과 동주하면 재물을 쉽게 구할 수 있으며, 착한 아내를 얻는 경우도 많다고 합니다.

역마살이 공망이면 실속 없이 분주하고 가난하다고 하지만, 역마살은 운수업이나 운전기사, 신문 기자, 타향, 외국 등과 인연이 있어서 이민, 해외, 무역 관련 직업 등 바쁘게 돌아다니는 직업을 가진 사람들에게는 좋은 작용을 하는 수도 있습니다.

년지가 寅午戌 삼합이면 역마살은 삼합 첫 글자 寅木 지살을 충하는 申金입니다.

남명				여명			
丁	戊	丙	丁	乙	壬	戊	庚
巳	子	午	卯	巳	申	寅	子
역마살					역마살		

남명은 시지 巳火 편인이 역마살이므로 어머니가 외국과 관련되어 있거나 일간이나 자식이 입대를 하거나 유학을 갈 수 있습니다.

여명은 월지 寅木 식상이 역마살이므로 영업, 보험 등의 직업에 인연이 있고, 기술이나 업무는 해외와 관련된 기술이나 업무입니다.

❀ 육해살(六害殺)

육해살은 수문장이며, 속전속결로 일을 진행하는 것으로 임시방편, 응급 처치 등의 뜻도 있습니다. 또 육해살은 수문장이기에 출입을 통제하므로 육해살에게 잘못 보이면 출입에 장애를 받으니, 육해살 띠에게 잘못 보이면 안 됩니다. 육해살을 건강으로 살펴보면 말이 마구간에 매어 있는 형상으로 꼼짝하지 못하는 상황이라 건강에 문제가 많고 만성 질환에 시달리는 사람들이 많습니다. 또 화재, 수해 등의 천재지변과 관재구설로 고생할 수 있습니다. 육해살은 지병을 말하고 子午卯酉에 해당합니다. 子水가 육해살이면 자궁 및 생식기 질환이 있고, 午火가 육해살이면 심장 등이 좋지 않습니다. 卯木이 육해살이면 간이나 담이 좋지 않고, 酉金이 육해살이면 천식 혹은 기관지 질환으로 고생합니다.

사주에 육해살이 있으면 성격이 급하고 음침한 면이 있어서 비밀이 많고, 여명의 경우에는 출산 시에 산액이 있을 수 있으며, 질병 또한 자주 발병할 수 있으므로 평상시에 항상 건강에 유의해야 합니다.

하수구의 물 흐르는 방향이 육해살 방향이기 때문에 육해살 방향은 항상 깨끗하게 정돈되어 있어야 합니다. 특히 운발을 받고 부유하게 살려면 육해살 방향을 깨끗하게 꾸미며 아주 매끈하게 하여 다른 사람이 다시 손댈 수 없게 닦아 두는 일이 중요합니다. 또 육해살 대운과 세운에는 내 몸을 가볍게 하기 위해 옷을 벗으니, 직장 좌천, 망언, 구설 등을 조심해야 합니다.

년지에 육해살이 있으면 부모 형제와 인연이 끊어지거나 남의 양자로 가는 운이 있다고 보며, 장남이라면 가문을 계승하기 어렵고, 신앙심이 강하여 종교에 귀의하는 경우도 있습니다.

월지에 육해살이 있으면 종교, 철학적인 분야에 많은 관심을 보이며, 성격은 차분하고 안정되고 욕심이 점차 사라집니다. 그런데 또 어떤 일을 쉽게 포기하는 경향이 나타나기도 합니다.

일지에 육해살이 있으면 부부의 인연이 적막하고 정이 없으며, 여명의 경우 종교에 심취하여 정상적인 가정생활을 못 하는 경우가 있습니다.

시지가 육해살이면 자식이 해를 당하기 쉽기 때문에 일찍 다른 곳으로 멀리 보내는 것이 좋고, 노년에는 종교에 귀의하여 노후를 보낸다고 합니다.

우리가 살면서 육해살 띠에게 원한을 사면 해를 입게 됩니다. 또한 가족 중에 육해살 띠가 있으면 가족들이 그 사람에게 돈을 얻어 썼거나 기술을 배웠거나 숙식을 제공받으므로 가족의 젖줄이라고 할 수 있습니다. 설령 육해살 띠가 어린아이라고 하더라도 경제력이 있고 때에 따라서는 잔돈푼을 빌려 쓸 수도 있습니다.

사주에 육해살이 있으면 동작이 빠르고, 눈치가 빠르며, 음식도 빨리 먹습니다. 육해살 방향은 천도를 지내는 방향이고, 육해살 일진에 천도를 지내는 이유는 육해살 일진에 조상들이 오기 때문입니다.

년지가 寅午戌 삼합이면 육해살은 삼합의 끝 글자인 戌土 화개살 앞 글자인 酉金입니다.

남명				여명			
丙	己	甲	辛	戊	甲	乙	辛
子	卯	午	丑	辰	午	未	亥
육해살				육해살			

남명은 시지 子水 재성이 육해살이므로 급전 대출 등 금전적인 문제가 있습니다. 또 육해살은 장병인데, 시지 子水가 육해살이므로 신장, 방광, 생식기 등을 조심해야 합니다.

여명은 일지 午火 식상이 육해살이므로 여명이 하는 일이 매우 빠르게 진행됩니다. 여명은 午火가 육해살이므로 심장, 소장, 안과 관련 건강을 조심해야 합니다.

❈ 화개살(花蓋殺)

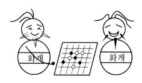

화개살은 자문관으로 옛것과 전통을 중시하고, 어떤 일에 대해 반복, 재수 등 일을 다시 하는 경향이 있습니다. 예전 사업, 예전 여자, 예전 직장, 예전 공부를 다시 하게 되고, 학생은 복학하고,

가출인은 귀가하고, 운동선수는 재기합니다. 화개살은 재생과 반복을 의미하므로 화개살 대운과 세운에 재학생은 재수를 할 가능성이 높고, 재수생은 대학 입시 등 시험에 합격할 가능성이 높습니다.

화개살이 가문의 시작점인 년지에 있거나 개인의 시작점인 일지에 있으면 머리가 총명하고, 화개살은 辰戌丑未로 학문을 의미하기 때문에 辰戌丑未가 형충을 당하면 학생이 중간에 공부를 중단하는 경우가 많습니다.

화개살은 성품이 온후하고 지혜가 탁월할 뿐만 아니라 문장력이 뛰어난 사람이 됩니다. 화개살을 부처님의 꽃방석으로 표현하는 것을 보면 우선 겉은 화려하나 내면은 고독을 의미하기 때문에 학문과 종교, 예술 등을 상징하고, 사주에 화개살이 있으면 교육, 문학, 예술, 종교계로 진출할 수 있습니다.

사주에 화개살이 있으면 두뇌가 총명하고, 학문의 성취가 높으며, 문학으로 성공하는 등 교육, 종교, 예술, 문화 등의 이상적인 세계를 추구하는 경향이 매우 강합니다. 사람이 다재다능하고 총명하며 팔방미인으로 새로운 것을 창조하는 능력도 있고, 화개살과 인성이 동주하면 대학자가 됩니다. 또 년지가 화개살 띠이면서 재성이라면 절이나 교회 등 종교인들을 상대로 하는 종교 서점, 종교 물품 판매 등으로 돈을 벌 수 있습니다.

년지에 화개살이 있으면 신앙심이 두터운 가문의 출생이며, 초년에 타향 생활을 하여 고생이 따르며, 부모 형제의 덕이 없어서 장남이 아니더라도 집안일을 돌봐야 합니다. 년지가 화개살이면 기도를 해서 낳은 귀한 자식이며, 년지가 화개살이면서 辰土이면 일간이 출생할 때에 목에 탯줄을 감고 나왔다고 하는 것은 辰土 지장간 乙木이 탯줄이기 때문입니다.

월지에 화개살이 있으면 신앙심이 두터운 가문의 출생이며, 초년에 타향 생활을 하여 고생이 따르며, 부모 형제의 덕이 없어서 장남이 아니더라도 집안일을 돌봐야 합니다.

일지에 화개살이 있으면 첫 배우자와 해로하기 어렵고 종교에 심취하게 됩니다.

시지에 화개살이 있으면 대기만성형으로 말년에 명성을 얻으나, 자식에 대한 근심과 걱정이 많습니다.

화개살이 공망이면 수도자의 운명으로 보기도 하고, 화장실은 화개살 방향이 좋습니다.

년지가 寅午戌 삼합이면 화개살은 삼합의 끝 글자인 戌土입니다.

남명   여명

丁　乙　庚　辛　　　丙　庚　壬　丙
亥　酉　寅　丑　　　戌　寅　辰　戌
　　　　　화개살　　　　　　　　화개살

　남명은 년지 丑土 재성이 화개살이므로 남명이 만나는 여자는 과거에 만났던 여자이거나 과거가 있는 여자입니다.

　여명은 년지 戌土 인성이 화개살이므로 옛날에 포기했던 문서, 공부 등을 다시 시작합니다.

　경수
정인　일간　겁재　식신　대운　82 72 62 52 42 32 22 12 2
己　庚　辛　壬　　　辛　庚　己　戊　丁　丙　乙　甲　癸
卯　辰　亥　辰　　　酉　申　未　午　巳　辰　卯　寅　丑
육해살 화개살 망신살 화개살

　경수 사주의 辰土는 화개살과 인성으로 학문성이지만, 년지 辰土와 일지 辰土의 辰辰 자형, 년지 辰土와 월지 亥水의 辰亥 원진살, 일지 辰土와 월지 亥水의 辰亥 원진살로 辰土 인성인 학문의 모양이 틀어졌으며, 경수 사주가 냉한하여 시급한 것은 火인데, 초년 대운이 壬子, 癸丑 대운에 水가 왕하여 火가 들어오지 못하는 운으로 공부를 제대로 할 수 없었던 것입니다. 또한 일간 庚金이 癸丑 대운에 丑土 고지에 입고되었으니 공부에 장애가 발생한 것입니다.

　그래서 친구들보다 2년 늦게 중학교 공부를 시작했지만, 부산교육대학, 한국방송통신대학교 행정학과, 국어국문과, 유아교육과, 방송정보학과, 부산대학교 교육대학원 교육행정 석사 등의 공부를 할 수 있었던 것은 비록 학문성을 말하는 화개살인 인성 辰土가 원진살로 온전하지 않았지만, 甲寅 대운부터 대운이 木火로 흘러서 경수의 냉한 사주를 해소했기 때문에 공부를 할 수 있었던 것입니다. 또 사주에 문창귀인, 태극귀인, 천주귀인, 황은대사, 천덕합 등의 귀인이 있었기에 비록 늦었지만 많은 공부를 할 수 있었던 것으로 봅니다.

　경수는 년지 화개살로 장남이 아니면서도 40년간이나 어머니를 모시고 살았으며 집안 일을 돌봐야 했습니다. 또 년지 辰土 지장간 乙木으로 목에 탯줄을 감고 나왔습니다.

경수

정인	일간	겁재	식신
己	庚	辛	壬
卯	辰	亥	辰
육해살	화개살	망신살	화개살

경수 사주에서 년지가 辰土이므로 辰土를 중심으로 한 申子辰 삼합은 巳火에서 겁살이 시작되어 시계 방향으로 辰土까지 가면 辰土가 화개살에 해당됩니다.

경수의 년간 壬水는 화개살 위에 있는데, 壬水는 일간 庚金의 식신이므로 경수는 화개살과 관련이 있는 일을 하거나 역학 공부를 할 수 있는 것이고, 년주는 조상 자리이므로 조상 중에 신앙심이 강한 사람이 있을 수 있는 것으로 통변할 수 있습니다.

월간 辛金 겁재가 망신살 위에 있으므로 경수의 부모 형제 중에는 자신의 뜻과 희망대로 되지 않아 실패의 한을 품은 사람이 있을 수 있습니다. 경수의 庚金 역시 辰土 화개살 위에 있으므로 역학 공부를 하게 된 것으로 보이며, 조상 자리인 년지가 辰土인데, 일지도 辰土이므로 조상의 기운이 경수에게 내려왔다고 해도 辰辰 자형으로 좋지 않지만, 그래도 월지 亥水가 있어 辰辰 자형을 막고 있으니 그나마 다행이라고 볼 수 있습니다.

경수 사주의 년지 辰土, 일지 辰土는 화개살인데, 년지는 가문의 시작점이고, 일지는 개인의 시작점이므로 종교, 역학 등에 인연이 있다고 볼 수 있는 것입니다.

경수 사주의 시간 己土는 일간 庚金의 정인으로 어머니, 학문 등인데, 시지 卯木 육해살 위에 있으므로 어머니가 육해살인 장병으로 오랫동안 고생할 수 있는 것입니다. 어머니 사주의 육해살은 시지 子水이므로 평소에 신장, 방광 등에 대해 조심을 해야 합니다.

"문 교장, 내 사주에는 어떤 12신살이 있는지 한 번 알아봅시다."
"그것 좋은 생각입니다. 박 교장이 한번 풀어 보십시오."

박 교장

己	庚	壬	壬
卯	子	寅	辰
육해살	장성살	역마살	화개살

"나는 년지가 辰土이므로 申子辰 삼합으로 구해야지요."

"그렇지요. 이제 진짜 도사가 되어 가는 모양입니다."

"申子辰 삼합 도표를 보니, 년지 辰土는 화개살이고, 월지 寅木은 역마살이고, 일지 子水는 장성살이고, 시지 卯木은 육해살이지요."

"박 교장, 이제 하산해도 되겠습니다. 그 짧은 시간에 대단합니다."

"문 교장, 내가 사주를 볼 때 12신살을 활용할 수 있다고 생각하니 정말 도사가 된 기분이오."

"박 교장, 12신살을 이렇게 활용하면 사주 통변에 아주 유익하답니다."

※ 17 ※
오행과 십간의 생로병사의 열쇠, 12운성

"박 교장, 힘드시죠? 이제 고지가 저기 보이니 조금만 더 힘을 내세요."

"정말 힘듭니다. 그런데 하나하나 배워 가니까 사주가 정말 재미있습니다. 나는 사주가 이렇게 재미있는 줄 몰랐습니다."

"하하하, 박 교장은 갈수록 사주에 재미를 느낄 것입니다. 지난번에 12신살을 배웠으니까, 오늘은 12운성을 공부해 봅시다."

"12신살도 어렵던데, 12운성은 또 얼마나 어려울까 걱정이 앞섭니다."

"12신살은 지지끼리 관계를 말하는 것이지만, 12운성은 천간과 지지 간의 관계를 말하지요. 이제 12신살과 12운성을 배우면 정말 도사가 되었다는 생각이 들 것입니다."

인도를 지배한 아리아인들은 인도 사회의 신분 제도를 네 개의 계급으로 나눈 '카스트' 제도를 만들었다. '카스트'라는 말은 계급이라는 뜻을 가진 포르투갈 말이다. 인도 사람들은 '카스트'를 '바르나'라고 부르는데, '바르나'는 '색깔'이라는 뜻으로 아리아인과 원주민의 피부색이 다른 것에서 기인하였다.

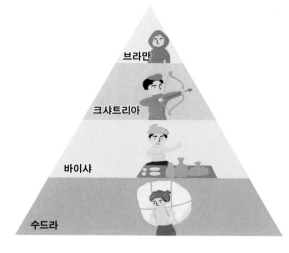

카스트 제도에서는 신에게 제사를 지내고 종교적인 행사에 관한 일을 하는 계급을 '브라만'이라 하고 정치에 관한 일이나 군사에 관한 일을 하는 계급을 '크샤트리아'라고 하는데, '크샤트리아'는 백성을 보호하고 사회 질서를 바로잡는 일을 한다. 다음으로는 평민으로 농사를 짓거나 장사를 하면서 세금을 내는 일반 시민

인 바이샤가 있다. 끝으로 수공업자, 하인, 청소부 등인 수드라가 있다. 그리고 카스트에 들지 못하는 신분으로 수드라 아래에 있는 '불가촉 천민'이 있다. '불가촉 천민'은 몸에 닿기만 해도 더럽혀진다고 여겨서 '불가촉 천민'이라고 불리며 가장 낮은 계급에도 속하지 못하는 사람들로 일반인들과 어울릴 수 없도록 주거지와 길거리의 통행조차 제한을 받았다. '불가촉 천민'들의 또 다른 이름은 '신의 아들'을 의미하는 '하리잔'으로 불리고 있는데, 이 '하리잔'은 간디가 '불가촉 천민'에게 붙여 준 이름으로 인간애와 이성에 근거한 처우 개선을 주장하였다.

카스트 제도의 근본이념은, 사람의 신분은 태어나면서부터 정해진 것이기 때문에 서로 신분이 다른 사람들끼리는 혼인을 해서도 안 되고 음식을 함께 먹어서도 안 되며 모든 백성들은 자신의 신분에 맞게 충실히 일을 하라는 것이다. 인도에서 1950년 '불가촉 천민'에 대한 차별이 법적으로 완전히 철폐되어 모든 분야에서 일반인과 똑같은 권한을 누리게 되었지만, 그래도 오늘날까지 '불가촉 천민'에 대한 차별이 여전히 남아 있어 논란이 되고 있다.

그러나 카스트 제도와 관계없이, 사람이라면 불교에서 말하는 태어나고 늙고 병들고 죽는 네 가지 고통, 즉 생로병사의 굴레에서 벗어날 수 없다는 것이 진리이고 철칙이다.

인도 가비라국 정반왕의 장자는 석가모니인데, 정반왕의 백대 조상은 고마왕이었다. 고마왕은 성격이 원만하고 선정을 베풀어 백성들로부터 많은 존경을 받았다. 고마왕에게는 두 왕비가 있었는데, 첫째 왕비의 아들 장생은 성질이 사납고 속이 좁은 못난 위인이었고, 둘째 왕비의 네 아들은 현명하고 어진 성품으로 백성들로부터 존경을 받았다. 그 중에서도 특히 넷째 아들 니루는 어질었기 때문에 많은 백성들이 따랐다.

첫째 왕비는 아들 장생이 백성들로부터 원성을 사서 혹시라도 왕위를 이어받지 못할까봐 계략을 꾸미며서 둘째 왕비와 네 아들을 나라 밖으로 쫓아냈다. 고마왕의 네 아들은 어머니와 누이들과 함께 나라를 떠나서 새로운 나라를 세우기로 했다. 둘째 왕비의 네 아들이 나라를 떠나는 날, 수많은 백성들은 태자들의 떠남을 슬퍼하며 땅을 치고 통곡을 하였다.

"백성들아, 슬퍼하지 말아라. 사람의 인연이란 만나면 헤어지고, 또 헤어지면 다시 만나게 되어 있으니, 언젠가는 우리가 다시 만날 수 있을 것이다."

둘째 왕비의 네 아들은 슬피 우는 백성들을 뒤로한 채 새로운 나라를 세울 땅을 찾기 위해 많은 고생을 한 끝에 히말라야 산맥의 설산 북쪽에 가비라국을 세우기로 했다. 드디어 나라를 세울 땅은 정해졌지만, 그들에게는 새로운 나라를 세우기 위한 고통만이 기다리고 있었다. 그들은 오직 새로운 나라를 세우겠다는 일념으로 온갖 어려움을 겪어야 했고 배고픔, 맹수, 바람, 비, 추위, 더위를 상대로 싸워야만 했다. 원래 농경 생활을 하던 민족이라 땅을 파고 일구는 격심한 노동을 하면서 자연을 상대로도 힘겹게 싸워야만 했던 것이다. 둘째 왕비의 네 아들과 함께 나라를 떠난 얼마 안 되는 백성들마저 더러는 죽고 더러는 다치기도 했다.

둘째 왕비의 네 아들이 가비라국을 세우니, 성질이 사납고 속이 좁은 장생을 떠나서 니루를 따르는 백성들이 구름떼 같이 모여들어 서너 해 만에 큰 나라가 되었다. 니루의 후손 중에 정반왕이 있는데, 이 정반왕이 석가모니의 아버지이다.

석가모니는 여러 하늘을 위하여 설법을 하시다가 부처가 될 시기가 되었으므로, 인간 세상에 내려가서 부처가 되리라 하였다.

"나는 지금부터 인간 세상에 내려가서 중생들을 교화하기 위한 부처가 되리라. 가비라국의 크샤트리아 가문으로 하겠소."

"가비라국의 왕비는 부처님의 어머니가 되시니, 어머니로서의 조건을 다시 한 번 확인해 보셔야 할 것입니다."

"부처님의 어머니가 되실 마야부인은 육체의 아름다움은 말할 것도 없고, 얼굴에는 언제나 잔잔한 미소를 띠우며, 총명하고 욕심이 없는 분입니다. 그리고 태어난 후에 한 번도 성을 낸 적이 없으며, 부처님의 어머니로서 갖추어야 할 모든 조건을 다 갖추었습니다."

"마야부인이 부처님의 어머니로서 모든 조건을 다 갖추었다고 하더라도 출산의 경험이 있으면 안 될 것입니다."

"마야부인은 아직 출산의 경험이 없습니다."

석가모니는 인간 세상에서 중생들을 구제할 부처가 될 준비를 위해 도솔천(내세에 성불하여 괴로움이 많은 인간 세계에 나타나서 중생을 제도하려는 미륵보살이 머무르고 있는 천상의 정토)에 계시다가 어금니를 여섯 개 가진 흰 코끼리를 타고 도솔천에서 내려와 어머니 마야부인의 태 안으로 들어갔다.

마야부인은 태자의 출산을 위해 친정인 데바다하국으로 가는 도중에 가비라국과 데바다하국의 접경지대에 위치한 룸비니 동산에서 석가모니를 출산하였다. 푸른색의 옷을 입은 하녀들이 돌아와서 태자의 탄생 소식을 정반왕에게 아뢰었다. 태자의 탄생 소식을 들은 정반왕은 친히 사병을 거느리고 종친들과 함께 룸비니 동산으로 행차하였다.

마야부인은 태자를 출산한 지 이레 만에 죽었다. 이는 출산에 따른 산고 때문이 아니고, 과거 수많은 부처의 어머니들이 모두 부처의 출생 후 이레 만에 죽었던 것처럼 부처를 출산한 어머니는 너무나 고귀한 몸이라서 속세의 다른 어머니처럼 세속적인 사랑을 할 수 없기 때문이다.

정반왕은 태자의 탄생을 한편으로는 기뻐하면서도 또 한편으로는 두려워하였다. 태자가 출가를 하지 않으면 전 세계를 통솔한 전륜왕(인도 신화 속의 임금)이 될 것이지만, 태자는 인간과 하늘의 스승인 부처가 되기 위해 출가를 할 것이라는 점쟁이의 말이 생각났기 때문이다.

정반왕은 태자의 마음을 돌리기 위해 급히 삼시전을 짓고 아름다운 무희들의 춤과 노래 소리로 태자의 마음을 즐겁게 하여 어떻게 해서든지 태자의 출가를 막으려고 했다. 삼시전은 계절에 따라 사용하는 궁전으로 첫째 궁전은 여름철의 더위를 피하기 위하여 오색찬란한 대리석으로 지었으며, 둘째 궁전은 비가 많이 내리는 우기에 거처할 수 있도록 초록색 지붕을 올린 벽돌로 만들어졌다. 셋째 궁전은 겨울철의 추위를 피하기 위하여 향나무로 지어 실내에 들어가면 향기가 감돌고 추위를 느끼지 못하도록 따뜻하게 만들어졌다. 또한 삼시전 둘레에는 연못을 만들어 갖가지 진귀한 물고기를 키우게 했으며, 이름 모를 아름다운 꽃과 나무를 심어 태자의 마음을 돌리려고 하였다. 그러나 석가모니 태자는 자라면서 성 안의 화려한 생활보다는 성 밖의 일에 더 관심이 많았다.

"왕이시여, 궁 밖에서 일어나는 일들이 매우 궁금하오니, 부디 소자가 밖으로 나가는 것을 허락해 주시옵소서."

"태자야, 궁 밖에는 우리들과 같은 왕족들이나 귀족들이 봐서는 안 될 일들이 너무나 많단다. 그러니 태자가 조금 더 자란 후에 허락을 하겠노라."

"왕이시여, 한 나라를 다스리는 왕이 백성의 생활을 모르고서야 어찌 나라를 올바르게 다스릴 수가 있겠습니까? 부디 궁 밖 출입을 허락해 주시옵소서."

태자의 간청을 못 이긴 정반왕은 할 수 없이 태자의 궁 밖 출입을 허락한 후에 급히 신하들을 불렀다.

"태자가 지나갈 자리를 깨끗이 쓸게 하고, 혹시라도 태자가 더럽고 추한 것을 보지 못하도록 각별히 신경을 쓰시오."

정반왕에게 궁성 밖 출입을 허락받은 태자는 아름다운 보석으로 치장한 수레를 타고 동문 밖으로 나갔다. 태자가 타고 있는 수레 앞을 지나는 노인은 더러운 누더기 옷을 입고 있었고, 얼굴은 여위고 온통 주름살이었다. 이빨은 거의 빠진데다가 등은 활처럼 굽어서 보기에도 꼴사나웠다. 노인은 지팡이에 의지해서 힘겹게 걷고 있었다. 태자는 종자 차닉을 불렀다.

"차닉아, 저것은 무엇이냐?"

"노인이옵니다."

"저 사람은 처음부터 노인이었느냐? 아니면 나처럼 젊은 시절이 있었느냐?"

"예. 저 노인도 옛날에는 태자님과 같은 젊은 시절이 있었습니다."

"그럼, 나도 나이가 들면 저렇게 되느냐?"

차닉은 태자가 무슨 생각을 하는지 알았기 때문에 얼른 대답을 할 수 없었다.

"차닉아, 내가 묻지 않느냐?"

"태자님께서도 나이가 드시면 저렇게 될 것입니다. 저도 그렇게 됩니다."

차닉의 말을 들은 태자는 갑자기 슬픈 표정을 지었다.

하루는 태자가 차닉을 데리고 남문 밖으로 나가서 거리의 이곳저곳을 구경하고 있었다. 그때 갑자기 어디선가 비명 소리가 들려왔다. 태자는 급히 비명 소리가 들리는 곳으로 달려갔다. 그곳에는 한 사내가 배를 움켜쥐고 땅바닥을 뒹굴고 있었다. 사내는 너무 아파서 도저히 견딜 수 없다는 듯이 일그러진 표정을 하고 있었으며, 눈에는 눈물이 가득 고여 있었다. 사내가 숨을 헐떡거리는 것이 곧 죽을 것만 같았다.

"차닉아, 저 사람이 왜 저토록 고통스러워하느냐?"

"저 사람은 병자이기 때문입니다."

"저 사람은 태어날 때부터 저렇게 아팠느냐?"

"아니옵니다. 처음에는 병자가 아니었을 것입니다."

"차닉아, 병이 들면 다 저렇게 아프고 고통스럽느냐?"

"태자이시여, 사람이 병에 걸리는 것은 흔히 있는 일입니다. 사람들은 언제 병에 걸릴지 알 수 없는 일입니다."

"차닉아, 그러면 나도 병에 걸리느냐?"

"예. 태자님도 저도 그리고 살아 있는 모든 사람은 모두 병에 걸릴 수 있습니다."

궁성으로 돌아온 태자는 오랫동안 궁 밖 출입을 하지 않았다. 하루는 태자가 서문 밖으로 나갔다. 성 밖을 나온 태자는 울면서 지나가는 많은 사람들의 행렬을 보았다.

"차닉아, 무슨 일인데 사람들이 저렇게 슬프게 우느냐?"

"사람이 죽었기 때문입니다."

"차닉아, 사람이 죽는다는 말이 무슨 말이냐?"

"사람이 죽는다는 것은 영혼이 육체를 떠나서 손과 발이 있어도 더 이상 움직일 수 없는 것을 말합니다."

"차닉아, 그러면 너도 나도 죽는 것이냐?"

"예. 살아 있는 것은 모두 죽게 되어 있습니다."

태자는 곧 죽을 것 같던 노인과 고통을 이기지 못하는 병자와 죽은 자를 위한 행렬을 보고는 출가의 뜻을 더욱 굳혔다.

하루는 태자가 북문으로 나갔다. 차닉과 함께 산책을 하던 태자는 가사를 걸친 한 비구가 걸어오는 것을 보았다. 비구는 수염을 깨끗하게 깎고, 노란 물감을 물들인 깨끗한 가사를 걸치고 석장을 짚고 당당하게 걷고 있었다. 그 표정이 매우 밝아서 참으로 행복하게 보였다.

"차닉아, 저 사람은 무엇을 하는 사람이냐?"

"예. 도를 구하고자 하는 수도승입니다."

"차닉아, 도라는 것이 무엇이냐?"

"도라는 것은 이 세상의 모든 고통에서 벗어나는 방법이며, 수도승은 그 방법을 찾기 위해 가정과 부귀영화와 인간의 모든 욕망을 버린 사람입니다."

태자는 멀리 걸어가는 비구를 불러 세웠다.

"수도승이여, 출가의 이로움은 무엇입니까?"

"출가를 하게 되면 태어나서 늙고 병들어 죽는 생사의 윤회에서 벗어날 수가 있습니다."

태자는 비구를 보고 해탈할 수 있는 길이 있음을 알게 된 후 출가해서 부처가 될 마음을 더욱 굳혔다. 그 후 태자는 29살이 되던 해에 출가를 위해 차닉이 이끄는 말인 건특이를 타고 성을 빠져나왔다.

석가모니의 생로병사를 더욱 세분화하여 12단계로 나눈 것을 명리학에서는 12운성 또는 포태법이라고 합니다. 12운성은 천리 순환의 이치를 사람이 출생할 때부터 죽을 때까지의 과정에 비유한 것으로 어떤 기운이 태어나고 자라서 강해졌다가 다시 쇠퇴하고 모양도 없이 사라지는 과정을 보여 주는 것입니다. 즉, 사람이 어머니 배 속에 생겨나서 무덤에 들어갈 때까지 만물이 생성 성쇠하는 이치를 순차적으로 말한 것입니다. 12운성은 육친과 육친궁에 붙여 그 부분의 왕쇠를 보는 방법입니다. 12운성은 명리학에서 매우 중요한 위치를 차지하고 있는 것으로 다음과 같은 뜻을 가지고 있습니다.

〈 12운성 조견표(火土同宮 기준) 〉

日干	장생	목욕	관대	건록	제왕	쇠	병	사	묘	절	태	양
甲	亥	子	丑	寅	卯	辰	巳	午	未	申	酉	戌
乙	午	巳	辰	卯	寅	丑	子	亥	戌	酉	申	未
丙	寅	卯	辰	巳	午	未	申	酉	戌	亥	子	丑
丁	酉	申	未	午	巳	辰	卯	寅	丑	子	亥	戌
戊	寅	卯	辰	巳	午	未	申	酉	戌	亥	子	丑
己	酉	申	未	午	巳	辰	卯	寅	丑	子	亥	戌
庚	巳	午	未	申	酉	戌	亥	子	丑	寅	卯	辰
辛	子	亥	戌	酉	申	未	午	巳	辰	卯	寅	丑
壬	申	酉	戌	亥	子	丑	寅	卯	辰	巳	午	未
癸	卯	寅	丑	子	亥	戌	酉	申	未	午	巳	辰

12운성을 붙이려면 12운성 조견표의 일간 庚金에서 오른쪽으로 나가면서 해당 지지와 만나는 위쪽 12운성을 읽으면 됩니다. 12운성을 붙이는 일반적인 방법은 '거하는 12운성'과 '봉하는 12운성'이 있습니다. '거하는 12운성'은 각 기둥의 천간을 기준하여 각각의 지지를 찾아서 붙이는 것을 말합니다. 년간에서 년지의 12운성을 찾고, 월간에서 월지의 12운성을 찾고, 일간에서 일지의 12운성을 찾고, 시간에서 시지의 12운성을 찾는 것을 말합니다. '봉하는 12운성'은 일간을 중심으로 각각의 지지에 붙이는 것으로 일간에서 년지의 12운성을 찾고, 일간에서 월지의 12운성을 찾고, 일간에서 일지의 12운성을 찾고, 일간에서 시지의 12운성을 찾는 것을 말합니다. 일반적으로 '봉하는 12운성'을 많이 활용하지만, 여기에서는 생년월일시의 각자 천간에서 아래에 깔고 있는 지지를 보고 12운성을 정하는 방식의 '거하는 12운성'을 활용합니다.

	거(居)하는 12운성 찾는 법					봉(逢)하는 12운성 찾는 법		
경수					경수			
시	일	월	년		시	일	월	년
병	양	목욕	묘		태	양	병	양
己	庚	辛	壬		己	庚	辛	壬
↓	↓	↓	↓					
卯	辰	亥	辰		卯	辰	亥	辰

'거하는 12운성'을 찾는 법은 동주를 기준하여 년간 壬水에서 년지 辰土를 보면 묘이고, 월간 辛金에서 월지 亥水를 보면 목욕이고, 일간 庚金에서 일지 辰土를 보면 양이고, 시간 己土에서 시지 卯木을 보면 병입니다.

'봉하는 12운성'을 찾는 법은 일간 庚金에서 년지 辰土를 보면 양이고, 일간 庚金에서 월지 亥水를 보면 병이고, 일간 庚金에서 일지 辰土를 보면 양이고, 일간 庚金에서 시지 卯木을 보면 태입니다. 사주 지지마다 12운성을 대입하면 각 지지마다 12운성 중의 한 운성을 가져야 하는데, 같은 장생이라도 년지, 월지, 일지, 시지에 있을 때의 통변이 서로 다릅니다. 결국 년지 12운성 12가지, 월지 12운성 12가지, 일지 12운성 12가지, 시지 12운성 12가지로 48가지를 모두 암기하고 이해해야 하는데, 이렇게 실제 통변에 활용하는 것은 사실 어려운 일입니다. 그래서 여기에서는 일지와 시지 중심으로 통변해 봅니다.

12운성의 예시를 두 가지 이상으로 제시한 것은 같은 12운성이라도 상황에 따라 서로 다르게 통변할 수 있어야 하기 때문입니다.

보통 12운성을 표시할 때에 지지에 '장생', '목욕', '관대' 등으로 표시하는데, 12운성은 반드시 천간에 표시해야 합니다.

❀ 장생(長生)

장생은 어머니 배 속에서 이제 막 태어난 신생아로, 주변 사람들이 사랑하고 관심을 가지며 보호해 주니 후견인의 은총을 누리는 것입니다. 그러나 아직 신생아이기 때문에 타인에게 의존하려는 경향이 강합니다.

또 성품이나 외모가 호감형이고, 윗사람 및 아랫사람들과 대인 관계가 좋아 조직 생활도 잘하고 주변 사람들과 잘 지내지만, 어떤 일을 진취적으로 추진하거나 어려운 난관을 타개하는 능력이 부족하므로 리더로서는 조금 약한 편입니다.

일지가 장생이면 부부가 화합하고, 처덕이 있으며, 가정이 화목하게 지내고, 부모로부터 혜택이 크고, 언행이 온화하며 언행이 일치하는 사람입니다. 친구 간에 믿음도 있고 장수하게 됩니다.

시지가 장생이면 자식 덕이 있습니다.

일반적으로 사람이 죽었을 때 장생, 건록 시간에 하관을 하거나 염을 하는 것은 망자가 다시 살아나라는 의미가 있다고 합니다. 또 하관을 할 때는 망자의 일지와 충을 하는 띠인 사람은 하관을 보지 못하게 하는데, 망자의 일지를 잘 모를 때에는 망자의 띠를 충하는 띠인 사람은 하관을 보지 못하게 합니다. 망자의 일지가 未土이면 未土를 충하는 丑 띠, 망자의 띠가 午 띠이면 午火를 충하는 子 띠는 망자의 하관을 보지 못합니다.

장생의 키워드는 시작, 발생, 탄생 등으로 장생은 새로움이 샘솟듯이 일어나는 것이고, 승진, 새로운 시작, 신규 사업 등과 관련이 있습니다.

남명				여명			
	장생				장생		
壬	丙	己	辛	辛	丁	甲	癸
辰	寅	亥	巳	亥	酉	寅	卯

남명은 일지 寅木 인성이 장생이므로 새로운 공부, 연구를 계속 찾습니다. 인성은 도장, 수여받는 것으로 장생에 임하니 자꾸 새로운 것이 들어옵니다.

여명은 일지 酉金 재성이 장생이므로 재물이 샘솟듯이 자꾸 일어납니다.

✿ 목욕(沐浴)

목욕은 3~4세 정도의 수준으로 목욕을 한 후에 옷도 입지 않은 채 벌거 벗고 뛰어다니는 아이처럼 세상 물정도 모르고, 자신의 행위에 대한 부끄러움이나 창피함도 잘 모르기에 금방 좋아했다가 금방 싫증을 내니 경솔한 면도 있고 결국은 유시무종이 되고 맙니다. 사주에 목욕이 있으면 유행에 민감하기 때문에 멋을 잘 부리기도 하지만, 그 멋이 오래가지 못하고 금방 싫증을 냅니다.

사주에 목욕이 있는 자식은 남이 잘되면 자신의 능력, 환경 등은 생각하지도 않고 천방지축으로 따라 하여 일을 저지르는 경우가 많기 때문에 자녀가 관심을 갖는 적성에 맞추어서 초지일관하는 습관을 기르게 해야 합니다. 사주에 목욕이 있으면 일관성과 지속성이 없기 때문에 한 가지 일을 꾸준히 오래 하지 못하고 금방 싫증을 내고 바꾸기 때문입니다.

일지가 목욕이면 부모의 재산을 계승하기 어렵고, 일찍 어머니를 잃거나 형제와 친척 간의 사이가 원만하지 못하며 사치 또는 색정에 빠져 풍파가 많고 여러 지역과 여러 나라를 돌아다니며 살게 되는 팔자이므로 평소 재물 관계와 언행을 조심해야 합니다.

시지가 목욕이면 자식이 속을 썩입니다.

목욕의 키워드는 과대 포장, 과시, 변장, 꾸밈, 주색, 바람, 변덕 등이고 패션, 디자인, 인테리어, 설계 등의 직업에 인연이 있습니다.

남명				여명			
	목욕					목욕	
庚	甲	庚	丁	庚	庚	辛	壬
午	子	戌	酉	辰	辰	亥	辰

남명은 일지 子水 인성이 목욕이므로 문서, 매매, 계약 등에 있어서 과대 포장, 거짓 문서 등을 조심해야 합니다.

여명은 월지 亥水 식상이 목욕이므로 자신이 하는 일을 과대 포장하거나 오버합니다. 식상이 목욕이면 은닉, 가꾸기 등과 관련이 있고 사랑에 빠지기도 합니다.

	목욕				목욕	목욕	
己	庚	辛	壬	庚	辛	庚	甲
卯	辰	亥	辰	寅	亥	午	午

경수 사주의 월간 辛金 겁재는 월지 亥水 목욕 위에 있는 아버지입니다. 어린 시절에는 유복자로 한, 미련, 아쉬움 등이 많았을 것이고, 청년 시절에는 일본에 징용을 가서 고생을 하셨고, 장년 시절에는 할머니께서 물려주신 그 큰 재산을 친척의 배신으로 지키지 못했습니다. 또 경수가 대학 1학년 때인 1974년에 아버지는 51살의 젊은 나이에 병환으로 돌아가시고 말았고, 경수는 지금까지 20번 정도의 이사를 했습니다.

아내는 일지가 목욕이라서 어린 나이에 아버지를 따라서 고향을 떠나 부산으로 왔으며, 중학교 2학년 때에 어머니가 돌아가셨고, 아내의 집안에는 많은 재산이 있었으나 결국 그 재산을 지키지 못했습니다.

❀ 관대(冠帶)

관대는 고등학생 정도의 수준으로 자존심과 주체성은 매우 강하지만, 정신적으로는 미성숙 상태이기 때문에 세상 물정과 사리에 밝지 못합니다.

관대는 정신적으로 미성숙 상태이면서도 자신을 성인이라고 착각하여 모든 것을 잘 알고 있다는 생각에 자기 본위로 행동합니다. 그래서 주변 사람들과 대인 관계가 원만하지 않은 경우가 많습니다.

월지나 일지에 관대가 있으면 아집과 고집이 대단하고 유아독존적인 성향이 됩니다. 타인의 부정이나 잘못을 보면 비판을 하면서, 자신의 부정이나 잘못을 타인이 비판하는 것은 용납하지 못합니다. 관대는 많은 고생과 고통을 통해서 결국은 대기만성형이 되고, 경쟁심이 강해서 수단과 방법을 가리지 않고 이겨야 하기 때문에 인정, 동정, 관용 등이 부족하여 주변 사람들과 대립과 반목이 심하고 대인 관계가 원만하지 못합니다. 따라서 사주에 관대가 있는 사람은 욱하는 성격을 잘 다스리지 못하면 사회생활을 하는 데에 많은 어려움이 따를 것입니다.

그러나 관대는 12운성 중에서 백절불굴의 정신으로 어떤 어려운 난관에 봉착해도 저돌적으로 강행하여 이겨 낼 수 있는 용기와 투지는 가장 강합니다. 직업은 제복과 인연이 있습니다.

일지가 관대이면 용모가 단정하고 두뇌가 좋으며 의리에 밝아 조숙 성장하여 사회적 발전이 빠르지만, 직업과 주거의 변동도 많습니다.

시지가 관대이면 자식 덕이 있습니다.

관대의 키워드는 이론, 미숙 등으로 이론만 앞세우다가 미숙으로 인한 실수로 구설, 시비, 송사 등을 일으킵니다. 사업, 교수, 영업 등 장인 정신이 필요한 직업에 인연이 있습니다.

남명				여명			
	관대				관대		
甲	戊	庚	辛	癸	丙	丙	己
寅	辰	子	酉	巳	辰	寅	巳

남명은 일지 辰土 비겁이 관대이므로 형제, 동조자가 마음만 앞서서 실수를 하여 구설, 송사가 발생할 수 있습니다.

여명은 일지 辰土 식상이 관대이므로 여명이 하고자 하는 일에 마음만 앞서고 실천력은 떨어집니다. 또 여명의 식상은 자식이므로 자식이 대외 활동을 하면서 의욕이 앞서 이론을 내세우지만 실천력은 없습니다.

⊗ 건록(建禄)

건록은 옛날 같으면 벼슬길에 나가 국록을 받는 것으로, 이제 사회 초년생으로서 직장이나 조직에서 자신이 맡은 임무를 공명정대하게 처리하고자 합니다. 건록은 자기중심의 관대 단계를 거쳐서 정신과 육체가 모두 성숙되었지만, 세상 물정이나 자신의 처신에는 아직 미숙하여 지나치게 공명정대함을 강조하는 것이 단점 중의 하나입니다. 특히 건록이 일주에 동주하면 공명정대와 상명하복을 중시하며 공과 사를 엄격히 구분하지만, 고집과 자존심이 강하여 주변 사람들로부터 시기와 질투를 사는 등 대인 관계가 원만하지 못한 경우가 많습니다.

비겁이 건록이면 독립, 창업의 운이 좋으며, 형제가 크게 성공하여 부귀공명을 누립니다. 식상이 건록이면 건강, 재물의 운이 좋으며, 여명은 자식으로 인한 호사가 따릅니다. 재성이 건록이면 사업, 재물의 운이 좋으며, 남자는 처덕이 따릅니다. 관성이 건록이면 직업, 재물의 운이 좋으며, 남명은 자식 복이 따르고, 여명은 남편 복이 따릅니다. 인성이 건록이면 문서, 재물의 운이 좋으며, 예술, 문학, 학문적 재능을 발휘하여 명예를 널리 떨칩니다.

일지가 건록이면 자신이 세인의 칭찬을 받고 중년에 중흥을 하게 되고, 의리에 강하고 건실하며, 두뇌가 좋고 두뇌의 회전이 매우 빠르지만, 때로는 자기 자신을 지나치게 과신한 나머지 좋은 기회를 놓치는 경우도 있습니다.

시지가 건록이면 자식들이 자수성가하여 자손 덕이 있습니다. 사주에 건록이 있는데 건록을 충하거나, 건록운이 들어와서 충을 당하면 자신이 설 자리가 없으므로 직장을 그만둘 수도 있습니다.

건록의 키워드는 전문가, 공평, 공명정대 등으로 건록은 자신이 맡은 업무를 공정하고 평등하게 처리하는 전문가입니다. 자수성가, 개업의, 교사 등의 직업에 탁월한 능력을 발휘하기도 합니다.

남명				여명			
	건록				건록		
癸	己	庚	戊	丙	戊	乙	癸
酉	酉	申	午	辰	申	卯	卯

남명은 월지 申金이 식상 건록으로 일, 활동, 사업, 표현, 아이디어 등에 있어서 실천의 별, 전문가의 별 등이므로 무언가 큰일을 하게 됩니다.

여명은 월지 卯木이 관성 건록으로 남편이 실천적이고 중책을 맡은 전문가입니다. 남명의 관성이 건록이면 자식이 전문가로서 실천적인 사람입니다.

남명				대운 38	2019년	여명			
○	己	○	○	乙	己	○	己	○	○
○	亥	巳	未	丑	亥	○	○	○	午
	정인격							(남명 己土 일간의 건록)	

남명은 월지 巳火 정인격으로 글과 학문을 떠나서는 살 수 없습니다. 시지 재살로 기획, 연구, 정보, 첩보, 구속 등과 인연이 있는데, 현재 자동차 관련 연구소에 근무하고 있습니다.

남명은 ○午年生을 아내로 맞이했는데, 아내 년지 午火는 남명 己土 일간의 건록이므로 남명은 ○午年生 아내를 만남으로써 항상 자신을 응원해 주고 격려해 주는 마음의 안식처를 얻은 것입니다.

🎴 제왕(帝旺)

제왕은 40~50대의 장년기로 건록의 단계를 거쳐 인생에서 최고 완숙의 단계로, 자신의 임무를 처리하면서 대의를 위해 소의는 희생되어도 된다는 신념을 가지고 있기에 현실성과 효율성 위주로 업무를 처리합니다. 따라서 대의를 얻을 때에는 반드시 소의를 잃거나 다치게 하거나 빼앗겨야 하는 등 강제성과 희생이 따르게 됩니다.

제왕은 자신이 제왕이기 때문에 자신을 과신하고 주변 사람들의 간섭을 아주 싫어하는 경향이 있습니다. 제왕은 자존심이 매우 강하고, 모든 것을 자력으로 성취하므로 상속운은 없지만 사업 발전은 기대할 수 있습니다. 세운에서 제왕운이 들어오면 사업 번창을 기대할 수 있습니다.

건록은 자신의 지위와 권력 위주로 행동함으로써 만인 앞에 권위를 과시하는 경향이 있는데 반하여, 제왕은 지위와 권력보다는 자신의 체험과 현실을 바탕으로 인간관계를 합리적이고 능숙하게 관리합니다.

일지가 제왕이면 천상천하 유아독존격으로 지나치게 자존심이 강하여 자유분방한 생활을 즐기고, 만약 주변 사람이 간섭을 하면 이를 철저히 배격하는 기질이 있어 때로는 적이 되고 흉이 되어 타향살이를 하게 됩니다.

시지가 제왕이면 자손이 가문을 부흥시킵니다.

제왕의 키워드는 대의, 강제, 희생 등으로 대의를 위해 소의를 희생하기 때문에 강압, 오버, 희생, 강제, 폭력 등을 수반합니다. 개업의, 교사 등의 직업에 탁월한 능력을 발휘하기도 합니다.

남명				여명			
	제왕				제왕		
丙	丙	乙	壬	丁	癸	壬	戊
申	午	巳	辰	巳	酉	戌	戌

남명은 일지 午火 비겁이 제왕이므로 형제, 친구, 동업자 등과 함께할 때 큰 이익을 위해 적은 손해는 감수하는 경향이 있습니다.

여명은 시지 巳火 재성이 제왕이므로 처(아내)가 의욕이 앞서서 오버하다가 실수하여 다치기도 합니다. 재성이 제왕이면 재물 손실을 말하지만 때로는 돈을 벌기도 합니다.

✿ 쇠(衰)

쇠는 제왕의 시기를 지나서 노년의 단계에 접어든 시기로 최고의 지위에서 능수능란하게 활동하던 자신의 역할을 마치고, 최고의 지위에서 은퇴한 단계입니다. 과거 제왕 단계처럼 무엇을 하든 능동적, 적극적으로 앞장서던 성향은 서서히 사라지고 보수적, 피동적, 소극적으로 모든 일을 관망하는 자세를 가집니다.

쇠는 비록 육신은 노쇠하여 힘이 없지만, 그동안 인생을 살아오면서 터득한 그 많은 지식과 지혜로 자신에게 주어진 역할을 술수나 요령을 부리지 않고 노련하고 능숙한 솜씨로 처리할 수 있습니다.

여명 사주에 쇠가 있으면 천부적인 가정주부라고 하는 것은 쇠는 선천적으로 타고난 성품이 착하고 순하며 참을성이 많기 때문입니다. 특히 월지나 일지에 쇠가 있으면 착하고 순하며 내조를 잘하는 현모양처라고 합니다. 남명 사주에 쇠가 있으면 호인처럼 원만하고 다정다감하지만, 사람이 적극적이지 못하고 박력과 패기가 부족합니다. 사주에 쇠가 있는 사람은 교사 등 교육 계통의 직업에 인연이 있다고 합니다.

일지가 쇠이면 성질이 온순하여 주체성이 약하므로 박력이 없고, 남의 유혹에 빠져들어 손실을 보고 사기를 잘 당합니다.

시지가 쇠이면 자식 덕이 박하므로 노년에 고생합니다.

쇠의 키워드는 관조, 양보, 중재 등입니다. 쇠는 오랜 경험으로 업무를 처리하는 것이 능수능란하고 노련하며, 양보하고 관조하면서 주변 사람들을 중재하거나 문제를 해결해 줍니다.

남명	여명
쇠	쇠
甲 甲 壬 庚	乙 甲 壬 癸
子 辰 午 寅	丑 午 戌 卯

남명은 일지 辰土 재성이 쇠이므로 아버지, 처, 여자 등이 사업의 동반자로 남명을 도와주는 세력들이 멀리서 지켜보고 있습니다. 쇠는 아직 힘이 있기 때문에 남명을 도와주는 사람이 있습니다.

여명은 시지 丑土 재성이 쇠이므로 아버지, 시어머니 등이 여명의 뒤에서 든든하게 지켜보고 있습니다.

❀ 병(病)

노년의 시기인 쇠를 지나서 병으로 들어서면 젊고 건강했던 육체가 노쇠하여 병이 들게 되어 약해집니다. 변덕이 심하고 미래에 대한 걱정을 많이 하며 불안감과 함께 다소 신경질적일 수 있습니다.

사주에 병이 있으면 사람이 다정다감하고 인정이 많아서 어렵고 힘든 사람을 위해 봉사하는 것을 좋아하고 함께 이야기하기를 좋아합니다. 의사, 약사, 간호사 중에 월지나 일지에 병이 있는 사람이 많다고 하는데, 사주에 병이 있는 간호사는 환자에게 주사를 놓아도 아프지 않게 잘 놓는다고 합니다.

사주에 병이 있는 사람은 고치기 어려운 단점, 결점, 습관 등이 있는데, 인성이 병이면 평생 인성으로 인한 고통을 당하게 됩니다. 사주에 병이 있으면 신체적으로 약하여 크고 작은 질병이 있을 수 있으므로 항상 건강에 유의하고, 재성이나 관성이 병운을 만나면 현상 유지를 하는 것이 좋습니다.

일지에 병이 있으면 어릴 때 중병을 앓고 심신도 건강치 못하고, 조실부모하며, 부부궁이 약하여 이별하고, 재물복도 약하고, 재혼을 할 수도 있습니다. 만약 부모의 재산을 상속받으면 부부 이별을 면하지 못하고, 처덕은 없으나 나중에는 편안해집니다. 직업으로는 사무직이 제일 좋고, 남을 위해서 노력을 아끼지 않는 사람이기도 합니다. 일지나 월지에 병이 있는 사람은 질병과 관련된 일 등에 인연이 있습니다. 다정다감하며 고독을 싫어하고, 회식과 동반 여행 등 사람과 어울리는 것을 즐깁니다.

시지에 병이 있으면 자식 덕은 있으나 자식이 병약 체질로 인해 고생하고, 정신적 번뇌와 걱정과 근심이 많아 말년에 건강이 좋지 않으며, 남명은 부부간 불리하고, 여명은 온순하나 중년에 남편과 이별하거나 가운이 쇠약하여 곤궁함이 많습니다.

병의 키워드는 동정심, 양보심, 봉사 활동 등으로 병은 이제 죽음을 앞두고 주변 사람들을 동정하여 양보심을 가지고 살면서 의료를 통한 봉사 활동, 간병 활동을 하기도 합니다. 의료, 옷 장사 등의 직업에 인연이 있습니다.

남명				여명			
		병				병	
甲	癸	己	丙	庚	壬	乙	己
子	未	亥	申	戌	戌	亥	卯

남명은 년지 申金 인성이 병으로 문서, 계약, 매매 등을 할 때 기부 증서, 기증 증서, 질병 치료 등과 관련이 있습니다.

여명은 년지 卯木 식상이 병으로 현재 하고 있는 일에 서서히 한계를 느끼기 시작합니다. 환자를 돌보는 일과 관련이 있으며, 동정심을 갖고 질병이나 환자를 대합니다.

❀ 사(死)

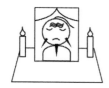
사는, 육체는 이미 정지하였고 정신은 아직 살아서 활동을 하기는 하지만 머지않아 죽음을 앞둔 단계입니다. 사에 들면 모든 것이 늙고 병들어서 허약하므로 사업이나 대업을 이룩하며 꿈을 꿀 수 없기 때

문에 용기와 박력을 필요로 하는 사업이나 대업은 감당할 수 없습니다. 따라서 처음부터 무리한 사업이나 대업의 계획을 세워 실천하려고 하면 안 됩니다. 왜냐하면 사의 작용은 장애물, 침체, 운세의 쇠약 등을 말하기 때문입니다. 따라서 대외적, 적극적, 직접적인 활동보다는 사색적, 종교적, 정신적 활동에 관심을 가져야 합니다. 병은 회생의 희망이 있지만, 사는 회생의 희망이 없으므로 사업, 건강, 직장, 대인 관계 등에 특히 조심해야 합니다.

사주에 사가 있으면 자신의 기득권, 주관, 자존심을 사수하려는 방어 기질이 매우 강하며, 일지나 월지에 사가 있으면 어려서부터 생각이 깊고 침착하며 연구심과 탐구심이 매우 강하다고 합니다.

사주 중에 일지 사를 가지고 있는 사주를 동주사라고 하는데, 甲午, 乙亥, 庚子, 辛巳 일주입니다. 동주사는 해당 육친에게 사의 작용과 비슷한 문제가 발생한다고 봅니다.

일지가 사이면 활기가 없고, 초년에 잔병으로 고생합니다.

시지가 사이면 자녀가 부실합니다.

사의 키워드는 죽음, 철학적 사고 등입니다. 실천 의지와 발전성 그리고 활동력은 전혀 없지만, 죽음에 대해서는 철학적 사고를 합니다. 스님, 목사, 신부, 철학과 교수, 연구직, 기술직 등의 직업에 인연이 있습니다.

남명				여명			
사				사			
甲	丙	己	乙	辛	乙	庚	壬
午	申	丑	未	巳	未	戌	辰

남명은 시지 午火 비겁이 사로 형제, 동업자, 투자자들의 의지가 사라져서 발전성이 없습니다.

여명은 시지 巳火 식상이 사로 먹고살기 위한 직업, 생업의 활동이 멈추어 버렸으므로 생계에 타격을 입습니다. 장사, 사업 등은 부진이지만, 정서적인 측면에서는 사색적으로 변합니다.

❀ 묘(墓)

　　묘는 무덤을 말하는 것으로 입묘한다는 말은 글자 그대로 무덤 속에 들어간다는 것입니다. 육체는 움직이지 못하지만 정신은 아직 살아 있는 것으로, 때로는 입고된다고도 합니다. 묘는 움직이지 않으므로 저축하고 저장하는 심리가 강하고 특히 일지가 묘에 해당하는 丙戌, 丁丑, 戊戌, 己丑, 壬辰, 癸未 일주는 동주묘라고도 하는데, 경제관념이 투철한 반면 평소 성향이 내성적이며 걱정과 불안한 마음이 많은 편입니다.

　　또한 사주에 묘를 가진 사람은 오직 본인의 관심사에만 몰두를 하고 실리를 추구하고 실속 없는 일에는 관심이 없으며, 움직이는 것을 대체로 싫어합니다.

　　묘운이 들어오는 대세운에 새로운 일을 시작하는 것은 좋지 않으니, 이사, 신규 사업, 사업 확장 등은 하지 않는 것이 좋다고 합니다.

　　戊戌, 己丑 일주처럼 비견과 겁재가 동주묘가 되면 형제가 사고를 당하거나 건강이 나빠질 수 있습니다. 남명의 재성이 묘와 동주하면 처가 사고를 당하거나 건강에 문제가 있을 수 있습니다. 또 남명의 관성이 묘와 동주하면 자식이 문제를 일으키거나 건강에 문제가 있을 수 있고, 여명의 관성이 묘와 동주하면 남편 신상에 문제가 있을 수 있습니다.

　　사주에 묘가 없더라도 묘 오행이 기신이거나, 대운이나 세운에서 묘가 들어오는 운에는 마치 무덤 속에 있는 듯이 갑갑하고 일이 잘 풀리지 않아 많은 고통을 당하며 조그마한 일에도 무력감을 느끼며 우울증에 빠지기 쉬우니 조심해야 합니다.

　　일지가 묘이면 부모복이 없고, 일찍 고향을 떠나 곤궁하게 타향에서 살며 중년 이후에 발전합니다. 가난한 집 출생이면 부자가 되고, 부유한 집 출생이면 재산상의 손실을 조심해야 합니다.

　　시지가 묘이면 말년에 고독과 근심이 있고, 자식 인연이 박합니다.

　　묘의 키워드는 지체, 지연, 지장, 머뭇거림과 수집, 축적, 저축, 부동산 등과 관련이 있습니다.

남명　　　　　　　여명
　　　　묘　　　　묘
癸　癸　乙　戊　　癸　乙　丁　甲
亥　丑　丑　戌　　未　酉　卯　午

남명은 년지 戌土 관성이 묘이므로 직장 등에서 발전과 승진이 어렵지만, 직장에서 직위를 잃지는 않고 명맥은 이어갑니다.

여명은 시지 未土 재성이 묘이므로 금융, 재정, 경리 등을 담당하거나 검소한 사람입니다.

⊛ 절(絕)

절은 육체는 물론 정신마저 활동할 수 없는 단계로 누구에게 어려운 일을 당해도 반항하거나 거역할 수 없는 것입니다. 겁탈을 당해도 어쩔 수가 없는 것으로 이미 사회적으로는 큰 힘을 발휘할 수 없습니다. 절의 의미는 이별, 분리, 단절, 고립 등으로 직장이나 주거지 이동이 많고 성격이 매우 급하며 지속성은 매우 약합니다.

절은 새로운 것을 열어 간다는 의미도 있으므로 만약 관성이 절에 해당되면 직장 전변이 있을 수 있습니다. 만약 여명의 관성이 절에 해당되면 배우자에 대한 걱정의 요소가 되기도 하지만, 여명의 경우에 절운이 들어오면 얼떨결에 결혼을 하는 수도 있다고 합니다. 또한 공부를 하지 않던 학생은 대운과 세운에서 절운이 들어오면 공부를 열심히 하는 경우가 있는데, 절은 오지도 가지도 못하는 막다른 판에 요행히 살길이 생긴다는 絕處逢生(절처봉생)으로 새로운 시작을 의미하기 때문입니다. 절은 무에서 유를 창조하는 과정으로 두뇌 총명, 창의성 등과 관련이 있으나, 귀가 얇은 것이 단점 중의 하나입니다.

일지가 절이면 장남이라도 부모 형제, 배우자와 무덕으로 함께 살기 어렵고, 귀가 얇아 남의 말에 쉽게 넘어가고, 무계획적인 일을 갑자기 벌려 놓아 주위 사람들이 놀라기도 합니다.

시지가 절이면 자식으로 인한 고통이 있고, 자식 덕이 없습니다.

절의 키워드는 이별과 만남, 청산과 시작, 새 출발, 부활 등을 의미합니다. 월급 의사, 최첨단, 예술인 등의 직업에 인연이 있습니다.

남명				여명			
		절				절	
戊	己	壬	乙	辛	丙	丙	己
辰	酉	午	酉	卯	寅	寅	丑

남명은 년지 酉金 식상이 절이므로 기존에 하던 일을 그만두고 새로운 일을 추진합니다. 식상이 절이면 실직과 함께 새로운 일을 시작합니다.

여명은 시지 卯木 인성이 절이므로 공부를 중단했다가 다시 시작하거나 새로운 공부를 할 수 있습니다. 또 문서, 서류, 계약 등이 해지되면 새로운 계약을 하게 됩니다. 헤어진 어머니를 다시 만날 수도 있습니다.

❀ 태(胎)

　　태는 절에서 이별, 분리, 단절된 생명이 어머니 배 속에 잉태되어 새로운 생명으로 부활하는 것을 말하는 것으로 사주에 태가 있으면 죽음과 같은 어려운 상황에서도 용케 살아남습니다. 태는 절의 다음 단계로 절에서 絶處逢生(절처봉생)의 부활이 구체화되고 실현된 별인지라 사주에 태가 있는 사람은 죽음에서도 부활할 수 있는 특전과 은혜를 받는 모양입니다. 그러나 아직은 어머니 배 속에 잉태된 상태이기 때문에 스스로는 아무것도 할 수 없으므로 어머니인 인성이 태이면 항상 불안하고 안정감이 떨어집니다.

남명의 재성이 태이면 처가 일찍 결혼하고, 일지가 태이면 일간이 일찍 결혼하기도 합니다. 또 재성이 태이면 재물은 마르지 않으나, 육친은 병약하다고 합니다.

일지가 태이면 초년에 몸이 병약하여 죽을 고비를 넘기지만 중년 이후부터 차차 좋아집니다.

시지가 태이면 여아를 많이 보게 되며, 아들이 무력하다고 합니다.

태의 키워드는 의타적, 실천력 부족, 꿈과 희망입니다. 태는 임신이므로 아직 실천력이 부족하고 의타적이지만, 그래도 꿈과 희망을 가지고 자라고 있습니다. 기술직, 전문직 등의 직업에 인연이 있고, 사주에 태가 있는 사람은 이성 간의 사기를 조심해야 합니다.

남명				여명			
		태				태	
甲	戊	戊	庚	甲	辛	壬	乙
寅	寅	子	辰	午	申	午	卯

남명은 월지 子水 재성이 태이므로 처가 임신을 했을 수도 있고, 재물이 무럭무럭 자라기 위해 꿈과 희망을 가지고 있습니다.

여명은 월지 午火 관성이 태이므로 남편은 의타적이고 실천력이 부족합니다. 남명이라면 자식이 책임감이 없고 의타적입니다.

❈ 양(養)

양은 어머니 배 속에서 어머니의 자양분을 흡수하면서 아기가 잘 자라고 있는 것으로 글자 그대로 잉태 후 잘 자라고 있는 상태입니다. 어머니가 자식을 잉태하면 출산이라는 목표가 확정되어 발전하고 있는 기운으로 잉태 후 10개월이 지나야 출산을 하듯이 출산 때까지는 인내심을 가지고 느긋하게 기다려야지 급히 서두르면 실패하게 됩니다. 양운에 재물이 잘 들어온다고 합니다.

비겁이 양이면 형제, 친구, 사업 동업자가 투자를 하려고 움직입니다.

식상이 양이면 교육, 상속 등의 준비 단계이고, 일간의 사업체와 재물이 점차 커지는 단계입니다.

재성이 양이면 재물이 커져 가는 단계입니다. 이 단계에서 투기성이 강해질 수 있습니다.

관성이 양이면 관성이 커져 가는 단계로 발전 지향적인 단계입니다.

인성이 양이면 부모, 교육 등이 성장하는 단계이고 문서, 서류, 계약 등이 일어나는 과정이 조금씩 보이기 시작하는 단계입니다.

일지가 양이면 사교에도 능하고 팔방미인이지만, 생모와의 인연이 박하며, 남명은 여자를 조심해야 하고, 여명은 좋은 남편과 귀자를 두게 되지만 여명 庚辰日 괴강살은 남편운이 좋지 않고, 여명이 가주가 되어 사회 활동을 해야 합니다.

시지가 양이면 자식을 도와주어야 하는 운입니다.

양의 키워드는 교육, 양육, 성장, 상속, 준비 과정을 말하며, 출산으로 자신만만하고 다재다능하고 팔방미인입니다.

```
남명                    여명
양                              양
甲 甲 丙 癸        丙 庚 戊 辛
戌 申 辰 丑        戌 寅 戌 丑
```

남명은 시지 戌土 재성이 양이므로 사업가는 사업체가 길러지고, 교육, 상속, 양육 등으로 커져 가는 단계입니다. 재물 또한 커져 가는 단계입니다.

여명은 년지 丑土 인성이 양이므로 부모, 교육, 학업 등이 성장하는 단계이고, 문서, 서류, 계약 등이 일어나는 과정이 조금씩 보이기 시작합니다.

```
경수
병   양
己 庚 辛 壬
卯 辰 亥 辰
```

일지가 양이면 사교에도 능하고 팔방미인이지만, 어머니와의 인연이 박하며, 남명은 여자를 조심해야 하고, 여명은 좋은 남편과 귀한 자식을 두게 됩니다.

경수 사주는 편인인 辰土가 두 개이고, 일지 辰土가 양이라서 그런지 형제들 중에 유독 어머니에 대한 한, 미련, 아쉬움 등이 많습니다. 시지가 양이면 부모가 자식을 도와주어야 하는 운입니다.

세운에서 12운성의 장생, 관대, 건록, 제왕운을 만나면 역량이 강해지며, 세운에서 쇠, 병, 사, 묘, 절운을 만나면 역량이 약해지며, 세운에서 목욕운을 만나면 처음에는 약간의 고통이 있지만 점차 그 고통에서 벗어나게 됩니다. 태와 양은 새로운 시작을 준비하는 단계로 작게 시작해서 점차 커지는 단계이기 때문에 이 시기에는 사업 확장, 확충 등을 무리하게 추진해서는 안 됩니다.

경수

병	양	목욕	묘
정인	일간	겁재	식신
己	庚	辛	壬
卯	辰	亥	辰

경수 사주를 12운성으로 살펴보면 년간 壬水 식신이 묘지이므로 경수가 하는 활동, 행동 등은 곡물 또는 재물을 모으고 저축하는 성향이 강합니다. 월간 辛金 겁재는 목욕이므로 형제 중에 폼생폼사를 하거나 하는 일을 과대 포장하는 사람이 있을 수 있습니다. 일간 庚金은 양이므로 사업, 활동 등에 형제, 친구, 동업자 등이 투자를 준비하고 있습니다. 시간 己土는 병이므로 자식의 건강을 걱정해야 합니다.

이제 12신살과 12운성을 함께 통변하면 다음과 같습니다.

경수

병	양	목욕	묘
정인	일간	겁재	식신
己	庚	辛	壬
卯	辰	亥	辰
육해	화개	망신	화개

년간 壬水는 일간 庚金의 식신이면서 묘로 일간 庚金이 하는 활동은 화개살의 성향인 자문, 고문, 교육, 종교, 철학, 역학, 재수, 반복 등인데, 묘이므로 활동성은 조금 떨어진다고 봅니다.

월간 辛金은 일간 庚金의 겁재이면서 목욕으로 주변 사람들에게 인기가 많고, 머리, 옷 등을 항상 깔끔하게 가꾸고 꾸미는 형제가 있다고 보고, 월지가 망신살이므로 월간 辛金 부모 형제 중에 자신의 꿈과 목표를 성취하지 못한 한, 미련, 아쉬움을 가지고 있는 부모 형제가 있다고 봅니다.

일간 庚金은 辰土 화개살 위에 있으면서 양이므로 일간은 예전에 했던 공부, 문서 등을 다시 시작하지만, 현재는 양으로 활동성이 작으나 나중에는 공부, 문서 등이 점점 쌓이게 됩니다.

시간 己土는 卯木 육해살 위에 있으면서 병인데, 육해살은 저승사자이므로 자식은 윗사람들과 잘 지내야 하고, 또 卯木이 육해살이면서 병이므로 평소 간담에 관한 건강에 신경을 써야 합니다.

"문 교장, 이제 12신살과 12운성을 배웠으니 하산을 해도 되는 거요?"

"박 교장, 사주를 볼 때는 이 정도만 해도 충분하지만 자만하지 마시고 계속 노력합시다."

"이제 또 무엇을 공부해야 하오?"

"12신살과 12운성을 공부했으니, 이제 일반 신살을 공부해 봅시다. 일반 신살까지 공부가 끝나면 일단은 하산을 해도 좋소."

❀ 18 ❀
일반 신살

"박 교장, 지금까지 12신살과 12운성을 공부했는데, 지금부터는 일반 신살에 대해 공부하겠습니다. 일반 신살도 12신살 못지않게 중요하답니다."

"원진살, 백호대살 같은 것을 말하는 것이오?"

"그건 어떻게 알고 있습니까?"

"그런 것은 사주를 믿지 않아도 기본적으로 알고 있지요."

"신살은 글자 그대로 신(神)과 살(殺)의 조합이지요. 신(神)은 좋은 기운을 말하기 때문에 귀인이라고도 하지요. 살(殺)은 죽일 살로 부정적이고 강한 기운을 말하지요. 우리가 신살을 공부하는 목적은 우리가 살아가면서 대운이나 세운에서 만나게 되는 좋지 못한 신살의 흉액을 피할 수 있는 방법을 찾아서 取吉避凶(취길피흉 : 길한 것을 취하고, 흉한 것을 피하자는 뜻이다)을 하자는 것이지요."

❀ 피 흘리는 사고를 암시하는 백호대살

백호대살은 하얀 호랑이 등에 타고 있는 형상으로, 달리는 호랑이 등에서 떨어지면 호랑이에게 물려 죽게 됩니다. 따라서 엄청나게 빠른 속도로 달리는 호랑이 등에서 떨어지지 않으려면 호랑이 등을 꽉 잡아야 합니다. 호랑이 등에서 떨어지지만 않는다면 순식간에 장군이 되고, 검찰 총장이 되고, 장관이 되기도 하지만, 엄청나게 빨리 달리는 호랑이 등에서 떨어지는 바람에 승승장구하다가 갑자기 비참한 말로를 맞이하는 사람들을 우리는 종종 볼 수 있습니다.

백호대살은 혈광사라고 하여 피를 보고 죽는 흉살이라고 하는데, 옛날에는 범식이라고 해서 호랑이가 어린아이를 물고 가는 것을 의미했으나 요즘에는 교통사고를 조심해야 한다는 것입니다. 특히 세운에서 백호대살이 들어오면 교통사고를 조심해야 합니다. 백호대살이 인성이면 어머니의 건강을 조심해야 하고, 남명 사주에서 관성이 백호대살이면 자식의 교통사고를 조심해야 한다고 하지만 이것 역시 다른 신살과 마찬가지로 절대적으로 믿기는 다소 무리가 있다고 봅니다. 다만 백호대살 세운이 되면 교통사고를 조심하면 좋지 않겠느냐 정도로 알면 되겠습니다.

사주에 살성인 백호대살, 괴강살, 양인살 등이 있으면 몸에 칼을 대고 수술을 한 흉터가 있다고 하는데, 살성이 있으면서 살아생전에 수술 한 번 안 한 사람이 사고로 죽어서 결국 부검을 하기 위해 몸에 칼을 대는 경우도 있다고 합니다. 그래서 어린 여자아이에게 살성이 있으면 어릴 적에 쌍꺼풀 수술을 하거나 헌혈을 하는 것도 살성을 피할 수 있는 하나의 방법이라고 합니다.

백호대살이 년주에 있으면 부모님 신변에 이상이 있거나 질병이 있을 수 있습니다.

백호대살이 월주에 있으면 형제자매가 서로 사이가 좋지 않아서 멀리 떨어져 사는 경우가 많습니다.

백호대살이 일주에 있으면 자신이나 배우자에게 좋지 않은 일이 생기거나 부부 사이에 문제가 발생할 수 있으므로 항상 부부간에 언행을 조심해야 합니다. 백호대살은 일주에 있는 것이 가장 좋지 않습니다.

백호대살이 시주에 있으면 자녀나 아랫사람에게 우환이나 질병이 있을 수 있고, 자녀나 아랫사람과 사이가 나쁠 수도 있습니다.

그러나 사주에 백호대살이 있다고 해서 항상 그런 불행한 일이 발생하는 것은 아니고, 대운이나 세운에서 백호대살이 합형충을 만날 때 백호대살이 작용하므로 특히 언행 등을 조심해야 할 것입니다.

사주에 백호대살이 있는 사람은 매사 일처리를 깔끔하게 처리하는 특징이 있고, 첫 대운에 백호대살이 있으면 머리가 매우 총명하다고 합니다.

백호대살이 있는 사주는 피와 관련된 일을 하면 그 흉살이 없어진다고 하는데, 일반적으로는 교사, 의사, 간호사, 수의사, 정육점, 도살장 등의 직업을 가지면 흉살이 면해진다고 합니다. 백호대살은 사주에서 매우 중요하게 다루는 신살 중의 하나입니다.

백호대살	甲辰	乙未	丙戌	丁丑	戊辰	壬戌	癸丑

<table>
<tr><td colspan="4">사주 1</td></tr>
<tr><td>己</td><td>甲</td><td>丙</td><td>癸</td></tr>
<tr><td>巳</td><td>辰</td><td>辰</td><td>巳</td></tr>
<tr><td></td><td>백호</td><td></td><td></td></tr>
</table>

사주 1의 甲辰 일주는 백호대살로 남명의 경우에는 일지 辰土가 편재이므로 처를 극하고 군림하고자 하여 부부간에 심각한 가정 문제가 발생할 수 있습니다. 일지가 정재라면 부부합으로 가정적이고 다정다감할 수 있습니다. 이것이 여명인 경우는 일지 辰土는 배우자궁이기는 하지만, 편재는 남편이 아닌 부친이기 때문에 부친과 사이가 좋다고 볼 수 없습니다.

<table>
<tr><td colspan="4">사주 2</td></tr>
<tr><td>辛</td><td>乙</td><td>癸</td><td>癸</td></tr>
<tr><td>巳</td><td>未</td><td>亥</td><td>酉</td></tr>
<tr><td></td><td>백호</td><td></td><td></td></tr>
</table>

사주 2의 乙未 일주는 백호대살이면서 乙木 자신이 지지 未土에 입고하는 자고(지지가 천간의 고지인 것)입니다. 乙未 자고인 사람은 다른 사람의 말을 쉽게 믿지 못하고, 자신의 활동도 마음껏 할 수 없으며, 모든 것을 자기중심적으로 생각하는 단점이 있습니다. 남명은 일지 未土 재성으로 항상 돈을 생각하지만 사실 돈이 잘 모이지 않습니다. 여명의 경우에는 일지 未土가 편재이므로 아버지 생각을 많이 하고 또 아버지가 여명의 도움이 되기도 합니다. 또한 일지 未土 편재로 알뜰한 면이 있어서 신강사주일 때는 일간의 돈이 되지만, 신약사주일 때는 일간의 돈이 되지 않습니다.

<table>
<tr><td colspan="4">사주 3</td></tr>
<tr><td>丙</td><td>丙</td><td>丁</td><td>戊</td></tr>
<tr><td>申</td><td>戌</td><td>巳</td><td>午</td></tr>
<tr><td></td><td>백호</td><td></td><td></td></tr>
</table>

사주 3의 丙戌 일주는 백호대살로 남명의 경우에는 일지 戌土 식신으로 일간이 하는 일이나 아랫사람을 丙火生戌土로 생하는 관계이므로 크게 나쁘게 보지는 않지만, 戌土 지장간 辛丁戊의 辛金은 丙火 일간의 여자이므로 때로는 여자를 밝히는 경우도 있습니다. 여명의 경우에는 戌土가 자식인 戊土 식상의 고지로 때로는 자식에 대한 애로가 있을 수 있습니다.

<table>
<tr><td colspan="4">사주 4</td></tr>
<tr><td>甲</td><td>丁</td><td>辛</td><td>丙</td></tr>
<tr><td>辰</td><td>丑</td><td>卯</td><td>午</td></tr>
<tr><td></td><td>백호</td><td></td><td></td></tr>
</table>

사주 4의 丁丑 일주는 백호대살로 남명의 경우에는 일지 丑土 식신으로 내가 하는 일이나 아랫사람을 丁火生丑土로 생하는 관계이므로 크게 나쁘게 보지는 않습니다. 남명일 경우에는 丑土 지장간 癸辛己의 辛金이 여자이므로 丁火 일간 역시 때로는 여자를 밝히는 경우가 있습니다. 여명일 경우에는 丑土 지장간 癸水가 남편인데, 지장간에 있는 남편이므로 큰 힘이 없는 남편일 수 있습니다.

사주 5			
甲	戊	丙	壬
寅	辰	午	子
	백호		

사주 5의 戊辰 일주는 백호대살로 남녀 사주 구별 없이 신약사주이면 비겁이 용신으로 일간의 도움이 되지만, 신강사주이면 일지 辰土 비겁이 기신 역할을 하게 됩니다. 또 천간과 지지의 오행이 같은 干如支同(간여지동 : 일지가 일간의 비견인 경우)으로 부부의 해로가 어렵다고 하니 항상 서로 언행을 조심하고 상대방을 배려하고 존중하는 태도를 가져야 할 것입니다.

사주 6			
癸	壬	丙	己
卯	戌	寅	未
	백호		

사주 6의 壬戌 일주는 백호대살로 남명의 경우에는 일지 戌土가 일간 壬水의 편관으로 壬水를 극하게 됩니다. 일지 편관이면 배우자의 성정이 난폭하고 냉정하여 배우자와 조화로운 생활이 매우 어렵다고 보지만, 일지가 정관이면 부부가 화합하여 행복한 삶을 영위할 수 있습니다. 여명의 사주에서 일지 남편성이 편관이면 남편과 다정하게 지내기는 매우 어렵기 때문에 항상 상대방의 입장을 이해하고 존중하며 수성하는 마음으로 살아야 합니다.

사주 7			
壬	癸	甲	丙
子	丑	午	戌
	백호		

사주 7의 癸丑은 백호대살로 남명의 丑土는 癸水 일간의 인성인 金의 고지이므로 잘 움직이지 않고 매사불성인 경우가 많습니다. 또 남명은 처인 午火가 대세운에서 들어오면 丑午 원진살과 귀문관살로 처를 의심하는 의처증의 증세를 가끔 보일 때도 있습니다. 여명의 경우에는 성정이 분명하지만, 여명 역시 대세운에서 午火가 들어오면 丑午 원진살과 귀문관살로 남편을 의심하는 의부증의 증세를 가끔 보일 때도 있습니다.

사주에 괴강살, 백호대살 등이 있으면 강력한 압력으로 밀어 붙이는 힘이 되어 '한 번 한다면 한다'는 식으로 공부를 잘하게 됩니다.

⊛ 권위와 위엄의 대명사, 괴강살

"문 교장, 지난번에 남자 사주에 재성과 관성이 없으면 문제가 많다고 했지요?"

"그렇지요. 남자 사주에 재성과 관성이 없으면 문제가 많을 수 있지요. 남자에게 재성은 편재 부친과 정재 정처와 재물이고, 관성은 자식과 직장이기 때문입니다. 남자가 재성과 관성이 없다는 것은 삶이 곤궁할 수 있다는 것이지요. 여자 사주에서는 식상과 관성이 가장 중요하지요. 여자 사주에 식상은 자식이고, 관성은 남편이기 때문입니다."

"그런데 내가 문 교장 사주를 봤더니, 문 교장은 사주에도 지장간에도 관성이 없어요. 관성은 관운으로 보기도 하는데 어떻게 관성이 없는데도 교장이 되었는지 궁금해서 한번 물어보려고 했지요."

"박 교장도 이제 하산을 해야겠습니다. 여기에서는 더 이상 배울 것이 없는 것 같습니다."

"아니, 진짜 궁금해서 그렇습니다."

"내 사주에는 관성인 火가 없지만, 대운에서 42丙辰 대운을 시작으로 52丁巳 대운으로 이어지는 관운이 오고, 일지 辰土 지장간 癸水와 월지 亥水 지장간 戊土가 戊癸合을 하여 火로 변하였기에 火가 있다고 봐야 하고, 또 일지 辰土 지장간 癸水와 戊土가 자체적으로 戊癸合火로 관성을 가지고 있다고 봐야 합니다."

"그러면 사주에 관성이 없어도 공직에 갈 수 있다면, 사주에 관성이 있는 사람은 평생 자식이나 직장에 대한 애로가 없습니까?"

"사주에 관성이 있는 사람은 기본적으로 공직과 자식에 대한 애로는 없다고 보지만, 사주는 한 가지 오행만 가지고 통변하는 것이 아니기 때문에 주변 오행의 관계도 잘 살펴야 합니다."

사실 자신의 사주에 木火土金水 중 없는 오행이 있으면 조금은 찝찝할 것입니다. 그러나 사실 사주팔자 여덟 자를 가지고 모든 것을 설명할 수는 없으므로, 사주를 볼 때 천간 네 글자와 지지 네 글자인 사주팔자만 보는 것이 아니라 지장간도 함께 보는 것입니다.

괴강살	庚辰	庚戌	壬辰	壬戌	戊辰	戊戌

경수　　　　　　대운　92　82　72　62　52　42　32　22　12　2

己　庚　辛　壬　　　　　辛　庚　己　戊　丁　丙　乙　甲　癸　壬
卯　辰　亥　辰　　　　　酉　申　未　午　巳　辰　卯　寅　丑　子

⌒　⌒　⌒　⌒
甲　乙　戊　乙
　　癸　甲　癸
乙　戊　壬　戊
⌒　⌒　⌒　⌒

　경수는 사주와 지장간에도 火 관성이 없는데, 지장간 戊癸합으로 火를 생성해 내는 것은 이해할 수 있어도 그 관성인 火가 어떤 역할을 했기에 교장이 될 수 있었는지에 대해서 설명할 수 있는 사람을 본 적이 없었습니다.

　경수는 사주와 지장간에 관성인 火가 없지만, 42丙辰 대운의 丙火와 52丁巳 대운의 丁火가 일간 庚金의 관성으로 관운이 들어왔다고 보면 됩니다. 또 경수가 교장을 할 수 있었던 것은 바로 일주 괴강살이었습니다. 괴강살은 우두머리 魁(괴)와 북두성 罡(강)이 합쳐진 것으로 북두칠성의 첫 번째 별로 지도자나 리더를 나타내며, 살이 붙은 것은 그 기운이 강렬하고 맹렬하기 때문입니다. 괴강살은 사주 네 기둥 중 어디에 있든지 작용하지만 대체로 일주 괴강살을 중심으로 통변합니다. 남녀 불문하고 일지가 辰土이거나 戌土이면 일단 괴강살 기운이 강하다고 보는데, 괴강살이 일주에 있으면 그 작용력이 더욱 강하며, 년주, 월주, 시주에 있어도 길흉이 극단으로 작용합니다. 일반적으로 괴강살은 좋은 살로 보지 않고, 특히 여명 사주에 괴강살이 있으면 여장부, 여반장, 남자 같은 성격 등 아주 흉살로 취급합니다. 때로는 괴강살이 여러 개 있어서 오히려 부귀가 발달한 사람도 많다고 하지만, 괴강살이 형충을 당하면 좋지 않은 것은 당연한 것입니다.

경수

己　　庚　　辛　　壬
卯　　辰　　亥　　辰
　　　편인

庚辰 일주의 일지 辰土는 편인 효신살로 머리가 총명하고, 손놀림이 빠르고, 일을 처리하는 수완이 지혜로우며, 술수와 지략이 뛰어나며 자수성가형입니다. 편인인 효신은 효조인 올빼미를 말하는데, 올빼미는 자신이 부화되어 스스로 움직일 수 있는 힘이 생기게 되면 자기 어미를 잡아먹는다는 악조로 편인이 사주에 있으면 일찍 친모를 잃게 되어 계모 손에 자라거나 다른 사람의 손에서 어린 시절을 보내게 되니 영악하게 눈치가 발달하게 되는 것입니다. 또 편인이 식신을 극하는 것을 도식이라고 하는데, 도식이란 말 그대로 밥그릇을 엎어 버리는 격으로 다 차려 놓은 밥상을 엎어 버린다는 뜻의 좋지 않은 것입니다. 또 식신은 남에게 베풀 줄 알고, 남을 용서할 줄 알고, 남에 대한 관대함이 근간이 되어 돈이 되고 복이 되는데 편인이 식신을 극하면 돈의 근간을 극하게 되는 것이니 흉하다는 것입니다.

일간 庚金이 년지 辰土 지장간 정재 乙木과 乙庚合을 하고, 일지 辰土 지장간 정재 乙木과 乙庚合을 하고, 시지 卯木 지장간 정재 乙木과 乙庚合을 하므로 재물에도 관심이 많지만, 년지 辰土와 일지 辰土가 형충이 되어 일간 庚金의 재물인 乙木이 투간되면 월간 辛金이 乙辛剋을 하여 재물이 날아갈 수 있으므로 항상 조심해야 합니다.

庚辰 일주는 일지 辰土 지장간에 戊癸合火 관성을 가지고 있으므로 다른 사람들에 비해 지도자의 자리에 쉽게 오른다고 합니다. 괴강살은 어떤 조직이나 자리에 가든지 최상의 자리에 오를 수 있다고 합니다. 庚金 일간의 성공 분야는 교육, 군인, 경찰, 스포츠, 법무 등이고, 일간 庚金에서 일지 辰土를 12운성으로 보면 양이므로 교육, 양육, 부양, 입양, 활인, 봉사 등이 좋습니다.

庚辰 일주는 교육, 활인, 봉사, 종교 등에 관한 직장 생활을 하면 승진운이 좋지만, 사업이나 창업을 하면 안 되고, 항상 자신을 낮추어야 하고 스스로 좌천되어야 합니다.

庚辰 일주는 머리가 총명하고 문장력이 뛰어나며 문학에 소질이 있습니다. 또 庚辰 일주는 申酉 비겁이 공망이므로 형제 인연이 박하다고 합니다.

여명 庚辰 일주 괴강살은 미인이 많고 사회적으로 출세도 하지만, 성격이 강하고 고집이 세며, 남편을 무시하여 부부 관계가 좋지 않습니다. 비단 여명 庚辰 일주만 그런 것이 아니고 여명 괴강살은 대부분 성향이 강하고 고집이 세기 때문에 배우자와의 관계가 그렇게 좋은 편은 아니라는 것을 미리 알고 서로 양보하고 배려하며 살아간다면 아무런 문제가 없을 것입니다.

일지 辰戌丑未는 월살, 화개살, 천살, 반안살이므로 항상 남에게 베풀고 살아야 하고,

대운과 세운에서 亥水가 들어오면 일지 辰土와 辰亥 원진살과 귀문관살이 되어 부부 무정이 되므로 항상 서로 조심을 해야 합니다.

❀ 천재성의 대명사, 귀문관살

"문 교장은 가만히 보면 머리가 아주 좋은 편인데, 왜 어릴 때에 공부를 제대로 하지 않았습니까?"

"이제 와서 생각해 보면 공부하는 방법을 몰랐던 것 같습니다."

"처음 사주를 배울 때에 학원 원장님께서 내 사주에 귀문관살이 있기 때문에 머리는 총명한 편이라고 했지요. 다만 2대운 壬子 대운과 12대운 癸丑 대운은 물구덩이라서 용신인 火가 물에 꺼졌기 때문에 공부를 제대로 할 수 없었을 것이라고 했는데, 22대운 甲寅 대운부터는 木火 희용신 대운이기 때문에 공부를 할 수 있었을 것이라고 했지요. 사실 원장님 말씀대로 그렇게 되었지요."

"사주에 귀문관살이 있으면 공부를 잘할 수 있습니까?"

일반적으로 사주에 귀문관살이 있으면 머리가 총명하여 공부를 잘할 수 있다고 하지만, 대운과 세운에서 관성, 인성, 용신이 오지 않으면 공부를 하고 싶어도 잘되지 않습니다. 다시 말하면 사주에 귀문관살이 있어도 대운과 세운에서 관성, 인성, 용신 등이 들어와야 공부를 잘할 수 있다는 것입니다.

사주에 귀문관살이 있는 학생의 특징은 오래 앉아서 공부를 하지 못하고, 공부를 하고 싶을 때만 한다는 것입니다. 즉, 공부를 하고 싶을 때만 하기 때문에 책상에 오래 앉아 있지 않아도 부모가 야단을 치거나 비난을 하기보다는 자녀의 마음을 다독거려서 조금이라도 더 책상에 앉아 있을 수 있도록 유도하는 것이 좋습니다. 귀문관살이 들어오는 세운에는 평소 공부가 잘되지 않던 학생도 공부가 잘되는 경우가 많으므로 이때를 놓치면 안 되고, 또 귀문관살 대운에 명문 대학에 가는 경우도 많습니다. 또 무당, 역학 등에 종사하는 사람도 사주에 귀문관살이 있으면 좀 더 뛰어난 능력을 발휘할 수 있다고 합니다.

경수는 辰亥 쌍귀문관살의 영향으로 부산교육대학 초등교육학과, 한국방송통신대학교 행정학과, 국어국문학과, 유아교육학과, 방송정보학과를 졸업했고, 부산대학교 교육대학원에서 교육 행정을 전공할 수 있었다고 생각하고 있습니다.

사주에 귀문관살이 있으면 머리가 총명하고, 문장력이 뛰어나고, 문학에 소질이 있다고 하는데, 경수 사주에 辰亥 쌍귀문관살이 있어서 그런지 지금까지『나는 우리 아이들을 사랑합니다』(고려원, 1990년),『우리가 아이를 사랑한다는 것은』(양서원, 1992년),『소설 석가모니』(다모아출판사, 1993년),『상고역사소설 환국의 강은 흐른다 1·2』(우석출판사, 1999년),『우리말 띄어쓰기 길잡이』(세진사, 2003년),『신나는 한자 1~5단계』(천재교육, 2003년부터 총 22종),『한 권으로 읽는 고구려 비사 900년』(경향미디어, 2006년),『초등논술』(에듀모아, 2008년),『나를 가꾸는 보건 5~6년』(동화사, 2009년) 등을 집필했으며,『나를 가꾸는 보건 5~6년』은 현재 초등학교에서 보건 교과서로 활용되고 있습니다.

귀문관살은 귀신과 통하는 문을 가졌다는 살이며, 귀신이 문을 열고 닫고 해서 사람에게 영향을 준다는 것과 귀신이 집 안으로 들어와서 빗장을 잠근다는 의미이므로 흉살로 보는 것입니다.

사주에 귀문관살이 있으면 한 가지 일에 집착하고 몰두하여 편집적인 생각을 가지게 되며, 이 살은 일지와 시지에 있을 때 그 작용력이 강합니다. 사주에 귀문관살이 있으면 대체로 머리가 총명하고 예지력이 뛰어나며, 사리 분별이 분명하면서 집중력이 매우 뛰어납니다. 그러나 속으로는 화병이 생기며 우울증이나 스트레스가 쌓이게 되어 신경 쇠약에 걸리기 쉬우므로 귀문관살이 있는 사람의 마음을 이해하고 관심을 가져야 합니다. 부부 모두에게 귀문관살이 있으면 가정이 평온하지 못할 수 있으므로 궁합을 볼 때에 조심을 해야 합니다. 또 사주에 귀문관살이 있으면 배우자를 의심하는 경우가 많으므로 항상 스스로 자중해야 합니다.

또 귀문관살은 편집증의 일종이므로 착각을 잘하고, 원망과 불평불만이 많으며, 조그마한 일에도 상대를 원망하고 그 원망이 지나쳐서 배타심과 증오심을 키워 대체로 폭력적이기도 합니다.

사주에 귀문관살 중 한 글자만 있을 때, 대운과 세운에서 나머지 한 글자가 들어오면 귀문관살이 발동되어 엉뚱한 일을 저지르고 후회할 수 있으므로 조심해야 합니다. 사주에 귀문관살이 있는데 또 대운이나 세운에서 귀문관살이 들어오면 더더욱 엉뚱한 일을 벌이고 후회하는 것을 조심해야 합니다. 특히 신약사주면서 丑午 귀문관살이 있는 사람은 술을 먹으면 말을 함부로 하는 경우가 많기 때문에 항상 말과 행동을 조심해야 합니다.

귀문관살	子酉, 寅未, 卯申, 辰亥, 巳戌, 午丑
원진살	子未, 寅酉, 卯申, 辰亥, 巳戌, 午丑

경수

己 庚 辛 壬
卯 辰 亥 辰
辰亥 귀문관살

식상이 귀문관살이면 여명은 자식들이, 남명은 손자와 손녀들이 두뇌가 총명한 영재이거나 성격이 유별하거나 과민할 수 있습니다.

"문 교장, 누가 그러던데, 귀문관살이 있으면 정신병자 기질이 있다고 하던데 아닌가요?"
"누가 그런 택도 없는 소리를 합디까? 사주를 어설프게 배우면 큰일납니다. 신살의 뜻을 정확하게 아시고, 제가 알려 드리는 대로만 따라오시면 됩니다."

❈ 하늘이 놓은 덫, 천라지망

천라지망을 국립국어원 표준국어대사전에서 찾아보면 '하늘에 새 그물, 땅에 고기 그물'이라는 뜻으로, '아무리 발버둥쳐도 벗어날 수 없는 경계망이나 피할 길 없는 재액을 이르는 말'이라고 되어 있습니다.

천라지망은 남명 사주의 戌亥 천라와 여명 사주의 辰巳 지망을 말하는데, 戌亥 천라는 하늘에 구름이 덮여 있어서 대지의 만물이 햇빛을 제대로 받을 수 없어서 결국은 쓸모없는 땅이 되는 것이고, 辰巳 지망은 대지에 수증기가 너무 많아서 역시 만물이 햇빛을 받을 수가 없어 만물의 성장에 불리함을 주는 살입니다.

일반적으로 남명 사주에 戌亥가 있으면 천라라고 하고, 여명 사주에 辰巳가 있으면 지망이라고 하며, 또 남녀 구분 없이 사주에 辰土와 戌土, 巳火와 亥水가 있으면 천라지망이 완전하다고 하기도 하는데, 그렇게 되면 천라지망에 해당되지 않는 사람이 없을 정도로 많게 될 것입니다. 따라서 丙丁日生이 지지에 戌土나 亥水를 보면 천라가 되고, 壬癸日生이 지지에 辰土나 巳火를 보면 지망이 된다는 이론에 따르면 甲乙日生이나 戊己日生이나 庚辛日生은 천라지망이 없는 것입니다. 또한 천라지망이 작용하려면 천라와 지망이 모두 있어야 하는 것으로 辰土, 戌土, 巳火, 亥水 중 하나만 있으면 천라지망이 아니라는 것입니다.

사주에 천라지망이 있으면 억압받거나 통제당하는 일이 많고 관재구설과 시비가 자주 발생한다고 합니다. 따라서 천라지망은 억압, 구속, 관재구설, 승진 탈락 등의 좋지 않은 의미가 있으며, 사주에 천라지망이 있는 사람은 교육, 군인, 경찰, 소방관, 교도관, 수사관, 법관, 종교, 의사, 간호사, 역술인 등 활인업에 인연이 있습니다.

천라지망은 아랫사람이 고발, 투서 등을 통해 윗사람을 교도소에 구속시키는 것으로 범인이 귀인을 극하는 일종의 하극상이 발동하는 시기입니다. 대운이나 세운에서 천라지망이 들어오면 아랫사람과의 관계를 조심하고, 자신의 언행도 항상 조심해야 합니다.

천라지망에서 벗어날 수 있는 방법은 크게 2가지가 있는데, 첫 번째 방법은 천라지망을 일종의 천형으로 보아 봉사 활동, 활인업 등을 통해 해소하는 것이고, 두 번째 방법은 일간의 거주지에서 천라지망에 걸려 꼼짝하지 못하니, 일간의 거주지가 아닌 해외에 한 번씩 나가면 천라지망의 영향력이 약해질 것이라는 것입니다.

대운이 천라지망에 해당되면 새로운 사업의 창업이나 확장보다는 기존 사업이나 활동의 수성에 더 주력해야 할 것입니다. 또 천라지망이나 괴강살이 있는 사주는 사업을 하다가 한 번 실패하면 재기 불능이므로 항상 조심해야 할 것입니다.

경수				세운	아내				세운
己	庚	辛	壬	○	庚	辛	庚	甲	○
卯	辰	亥	辰	巳	寅	亥	午	午	戌

경수와 아내는 庚辛日生이므로 원칙적으로는 천라지망이 없는 것이지만, 일부 역술가들은 지지의 戌亥, 辰巳만 보고 천라지망을 거론하기도 합니다.

경수는 지지에 년지 辰土와 일지 辰土로 지망인 辰土가 두 개나 있어도 巳火가 없어서 辰巳 지망은 없지만, 대운이나 세운에서 巳火가 들어오면 천라지망이 작용하므로 언행을 조심하여 주변 사람들과 시비, 구설 등을 피해야 할 것입니다.

아내는 지지에 일지 亥水가 있어도 지지에 戌土가 없어서 戌亥 천라는 없지만, 대운이나 세운에서 戌土가 들어오면 천라지망이 작용하므로 언행을 조심하여 주변 사람들과 시비, 구설 등을 피해야 할 것입니다.

며칠 후에 박 교장이 급히 사무실을 찾았다.

"문 교장, 어제 우리 딸아이가 남자 친구가 있다고 하길래 생년월일을 알아보라고 했지요."

"그랬더니 어떻게 되었소?"

남자 친구(1987년 음력 8월 25일 오전 10시 26분)

己	己	庚	丁
巳	亥	戌	卯

戌亥 천라지망

"남명 사주에 월지 戌土와 일지 亥水가 있으니 천라지망이 있는 것 아니오? 그런데 그것이 좋은 것인지 나쁜 것인지를 모르겠소."

"그래요? 이 사람은 사주에 천라지망이 있으니 경찰이나 교도관, 의료인 등 활인업에 인연이 있습니다."

"아, 맞다. 이번에 교도관 시험에 합격했다고 합니다. 그것을 어떻게 알 수 있어요? 정말 신기합니다."

"사주는 그런 기운이 있다는 것이지 반드시 그렇다고 할 수는 없지요. 그렇지만 대체로 팔자대로 사는 거지요."

❈ 무인의 기상, 양인살

"문 교장, 옛날에 우리 아들 사주에 칼이 2개 있다는 소리를 들은 것 같은데, 우리 아들 사주에 칼이 있소?"

"아들 생일을 한 번 불러 보시오."

"1986년 음력 12월 15일 오후 10시 15분이요."

아들

癸　　癸　　辛　　丙

亥　　亥　　丑　　寅

양인　　양인

"사주에 칼이 있다는 것은 양인살을 말하는 것입니다. 양인살이 한 개이면 칼이 하나라고 하고, 양인살이 두 개이면 칼이 두 개라고 하지요. 양인살은 일간의 겁재를 말하는 것이니, 일간 癸水의 겁재는 亥水이지요. 그런데 지지에 亥水가 2개 있으니까 칼이 두 개라고 하지요."

"사주에 양인살이 있으면 좋지 않을 것 같은데……."

"양인살이 좋고 나쁘고는 사주 전체를 봐야지요. 자, 이제부터 양인살이 어떤 것인지를 설명해 드릴게요."

양인살은 기상이 원대하고 목표 의식이 분명하면 길한 작용으로 입신출세할 가능성이 매우 높지만, 성격이 너무 강한 것이 문제가 될 수 있고 외골수, 자기주장, 고집 등으로 타인과 갈등을 빚을 수 있습니다. 양인살은 양을 잡는 칼에 비유되며, 길한 작용을 할 때는 빛나는 칼을 든 장수와 같습니다.

또 양인살은 왕한 것이 지나쳐서 살기로 변한 것을 말합니다. 양인살을 겁재라고 하지 않는 것은 극처하고 탈재하는 힘이 겁재보다 더욱 강하기 때문입니다. 사주에 양인살이 있으면 저돌적, 즉흥적으로 행동하며 다른 사람의 의견을 듣지 않고 감정적으로 일을 하다 보니 성패의 기복이 심합니다. 또 항상 손재수가 따라다니거나 쓸데없는 낭비벽도 있어 수입보다 지출이 초과되는 경우가 많기 때문에 항상 언행과 재물 관리에 신경을 써야 합니다.

양인살이 사주에 있으면 대체로 흉한 작용을 하는데, 양인살을 제거하는 데에는 합거, 퇴신, 투출의 세 가지 방법이 있습니다. 합거는 양인살을 합하여 제거하는 것이고, 퇴신은 양인살이 한 발 물러서는 것으로 양인살의 앞 지지인 건록이 사주에 있거나 대운이나 세운에서 들어오면 양인살의 작용이 다소 약해지는 것을 말합니다. 투출은 지지 양인살이 천간에 투출되면 양인살의 작용이 다소 약해지는 것을 말하는 것입니다.

양인살을 제거하는 합거, 퇴신, 투출은 진여비결 인연법에서 많이 활용되는데, 진여비결 인연법에서 양인살 활용은 다음과 같습니다.

사주 1
○ 庚 ○ ○   丙
○ ○ 酉 ○   ○
    ⌒   합거
    庚
    辛
    ⌣
    양인살

사주 2
○ 庚 ○ ○   ○
酉 ○ ○ ○   申
    ⌒   퇴신
    庚
    辛
    ⌣
    양인살

사주 3
○ 庚 ○ ○   辛
○ ○ 酉 ○   ○
    ⌒   투출
    庚
    辛
    ⌣
    양인살

사주 1에서 일간 庚金의 양인살이 월지 酉金이면 酉金의 지장간 정기는 辛金이므로 辛金과 합을 하는 丙○生이 인연이 됩니다. 이것을 진여비결 인연법에서는 '羊刃得勢하면 合去定配한다(양인득세하면 합거정배한다)'라고 합니다.

사주 2에서 일간 庚金의 양인살이 시지 酉金이면 酉金을 뒤로 한 칸 퇴신시킨 ○申生이 인연이 됩니다. 이것을 진여비결 인연법에서 '羊刃得勢하면 退神定配한다(양인득세하면 퇴신정배한다)'라고 합니다.

사주 3에서 일간 庚金의 양인살이 년지 酉金이면 酉金 지장간 정기 辛金이 투출되어 辛○生이 인연이 됩니다. 이것을 진여비결 인연법에서는 '羊刃得勢하면 透出定配한다(양인득세하면 투출정배한다)'라고 합니다.

신약사주의 양인살은 길신이 되기도 하고, 신강사주의 양인살은 오히려 흉신인 경우가 많습니다. 양인살은 양의 목을 딴다는 흉살로 자신을 억누르고 통제할 수 없는 경우가 많기 때문에 항상 스스로 자신의 성격을 절제하고 자제할 수 있는 수성이 반드시 필요하지만 생사여탈권을 쥐고 있는 교사, 의사, 군인, 경찰, 법관, 간호사, 정육점 등의 강한 직업과 인연을 하면 흉살을 피할 수 있다고 합니다.

양인살은 양인격에만 있는 것이 아니고 육친의 자리에도 작용을 하므로 년주, 월주, 일주, 시주 양인살도 잘 살펴야 합니다. 년주에 양인살이 있으면 조상대에 불명예스러운 일이 있었거나 은혜를 배신하는 일이 있었을 것입니다. 월주에 양인살이 있으면 부모 형제 간에 사이가 좋지 않은 편입니다. 일주에 양인살이 있으면 부부 해로, 부부 화합이 어렵습니다. 시주에 양인살이 있으면 말년에 강한 고집으로 인한 송사로 고통을 당할 수 있습니다. 사주에 양인살이 있는 사람은 항상 말과 행동을 신중하게 해야 합니다. 또 사주에 양인살이 있는 사람은 질병으로 몸이 아플 수도 있고, 수술로 상처와 흉터가 있을 수 있다고 하니 항상 교통사고 등을 조심해야 할 것입니다.

　　양인살은 동주로 보는 것이 아니고, 양인살은 일간에서 년지, 월지, 일지, 시지를 보는 것입니다. 또 일간과 관계없이 년주든 월주든 일주든 시주든 어디에 있든 丙午, 戊午, 壬子 자체를 양인살로 보기도 합니다. 丙午 양인살은 천간 丙火와 지지 寅午戌 삼합의 왕지인 午火와 함께 있으니 그 불의 힘이 막강할 것입니다. 戊午는 火土 동궁으로 丙午와 같은 강력한 힘을 가질 것입니다. 壬子 역시 壬水 자체가 큰 바다인데 지지에 子水까지 있으니 그 물의 힘이 강력한 것은 뻔한 일입니다. 양인살은 지지의 겁재뿐만 아니라 천간에도 겁재가 있으면 천간 양인살이라고 부르기도 합니다.

　　여명 사주에 양인살이 있으면 외유내강형 남자를 좋아한다고 합니다. 양인살은 일종의 장군살이고, 양인살은 의리이기 때문에 외유내강형 남자를 좋아하는 것입니다.

　　육친성에서 양인살을 보기도 하는데, 양인살이 월지에 있으면 양인격이라고 합니다. 일반적으로 양인살이라고 하지만, 어떤 사람들은 양간만이 양인살이 있기 때문에 陽刃(양인)이라고 쓰기도 합니다. 현장에서 활용되고 있는 지지 양인살은 1, 2의 두 가지가 있는데, 일반적으로는 지지 양인살 2를 많이 활용하지만 실제 통변을 해 보면 지지 양인살 1의 적중률이 매우 높다는 것을 알 수 있을 것입니다. 양인살 2를 활용하는 방식은 일간이 양간이면 제왕을 양인살로 보고, 일간이 음간이면 관대를 양인살로 보는 것입니다. 양인살은 제왕지로 12운성 중 가장 강한 힘을 가지는 때를 말합니다. 따라서 사주에 양인살이 강한 사람은 개인 사업이나 동업 등은 가급적이면 삼가고 직장 생활을 하는 것이 좋습니다. 직업은 교육, 의료, 군인, 경찰, 법무, 식육점 등에 인연이 있습니다.

일간	甲	乙	丙	丁	戊	己	庚	辛	壬	癸
지지 양인살 1	卯	寅	午	巳	午	巳	酉	申	子	亥
지지 양인살 2	卯	辰	午	未	午	未	酉	戌	子	丑

사주 1
○ 甲 ○ ○
○ ○ 卯 ○
　　양인

사주 2
○ 乙 ○ ○
　 寅
　양인

사주 3
○ 丙 ○ ○
○ 午 ○ ○
　양인

사주 4
○ 丁 ○ ○
○ ○ ○ 巳
　　　양인

사주 5
○ 戊 ○ ○
○ 午 ○ ○
　양인

사주 6
○ 己 ○ 戊
○ 巳 ○ ○
　양인　천간
　　　양인

사주 7
○ 庚 辛 ○
　 酉
　양인　천간
　　　양인

사주 8
庚 辛 ○ ○
○ ○ 申 ○
천간　양인
양인

사주 9
癸 壬 ○ ○
○ ○ 子 ○
천간　양인
양인

사주 10
○ 癸 ○ ○
○ 亥 ○ ○
　양인

경수
己　庚　辛　壬
卯　辰　亥　辰

아내
庚　辛　庚　甲
寅　亥　午　午

경수 庚金 일간의 양인살은 酉金인데, 지지에 酉金이 없으므로 양인살이 없지만, 월간 겁재 辛金을 酉金으로 보면 천간 겁재로 양인살이 되는 것으로 경수가 교사 생활을 한 것도 우연은 아닌 것 같습니다. 사주에 양인살이 없어도 대운과 세운에서 천간 辛金이나 지지 酉金이 들어오면 양인살 작용이 발생한다고 볼 수 있습니다.

아내 辛金 일간의 양인살은 천간 庚金과 지지 申金인데, 지지에 申金은 없지만 월간 庚金과 시간 庚金이 있어서 양인살이 있는 사주로 아내 역시 교사 생활을 했습니다. 또 대운과 세운에서 천간 庚金이나 지지 申金이 들어오면 양인살 작용이 발생한다고 볼 수 있습니다.

❀ 흉살을 제거하는 비인살

"문 교장, 사주에 양인살이 있으면 여러 가지 흉한 일이 발생한다고 말과 행동을 조심하라고 했는데, 양인살을 근본적으로 막을 방법은 없습니까?"

"사주에 양인살을 충하는 비인살이 있으면 가장 좋지만, 비인살이 없으면 비인살이 들어오는 운에 양인살의 흉을 피할 수 있겠지요."

"그러면 비인살은 어떻게 구할 수 있습니까?"

"비인살은 양인살을 충하는 오행이지요. 일간 庚金의 양인살은 酉金인데, 이 酉金을 충하는 卯木이 비인살이지요."

"사주에 비인살이 있으면 어떻게 됩니까?"

"사주에 비인살이 있는 사람은 부지런하고 알뜰하며 성실하여 저축성이 매우 강하다고 합니다."

비인살은 날 飛(비)와 칼날 刃(인)을 써서 날아오는 칼에 다칠 수 있다는 흉살을 의미하기도 하지만, 비인살의 또 다른 의미는 我損他益(아손타익 : 내가 손해를 보더라도 타인에게 이익을 안겨 준다), 先公後私(선공후사 : 공적인 일을 먼저 하고 사사로운 일은 뒤로 미룬다) 정신으로 타인을 위한 봉사 정신이 왕하고 심성이 착하다는 것입니다.

양인살을 충하는 것이 비인살입니다. 庚日生의 양인살은 酉金입니다. 이 酉金을 충하는 卯木이 비인살이 되는데, 卯木이 사주 지지 어디에 있든지 비인살의 작용을 하는 것입니다. 비인살은 흉살인 양인살을 상충으로 제거하는 역할을 하므로 護祿之神(호록지신)이라고도 하는데, 호록지신은 섬세한 기술성으로 작용합니다.

비인살이 있는 사람은 대체로 알뜰하고 부지런하며 성실하고 저축성이 매우 강합니다. 물건을 함부로 버리지 않고, 답답할 정도로 온갖 잡동사니를 모으기도 합니다.

비인살의 가장 큰 단점은 有始無終(유시무종 : 처음은 있되 끝이 없다는 뜻으로, 시작한 일의 마무리를 하지 못함을 이르는 말)으로 어떤 일을 추진함에 있어서 중도 포기를 하여 결국 목적을 달성하지 못한다는 것입니다. 따라서 비인살의 흉살을 제거하는 개운법으로는 愚公移山(우공이산 : 어떤 일이든 끊임없이 노력하면 반드시 이루어짐을 이르는 말)의 마음을 들 수 있습니다. 우공이산은 어리석은 노인이 산을 옮긴다는 뜻으로 무슨 일을 하든지 미련할 정도로 꾸준하게 한 우물만 파면 성공할 수 있다는 것입니다. 매사 결정을 신중하게 하며 결정된 결과에 대해서는 스스로 책임을 진다는 용기, 그리고 자신이 하는 일이나 활동의 과정이 힘들더라도 포기하기보다는 극복하겠다는 정신이 무엇보다 중요합니다. 인생에서 끊임없이 노력하는 자만이 자신의 운명을 성공으로 바꿀 수 있기 때문입니다.

경수				대운	52	42	32	22	12	2		아내			
己	庚	辛	壬		丁	丙	乙	甲	癸	壬		庚	辛	庚	甲
卯	辰	亥	辰		巳	辰	卯	寅	丑	子		寅	亥	午	午

경수 庚金 일간의 양인살은 酉金인데, 사주에 酉金은 없지만 酉金과 충을 하는 시지 卯木이 비인살이고 또 32 乙卯 대운이 비인살입니다.

아내 辛金 일간의 양인살은 申金인데, 申金과 충을 하는 寅木이 비인살로 시지에 있습니다. 아내는 평생을 부동산 투기, 주식 등을 멀리하고 오직 은행 저축만이 재산 취득의 최상의 방법인 줄 알고 살아왔습니다.

일간	甲	乙	丙	丁	戊	己	庚	辛	壬	癸
건록	寅	卯	巳	午	巳	午	申	酉	亥	子
양인살	卯	寅	午	巳	午	巳	酉	申	子	亥
비인살	酉	申	子	亥	子	亥	卯	寅	午	巳

❀ 몰입과 중독을 암시하는 탕화살

"얼마 전에 아파트에서 화재가 나서 많은 인명 피해가 있었는데, 화상을 입는 것도 운명인가요?"

"반드시 운명이라고는 할 수 없지만, 사주에 탕화살이 있는 사람은 평생 화재, 중독, 사고 등을 조심해야지요."

"아니, 탕화살은 또 뭐요?"

탕화살은 뜨거운 불과 물에 의한 화상, 화재로 인한 부상, 총탄에 의한 부상, 우울증, 음독, 비관주의, 염세주의 등의 위험을 내포하고 있다고 봅니다. 최근에는 탕화살의 키워드를 몰입, 집착, 중독 등으로 통변합니다.

탕화살은 반드시 寅午丑日生이어야 하고, 세 글자 중에서 적어도 두 글자 이상이 사주에 있거나 대운이나 세운에서 들어와야 탕화살이 작용되는 것입니다. 사주에 탕화살이 있는데 또 대운이나 세운에서 탕화살이 들어오면 탕화살의 작용이 가중되므로 탕화살이 들어오는 대운이나 세운에는 특히 건강, 화상, 화재, 인간관계 등을 조심해야 합니다. 탕화살이 큰 재앙은 아니지만 형충파해 등과 겹치거나 원진살, 육해살 등의 흉살과 중첩이 되어 올 때는 조심을 해야 합니다.

일지가 寅木인 사람이 寅木, 巳火, 申金 대세운을 만나면 탕화살이 작용하는데, 사주에 寅木, 巳火, 申金이 하나라도 있으면 그 흉살의 작용이 가중됩니다.

일지가 午火인 사람이 午火, 辰土, 丑土 대세운을 만나면 탕화살이 작용하는데, 사주에 午火, 辰土, 丑土가 하나라도 있으면 그 흉살의 작용이 가중됩니다.

일지가 丑土인 사람이 午火, 未土, 戌土 대세운을 만나면 탕화살이 작용하는데, 사주에 午火, 未土, 戌土가 하나라도 있으면 그 흉살의 작용이 가중됩니다.

사주에 탕화살이 있으면 불과 관련된 직업을 가지는 경우가 많은데, 탕화살의 가장 큰 단점은 욱하는 성질을 순간적으로 참지 못하여 힘들게 모은 재물이나 힘들게 얻은 지위를 한순간에 잃어버린다는 것입니다. 일부 역술가 중에는 사주에 寅午丑 중 두 자만 있어도 탕화살을 거론하는데, 그것은 탕화살의 범위를 너무 확장하여 해석하는 것으로 보입니다.

일지	寅	午	丑
지지	寅, 巳, 申	午, 辰, 丑	午, 未, 戌

경수   아내

己 庚 辛 壬   庚 辛 庚 甲

卯 辰 亥 辰   寅 亥 午 午

경수와 아내는 寅午丑日生이 아니므로 탕화살은 없는 것인데, 일부 역술가들은 아내 사주의 寅木과 午火로 탕화살이 있다고 합니다. 아내는 결혼 이후에 한 번도 뜨거운 물이나 불에 데인 적은 없습니다. 다만 아내는 자세히 기억나지는 않지만 아주 어릴 적에 소에게 밟혀서 죽다가 살아났다는 이야기를 어른들에게 들었다고 했는데, 지금도 이마에 그 흔적이 남아 있습니다. 아내 사주에 寅午가 있으니까 혹시 丑土를 불러들여 소에게 밟힌 것은 아닐까 하고 생각해 봅니다.

⊛ 뒤집어엎고 새롭게 다짐하는 기상, 복음살

"문 교장, 오늘은 무슨 공부를 할 것이요? 요새는 사주 공부가 너무 재미있어요."
"오늘은 복음살 공부를 할 텐데, 우리 아이 이야기를 해 드릴게요."

2019년 1월에 아들에게서 전화가 왔습니다.
"아버지, 금년에 회사를 한 번 옮길 운이 들어온다고 하셨죠?"
"그랬지. 왜 회사에 무슨 일이라도 있나?"
"아니, 그냥 아버지 말씀이 생각이 나서 전화해 봤습니다."
6월 말에 아들에게서 다시 전화가 왔다.
"그래, 무슨 일이라도 있나? 지난번에 이야기할 때는 회사를 옮길 일이 없다고 했잖아?"
"그때는 그랬는데, 회사를 옮겼으면 하는 일이 갑자기 생겼습니다."
"왜? 무슨 사고라도 생겼나?"
"아닙니다. 그런 것은 아니고, 한 번 옮겼으면 합니다. 옮겨도 괜찮을까요?"

아들				대운 38		2019년
○	己	○	○	乙		己
○	亥	巳	未	丑		亥
		丙				
		정인격				

"네가 己亥 일주인데, 금년이 己亥年이니까 복음해로 다시 시작하거나 새롭게 시작한다는 해이기는 하지만, 그래도 여러 가지로 잘 생각해 보고 결정하는 것이 좋겠구나."

2019년 己亥年은 복음운이 들어와서 그간 진행하던 것을 중단하거나 개편하여 새롭게 시작하려는 운입니다. 더욱이 복음해인 己亥年 亥水 지장간 甲木이 己土 일간의 정관으로 조직, 회사 등을 의미하므로 회사와 조직에 인연이 되는 것입니다.

"회사를 옮겨도 그 부서 내에서 다시 한 번 이동을 해야 할 일이 생기겠구나."

"예. 아버지, 일단 회사를 옮기고 나서 부서 내에서 한 번 더 이동하게 되어 있습니다."

세운 己亥年의 亥水 지장간 甲木이 己土 일간의 정관으로 직장 문제인데, 세운 지지 亥水가 년지 未土와 亥未合木을 하여 없던 관성인 木이 생겼으므로 직장 내에서 다시 한 번 이동이 있는 것으로 볼 수 있습니다.

"연봉은 오히려 줄어들 것 같은데……."

"아니, 그것을 어떻게 아셨어요? 아버지가 걱정하실까 봐 연봉 이야기는 하지 않으려고 했는데……."

아들의 연봉이 줄어드는 것은 년지 未土 지장간 己土가 세운 지지 亥水 지장간 정재 壬水를 극하기 때문으로 볼 수 있습니다. 아들은 그해 8월에 회사를 옮겼습니다.

복음살은 엎드릴 伏(복)과 끙끙 앓을 吟(음)으로 잘 구르던 것이 멈춘다는 뜻을 지니고 있어서 구를 轉(전)과 그칠 止(지)를 써서 轉止殺(전지살)이라고도 합니다. 복음살은 일주와 세운이 같은 것을 말하는 것으로 庚辰日生은 庚辰年이 복음살이 되고, 辛亥日生은 辛亥年이 복음살이 되는 것입니다. 복음살이 되면 그해는 자신이 일을 저질러 놓고, 자신을 증오하고 원망하면서 남모르게 혼자 고민하고 걱정할 일이 생깁니다. 또한 자신의 잘못으로 인하여 주변 사람에게까지 좋지 않은 영향을 끼치는 탓에 혼자 속을 끓이고 힘겨워하며 만사 억울한 일이나 막힘이 많습니다. 복음살이 발동되면 작게는 이사, 이동, 업종 변경 등이고, 크게는 사업 부도, 직장 퇴사 및 개업, 보증으로 인한 재산 탕진, 건강 악화 등이 발생할 수 있습니다. 그러나 복음살이라고 해서 무조건 불행한 일만 발생하는 것은 아니고, 농부가 한 해 농사를 위해 쟁기로 땅을 갈아엎는다는 뜻도 있으므로 '다시 시작하다', '새롭게 바꾸다'라는 의미도 함께 있기 때문에 지금까지와는 다른 새로운 인생을 설계할 수 있다는 뜻으로 풀이할 수도 있습니다.

복음살은 엎드려 울거나 잘 구르던 것이 멈춘다는 뜻과 다시 새롭게 시작한다는 뜻을 함께 가지고 있으니, 평소에 최대한 선행을 많이 쌓아 악한 영향력을 최대한 줄여야 할 것입니다. 사람이 살아오면서 선행을 많이 베풀었다면 복음살이 길신으로 작용하여 앞으로 좋은 일이 생길 것이고, 남에게 피해를 주는 일을 많이 했다면 복음살이 흉신으로 작용하여 그 업보에 따라 하늘의 재앙으로 불행해질 것입니다.

복음살은 사주의 일지가 세운의 일지와 같다는 말로 자형이거나 자충이기도 합니다. 즉, 일간이 앉은 자리인 일지가 자형이나 자충을 맞아 불안하다는 것으로 배우자가 있는 사람은 배우자 관계가 불안할 수 있고, 배우자가 없는 사람은 배우자가 생기기도 합니다.

경수 사주 1				세운	경수 사주 2				세운
己	庚	辛	壬	壬	己	庚	辛	壬	辛
卯	辰	亥	辰	辰	卯	辰	亥	辰	亥

경수 사주 3				세운	경수 사주 4				세운
己	庚	辛	壬	庚	己	庚	辛	壬	己
卯	辰	亥	辰	辰	卯	辰	亥	辰	卯

복음살은 원칙적으로는 일주 중심으로 보지만, 사주의 년주, 월주, 일주, 시주를 중심으로 보는 사람들도 있기 때문에 각 기둥에 따른 복음살 내용을 간단하게 언급하지만, 대운보다는 세운의 영향력이 더 큽니다.

壬辰年이 되면 년주 복음살로 조상 및 할아버지에게 불편한 일이 발생하는데, 조상에 관한 일로 비석, 이장, 선산, 족보 문제가 발생합니다.

辛亥年이 되면 월주 복음살이 되는데, 월주는 부모궁, 주택궁, 사회궁이기 때문에 부모나 가정에 문제가 발생하거나 직업적으로 아무것도 할 수 없거나 말 못할 고민이 발생한다는 것입니다.

庚辰年이 되면 일주 복음살로 부부궁에 불편한 일이 발생하거나 개인의 신상적인 문제로 활동이 제약을 받을 수 있습니다.

己卯年이 되면 시주 복음살로 자식, 가게, 사업처 등에 불편한 문제가 발생할 수 있습니다.

경수

己　庚　辛　壬
卯　辰　亥　辰
　　（　　（
　　乙　　乙
　　癸　　癸
　　戊　　戊
　　）　　）

세운

庚
辰

庚辰 일주에 庚辰年이 오면 일지 辰土와 세운 지지 辰土가 辰辰 자형이 되어 辰土가 움직이는데, 辰土 지장간 乙癸戊 중 정기 戊土와 일간 庚金의 십성 관계를 보면 戊土生庚金으로 戊土는 편인이 되어 어머니, 공부, 자격증, 부동산, 계약 등에 관한 일이 발생한다고 통변합니다. 만약 일지 지장간의 정기가 비겁이면 자신이나 처에 관한 문제이고, 일지 지장간 정기가 식상이면 남명은 아랫사람, 활동, 의식주, 건강 등에 관한 문제이고, 여명은 자식, 아랫사람, 활동, 의식주, 건강 등에 관한 문제입니다. 일지 지장간 정기가 재성이면 남명은 부친, 처, 재물에 관한 문제이고, 여명은 부친, 재물에 관한 문제입니다. 일지 지장간 정기가 관성이면 남명은 자식, 직업 문제이고, 여명은 남편, 직장 문제입니다. 남명과 여명의 일지 지장간 정기가 인성이면 부모, 문서에 관한 문제입니다.

복음살은 진짜 내가 아닌 제2의 내가 오는 것으로 이때는 나와 유사한 복음살로 인하여 갈등이 생기게 되는데, 사주에 복음살이 들어오면 엎드려서 끙끙 앓는다는 뜻으로 고민과 갈등이 심해져서 마치 자신이 두 명인 것처럼 느껴진다고 합니다.

복음살은 일주와 세운이 같은 것으로 60년 만에 한 번 돌아오는 것을 말하는데, 복음살이 들면 그해는 여러 가지로 골치가 아픈 일과 고민과 갈등할 일들이 많이 생기며, 자신의 잘못으로 주변 사람들에게 좋지 않은 영향을 끼치는 것으로 혼자 속을 끓이며 힘겨워하는 경우가 많다고 합니다. 지금까지 잘되어 가던 사업이 갑자기 망하거나 자신을 믿고 보증을 써 준 주변 사람에게 빚을 떠안게 하는 등 채무 관계에 있어서 피해를 주게 되며 심한 경우에는 재산을 모두 탕진할 수도 있으므로 정말 조심해야 합니다. 때로는 복음살 글자 그대로 엎드려서 울어야 하니까 초상이 날 수도 있습니다.

복음살이 들어오는 세운이라고 해서 모두 이런 불행한 일이 발생하는 것은 아니고 길신으로 작용하느냐 흉신으로 작용하느냐에 따라 달라지는 것입니다.

기문둔갑에도 복음이 있는데, 복음은 부모를 잃은 자식이 하늘의 태양도 달도 별도 없는 캄캄한 길을 한밤중에 오로지 저 멀리서 보이는 불빛 하나에 의지해서 가야 한다는 뜻에서 사주에 복음살이 있는 사람은 평생 한 가지 직업에 종사하면 성공할 수 있다고 합니다.

⊗ 위험에 빠진다는 암시, 낙정관살

"박 교장, 오늘은 낙정관살에 대해 공부하겠습니다."

"낙정관살이라는 것이 뭡니까?"

"우리가 학교에 근무할 때 직원들의 구설수에 휘말리거나 투서 문제 등으로 고통을 당할 때가 있지요. 보통 낙정관살이 들어올 때 그런 일이 많이 일어나지요. 오늘은 내 조카 이야기를 해 드리지요. 우리가 1급 정교사 연수를 받을 때이니까 꽤 오래되었죠."

"얘야, 올해 효진이에게 낙매수가 있으니 조심을 해야 한다고 하는구나."

경수 이웃에 살고 있는 명도 할머니가 가족들의 일 년 신수를 보러 간 어머니에게 걱정을 한 모양이다.

"어머니는 무슨 그런 쓸데없는 이야기를 듣고 다니십니까? 그것 다 미신인데, 그런 걸 왜 믿습니까?"

작은 형님이 발끈 화를 냈다. 아마 사주가 미신이라기보다 효진이가 다친다는 말에 화가 난 것 같다.

"야야, 그래도 조심을 하면 좋지 않겠느냐?"

"누가 그런 것을 믿습니까? 아무 걱정하지 마십시오. 그런 일은 없을 테니까요."

1981년 辛酉年 여름에 5살짜리 조카 효진이가 아파트 5층 베란다에서 놀다가 그만 창살 사이로 떨어지고 말았던 것입니다. 당시 효진이가 살던 아파트는 계단식이었고, 효진이 앞집 504호에 살던 아주머니가 개인택시 기사였는데, 평소에는 점심을 기사 식당에서 동료들과 함께 먹었지만, 그날따라 이상하게 집에서 점심을 먹고 싶어서 아파트로 와서 차를 주차하고 차에서 내리는 순간에 5층 아파트에서 효진이가 떨어지는 것을 보고는 본능적으로 달려가서 효진이를 두 손으로 받으려고 했지만, 효진이는 아주머니의 손에 한 번 부딪친 후에 화단으로 떨어졌습니다. 마침 아파트 관리 사무실에서 화단 정지 작업을 하느라고 나무를 모두 뽑은 상태였기 때문에 효진이는 천만다행으로 흙뿐인 화단에 떨어지면서 화단 주변의 시멘트 벽면에 왼쪽 팔이 걸쳐지는 바람에 팔에 금이 간 정도로 무사했습니다. 504호 아주머니가 효진이를 차에 태워서 인근 여의사 소아과로 갔습니다.

"아니, 효진이가 왜 이래요? 우리 효진이가 어쩌다가 이렇게 다쳤어요?"

"아니, 선생님이 어떻게 효진이를 알아요?"

"아, 예. 옛날에 효진이 삼촌 동네에서 의원을 한 적이 있습니다."

504호 아주머니로부터 효진이가 다친 이야기를 자초지종 들은 의사 선생님은 효진이와 함께 504호 아주머니 택시를 타고 응급 처치를 하면서 동래 대동병원으로 갔습니다. 여의사 선생님의 적절한 대처 덕분에 효진이는 큰 흉터 없이 수술을 마칠 수 있었습니다.

낙정관살은 떨어질 落(낙), 우물 井(정), 빗장 関(관), 죽일 殺(살)을 쓰며, 우물, 강물, 바다 등 물과 관련된 곳과 높은 곳에서 떨어져 다친다는 살이니, 낙정관살이 있는 사람은 항상 물과 높은 곳을 조심해야 합니다. 만약에 물가나 높은 곳에 갈 일이 있으면 혼자 가기보다는 항상 다른 사람들과 함께 가는 것이 좋습니다.

낙정관살이 있는 사람은 특히 어린 시절에 조심을 해야 합니다. 어린아이들은 물을 좋아하고, 높은 나무에 오르기를 좋아하고, 높은 곳에서 뛰어내리는 것을 좋아하기 때문에 각별히 조심해야 할 것입니다. 낙정관살은 일간을 기준으로 일시를 대조하여 판단합니다.

낙정관살이 있으면 주변 사람들에게 중상모략을 당하기 쉽고, 또 주변 사람들이 파 놓은 함정에 잘 빠지기도 하고, 사기를 당하기도 하므로 사주에 낙정관살이 있거나 대운과 세운에서 낙정관살이 들어오는 해는 특히 대인 관계, 금전 관리, 문서 관리 등을 철저히 해야 합니다.

낙정관살이 있는 사람은 물과 높은 곳을 피해야 하는데 의외로 해양업, 수산업, 무역업, 수영, 선원, 어부 등 물과 관련된 일을 하는 경우도 많다고 합니다.

일간	甲己	乙庚	丙辛	丁壬	戊癸
일지·시지	巳	子	申	戌	卯

효진 1981년

乙	癸	壬	丁	辛
卯	卯	子	巳	酉

효진이는 일간 癸水로 卯木이 낙정관살인데, 일지와 시지에 卯木 낙정관살이 2개나 있습니다. 81년 辛酉年에 세운 지지 酉金이 일지 卯木과 시지 卯木을 卯酉冲하여 낙정관살이 발동한 것입니다.

사주에 낙정관살이 있다고 해서 꼭 물에 빠지거나 높은 곳에서 떨어진다는 것은 아니고, 사주에 있는 낙정관살이 대세운에서 합형충을 하면 낙정관살이 작용할 수 있는 것입니다. 그렇기 때문에 평상시에 물이나 높은 곳을 조심하고, 또 주변 사람들과의 관계도 조심하라는 것입니다.

✿ 잘못을 꾸짖는 하늘의 벌, 형살

"오늘은 지난번에 배웠던 형살에 대해 공부하겠습니다."

"삼형살 같은 것을 말하는 거요? 문 교장도 형살 때문에 고생한 적이 있습니까?"

"그렇지요. 지금부터 형살에 관한 이야기를 하겠습니다. 2013년 癸巳年은 한창 사주 공부를 할 때이지요. 그때 원장님이 형살을 설명해 주셨지요."

"교장 선생님은 특히 辰年이 되면 주변 정리를 잘하셔야 합니다. 지난 壬辰年에 별일이 없었습니까? 혹시 관재구설에 휘말린 적은 없었습니까?"

원장님이 강의 도중에 물었습니다.

"壬辰年이면 2012년인데, 2012년에 큰 사건이 하나 있었습니다."

"관재구설에 관한 것입니까?"

"예. 본교 남학생이 타 학교 남학생을 폭행했는데, 상대방 학생 측에서 폭행죄로 고소를 했지요. 싸움은 일대일로 했지만, 주변에 친구들이 함께 있었기 때문에 집단 폭행이 되어 버린 것입니다. 해당 경찰서 경찰들이 폭행 현장에 있었던 학생들을 전원 불러서 당시 상황을 조사하는 과정에 본교 학부모들이 사전 연락 없이 학생들을 조사한다고 항의를 하기도 했지요."

그러나 집단 폭행 사건은 싸움 원인의 자초지종을 들은 피해 학생 학부모가 고소를 취하하는 바람에 큰 문제는 없었습니다.

경수　　　　　　　　　　　2012년

己	庚	辛	壬	壬
卯	辰	亥	辰	辰

세운 壬辰年의 천간 壬水는 庚金 일간의 식신으로 경수의 활동, 사업, 제자, 수하 등인데, 세운 지지 辰土가 년지 辰土와 일지 辰土와 辰辰 자형을 하여 일간 庚金이 하는 활동, 사업, 수하, 제자 등의 自中之亂(자중지란 : 같은 편끼리 하는 싸움)으로 고통을 당하는 것을 말합니다.

학생 집단 폭행 문제가 해결되고 얼마 지나지 않아서 이번에는 6학년 여학생 왕따 문제가 발생했습니다. 같은 반 여학생 몇 명이 집단적으로 아주 교묘하게 힘이 약한 친구를 괴롭힌 것입니다. 피해 여학생이 화장실에 들어가면 가해 여학생 몇 명이 화장실 문에 기대서서 문을 열고 나오지 못하게 하기도 하고, 옆으로 지나가면 주변 친구들도 모르게 침을 뱉는다든지, 급식 시간에 식판을 놓으면서 일부러 식판끼리 부딪치게 해서 국물을 쏟게 한다든지, 체육 시간에 옆으로 지나가면 살짝 발을 걸어 넘어지게 했습니다. 처음에는 가해 학생들을 불러서 타일러 보았지만, 전혀 자신들의 잘못을 알지도 못하고 뉘우칠 기미도 보이지 않았습니다. 결국 피해 학생 부모가 학교 폭력으로 경찰서에 신고를 하고 말았습니다. 학교 폭력 담당 형사가 교장실을 찾았습니다.

"교장 선생님, 정말 더러워서 못해 먹겠습니다."

담당 형사가 손에 들고 있던 수첩을 테이블 위에 내동댕이치는 것으로 보아 어지간히 화가 난 모양이었습니다.

"왜요? 무슨 일이 있었습니까?"

"아니, 어제 가해 여학생들을 불렀는데, 이제 겨우 6학년인 여학생들이 나보고 증거를 제시하라고 하네요. 아, 나 참. 형사 생활 20년 가까이 하지만, 이런 일은 처음입니다. 여학생들이 보통이 아닙니다."

"가해 학생 어머니는 뭐라고 하던가요?"

"어머니들은 피해 학생 부모와 경찰을 상대로 소송을 제기하겠답니다. 자기 자식들은 어느 누구도 괴롭힌 적이 없는데, 경찰이 피해자 말만 듣고 아무런 증거도 없이 자기 자식들의 명예를 훼손시켰다고 말입니다."

"자식을 가장 잘 모르는 사람이 바로 부모라는 말도 있잖아요? 부모들은 자식들의 잘못을 일단 부정하고, 자식의 잘못을 다른 사람의 탓으로 돌리지요. 그래도 막상 학교폭력위원회를 개최하면 생각이 달라지지요. 너무 신경 쓰지 마세요. 자식 교육이라는 것이 콩 심은 데 콩 나고, 팥 심은 데 팥 나는 것이기 때문에 정말 조심해야 하지요."

학교폭력위원회가 개최되고, 반 친구들의 증언과 진술을 통해 가해 학생들의 학교 폭력이 조금씩 밝혀지기 시작했습니다.

"교장 선생님, 가해 학생 중 한 명이 전학을 갔습니다."

"전학을 갔다고요? 가해 학생이 전학을 가도 학교폭력위원회는 계속 진행시키고, 해당 학부모에게는 학교폭력위원회 결과를 전학 간 학교에 통보한다고 전해 주세요."

학교폭력위원회 논의 결과에 따라 가해 학생들에 대한 징계와 함께 가해 학생들이 다시는 피해 학생을 괴롭히는 행동을 하지 않겠다며 사과함으로써 학생 왕따 문제는 일단락되었습니다.

"그런데 壬辰年에 왜 그런 문제가 연속적으로 발생했을까요?"

"壬辰年에는 교장 선생님의 사주에 있는 년지 辰土와 일지 辰土가 辰辰 자형을 형성하고 있었는데, 壬辰年에 세운 지지 辰土가 들어오니 辰辰 자형이 발생하게 된 것입니다. 사주에 辰土가 하나 있는데, 대운과 세운에서 辰土가 들어와도 辰辰 자형이 발생하므로 주변 사람들과 항상 말이나 행동 등을 조심해야 합니다."

사실 경수는 사주에 辰辰 자형이 있다고 해서 은근히 걱정 아닌 걱정을 하고 있었던 것입니다. 아내 사주에도 午午 자형이 있어서 조금은 걱정입니다.

경수				아내			
己	庚	辛	壬	庚	辛	庚	甲
卯	辰	亥	辰	寅	亥	午	午

❈ 19 ❈
공망은 허무의 대명사인가

"문 교장, 오늘은 공망 공부를 한다고 했지요?"

"예. 내가 옛날에 학원을 다니면서 공망 하나는 정말 잘 배웠지요."

학원에서 공망을 배울 때, 원장님이 수강생들의 일주를 보고 일일이 공망을 찾아주시면서 공망에 대해 설명을 하셨습니다.

"교장 선생님은 庚辰 일주이므로 공망표에 의하면 申酉가 공망입니다. 申酉는 일간 庚金과 같은 오행인 비겁이라 형제가 공망이므로, 형제 덕을 보시려고 생각하면 안 됩니다."

"왜요? 우리는 형제들 간에 서로 물질적인 도움은 크게 주지 못해도 나름대로 잘 지내고 있는데……."

"지금은 그렇다고 하더라도 언젠가는 형제간에 소원해지는 것을 느끼게 될 것입니다."

경수는 원장님의 말씀을 부정했지만, 사실 어릴 적에는 가정 형편이 어려워도 형제간에 참 우애가 있다고 생각하며 살았는데, 이제 세월이 지날수록 형제간에 자꾸만 소원해지는 것은 단순히 나이 탓만은 아닐 것이라는 생각입니다. 어릴 적에는 단순히 형제들 간의 문제만 발생하기에 갈등의 폭도 적고 문제가 해결되는 시간도 짧았지만, 이제 형제들이 각자 결혼을 하여 가족을 형성하고 시가와 처가가 생기니 인간관계를 형성하는 범위가 점점 넓어지면서 여러 가지 문제가 얽히고설켜서 문제 발생의 소지가 더 커지는 것은 어쩔 수 없는 현상입니다.

경수

己	庚	辛	壬
卯	辰	亥	辰

사주

○	丙	○	○
○	寅	○	○

공망은 주로 일주 중심으로 보며, 10천간을 기준으로 12지지를 일대일 대응으로 짝을 맞추면, 천간은 10개이고 지지는 12개이므로 지지가 2개 남는데, 이것을 공망이라고 합니다.

庚辰 日柱 空亡 시작점

丙寅 日柱 空亡 시작점

경수는 庚辰 일주이므로 辰土 위에 庚金을 놓고, 庚辰에서 시작하여 시계 방향으로 돌려서 辛巳, 壬午, 癸未로 천간 癸水가 나오면 그 다음 지지인 두 글자 申酉가 공망인 것입니다. 申酉는 일간 庚金과 같은 오행이므로 비겁으로 형제, 동료, 친구, 동업자 등인 것입니다.

만약 丙寅 일주라면 寅木 위에 丙火를 놓고, 丙寅에서 시작하여 시계 방향으로 丁卯, 戊辰, 己巳, 庚午, 辛未, 壬申, 癸酉까지 가면 그 다음 두 글자인 戌亥는 천간을 얻지 못했으므로 공망인 것입니다.

공망은 '비어 있고 망했다'는 의미보다는 공은 '무한대, 끊임없는' 것으로 영원불명의 의미이고, 망은 '망했다'는 의미보다는 '한, 미련, 원망, 아쉬움, 그리움'의 의미로 보아야 합니다. 따라서 공망이란 '끊임없이 갈망하고 추구하면서 미련과 아쉬움을 갖는다'는 의미입니다. 흔히 공망을 비어 있고 망하여 이루어질 수 없는 부정적인 의미로 설명하고 있으나, 실제는 오히려 긍정적인 측면으로 희망, 발원의 의미를 두고 있음을 알 수 있습니다. 단, 공망에 대한 성패는 운로의 흐름으로 결정됩니다.

공망은 주로 일주 중심으로 통변을 하고, 년주와 월주와 시주 공망을 중요시하지 않는 것은 일주 공망을 제외한 나머지는 그 영향력이 크지 않기 때문입니다. 지지 중심의 공망은 대체로 아래와 같이 통변을 합니다.

년지가 공망이면 조상 덕이 없고, 초년고생이 심했다고 할 수 있습니다.

월지가 공망이면 부모복과 형제 덕이 없고, 중년에 운이 좋지 않을 수 있습니다. 월지가 공망이면 월지는 직장이므로 직장 생활은 잘하지만 직장을 그만둘 수 있고, 공무원인 경우에는 명예퇴직을 할 수 있기 때문에 항상 언행을 조심해야 할 것입니다.

일지가 공망이면 배우자와 관계가 좋지 않거나 이별이 있을 수 있습니다.

시지가 공망이면 자식 공망이므로 자식과 인연이 멀어지고, 자식을 잘 낳으려고 하지 않으며, 시지 공망이면서 형살이면 유산이 잘됩니다. 또 시지 공망이면 말년이 고독할 수 있습니다.

또 육친 중심의 공망은 대체로 아래와 같이 통변을 합니다.

비겁이 공망이면 형제, 동료, 동업 등에 대해서 끊임없이 갈망하고 추구하면서 한, 미련, 아쉬움을 갖습니다.

식상이 공망이면 활동, 사업, 투자, 언변, 표현 등에 대해서 끊임없이 갈망하고 추구하면서 한, 미련, 아쉬움을 갖습니다. 식상이 공망이면 열심히 노력하여 타인의 인정을 받아도 본인은 만족하지 못합니다.

재성이 공망이면 남명은 부친, 처, 재물 등에 대해 끊임없이 갈망하고 추구하면서 한, 미련, 아쉬움을 갖게 되고, 여명은 부친, 시어머니, 재물 등에 대해 끊임없이 갈망하고 추구하면서 한, 미련, 아쉬움을 갖습니다.

관성이 공망이면 직장, 명예에 대해서 끊임없이 갈망하고 추구합니다. 높은 직위에 있다고 하더라도 한, 미련, 아쉬움을 갖습니다. 남명은 직장과 자식에 대해서, 여명은 직장과 남편에 대해서 끊임없이 갈망하고 추구하면서 한, 미련, 아쉬움을 갖습니다.

인성이 공망이면 학업, 어머니 등에 대해서 끊임없이 갈망하고 추구하여 공부를 많이 했음에도 불구하고 학업과 어머니 등에 대한 한, 미련, 아쉬움을 갖습니다.

또 부부간의 사주에 서로 상대방의 공망이 있으면 평생 동안 해로하고, 소송, 입찰 등 경쟁 사건은 상대방의 공망 연월일시를 선택하면 반드시 승소, 승리할 수 있다고 합니다.

공망 되는 세운에는 일을 시작해도 도중에 그만두게 되니 신중하게 생각해서 시작해야 합니다. 辰戌丑未 재고 중에 재성이면서 공망이 되면 의식주에 애로가 있습니다.

공망 되는 대운에는 사람의 마음이 허전해져서 만사에 갈팡질팡하고, 변덕이 심해지며, 오늘과 내일의 마음이 한결같지 못하고 수시로 변합니다. 또 공망 대운을 보낼 때는 별거, 이혼, 사업 실패, 질병 등을 조심해야 합니다.

길성인 식신, 재성, 정관, 정인 공망은 길한 십성이 공망이므로 흉하고, 비견, 겁재, 상관, 편관, 편인 공망은 흉한 십성이 공망이므로 길합니다.

공망을 풀어 주는 것을 해공이라고 하는데, 공망 지지를 합충형을 함으로써 공망의 흉이 해소되는 것입니다.

사주 1			
壬	辛	辛	己
辰	卯	未	酉
	午未 공망		

사주 1은 월지 未土가 공망인데, 월지 未土 공망이 일지 卯木과 卯未合을 함으로써 월지 未土 공망이 해소되었으며, 월지 공망의 뜻이 해소되었습니다.

사주 2			
丙	己	壬	戊
子	未	戌	午
	子丑 공망		

사주 2는 子丑 공망인데, 시지 子水 공망을 년지 午火가 子午冲을 함으로써 시지 子水 공망이 해소되었으며, 시지 공망의 뜻이 해소되었습니다.

사주 3			
己	己	甲	乙
巳	卯	申	未
	申酉 공망		

사주 3은 申酉 공망인데, 월지 申金 공망이 시지 巳火와 巳申형살을 함으로써 월지 申金 공망이 해소되었으며, 월지 공망의 뜻이 해소되었습니다.

사주 4			
甲	癸	丁	辛
寅	丑	酉	丑
	寅卯 공망		

사주 4는 寅卯 공망인데, 사주에 시지 寅木 공망을 합하거나 충하거나 형하는 것이 없을 때는 시지 공망의 사주로 통변합니다. 그러나 대운 지지에 申金이 오면 寅申冲으로 해소가 되고, 卯木이나 辰土가 들어오면 寅卯辰 방합으로 해소가 되고, 午火나 戌土가 들어오면 寅午戌 삼합으로 해소가 되고, 대운 지지에 巳火가 들어오면 寅巳 형살로 해소가 됩니다.

그런데 일주 중심으로 구한 공망이 평생 동안 그 사람의 공망이 되어야 하는가 하는 문제가 남는데, 만약에 재성이 공망이면 그 사람은 평생 동안 재성이 공망인 채로 살아야 하는 것은 아닐 것입니다. 사람의 인생을 크게 초년, 중년, 장년, 노년으로 각각 15년씩 구분한다면 성장 시기마다 사람이 갈망하고 추구하는 것이 다를 수 있기 때문입니다.

사주 공부를 하면 공망을 구하는 경우가 많은데, 공망은 일주 중심 공망보다 주별인 연령대에 따른 공망을 구하는 것이 사주 통변에 적절할 것 같습니다. 공망을 년주, 월주, 일주, 시주로 성장 시기별로 구분을 하면 다음과 같습니다.

경수

己	庚	辛	壬
卯	辰	亥	辰
申酉	申酉	寅卯	午未 공망

경수는 申酉 공망으로 비겁 공망이지만, 주별로 공망을 보면 공망이 달라집니다. 년주 壬辰에서 공망을 찾으면 午未 공망으로 午火 재성과 未土 관성이 공망입니다. 년주는 1세~15세로 재성과 관성이 공망이므로, 이 시기에는 재성과 관성에 대해 끊임없이 추구하고 갈망하면서 한, 미련, 아쉬움을 갖는다는 것입니다.

월주 辛亥에서 공망을 찾으면 寅卯 공망으로 寅木 편재와 卯木 정재가 공망입니다. 월주는 16세~30세로 재성이 공망이므로, 이 시기에는 재성에 대해 끊임없이 추구하고 갈망하면서 한, 미련, 아쉬움을 갖는다는 것입니다.

일주 庚辰에서 공망을 찾으면 申酉 공망으로 申金 비견과 酉金 겁재가 공망입니다. 일주는 31세~45세로 비겁이 공망이므로, 이 시기에는 비겁인 형제, 동료 등에 대해 끊임없이 추구하고 갈망하면서 한, 미련, 아쉬움을 갖는다는 것입니다.

시주 己卯에서 공망을 찾으면 역시 申酉 공망으로 申金 비견과 酉金 겁재가 공망입니다. 시주는 46세~60세로 비겁이 공망이므로, 이 시기에는 비겁인 형제, 동료 등에 대해 끊임없이 추구하고 갈망하면서 한, 미련, 아쉬움을 갖는다는 것입니다.

❀ 20 ❀
무속인이 귀신을 쫓을 때에
복숭아나무 가지를 사용하는 이유

"아버지, 내 친구가 자꾸 귀신 꿈을 꾼대요."

"친구가 심신이 무척 피곤한 모양이구나."

"귀신 꿈을 꾸지 않는 방법은 없나요? 무속인을 찾아가라고 할까요?"

"친구에게 복숭아나무 가지를 구해서 방에 걸어 두라고 해라."

"복숭아나무 가지를요?"

동양의 여신 중의 여신인 서왕모는 죽음과 형벌을 관장하는 여신으로 마귀할멈의 모습이었으나, 나중에 생명을 관장하는 여신이 되면서 아름다운 여신으로 변모하였다. 서왕모는 중국 전설의 높은 산인 곤륜산 정상에 보석 瑤(요)와 못 池(지)의 요지라는 아름다운 호수에 살면서 반도원이라는 불사약인 복숭아밭을 가지고 있었다. 서왕모의 불사약인 복숭아는 3,000년 만에 꽃이 피고, 3,000년 만에 열매가 맺히는 것으로 인간은 감히 탐할 수 없는 불사약인데, 동박삭이 서왕모의 불사약을 훔쳐 먹어서 삼천갑자인 180,000년을 살았다는 이야기가 있다. 동방삭은 중국 전한의 7대 황제인 무제의 신하로 해학과 변론에 뛰어났으며 실제로 장수하였다고 한다.

서왕모는 전 세계의 신들을 초대하여 반도원에서 복숭아 파티를 개최하여 불사약인 복숭아를 무료로 제공한다. 서왕모로부터 불사약을 하나 얻게 된 예는 한걸음에 아내인 항아가 기다리는 집으로 달려갔다.

"항아, 이게 바로 서왕모의 그 유명한 불사약이요. 우리 좋은 날을 택해서 함께 먹고 오래오래 행복하게 삽시다."

예는 복숭아를 항아에게 맡기고 잠시 외출을 하였다.

'이게 불사약이라고? 내가 이걸 혼자 먹으면 하늘로 올라가겠지.'

갑자기 사악한 생각이 든 항아는 혼자 불사약을 마시고 하늘로 올라갔다. 집으로 돌아온 예는 항아에게 불사약을 맡긴 것을 크게 후회했지만, 이미 때는 늦어서 어쩔 수가 없었다.

당시 10개의 태양이 매일 교대로 떠오르는데, 어느 날 10개의 태양이 동시에 떠올라서 극심한 가뭄으로 초목이 다 말라죽게 되었다. 백성들이 명궁인 예에게 9개의 태양을 없애 달라는 간청을 하자, 예가 활을 쏘아서 9개의 태양을 없애 버리니, 예는 백성들의 영웅이 되었다. 그 후 예가 활쏘기 학교를 설립하자, 제자들이 구름처럼 모여들었다. 그런데 예의 제자 중 한 명이 사악한 마음을 먹었다.

"예만 없다면 내가 이 나라의 최고 명궁이 될 텐데."

예의 사악한 제자는 예가 사냥을 마치고 돌아오자 복숭아나무를 깎아서 만든 몽둥이로 예의 뒤통수를 쳐서 죽였다. 예가 억울하게 비명횡사를 하자, 백성과 제자들이 예의 장례식을 성대하게 치른 후에 예를 귀신의 우두머리로 추앙했다. 예는 귀신의 우두머리로 이 세상에 무서운 것이 없었는데, 오직 하나 무서운 것은 복숭아나무였다. 예는 항아와 제자의 배신으로 복숭아나무 트라우마가 있었던 것이다.

또한 제사상에 복숭아를 올리지 않는 것은 귀신의 우두머리인 예도 무서워하는 복숭아를 보고, 우리 조상귀신들이 무서워서 후손에게 오지 않으면 큰일이기 때문이다. 그래서 무속인이 귀신을 쫓을 때에 복숭아나무 가지를 사용하는 것이다.[2]

---

2)   차이나는 클라스 45회(jtbc, 2018년 1월 17일 방영분)

❀ 21 ❀
공포의 대상, 삼재

"문 교장, 우리가 보통 삼재가 들면 흉한 일이 생길 것이라고 걱정을 많이 하는데, 삼재의 작용력이 그렇게 큽니까?"

"사주 명리학에서는 삼재를 크게 비중 있게 다루지 않는데, 주로 절에 다니시는 분들이 삼재 이야기를 많이 하시지요. 어쨌든 사람들이 걱정하는 것이니까 삼재가 어떤 것인지 한 번 알아봅시다."

사람들은 흔히 잘되던 일이 잘 풀리지 않거나 사업에 어려움이 오면 혹시 삼재라서 그런 것은 아닌가 하고 한 번쯤 걱정을 하게 됩니다. 삼재는 9년 주기로 돌아오는 것으로 3년 동안 3가지 재난을 겪는 것을 말합니다.

첫 번째 해는 들어오는 삼재라고 하여 들삼재라고 하고, 두 번째 해는 눌러앉는 삼재라고 하여 눌삼재라고 하고, 세 번째 해는 나가는 삼재라고 하여 날삼재라고 하는데, 처음 들어오는 들삼재 때에 재난이 가장 심하다고 합니다.

삼재에는 크게 도병재, 역려재, 기근재가 있으며 도병재는 장비, 연장, 무기, 교통사고, 화상 등의 해를 입는 것이고, 역려재는 질병이나 전염병으로 해를 입는 것을 말하고, 기근재는 경제적 곤란으로 해를 입는 것을 말합니다.

삼재를 구하는 방법은 다음과 같습니다.

띠	들삼재	눌삼재	날삼재
寅午戌年生	申年	酉年	戌年
巳酉丑年生	亥年	子年	丑年
申子辰年生	寅年	卯年	辰年
亥卯未年生	巳年	午年	未年

寅午戌 띠의 삼재는 申酉戌年이므로 2016년 丙申年은 들삼재이고, 2017년 丁酉年은 눌삼재이고, 2018년 戊戌年은 날삼재입니다. 巳酉丑 띠의 삼재는 亥子丑年이므로 2019년 己亥年은 들삼재이고, 2020년 庚子年은 눌삼재이고, 2021년 辛丑年은 날삼재입니다. 申子辰 띠의 삼재는 寅卯辰年이므로 2022년 壬寅年은 들삼재이고, 2023년 癸卯年은 눌삼재이고, 2024년 甲辰年은 날삼재입니다. 亥卯未 띠의 삼재는 巳午未年이므로 2025년 乙巳年은 들삼재이고, 2026년 丙午年은 눌삼재이고, 2027년 丁未年은 날삼재입니다.

삼재는 출생 연도의 삼합을 기준으로 하여 세운에 적용하는 것으로 삼재는 포태법상 삼합 12운성의 병사묘에 해당합니다. 寅午戌年生의 삼재는 申酉戌年인데, 寅午戌의 양간 丙火에서 12운성을 보면 申酉戌은 병사묘입니다.

삼재의 첫 번째 해는 寅申巳亥年인데, 이때에는 새 식구 증가 금지(애완동물 포함), 객식구 장기간 동거 금지(한 달 이상)의 원칙을 지켜야 한다고 합니다. 그리고 같은 삼재에 해당하는 사람과는 동거를 하지 않는 것이 좋다고 합니다. 삼재의 두 번째 해는 子午卯酉年인데, 두 번째 해에 해당하는 사람들의 화가 가장 심하다고 하며 역시 새 식구 증가는 금지해야 한다고 합니다. 삼재의 세 번째 해는 辰戌丑未年인데, 이때에는 변화가 많고, 재해도 많이 생기기 때문에 결혼, 환갑잔치 등 사람이 많이 모이는 행사를 금지하는 것이 좋다고 합니다.

또 삼재가 든 사람의 운이 용신운으로 흐르면 하는 일마다 잘되는 것으로 보며, 운이 기신운으로 흐르면 자중하면서 일을 도모해야 합니다.

현대인들의 삼재는 천살, 지살, 인살로 봐야 할 것입니다. 천살은 천재지변으로 당하는 홍수, 가뭄, 지진, 태풍 등 불가항력적인 사고를 말하고, 지살은 교통사고 등 노상에서 당하는 횡액을 말하고, 인살은 인간관계에서 발생되는 보증, 사기, 배신, 부도 등으로 인한 고통인 것입니다.

삼재는 12가지 띠 중에서 해마다 전 세계 인구의 1/4이 삼재로 고통을 당하거나 해를 입어야 한다는 것으로 사실 믿기 어려운 흉살입니다. 따라서 삼재에 해당된다고 하더라도 너무 불안해하거나 스트레스를 받을 필요는 없고 평소 언행을 조심하고, 인간관계를 부드럽고 온화하게 하면 큰 문제는 없을 것입니다.

부적을 써서 삼재를 면할 수 있다면 부적을 쓰는 것도 하나의 방법이기는 하겠지만 부적을 썼다고 해서 삼재를 면할 수 있다기보다는 항상 자신을 수양하고 수성하는 것이 더 중요하다는 생각이 듭니다.

❀ 이사할 때 참고하는 대장군

아주 오래 전, 1974년도에 있었던 이야기이다. 고등학교를 마치고 일찍부터 산소 납품 사업을 했던 친구가 있었다. 처음에는 사업이 너무 잘되어 대학을 다니는 우리들도 공부를 그만두고 그 친구와 함께 사업을 하고 싶을 정도였다. 사업이 점점 커지니 사무실이나 창고 공간이 좁다고 하여 이사를 갔다. 이사를 하고 얼마 지나지 않아 개업식을 정말 성대하게 열었는데, 왠지 친구 표정이 자꾸만 어둡게 보였다.

"왜 그래? 무슨 일이 있어?"

"아니, 지난번에 철학관에 가니까 초양동으로 이사를 가지 말라고 하던데 자꾸 그 말이 떠올라서 그래."

"그럼, 부적이라도 써 보지 그랬어?"

"부적이 무슨 도움이 되겠냐 싶어서 부적을 쓰라고 하던데 안 썼어."

"그래, 부적을 써서 된다면 이 세상이 부자가 안 될 사람이 어디 있고, 서울대에 못 들어갈 놈이 어디 있겠니? 그냥 잊어버려라."

그로부터 몇 달 후, 비가 엄청 오는 날에 친구가 교통사고를 냈다. 사업 거래처 직원의 결혼식에 축의금을 전달하려고 처와 함께 3톤짜리 화물차를 몰고 예식장 근처에서 우회전을 하는 순간에 화물차 뒤에 무언가가 부딪혔다는 느낌이 들어서 차에서 내려 보니 오토바이 배달을 하던 젊은 친구가 그만 화물차 뒤에 부딪혀서 즉사하고 말았던 것이다. 그로 인해 친구는 구속이 되고, 친구의 처는 정신적 충격으로 얼마 후에 죽고 말았다. 물론 친구가 이사를 잘못해서 그런 불상사가 생겼다고 생각하지는 않지만, 그래도 그때 이사를 하지 않았으면 그런 불상사가 없었을지도 모른다는 생각을 지울 수는 없는 것이다.

사람들이 예전보다 이사 방향에 관한 문의를 더 많이 하는 것은 아마 이사를 할 때 대장군 방향과 삼살방 방향을 피하고 싶기 때문일 것이다. 대장군 방향과 삼살방 방향은 이사를 할 때 가장 피해야 할 방향이기 때문이다. 대장군 방향은 3년마다 한 번씩 바뀌는 것으로 방합을 기준으로 한다. 丁酉年이면 세운 지지 酉金의 방합인 申酉戌이 서쪽이고 가을에 해당하므로 지난 계절인 여름 남쪽이 대장군 방향이 되는 것이다. 庚子年이면 세운 지지 子水의 방합인 亥子丑이 북쪽이고 겨울에 해당하므로 지난 계절인 가을 서쪽이 대장군 방향이 되는 것이다.

　　대장군 방향이나 삼살방 방향으로 이사를 하거나 장소를 옮기면 좋지 않다고 하는데, 우리가 그런 것들을 무조건 맹신할 것은 아니지만, 집안에 환자가 있거나 임산부, 신생아가 있는 경우에는 조심하는 것이 좋겠다.

세운 지지	寅卯辰	巳午未	申酉戌	亥子丑
대장군 방향	북쪽, 겨울	동쪽, 봄	남쪽, 여름	서쪽, 가을

　　寅卯辰年은 봄이므로 이제 막 지나온 겨울인 북쪽이 대장군 방향이고, 巳午未年은 여름이므로 이제 막 지나온 봄인 동쪽이 대장군 방향이고, 申酉戌年은 가을이므로 이제 막 지나온 여름인 남쪽이 대장군 방향이고, 亥子丑年은 겨울이므로 이제 막 지나온 가을인 서쪽이 대장군 방향인 것이다. 방위는 자신이 거주하고 있는 집을 기준으로 한다. 대장군이란 죽음의 세계에서 근위대를 관장하는 군신을 의미하며, 이 방위를 범하게 되면 여러 가지 재앙을 만나게 된다고 한다.

　　최근에는 아파트, 원룸, 오피스텔 등을 지으면서 옛날 조선 시대처럼 풍수에 따라 짓는 것이 아니라 땅 모양에 따라 짓게 되고, 또 대장군 방향이나 삼살방에 대해 아무런 의미가 없다고 생각하겠지만 대장군 방향과 삼살방은 대기의 기운이 순환하는 과정에 발생하는 거대한 기운으로 지구에 살고 있는 이상 대기의 영향력에서 벗어날 수는 없을 것이기 때문에 대장군 방향과 삼살방을 무조건 무시하기보다는 한 번쯤 생각해 보는 것도 현대인의 생활의 지혜일 수도 있다는 생각이 든다.

　　흔히 주변 사람들이 이렇게 물어본다.

　　"그러면 寅卯辰年은 북쪽이 대장군 방향인데, 우리나라 사람들 중에 금년에 북쪽으로 이사를 간 사람은 모두 대장군 방향으로 갔기 때문에 해악을 입어야 하나요?"

올해 북쪽으로 이사를 갔다고 해서 모두 대장군 방향의 해악을 입는다고는 할 수 없겠지만, 이사라는 것이 자신의 터전을 옮기는 것이므로 가급적이면 조심하는 것이 좋다는 의미인 것이다.

✿ 이사할 때 삼살방도 참고한다

"문 교장, 삼재와 삼살방은 다른 것이요?"
"예. 삼재는 흉한 살을 말하는 것이고, 삼살방은 흉한 방위를 말하는 것이지요."
"이사할 때 피해야 하는 방위 같은 것 말이오?"
"박 교장, 이제 머지않아 하산할 준비를 하셔야겠습니다."

삼살방이란 겁살, 재살, 천살의 방위를 말합니다. 일부 역술가는 삼살의 겁살을 대살, 재살을 수옥살, 천살을 세살이라고 부르기도 합니다. 옛날부터 해당 세운의 삼살방 방위로는 이사를 가지 않고, 화장실을 고치거나 묘지를 쓰는 일을 자제하는 것은 이 삼살방을 거스를 경우 불길한 흉살이 발동한다고 믿었기 때문입니다.

삼살 방위는 일 년에 한 번씩 시계 반대 방향으로 움직입니다. 삼살은 목숨과 재물을 잃거나 칼이나 흉기, 기계 등으로 인한 해가 있다는 겁살과 관재, 감금, 납치, 재판, 입원 등의 재앙을 당하는 재살과 천재지변의 해를 입는 천살의 세 가지를 의미하기 때문에 주의해야 합니다. 이 방위도 이사를 하거나 산소에 손을 대거나 집을 수리하는 것을 피해야 합니다.

삼살방 역시 대장군 방향과 마찬가지로 이사를 할 때 피해야 할 방향 중의 하나입니다. 삼살방은 해마다 바뀌는 방향의 신살로서 그해의 세운 년지가 들어가는 삼합의 왕지와 충이 되는 방향입니다.

세운 지지 삼합	寅午戌	巳酉丑	申子辰	亥卯未
삼살방	子, 북쪽	卯, 동쪽	午, 남쪽	酉, 서쪽

寅午戌年에는 寅午戌 삼합의 왕지인 午火를 충하는 子水 북쪽이 삼살방이고, 巳酉丑年에는 巳酉丑 삼합의 왕지인 酉金을 충하는 卯木 동쪽이 삼살방이고, 申子辰年에는 申子辰 삼합의 왕지인 子水를 충하는 午火 남쪽이 삼살방이고, 亥卯未年에는 亥卯未 삼합의 왕지인 卯木을 충하는 酉金 서쪽이 삼살방이 됩니다.

삼살방을 좀 더 자세히 설명하면 다음과 같습니다.

寅午戌(범, 말, 개의 해)年의 삼살방은 寅午戌 삼합의 왕지인 午火를 충하는 子水가 삼살방인 亥子丑으로 북쪽 방향이 되고, 亥水 방향이 겁살 방향이고, 子水 방향이 재살 방향이고, 丑土 방향이 천살 방향입니다.

巳酉丑(뱀, 닭, 소의 해)年의 삼살방은 巳酉丑 삼합의 왕지인 酉金을 충하는 卯木이 삼살방인 寅卯辰으로 동쪽 방향이 되고, 寅木 방향이 겁살 방향이고, 卯木 방향이 재살 방향이고, 辰土 방향이 천살 방향입니다.

申子辰(원숭이, 쥐, 용의 해)年의 삼살방은 申子辰 삼합의 왕지인 子水를 충하는 午火가 삼살방인 巳午未로 남쪽 방향이 되고, 巳火 방향이 겁살 방향이고, 午火 방향이 재살 방향이고, 未土 방향이 천살 방향입니다.

亥卯未(돼지, 토끼, 양의 해)年의 삼살방은 亥卯未 삼합의 왕지인 卯木을 충하는 酉金이 삼살방인 申酉戌로 서쪽 방향이 되고, 申金 방향이 겁살 방향이고, 酉金 방향이 재살 방향이고, 戌土 방향이 천살 방향입니다.

己亥年이면 세운 지지 亥水가 들어가는 삼합 亥卯未의 왕지인 卯木을 충하는 酉金 서쪽이 삼살방이 되고, 酉金의 방합 申酉戌에서 申金 방향이 겁살 방향이고, 酉金 방향이 재살 방향아고, 戌土 방향이 천살 방향입니다.

庚子年이면 세운 지지 子水가 들어가는 삼합 申子辰의 왕지인 子水를 충하는 午火 남쪽이 삼살방이 되고, 午火의 방합 巳午未에서 巳火 방향이 겁살 방향이고, 午火 방향이 재살 방향이고, 未土 방향이 천살 방향입니다.

우리가 이사를 가야 하는 이유는 여러 가지가 있지만, 이사를 가장 잘 가는 방법은 다음과 같습니다. 가장이 중심일 때에는 직장이 가까우면 가장 좋을 것이고, 학생 중심으로 이사를 한다면 학생이 학교에 다니기 편하면 가장 좋을 것이고, 또 주부 중심으로 이사를 한다면 큰 시장 옆으로 이사를 가서 주부가 시장에 다니기 편하면 가장 좋을 것입니다. 전체적으로는 집값이 싸고, 교통이 편리하고, 사람이 살기 좋은 방향이면 이것저것

따질 필요 없이 그냥 이사를 가면 되는 것이지만, 사람의 마음이라는 것이 이사 방향이 좋지 않다는 소리를 들으면 꺼림칙하기 때문에 이왕이면 좋은 것이 좋다는 생각이 들면 여러 가지 이사 방향을 한 번 고려해 보는 것도 그리 나쁜 일은 아닐 것입니다.

丁酉年에 동쪽으로 이사를 가야 하는데, 올해는 巳酉丑 삼합의 왕지인 酉金을 충하는 卯木인 동쪽이 삼살방이라서 동쪽으로 이사를 가지 못한다고 해서 이사를 가지 않을 수도 없는 노릇인 것입니다. 이럴 때는 일단 이삿짐 차를 출발시킨 후에 짧게는 1㎞ 정도, 멀게는 4㎞ 정도 동쪽이 아닌 다른 방향으로 달렸다가 잠깐 멈추어 서서 솥단지를 땅에 한 번 치고 다시 출발을 하면 동쪽이 아닌 방향으로 이사를 갈 수 있는 것입니다.

물론 丁酉年이니까 申酉戌 방합이 이제 막 지나온 계절인 대장군 방향인 남쪽도 함께 피할 수 있어야 할 것입니다. 그러면 이사를 하는 사람은 대장군 방향과 삼살방을 피했다는 심리적인 안도감으로 마음 놓고 새집에 기분 좋게 이사를 갈 수 있는 것입니다.

❀ 손 없는 날이란 무엇인가

이사를 하는데 대장군 방향도 피해야 하고, 삼살방도 피해야 하고, 몽진방도 피해야 되니 도대체 언제, 어느 방향으로 이사를 가라는 말인가 하고 참으로 걱정스러울 때도 있을 것이다. 몽진방을 우리말로 몸진방이라고도 하는데, 몸진방은 저녁때가 되면 해가 지는 것처럼 몸이 없어진다는 뜻으로 몸진방 방향으로 이사를 하면 큰 사고가 나거나 흉한 일이 발생한다고 하여 이사에서는 절대 금물로 여기는 방향이다. 몸진방 방향은 남녀 나이에 따라 정해지는 방향이지만, 몸진방의 흉살을 피할 수 있는 방법은 남녀 나이에 관계없이 이삿짐을 실은 차량이 지금까지 살았던 집을 기준으로 하여 한 바퀴 돈 다음에 출발하고, 새로 이사 간 집에 도착하면 소금 한 주먹씩을 집 앞 현관문 양쪽에 쌓아 두면 된다.

일반적으로 이사하기 가장 좋은 날은 손 없는 날이라고 하는데, 민속 신앙에서 손이란 날짜에 따라서 동서남북을 다니면서 사람의 활동을 방해하고, 사람에게 해코지한다는 귀신을 일컫는 말로 손님을 줄여서 부르는 말이다. 손 방위는 날짜에 따라 귀신이 있는 방위가 다르다.

즉, 예부터 '손 없는 날'이란 악귀가 없는 날이란 뜻으로 귀신이나 악귀가 돌아다니지 않아 인간에게 해를 끼치지 않는 길한 날을 뜻한다. 따라서 이 날을 이사, 혼례, 개업하는 날로 잡는 등 주요 행사 날짜를 정하는 기준이 되고 있다. 반대로 '손 있는 날'은 악귀들이 그 날짜와 방향을 바꿔 옮겨 다니며 인간사에 손해를 입히거나, 훼방을 놓는다고 믿어서 이런 날에는 주요 행사나 이동을 삼가하고, 집을 수리한다거나 이사를 하거나 멀리 길을 떠날 경우 손실을 입거나 병이 나는 등 큰 해를 입는다고 믿었다. 따라서 옛날부터 손이 있는 날을 피하고, 손이 없는 날을 각종 행사 등의 길일로 택일하였다.

손이 있는 날과 손이 없는 날은 다음과 같다.

손이 있는 방위	손이 있는 날(음력)	손이 없는 날(음력)	비고
정동	1, 11, 21		동쪽
동남	2, 12, 22		
정남	3, 13, 23		남쪽
남서	4, 14, 24		
정서	5, 15, 25		서쪽
서북	6, 16, 26		
정북	7, 17, 27		북쪽
북동	8, 18, 28		
중앙		9, 19, 29	행사 가능
하늘		10, 20, 30	행사 가능

음력 1일, 11일, 21일은 정동 방위에 손이 있는 날이고, 음력 2일, 12일, 22일은 동남 방위에 손이 있는 날이고, 음력 3일, 13일, 23일은 정남 방위에 손이 있는 날이고, 4일, 14일, 24일은 남서 방위에 손이 있는 날이고, 음력 5일, 15일, 25일은 정서 방위에 손이 있는 날이고, 음력 6일, 16일, 26일은 서북 방위에 손이 있는 날이고, 음력 7일, 17일, 27일은 정북 방위에 손이 있는 날이고, 음력 8일, 18일, 28일은 북동 방위에 손이 있는 날이다. 중앙에 손이 없는 날은 음력 9일, 19일, 29일이고, 하늘에 손이 없는 날은 음력 10일, 20일,

30일로 어떤 방향으로 이사를 해도 길하다고 한다.

음력 1일과 2일에는 동쪽에, 음력 3일과 4일에는 남쪽에, 음력 5일과 6일에는 서쪽에, 음력 7일과 8일에는 북쪽에 손이 있는데, 이 귀신이 음력 9일, 10일, 19일, 20일, 29일, 30일에는 하늘로 올라가기 때문에 손이 없는 날이라고 한다. 손이 없는 날에는 이사, 집수리, 원행, 사업 개업과 행사 등을 할 수 있다.

일반적으로 이사 방위는 집안 대주의 년지 중심 12신살로 반안살 방위로 가면 가장 좋은 것으로 건강이 좋아지고, 재물이 축적되고, 발전이 된다고 한다. 천살 방위로 가면 이전보다 좋은 환경, 발전이 따르는 동시에 집안의 어른이 별세하거나 천살 띠에 해당하는 가족과 사별하는 고통을 겪게 되는 것은 천살은 군왕의 자리로 부모나 어른들과 함께 거주할 수 있는 방향이 아니기 때문이지만 어쩔 수 없이 이 방위로 이사를 할 때에는 어른과 떨어져 살게 되면 우환을 막을 수 있다. 월살 방위로 이사할 때는 귀인의 도움이나 혜택에 힘입어 이사한 경우이고, 화개살 방위로 이사할 때는 대개 형편이 좋지 않은 때이거나 또 분가했다가 다시 합치는 일이 반복되는 양상을 보이기도 한다.

박 교장이 사주 공부를 시작한 지도 벌써 6개월이 지났다.

"박 교장, 이제 하산하십시오."

"아니, 사주를 다 배우지도 않은 것 같은데, 벌써 하산을 하라고요? 이제 겨우 사주에 재미를 붙였는데……."

"예. 지금부터 3개월을 줄 테니까, 지금까지 배운 내용을 천천히 복습하셔서 기초를 튼튼히 하십시오. 사주 기초에 자신이 있으면 그때 다시 공부를 시작하도록 합시다."

❈ 23 ❈
이율곡, 그 출생의 비밀

　사주와 관련된 이야기는 아니지만, 신사임당에 관한 책을 읽다가 이율곡의 출생에 관해 구전으로 전해 오는 전설이 있어서 소개해 본다. 대부분의 사주 프로그램은 1901년부터 사주를 찾을 수 있기 때문에 이율곡 선생의 사주를 밝힐 수 없는 것이 참으로 아쉽다.

　조선 시대 중종 31년(1536년), 2월도 다 지난 어느 날 새벽녘에 신사임당은 기이한 꿈을 꾸었는데, 신사임당이 어릴 때 자주 뛰놀던 경포대 바다에서 번쩍이는 찬란한 광채와 세상에서 본 적이 없는 아름다운 옷을 입은 선녀가 홀연히 나타나 신사임당에게 아무 말없이 미소를 지으며 옥 같이 희고 티 없이 맑은 살결의 어린아이를 안겨 주고는 곧 다시 바닷속으로 사라졌다.

　신사임당은 얼마 후에 태기를 느꼈고, 처음 태동이 있던 날 저녁에 푸른 동해 바다에서 눈부신 광채를 뿜어내며 긴 꼬리를 활개 쳐서 하늘 높이 떠오르던 흑룡이 신사임당의 방 앞에 몸을 비틀어 서리 짓고 앉아 있었다. 신사임당은 진통을 느끼면서 寅時에 셋째 아들을 순산했는데, 그 남자아이가 바로 이율곡이다. 신사임당이 율곡을 해산한 방을 몽룡실이라고 하고, 율곡 선생의 어릴 때 아명을 현용이라고 하는 이유를 알 것 같다.

　또한 강릉 지방에는 율곡 선생 출생에 관한 또 다른 전설이 전해져 오고 있다. 한양에 머물러 있던 신사임당의 부군인 이원수공은 평창 봉평읍 판관대리에 살고 있는 아내 신사임당과 아이들을 찾아가는 길이었다. 이원수공은 평창읍을 지나 평창 강기슭을 따라 오르며 더욱 걸음을 재촉하였지만, 이미 해는 뉘엿뉘엿 서산을 넘으려 했다. 판관대리까지는 얼마 남지 않았지만, 아직 눈이 덮인 험한 산길이라 마음과 같이 빨리 걸을 수가 없었고, 날이 저물기 시작하자 날씨는 더욱 추워졌다.

　이원수공은 판관대리를 지척에 두고도 대화에 머무를 수밖에 없어서 언덕 아래 주막을 찾아 들었다. 눈길만 아니면 벌써 당도했을 것이라고 아쉬워하며 저녁을 청해 먹고 잠자리에 들었다.

"손님, 주무시는지요? 주안상을 차렸습니다마는……."

문 밖에서 주막 여주인의 음성이 들렸다. 목소리는 떨리고 있었고 수줍음을 감춘 음성이었다.

"예. 아직 자지 않습니다마는……."

방문이 열리면서 주막 여주인이 주안상을 받쳐 들고 방 안으로 들어왔다. 주막 여주인은 눈을 아래로 내리깔면서 몹시 부끄러움을 타는 듯했다. 주막 여주인은 조금 전과는 달리 머리에 기름을 발라 반듯하게 빗어 내리고 분단장까지 하고 있었다. 노란색 저고리에 연분홍색 치마로 갈아입은 아리따운 여인의 모습이었다.

"박주(남에게 대접하는 술을 겸손하게 이르는 말)이오나 한 잔 드시옵소서. 한양에서 이곳까지 내려오시자면 매우 피곤하셨겠습니다. 이 술은 제가 직접 담근 머루주이옵니다."

주막 여주인은 이원수공의 술잔에 술을 가득 따랐다.

"허, 부인, 술맛이 과연 일품이오이다. 이렇게 맛있는 술은 처음인 것 같소."

"이렇게 홀몸으로 지내는 처지이오나 간혹 귀한 손님께서 유하게 되시면 대접하기 위해서 준비해 둔 것이옵니다."

주막 여주인은 이원수공에게 자신이 홀몸임을 넌지시 알리면서 계속 술을 권했다. 밤은 점점 깊어 가는데, 주막 여주인의 눈빛은 이원수공에게 사랑을 구하고 있음이 역력했다.

"부인, 이제 밤이 깊었습니다. 우리나라는 예로부터 남녀가 유별하다고 했는데, 부인께서는 지금 주인이 없으신 홀몸이시지만, 나는 지금 봉평에 처자식이 있는 어엿한 가장이니, 이제 그만 물러가 주시기 바랍니다."

이원수공이 주막 여주인의 간청을 단호하게 물리치자, 주막 여주인은 그만 부끄러움으로 얼굴을 들지 못하고 물러갔다.

몇 달 후에 이원수공이 다시 그 주막에서 하룻밤을 묵게 되었다. 주막 여주인은 이원수공을 반갑게 맞아 주었고, 밤이 깊어지자 이원수공이 주안상을 청하였다.

"주인, 지난번에 마시던 머루주 생각이 납니다. 주안상을 부탁합니다."

잠시 후에 주막 여주인은 주안상을 들고 방 안으로 들어섰는데, 이번에는 전혀 몸단장을 하지 않은 모습이었다.

"지난번에 제가 손님에게 꾸중을 들은 것은 사실은 그만한 이유가 있었습니다."

주막 여주인은 일찍 사람의 상을 판단하는 법을 배웠는데, 지난번에 이원수공을 처음 봤을 때 얼굴에서 광채가 나고 곧 존귀한 아들을 낳게 될 서기가 서려 있음을 발견하고, 갑자기 그 귀한 아기를 자신이 잉태할 욕심이 생겨서 그만 이것저것 생각할 겨를이 없이 결례를 했다는 것이다.

"나리, 지금 부인께서 존귀한 아드님을 잉태하셨으리라 믿습니다. 하오나 그 아드님은 반드시 寅時에 탄생될 것이며, 그런 이유로 다섯 살을 넘지 못하고 호환(호랑이에게 당하는 화)을 당할 것이 걱정되옵니다."

이원수공은 비록 주막 여주인이기는 하지만 보통 여인은 아니라고 직감하고 호환을 막을 수 있는 방법을 물었다.

"호환을 물리칠 수 있는 방법은 덕을 쌓는 방법밖에 없는데, 짧은 세월 동안에 많은 덕을 쌓기란 매우 어렵습니다. 덕을 쌓는다는 마음으로 밤나무 천 그루를 심으십시오. 그리고 아기가 다섯 살이 되는 해에 금강산에서 왔다는 노승이 찾아와서 아기를 잠시 보여 달라고 할 것인데, 절대로 아기를 보여 주지 마시고 '나도 덕적한 사람이다'라고 대답하시고, 대신 밤나무 천 그루를 심은 곳을 보이시면 호환을 면할 수 있을 것이옵니다."

과연 주막 여주인이 예언한 대로 율곡이 다섯 살이 되던 해에 노승이 찾아와서 아기를 보여 달라고 요구했다.

"나도 덕을 쌓기 위해 밤나무 천 그루를 심었소. 나와 함께 가서 보십시다."

이원수공은 주막 여주인이 가르쳐 준 대로 밤나무를 심은 노추산으로 노승을 안내하여 밤나무를 세기 시작했다. 그런데 밤나무 한 그루가 죽어 없어졌기 때문에 천 그루에서 한 그루가 부족했다.

"한 그루가 부족하니 할 수 없이 아이를 데리고 갈 수밖에 없소."

노승은 노기가 등등하게 화를 냈다.

그때 등 뒤에서 밤나무와 비슷하게 생긴 참나무가 외쳤다.

"나도 밤나무요."

어린아이를 살리기 위해 참나무까지 나선 것에 감동한 노승은 어린아이를 데려갈 생각을 단념하고 그만 산으로 돌아가고 말았다고 한다. 이 노승은 사람이 아닌 백 년 묵은 호랑이가 사람으로 변신하여 나타난 것이었다.[3]

---

3)   신사임당, 이시림, 민성사, 1992, pp.84-93

이 전설 속에 나오는 노추산은 지금의 강원도 강릉시에 있으며, 그 산에서 옛날 신라 시대 때 설총이 공부를 했다는 전설이 함께 전해져 온다. 그런 전설에 근거하여 이 지방 사람들은 노추산 기슭에 二聖台(이성대)라는 단과 작은 전각을 짓고, 설총과 율곡 두 분의 위패를 모시고 해마다 차례를 올리고 있다고 한다.

카 대 1279 호

교 원 자 격 증

성　　　명　　　문 태 식

주민등록번호 : ████████████

자　　격 :　초등학교 교장

초·중등교육법 소정의 자격기준에
의하여 위의 자격이 있음을 인정하고
이 증서를 수여함

2008 년 12 월 5 일

교육과학기술부장관

교원자격검정령위 한체관한규정
제26조제1항제 **5** 호에 의하여　권한의 위임을 받아

부산광역시교육감

1. 검정 종별 : 무시험검정
2. 법정해 당 자격기준
　 주전공 : 초·중등교육법 제 21 조 별표(1) 자격기준 제 1 호
　 부전공 : (　　　)법 제(　)조 별표(　) 자격기준 제　　호
3. 수여조건 : 해당없음

버 41581 호

모범공무원증

연포초등학교

교사 문 태 식

키라는 공무원으로서 맡은바 직무에
정려하여 타의 귀감이되어 2002년도
모범공무원으로 선발되었기 모범공무원
규정에 의하여 이 증서를 수여함

2002년 12월 31일

국무총리 김 석

석제 1006 호

학 위 기

성명 문 태 식　　　　1952 년 10 월 14일생

이 이는 소정의 시험에 합격하고 아래의 논문을 제출하여
본 대학교 교육대학원 위원회의 심사에 통과하여 교육학석사
의 자격을 갖추었으므로 이를 인정함

논문 : 學生·學父母가 期待하는 國民學校 敎師像에 관한 硏究

1990년 2월 24일

부산대학교　교육대학원장 문학박사 이 원 호

위의 인정에 의하여　교육학석사 학위를 수여함

1990년 2월 24일

부산대학교　총장 법학박사 서 주 실

위는 교육법 시행령 제125조의 규정에 의하여 등록하였음을 증명함

1990년 2월 24일

문 교 부 장 관

학위등록번호 : 89석 - 3 - 427

Ⅱ

사주로 보는
내 인생 이야기

❈ 24 ❈
사주팔자에 남아 있는 아버지와의 추억

초등학교 2학년인 경수는 아버지와 함께 영도 영선동 로터리 전차 종점에서 내렸다. 경수는 아버지의 손을 잡고 고갈산 산길을 걸어 지금의 영도 산복도로 시영 아파트 뒤쪽에 있는 할머니 산소로 향했다. 산소로 가는 산길에는 아름다운 코스모스들이 바람결에 이리저리 흔들리고 있었다.

"경수야, 힘들지?"

"아니에요. 아버지."

아버지는 경남 삼천포 와룡골에서 태어나셨다. 일본에 징용을 갔다 온 후로 오랫동안 영도에서 살다가 사업에 실패하자, 범천동 작은할머니 집으로 들어가서 살게 되었다.

"벌써 성묘를 마치고 가시는군요."

"예. 조심해서 다녀오십시오."

아버지는 성묘를 마치고 내려오는 사람들과 반갑게 인사를 나누곤 했다. 산길 옆에는 크고 작은 판잣집들이 즐비하게 늘어서 있었다. 판잣집들의 지붕은 양철로 얼기설기 엮여 있었고, 벽과 담은 돌과 진흙을 짓이겨 바른 것이었다. 대문은 대부분 사립문이었다. 판잣집에는 마당이라고는 할 수 없어도 장독 몇 개와 물통들을 따로 놓을 수 있는 공간은 조금씩 있었다.

아버지는 산길을 따라 한참 올라가다가 공동묘지 입구에 자리 잡은 어느 허술한 판잣집으로 들어섰다.

"김 서방, 집에 있는가?"

잠시 후에 방문이 열리면서 남루한 옷차림의 집주인이 달려 나왔다.

"아이고, 어르신, 오셨습니까?"

"그래, 그동안 별일은 없었는가?"

"예. 다 어르신 덕분입니다. 올해는 조금 늦으셨습니다. 벌초는 제가 대충 해 놓았습니다."

김 서방이 아버지에게 낫을 건네주었다.

"고맙네. 내 다녀옴세."

아버지와 김 서방은 아주 다정스럽게 이야기를 주고받았다. 두 사람은 오래 전부터 잘 알고 있는 사이인 것 같았다. 낫을 건네받은 아버지는 다시 산길을 따라 산소로 향했다. 경수는 아버지의 뒤를 따라 행여 새 옷에 흙이라도 묻을세라 조심조심 따라갔다. 추석 성묘에는 큰형이나 작은형도 가끔 동행했지만, 언제부터인가 아버지를 따라 성묘를 가는 것은 주로 경수의 몫이었다. 한참을 가시던 아버지가 뒤를 돌아다보았다.

"경수야, 다리 아프니?"

"아니에요. 괜찮아요. 아버지."

"경수야, 아버지가 업어 줄까?"

경수는 아버지를 참 좋아했다. 아버지는 영화배우처럼 인물이 잘생겼으며, 키도 매우 컸고, 아나운서 목소리처럼 듣기 좋은 목소리는 언제나 경수로 하여금 아버지를 존경하게 만들었다.

아버지는 산소에 도착하면 으레 양복 윗도리를 벗었다. 아버지는 윗도리를 가지런히 정리하여 무덤 옆에 가만히 놓아두었다. 아버지는 마치 이발사가 아주 귀한 손님의 머리를 조심스럽게 손질하듯이 할머니의 벌초도 그렇게 했다. 아버지가 벌초를 할 때면, 경수는 산소 주위를 뛰어다니며 메뚜기와 여치 등을 잡곤 했다.

아버지는 벌초가 끝나면, 무덤 주위에 떨어진 풀을 일일이 손으로 주워 깨끗이 정리를 했다. 그 주위에서는 할머니의 무덤이 제일 깨끗했다. 경수는 아버지와 나란히 서서 할머니께 절을 했다. 경수는 절을 할 때마다 할머니께 우리 가족들이 잘살 수 있도록 해 달라고 빌었다.

할머니의 벌초를 마친 아버지와 경수는 다시 산등성이를 따라 올라갔다. 산등성이를 따라 한참 올라가면 산 너머로 통하는 길이 옆으로 한 줄 나 있었다. 그 길은 높은 산을 넘지 않고도 산 너머로 갈 수 있는 유일한 길인지라 명절이면 언제나 성묘객들로 북적거렸다.

그 산길 오른쪽에는 금방이라도 쓰러질 듯한 판잣집이 서너 채 있었다. 지붕에는 작은 호롱박들이 주저리주저리 열려 있었고, 그 집 사람들은 빗물을 받아먹고 사는지 집 앞에는 커다란 물통이 하나씩 놓여 있었다.

그 첫 번째 집에는 경수만한 아이가 있었다. 그 아이에게는 아직 명절이 오지 않았는지 평소 입던 남루한 옷을 그대로 입고 있었지만, 손에는 부침개를 들고 아주 맛있게 먹으면서 오가는 사람들을 구경이라도 하는 듯이 쳐다보았다.

산길 옆에는 경수 키보다도 더 큰 코스모스가 피어 있었다. 경수는 바람에 하늘거리는 코스모스가 참 좋았다. 그 길을 따라서 조금만 가면 선원학교 담이 나오고, 그 담을 따라 조금만 올라가면 할아버지의 산소가 나왔다.

경수는 추석 때마다 아버지를 따라 영도 산소에 성묘를 갔다. 아버지는 성묘를 할 때는 술을 마시지 않았다. 아버지는 성묘를 마치면 다시 왔던 길을 되돌아 아침에 들렀던 판잣집으로 갔다.

"김 서방, 나 이제 가네."

"예. 어르신, 내년에 또 뵙겠습니다."

나중에 안 일이지만 김 서방은 옛날에 아버지가 철공소를 운영할 때에 일하던 사람인데, 아버지의 도움을 많이 받았다고 한다. 김 서방은 아버지의 고마움을 잊지 못해 해마다 미리 벌초를 해 놓는다고 했다.

산을 내려온 아버지는 경수의 손을 잡고 곧장 영선동에 있는 고모 집으로 향했다. 고모는 아버지의 사촌 여동생이었다. 아버지는 유복자이기도 했지만, 친형제가 없었다. 고모부는 양조장을 경영하고 있었다. 아버지는 술상을 가운데 두고 고모부와 마주앉았다. 아버지와 고모부의 술 대작은 끝이 없었다. 경수는 밖에 나가 고종형제들과 폭음탄을 터뜨리며 놀았다. 밖이 어두워지면, 경수는 마루 기둥에 기대어 졸았다.

"오빠, 이제 그만 가 보세요. 경수도 잠이 오는 모양인데……."

"그래, 곧 일어나마."

또 얼마간의 시간이 흘렀다.

"오빠, 집에서 기다리는 사람도 생각을 해야지요. 그리고 당신도 이제 그만 일어나세요."

"그래, 한 잔만 더 하고 일어날 거야."

고모의 잔소리가 시작되고, 한두 시간이 더 지나야 겨우 술자리가 끝이 났다. 큰길까지 배웅 나온 고모가 택시를 세웠다. 당시의 택시는 군인들의 지프차와 비슷한 모양으로 시발택시라고 불렀다. 고모는 아버지를 뒷자리에 태우고, 경수를 앞자리에 타게 했다.

아버지는 택시가 교통 신호를 받아 멈출 때마다 운전기사에게 돈을 주었다. 아마 아버지는 집에 도착한 것으로 생각한 모양이었다. 경수는 그 돈을 다 챙겼다가 어머니에게 갖다 드리곤 했다.

아버지가 돌아가신 지 40년도 훨씬 더 넘은 어느 날, 경수는 지인과 함께 점심을 먹으러 가다가 갑자기 아버지 사주가 궁금해서 인근 주민 센터에 들어가서 아버지의 제적등본을 신청했다.

"신청인과 어떤 관계입니까?"

"아들입니다."

"아버님 성함은요?"

"문유복입니다."

경수의 말이 채 끝나기도 전에 지인은 경수의 얼굴을 바라보았다. 경수도 지인의 뜻을 알아차린 듯이 고개를 끄덕였다.

"아버님이 유복자이세요?"

지인이 주민 센터를 나서며 물었다. 할아버지는 할머니의 임신 중에 돌아가셨으니까, 아버지는 할아버지의 얼굴도 모르는 것이다.

"예. 그래서 성함도 유 자와 복 자를 쓰신 것 같습니다."

"그런 모양입니다."

"이름으로 출생의 비밀을 알 수 있는 경우도 있죠."

"맞아요. 밖, 바깥을 의미하는 外 자가 있는 사람은 대개 외갓집 출생들이 많죠."

아버지(1924년 음력 4월 3일 오후 4시)

甲	乙	己	甲
申	酉	巳	子
(	(	(	(
戊	庚	戊	壬
壬		庚	
庚	辛	丙	癸
)	)	)	)

아버지 사주의 일주 乙酉는 일간 乙木이 酉金 바위 위에 피어 있는 한 송이 작은 화초와 같은 형상으로 힘든 환경 속에서 간신히 버티고 있는 끈질긴 생명력을 연상하게 한다. 또 乙酉는 酉金인 칼 위에 있는 乙木 화초로 건강이 불안하고 위태롭게 보이기도 한다. 따라서 아버지의 사주를 보면 건강은 좋은 편이 아니라는 것을 알 수 있다. 그래서인지 아버지는 51살이라는 젊은 나이에 병환으로 돌아가셨다.

또 아버지 사주에서 재물을 탈재당하는 것은 일간과 같은 오행인 년간 甲木과 시간 甲木이 비겁으로 도둑인 것이다. 아버지의 재물은 월간 己土 편재인데, 재물을 탐하는 사람인 甲木 비겁이 많아서 甲己合, 甲己合으로 재물을 나누어 먹어야 하는 것으로 재물 손실이 있는 것이다. 아버지는 일주 乙酉 천공살로 주변 사람들에게 사기를 당할 운명을 지니고 있었는지도 모를 일이다.

❀ 25 ❀
사주 할아버지와의 만남

1972년 봄, 고등학교 3학년인 경수는 학교를 마치고 집으로 가고 있었다. 지금의 남구 문현동 금융 단지 근처에 있던 보영극장 앞을 지나고 있는데, 극장 건너편에서 가마니를 깔고 사주를 보던 할아버지께서 경수를 불렀다. 할아버지 옆에는 자그마한 글자로 '사주', '관상'이라고 쓰인 높이 한 30㎝ 정도의 작은 입간판이 서 있었다.

"학생, 생일을 한 번 불러 보게."

"아니, 제 생일은 왜요?"

"학생 사주를 봐 줄 테니, 어서 생일을 불러 보게."

"아니, 저는 사주를 보지 않습니다."

경수는 갑자기 사주가 무섭다는 생각이 들어서 달아나듯이 그 자리를 떠났다. 며칠 후에 학교를 마친 경수는 친구들과 함께 문현동 보영극장 앞을 지나고 있는데, 또 사주 할아버지가 경수를 불렀다.

"학생, 이리 오게. 내가 사주를 공짜로 봐 준다니까."

경수는 더 이상 할아버지 말씀을 거역하기가 부담스러워서 할 수 없이 할아버지 앞에 쪼그려 앉았다. 친구들도 경수 옆에 함께 쪼그려 앉았다. 경수의 생일을 들은 할아버지는 누런 갱지에 사주를 적어 나갔다.

경수

己	庚	辛	壬
卯	辰	亥	辰
괴강살	壬		괴강살
	식신격		

"학생 사주는 壬辰年 辛亥月 庚辰日 己卯時라네. 앞으로 기억을 잘하고 있게."

"할아버지, 그냥 종이에 한 장 적어 주시면 안 돼요?"

"학생은 괴강살 일주이고 식신격이니 다재다능하고 머리가 총명하지만, 식신격은 변화를 싫어하기도 하지. 또 인성도 많고 하니 특수한 기술과 자격증으로 살아야 하므로 전문직 직장이 좋네. 그리고 자네는 평생 세 가지 직업을 가져야 하네. 첫 번째는 庚金 일간과 庚辰 일주로 군인이나 경찰, 법관 등이고, 두 번째는 월지 亥水 식신격으로 아이들과 함께하는 교사로서 말하는 재주와 재능으로 살아야 하고, 세 번째는 월지 亥水 천문성과 년지와 일지 辰土와 월지 亥水의 辰亥 귀문관살로 종교 계통이네."

"예. 알겠습니다. 고맙습니다. 할아버지."

경수는 무슨 소리인지 하나도 알아듣지 못했지만 그저 고맙다고 인사를 했다. 그래야 다음부터 극장 앞을 지나가도 사주를 보라는 이야기를 하지 않을 것만 같았기 때문이다. 친구들도 할아버지에게 사주를 봐 달라고 난리를 쳤지만, 할아버지는 "안 돼"하고 딱 잘라 말했다. 경수가 지금도 알 수 없는 것은 할아버지가 왜 자기 사주만 봐 주었는지 하는 것이다. 그 후 경수는 할아버지를 볼 때마다 인사를 하며 지냈다.

괴강살은 출생할 때 괴강성이라는 별이 비추었다고 해서 괴강살이라고 하는데, 일반적으로는 무인 직업에 종사하는 사람들 중에 괴강살이 많다고 하는 것으로 보아 강한 살기를 품고 있다고 볼 수 있다. 괴강살이 흉 작용을 하면 횡폭, 살생, 극빈, 재앙 등으로 일생을 곤궁하게 살게 되고, 괴강살이 길 작용을 하면 엄격하고 총명하여 대부, 대귀, 권세, 권력으로 출세를 하기도 한다. 사주첩경에는 월주에 괴강살이나 백호대살이 있으면 군인, 경찰, 검찰 등 공직과 인연이 있다고 한다.

여명 팔자에 괴강살이 있으면 용모는 단정하고 아름답지만, 여명의 성격이 남명처럼 고집이 세고, 자기주장이 강하기 때문에 남편과 화합을 하기 어려워서 이혼을 하거나 과부가 되기 쉬운 운이라고 한다. 그러나 여명이 자신의 사주를 잘 알고 남편과의 관계를 지혜롭게 대처하면서 서로 양보하고 배려하면서 살면 아무런 문제가 없을 것이다.

괴강살은 庚辰, 庚戌, 壬辰, 壬戌로 네 개의 괴강살이었는데, 최근에는 戊辰, 戊戌을 추가하여 여섯 개의 괴강살이 되었다. 주로 여명에게 적용하지만 괴강살 여명이 직업을 갖고 사회 활동을 하면 자신의 분야에서 전문가로서의 명성을 얻을 수 있다고 하니, 괴강살이 흉살인 것만은 아닌 것 같다. 괴강살은 사주 어디에 있든 괴강살이 작용하지만, 일주괴강살이 아니면 크게 신경 쓸 것은 아닌 것 같다. 경수는 년주 壬辰과 일주 庚辰이 괴강살이다.

❈ 26 ❈
인연은 있지만, 때를 만나야 한다

아침저녁으로 옷깃을 여미는 그해 가을도 금방 지나갔다.

"이제 졸업이 다 되었네. 학생이 졸업을 하면 얼굴 보기 어렵겠구나."

사주 할아버지가 웃으며 말했다.

"예. 그래도 가끔 오겠습니다."

"그래, 대학은 결정했나?"

"아닙니다. 아직 결정하지 못했습니다."

"그래, 잘 생각해서 결정하게."

경수는 며칠 후에 다시 사주 할아버지를 찾았다.

"육군사관학교를 지원하기로 했습니다."

"그랬구나. 그러면 이번에는 합격을 할지 안 할지 한 번 볼까?"

"그걸 알 수 있습니까?"

"그럼, 어디 보자. 우리 학생이 합격을 할지, 불합격을 할지. 이걸 어쩌지, 합격이 어렵겠구나."

"그럼, 육사를 치지 말까요?"

"아니, 육사 시험은 쳐야지. 그게 자네 팔자인데. 내가 지난번에 자네 팔자에 군인이 있다고 하지 않았는가 말이다."

"할아버지, 육사 시험에 불합격한다고 했잖아요? 그런데도 시험을 쳐요?"

"아직 때는 이르지만, 그래도 인연이 없는 것은 아니니, 시험은 봐야지. 자네는 대운의 흐름이 좋아서 평생 돈 걱정은 하지 않고 살겠네. 그러니 너무 걱정하지 말게. 지금은 고생스럽겠지만 앞으로 점점 형편이 좋아질 테니까 말이야."

1972학년도 예비고사에 합격한 경수는 일반 대학 진학 대신에 일단 학비가 면제되는 육군사관학교를 선택했다. 육군사관학교 시험 장소는 3년 전에 응시했다가 낙방한 ○○ 상업고등학교였다. 경수는 순간적으로 불길한 생각이 들었고, 시험 결과는 사주 할아버지 말씀대로 역시 불합격이었다.

사주에서 직업은 용신을 가지고 왕신을 따라가라는 말이 있는데, 경수의 용신인 火를 가지고 사주에 많은 오행인 왕신 水를 따라 육군사관학교보다 해군사관학교에 응시하여 군함의 함포 장교가 되었으면 어땠을까를 한 번 생각해 본다.

경수				대운	1972년
己	庚	辛	壬	癸	壬
卯	辰	亥	辰	丑	子
	괴강살		괴강살		

癸丑 대운의 지지 丑土가 년지, 일지 辰土 편인과 辰丑 파살을 하므로 편인 辰土가 제 역할을 제대로 할 수 없어서 다시, 재수, 반복을 해야 하는 것으로 불합격을 말하는 것이다.

癸丑 대운 천간 癸水가 庚金을 녹슬게 하니 시험에 불합격을 하는 것이다. 또 癸水는 직업을 의미하는 일간의 정관인 丁火가 들어오면 癸水剋丁火로 丁火가 힘을 쓰지 못하게 하고, 일간의 편관인 丙火가 들어와도 癸水剋丙火로 丙火가 힘을 쓰지 못하게 하니, 합격은 어려운 것이다.

❀ 27 ❀
사주에 나타난 천직, 교사의 길

고등학교 3학년 말에 대학 입시를 앞둔 때였다. 학교를 마치고 집에 들어서려는데, 마루에 웬 할아버지 한 분이 앉아 계셨다. 경수가 고개를 숙여 인사를 하자, 할아버지는 환하게 웃으시며 큰 소리로 말씀하셨다.

"어, 선생님이 들어오시네."

그때는 입시를 앞두고 담임 선생님께서 가정 방문을 하시던 때라서 경수는 담임 선생님께서 가정 방문을 오신 줄 알고 깜짝 놀라며 뒤를 돌아다보았다.

"아니, 자네 말이야. 자네가 선생님이네."

"아니, 그게 무슨 말씀이십니까? 제가 선생님이라니요? 저는 교사는 안 할 겁니다."

"자네는 선생님이 되어야 할 팔자라네. 자네는 교대에 입학을 하면 부자가 될 걸세."

"부자? 제가 부자가 된다고요?"

경수는 속으로 생각했다.

'밥도 제대로 먹지 못하는 형편으로 학교 회비도 제때 내지 못해서 회비 미납자 명단에 이름이 나부끼는데 부자는 무슨 부자? 개뿔!'

할아버지는 경수를 불러 마루에 앉혔다.

"자네의 귀인은 동쪽에 있으니, 동쪽에서 오는 귀인을 놓치면 안 되네, 알겠나?"

"동쪽에서 귀인이 온다고요? 귀인이 뭐예요?"

"조금만 기다리게. 머지않아 자네 앞에 귀인이 나타날 걸세."

할아버지는 김해에 사셨는데, 경수 동네에 한 번씩 오셔서 동네 사람들의 사주를 봐주곤 하셨다. 경수는 교육대학을 간다는 생각은 한 번도 한 적이 없으며, 당시에는 전자공학과가 가장 인기 학과였기 때문에 경수도 전자공학과를 지원하려고 했던 것이다.

그런데 경수는 초등학교를 마치고 2년을 휴학한 후에 야간 중학교를 졸업하고 고등학교에 입학했기 때문에 동기들보다 2살이 많았다. 더구나 3년의 군 복무까지 생각하면 동기들에 비해 사회 진출이 늦어지기 때문에 군 복무를 면제받을 수 있는 교육대학으로 결정할 수밖에 없었다. 또 다른 이유는 고등학교 3학년 3월에 군 입대 신체검사 통지서를 받고, 몇몇 친구들과 함께 망미동 국군통합병원에서 신체검사를 받았는데, 신체검사 결과는 제1 국민병이었다. 제1 국민병이라는 것은 국가와 국민의 생명과 재산을 보호하기 위한 군인으로서 정신적, 신체적인 이상이 전혀 없으니 지정된 날짜에 국가의 부름에 따라 입대를 해야 한다는 것이다.

"야, 신체검사 합격자들은 이번 9월에 영장이 나온다고 하던데……."

당시 고등학교 친구들 중에는 야간 중학교 출신들이 많았기 때문에 경수와 함께 신체검사를 받은 반 친구들만 해도 7명이었다.

"그게 무슨 소리야? 예비고사 날짜가 11월인데, 그럼 예비고사도 한 번 보지 못하고 군에 가야 하는 거야?"

군대에 가서 삼 년을 썩고 나면 무슨 머리로 대학 시험에 걸리겠느냐 말이다. 이제 경수는 자신의 인생에서 더 이상 대학이라는 것은 생각할 수 없었다. 며칠을 고민하던 경수는 조퇴를 하고 부산지방병무청으로 달려갔다. 수위 아저씨에게 용건을 이야기했더니 2층 징모과로 가 보라고 했다.

"지금 고등학교 3학년입니다. 제1 국민병 판정을 받았는데, 영장은 언제쯤 나올 것인지 알고 싶어서 왔습니다."

"금년 9월이나 10월에 나오겠지."

징모과 직원은 경수를 쳐다보지도 않은 채 퉁명스럽게 말했다.

"아저씨, 군 입대를 연기하는 방법은 없습니까?"

"고등학생은 안 돼. 대학생이라면 몰라도……."

경수는 징모과 직원보다 더 높은 사람을 만나야 한다는 생각에 동원과장님을 찾았다.

"학생의 심정은 이해를 하겠는데, 학생 같은 사람이 한두 사람이 아냐."

동원과장님은 경수 이야기를 다 들어주기는 했지만 난처한 표정을 지었다.

"과장님, 저는 이번에 대학을 가지 못하면 평생 대학에 가지 못할지도 모릅니다. 그러니, 제발 제 사정을 좀 봐 주세요. 예?"

"글쎄. 학생 입장은 이해를 한다니까. 그렇지만 그건 내 힘으로는 어쩔 수가 없어요."

"정문 수위 아저씨가 과장님께 말씀을 드리면 된다고 했는데……."

"그 김 씨가 쓸데없는 이야기를 했구먼."

"과장님, 제발 한 번만 봐 주십시오. 이번 예비고사에 떨어지면 대학을 포기하고 내년에 입대하겠습니다. 제 말을 믿어 주십시오."

동원과장님은 마지못한 듯한 표정을 지으시더니 건너편에 앉아 있는 직원을 불렀다.

"어이, 김 주사님. 동원 계획서 한 번 가져와 봐요."

동원과장님은 천천히 동원 계획서를 한 장씩 넘겼다. 경수도 과장님의 눈을 따라갔다. 경수는 '제발, 제발'하고 마음속으로 빌었지만, 경수 이름 석 자 밑에는 9월 28일이라고 적혀 있었다. 경수는 다시 한 번 눈앞이 캄캄했다.

"학생, 금년 9월로 결정이 되었네."

"과장님, 저는 안 됩니다. 절대로 금년에는 입대할 수 없습니다."

"학생, 어서 가게. 그건 내 마음대로 할 수 있는 일이 아니라네."

그 후 경수는 수시로 조퇴를 하면서 징모과와 동원과를 들락거렸다.

"저 학생 또 왔네. 또 왔어. 대단하다. 대단해."

"저런다고 되는 것도 아닌데, 괜히 헛수고하는 것 같은데……."

경수는 병무청 아저씨들이 수군거리는 소리를 들은 척도 하지 않고 징모과장님과 동원과장님께 인사를 하고는 나왔다.

하루는 동원과로 들어서는 경수를 동원과장님이 복도로 불러냈다.

"학생, 이제 그만 오게. 그리고 6월 초에 입영 확인서를 한 번 끊어 보게."

경수는 6월 초에 다시 병무청을 찾았다. 이번에는 동원과장님을 찾는 대신에 입영 날짜 확인서를 신청했다. 일단 입영 날짜를 확인한 후에 다시 동원과로 가도 되기 때문이었다. 잠시 후에 입영 날짜 확인서가 발급되었다. 경수는 기도하는 마음으로 입영 확인서를 읽어 내려갔다. 입영 확인서를 본 경수는 깜짝 놀랐다. 입영 날짜가 이듬해 9월로 기재되어 있었다. 경수는 다시 한 번 입영 확인서를 확인하고는 곧장 동원과로 뛰어갔다. 동원과장님은 자리에 계시지 않았다. 그날부터 경수는 입영 확인서를 가방에 넣고 다녔다. 경수는 다시 대학 입시에 열중할 수 있었지만, 가정 형편은 갈수록 더욱 어려워졌기에 이제 경수가 선택할 수 있는 대학은 부산교육대학밖에 없었다. 처음에는 사범대학도 생각해 보았지만 역시 3년이라는 군 복무 기간이 걸림돌이 되었다.

교대 합격자 발표 하루 전에 부산대학교 경영학과에 응시한 기창이가 찾아왔다.

"경수야, 너 수험 번호가 몇 번이니?"

"내 수험 번호는 왜?"

"응, 지금 방송국에 전화를 하면 합격 여부를 알려 준대."

경수는 기창이와 함께 KBS 방송국에 전화를 했지만, 방송국의 합격 문의 전화는 계속 통화 중이었고, 나중에는 전화 다이얼을 너무 돌려서 손가락이 다 아플 지경이었다. 그렇게 많은 시간을 보낸 후에 겨우 통화가 되었다.

"여보세요. 부산 교대 합격을 알고 싶어서 전화했습니다."

"부산 교대 수험 번호가 몇 번입니까?"

"예. 875번입니다."

"잠깐만 기다리세요. 곧 알려 드릴게요."

경수는 입술이 바싹바싹 타 들어가는 것 같았다. 경수는 혀를 내밀어 자꾸만 입술을 핥았다.

"수험 번호가 875번이라고 했죠? 축하합니다. 합격입니다."

"합격이라고요? 정말 감사합니다. 그런데 진짜 합격이 맞습니까?"

"예. 합격입니다. 축하합니다."

경수는 하늘을 날 듯한 기쁜 마음으로 집을 향해 달리다가 문득 이상한 생각이 들었다.

'그런데 그 아가씨가 내 수험 번호를 잘못 들은 것은 아닐까?'

경수는 다시 전화를 했다.

"여보세요. 부산 교대 합격 여부를 알고 싶어서 전화를 했습니다."

"수험 번호를 말씀해 주세요."

"수험 번호는 876번입니다."

"잠깐만 기다리세요. 876번은 보이지 않습니다. 미안합니다."

"여보세요. 그러면 875번은 어떻게 되었어요?"

"잠깐 기다리세요."

경수는 다소 마음이 놓이기는 하지만, 그래도 가슴이 조마조마해서 견딜 수가 없었다.

"875번은 합격입니다. 축하합니다."

경수				대운	1972년
己	庚	辛	壬	癸	壬
卯	辰	亥	辰	丑	子

경수가 부산교대에 합격한 것은 癸丑 대운 말에 용신운인 甲寅 대운이 다가오고 있고, 1972년 壬子年의 지지 子水가 어린아이, 자식 등을 의미하는데, 일지 辰土와 子辰合을 하여 어린아이 子水가 일지로 들어오는 것이므로 합격을 의미하는 것이다. 또 壬子年의 천간 壬水는 강물로 일간 庚金을 깨끗하게 씻어 주었기 때문에 합격할 수 있었던 것이다.

경수는 부산교대 입학생 360명 중에 유일하게 수학에서 만점을 받아서 당시 교육대학 교재 전문 출판사인 형설출판사로부터 2년간 장학금을 받았다. 경수는 부산교대에 합격함으로써 지금까지 힘들게 겪었던 학업 과정에 대한 그 많은 고통과 애환을 말끔히 씻을 수 있었다. 부산교대를 졸업한 경수는 한국방송통신대학교 행정학과, 국어국문학과, 유아교육학과, 방송정보학과를 졸업했고, 부산대학교 교육대학원에서 교육행정을 전공했다. 지난 세월을 돌이켜 보면 부산교대 합격은 경수 인생에 하나의 커다란 획을 긋는 전환점이 되었던 것이다.

경수가 다른 친구들처럼 대학 진학을 포기하지 않고 병무청을 드나들었던 것은 사주에 辰亥 원진살이 있기 때문인데, 원진살은 원망, 갈등, 미움 등을 나타내기도 하지만 집착, 집중력 등을 의미하기도 한다.

경수의 지난 세월을 되돌아보면 인생에서 가장 잘한 것은 부산교대를 선택한 것이었다. 경수는 교대 입학을 하고 그해 여름에 사주 할아버지를 만나기 위해 보영극장을 찾았지만, 할아버지의 모습은 보이지 않았고, 그 후 경수는 사주에 대해서 한 번도 생각한 적이 없었다.

경수
정인

己	庚	辛	壬
卯	辰	亥	辰
	편인		편인

대운	62	52	42	32	22	12	2
	戊	丁	丙	乙	甲	癸	壬
	午	巳	辰	卯	寅	丑	子

사주에서 학업 등을 나타내는 것이 인성인데, 경수 사주를 보면 년지 辰土 편인, 일지 辰土 편인이 있어서 공부를 잘할 수 있을 것 같은데 초등학교 때에 공부가 제대로 되지 않아서 중학교 진학을 2년 늦게 하였다.

인성이 학업이기는 하지만 정인은 국어, 영어, 수학과 같은 정통적인 학문이고, 편인은 종교, 철학, 역사, 고고학 등 남들이 잘 하지 않는 학문을 나타낸다.

경수는 사주에 인성이 세 개나 있어서 공부를 잘 할 수 있겠지만, 사실은 년지 辰土 편인은 월지 亥水와 辰亥 원진살이고, 일지 辰土 편인도 월지 亥水와 辰亥 원진살이다. 원진살은 인간관계에 있어서 서로 미워하고 싫어하는 살이기도 하지만, 원래의 모양이 조금 틀어지는 것을 말하는 것이니, 인성으로 공부는 할 수 있다고 하더라도 모양이 조금 틀어지니 매우 잘할 수는 없는 것이다. 사주에 편인과 정인이 서로 섞여 세 개 정도 있으면 편인의 성향이 강한 것으로 본다.

또 일반적으로 공부를 볼 때, 2대운을 중심으로 살펴본다. 2대운은 학생이 공부를 하는 시기이기 때문에 2대운에 인성이 있거나 용신운이면 대체로 공부를 잘 할 수 있다고 보는 것이다. 그런데 2대운 壬子와 12대운 癸丑은 온통 물바다로 만들면서 한기를 더하니 일간 庚金이 활발하지 못하고, 월지 亥水 식신이 빙수로 변해 버리니 힘든 세월이었다. 특히 癸丑 대운의 지지 丑土는 일간 庚金을 고지로 밀어 넣으니, 다른 사람들처럼 무난하게 공부를 하기는 어려웠던 것이다.

사주에 인성이 많으면 어머니가 자식을 과보호할 수 있기 때문에 오히려 자식이 마마보이가 되거나 나태해질 수 있는 위험성도 있다. 또 사주에서 많은 오행은 없는 오행과 같다고 했으니, 인성이 많으면 오히려 인성이 기신이 되어 공부에 도움이 되지 않는 경우도 많다.

다시 한 번 재기를 노리는 파살

경수				대운	62	52	42	32	22	12	2
己	庚	辛	壬		戊	丁	丙	乙	甲	癸	壬
卯	辰	亥	辰		午	巳	辰	卯	寅	丑	子
	편인		편인								

경수는 癸丑 대운의 지지 丑土가 년지 辰土, 일지 辰土와 파살 작용을 하는데, 파살은 다시, 재수, 반복, 재결합 등의 의미가 있다. 시험을 치는 학생이 파살운이 들어오면 다시 시험을 친다는 의미로 재수를 하거나 수시에 불합격하고 정시에 합격한다는 뜻을 가지고 있기 때문에 육사에는 불합격했지만, 부산교대에 합격을 한 것은 파살의 작용력도 있었을 것이다.

파살은 사주에 두 글자가 있거나 사주에 한 글자만 있고, 대운이나 세운에서 나머지 한 글자가 들어와도 파살 작용은 발생한다. 파살에는 寅亥破, 卯午破, 辰丑破, 巳申破, 戌未破, 子酉破가 있다.

파살의 破는 돌 石(석)과 가죽 皮(피)가 결합한 글자로 돌로 가죽을 찢는다는 것이고, 가죽이 찢어지면 다시 꿰매는 것으로 '다시', '재수'를 말한다.

남명				여명 년주		학생				세운
己	甲	辛	己	癸		乙	乙	壬	辛	甲
未	戌	酉	丑	未		卯	巳	辰	巳	午
	戌未 파살						卯午 파살			

사주에 파살이 있으면 파살에 해당하는 궁의 육친이 재혼, 이혼 후 재결합, 결혼 경험이 있는 사람 등에 해당할 수 있다. 학생이 휴학을 하고 있을 경우에는 복학을 할 수 있고, 학생이 시험을 치는 대운에 파살이 들어오면 이동을 했다가 원상 복귀를 하는 '다시'가 되어 다시 시험을 쳐야 하므로 재수를 하거나 수시 전형에 떨어지고 정시 전형에 합격할 수 있다. 재수생이 파살 대운을 만나면 합격할 수 있는데, 12신살의 화개살도 같은 작용을 한다.

野學神訣(야학신결)에서는 일간의 일지와 상대방 년지가 파살이면 상대방이 이혼을 한 사람이거나 이혼 후에 재결합한 사람일 수 있다고 한다.

비겁에 파살이 붙으면 형제, 동업자 등에 '다시, 재결합'의 뜻이 붙으므로, 예전에 헤어진 형제, 친구, 동업자를 다시 만나는 것을 말한다.

식상에 파살이 붙으면 활동, 사업, 투자 등에 '다시, 재결합'의 뜻이 붙으므로, 예전에 했던 활동, 사업, 투자를 다시 한다는 것을 말한다.

재성에 파살이 붙으면 남명인 경우에는 돈, 처, 부친에 '다시, 재결합'의 뜻이 붙은 것이고, 여명일 경우에는 돈, 부친에 '다시, 재결합'의 뜻이 붙으므로, 예전에 실패한 돈을 다시 벌 수 있다거나 예전에 헤어진 아버지를 다시 만난다는 것을 말한다.

관성에 파살이 붙으면 남자, 자식, 직장에 '다시, 재결합'의 뜻이 붙으므로, 남명인 경우에는 예전에 헤어진 자식을 만난다거나 예전에 근무했던 직장에 다시 근무하게 된다고 볼 수 있고, 여명인 경우에는 예전에 헤어진 남자를 다시 만난다는 것을 말한다.

인성에 파살이 붙으면 어머니, 문서, 학문, 상속, 허가 등에 '다시, 재결합'의 뜻이 붙으므로, 예전에 헤어진 어머니를 다시 만난다거나 예전에 했던 공부를 다시 시작하거나 상속 또는 허가를 위해 예전에 했던 활동을 다시 한다는 것을 말한다.

경수

己	庚	辛	亥
卯	辰	亥	辰

아내

庚	辛	庚	甲
寅	亥	午	午

寅亥 선합후파

경수의 사주에는 파살이 없지만 아내의 사주에는 寅亥破가 있는데, 사주에 있는 寅亥破는 파살 작용을 하지 않고 가만히 있다가 세운에서 寅年이 오면 세운 지지 寅木과 사주 일지 亥水가 寅亥破의 작용을 하게 되는 것이고, 세운에서 亥年이 오면 세운 지지 亥 水와 시지 寅木이 寅亥破의 작용을 하게 되는 것이다. 寅亥는 先合後破(선합후파)라고 하 여 처음에는 寅亥合을 하고, 다음에 寅亥破를 하는 것으로 처음에는 좋으나 나중에는 파살의 작용을 하는 것이다.

따라서 모든 살은 단독으로 작용하는 경우는 없고 반드시 상대가 있어야 하기 때문에 己亥年에 어떤 일이 발생한다면, 그 문제 발생의 원인은 己亥年인 것으로 己亥年 때문에 어떤 문제가 발생하는 것이다. 다시 말하면 己亥年에 발생한 모든 문제는 己亥年이 아니 면 발생하지 않았을 것이다. 아내의 사주에 寅亥破가 있다고 하더라도 세운에서 寅年과 亥年이 들어오지 않으면 파살 작용은 발생하지 않는 것이다.

❋ 29 ❋
이별의 아픔을 딛고

경수는 1973년에 부산교육대학에 입학하였다. 경수는 대의원회 부의장에 출마했는데, 대학에는 학생회와 대의원회가 학생 자율 기관으로 운영되고 있었다. 학생회는 일종의 집행부이고, 대의원회는 입법부인 셈이다. 당시 부산교육대학은 2년제 대학이므로 2학년이 의장에 출마하고, 1학년은 부의장에 출마하도록 되어 있었다. 1·2학년 공히 9반으로 구성되어 있는데, 1~3반은 남학생이고 4~9반은 여학생으로 여학생이 남학생의 2배인 셈이다.

"야, 안 돼. 남학생은 수적으로 불리해서 여학생을 이길 수가 없어. 그래서 지금까지 남학생이 부의장을 한 적도 없다고 하던데."

"그래? 우리 그것 알고 출마했잖아? 그리고 또 떨어지면 그만이지. 뭐 그리 중요한 것도 아니잖아."

"야, 그래도 남학생이 여학생하고 붙어서 떨어졌다고 하면 쭈글스럽잖아."

"좀 쭈글스러우면 어때? 괜찮아."

선거 당일, 후보자들의 출마 소견 발표 후 투표가 시작되었다. 투표권은 각 반 총대와 부총대가 각각 1표씩을 가지고 있으므로 남학생 표는 1학년과 2학년을 모두 합쳐서 12표, 여학생 표는 1학년과 2학년을 모두 합쳐서 24표이므로 사실 남학생이 당선되기는 매우 어려운 것인데, 개표 결과는 경수가 여학생을 제치고 27표로 압도적인 승리였다.

그해 여름 방학, 일주일 동안 경상남도 양산군 하북면에서 학생회 주관 농촌 봉사 활동이 있었다. 봉사단은 학생회와 대의원회 임원들이었다. 봉사단은 학교 버스를 타고 목적지를 향해 출발하였다.

"그런데 저 여학생은 누구야?"

"글쎄, 처음 보는 여학생인데, 학생회 임원도 아닌데 어떻게 이 버스를 탔지?"

버스에는 학생회 임원이 아닌 여학생이 유일하게 한 명 있었는데, 그 여학생은 훗날 경수의 아내가 되었다.

1973년 여름 방학 학생회 농촌 봉사 활동에서 만난 영애와는 CC로서 사귀다가 1975년 2월 졸업식장에서 헤어졌다.

"야, 경수 씨와는 헤어져. 교대 여학생이 뭐가 부족해서 교대 남학생을 사귀니? 바보 아냐?"

당시 동아대학교 교육학과에 다니던 영애 친구 현경이가 우리 두 사람의 교제를 적극적으로 반대했던 것이다.

"그래도 사람이 진솔하고, 성격이 좋잖아."

"진솔? 성격? 그래 봤자, 초등학교 교사잖아? 걱정하지 마. 내가 좋은 남학생 소개시켜 줄게."

현경이 아버지는 해군 장교 출신으로 도선사였으며, 현경이는 경수가 상상도 할 수 없는 풍요로운 생활을 하였기에 초등학교 교사 정도는 눈에 차지 않을 수도 있었다. 현경이는 우리보다 늦게 결혼을 했지만, 결혼할 때 해군 제복을 입은 예도단 아래로 신부 입장을 하였다. 지금은 어떤지 알 수 없지만 당시에는 예도단을 예식장에서 돈을 받고 준비해 주는 것이 아니고, 신랑이나 신부 측에서 군인들과 관련된 지위나 직책이 높은 사람만이 예도단을 직접 준비할 수 있는 것으로 되어 있었다. 예도단이란 신부가 입장하는 양쪽에 도열하여 예도를 45도 각도로 높이 들어 칼끝을 한곳에 모으는 것을 말한다.

경수와 영애를 억지로 이별시킨 현경이는 그날부터 영애를 데리고 다니면서 의대, 법대, 공대생들을 소개시켜 주었고, 결국 경수는 1975년 2월 14일 졸업식을 마지막으로 영애와 헤어지고 말았다.

경수는 현경이의 얼굴을 한두 번 봤을 뿐인데, 왜 갑자기 두 사람 사이에 끼어들어 엉뚱한 일을 벌이는지 알 수 없었다. 그렇지만 경수는 자신의 환경과 조건이 그다지 내세울 것이 없으니 어찌할 수도 없었던 것이다. 그런데 사주 공부를 하고 보니 그때 경수와 영애가 왜 헤어져야 했는지를 알 수 있었다.

경수				1975년		아내			
己	庚	辛	壬	乙		庚	辛	庚	甲
卯	辰	亥	辰	卯		寅	亥	午	午

1975년은 乙卯年으로 일간 庚金의 입장에서 보면 천간과 지지로 모두 여자가 들어오는 것이니, 이때는 주변에 여자가 넘쳐나야 함에도 불구하고 헤어진 것이다. 乙卯年은 천간과 지지로 乙卯 재성인 여자가 들어오지만, 세운 지지 卯木이 사주 일지 辰土와 卯辰 해살 작용을 하여 헤어진 것이다.

해살은 相穿殺(상천살)이라고도 하며, 갈등, 질시, 방해, 이간질, 지연, 박복, 골육상쟁 등을 의미하고, 해살은 형충보다는 작용력이 약하지만, 기본적으로 해살은 합을 방해하고 엉뚱한 일을 발생시켜 뜻하지 않게 다투거나 냉담하게 하는 흉살이다. 또 卯木은 이별, 분리 등을 의미하기도 하므로 사주에 卯辰이 있으면 학업 중단이나 도중하차 등의 일이 발생하기도 한다.

경수의 이별을 다시 한 번 설명하면 1975년 乙卯年에는 세운 천간 乙木 정재 정처와 같이 좋은 여자가 들어오는데, 세운 지지 卯木은 천간 乙木의 비견으로 친구이지만, 배우자 자리인 일지에 卯辰 해살로 작용하게 하니 친구의 방해와 이간질 때문에 헤어진 것이라고 추리할 수 있다.

해살은 사주 지지에 寅巳, 卯辰, 丑午, 子未, 申亥, 酉戌이 있는 것을 말한다. 寅巳는 寅巳申 삼형살과 겹치는 해살이며, 卯辰과 戌酉는 寅卯辰, 申酉戌의 방합과 겹치는 해살이고, 子未와 丑午는 원진살과 겹치는 해살이다.

경수				세운	아내				세운	세운
己	庚	辛	壬	○	庚	辛	庚	甲	○	○
卯	辰	亥	辰	卯	寅	亥	午	午	巳	丑

경수 사주는 ○卯年이 되면 卯辰 해살이 작용할 수 있다. 아내의 경우에는 일지 亥水이므로 세운이나 대운에서 申年이 들어오면 申亥 해살 작용이 발생하기도 하고, 시지 寅木이므로 세운이나 대운에서 巳年이 들어오면 寅巳 해살 작용이 발생하는 것이다. 물론 년지와 월지가 午火이므로 세운이나 대운에서 丑年이 들어오면 해살, 원진살, 귀문관살 작용이 발생하기는 하지만, 년지와 월지 해살 작용은 그리 크지 않기 때문에 신경을 쓰지 않아도 될 것이다.

경수   1975년

己 庚 辛 壬   乙
卯 辰 亥 辰   卯

乙卯年에 경수가 아내와 헤어진 또 다른 통변은 천간에 乙木 정재인 여명이 들어오지만, 월간 辛金이 정재 乙木을 극하므로 여명이 사라지는 것이다. 아내는 지지 午火, 午火로 손재주가 뛰어났는데 특히 퀼트, 재봉, 그림 등에 손재주가 뛰어나며, 시지 寅木 정재로 임대 수입, 은행 이자, 연금 등으로 노년 생활을 할 수 있지만, 시간 庚金이 겁재이므로 항상 금전 관리를 잘해야 하고 평생 금전 보증을 하면 안 된다.

❀ 30 ❀
교사 발령, 첫 출근

경수는 1975년 2월에 부산교대를 졸업했지만, 교사 발령을 받지 못하고 부산 연제초등학교 기간제 교사를 하면서 발령을 기다리고 있었다. 1975년은 乙卯年으로 세운 천간과 지지가 모두 정재로 기간제 교사로 근무하였다.

"문경수 선생님, 교무실로 와 주세요."

교실의 오른쪽 벽면에 붙은 검은색의 사각 스피커에서 교감 선생님의 목소리가 큰 소리로 울렸다. 경수는 갑작스러운 부름에 약간의 불안감과 함께 교무실로 들어서서 교감 선생님 앞으로 다가갔다.

"저, 교감 선생님, 부르셨습니까?"

"아, 문 선생님, 축하합니다. 드디어 기다리고 기다리던 발령이 났습니다. 다시 한 번 축하합니다. 교장 선생님께 인사를 드리고 내일 오전 10시까지 서부교육청 초등과로 가십시오."

경수는 교장 선생님으로부터 교사의 길에 대한 일장 훈시를 들었다.

다음날, 경수는 당시 부산 서구 토성동에 있던 서부교육청 초등교육과를 찾았다. 초등교육과에는 벌써 사령장을 받기 위해 동기들이 몇 명 와 있었다. 경수와 동기들은 졸업한 지 1년 1개월이 지나도록 발령을 받지 못한 서러움을 한탄하며 서로를 위로했다.

"문경수 선생님, 축하합니다. 상미초등학교에 발령이 났습니다."

교육청 인사 담당 장학사님께서 발령장을 주셨다. 경수는 교육청 직원에게 상미초등학교의 위치를 물어보았다.

"교육청 앞에서 서면 가는 버스를 타고, 서면에서 다시 연산동으로 가는 버스를 타세요."

경수는 사령장을 들고는 서부교육청을 나와서 서면에서 연산동으로 가는 버스를 탔다.

"상미초등학교에 내리려고 하는데 나중에 좀 알려 주세요."

경수는 버스 차장 아가씨에게 부탁을 했다.

"아저씨, 내리세요. 상미초등학교입니다."

차장 아가씨가 가르쳐 준 대로 연산동 산 중턱을 향해 굽이굽이 돌아서 골목길을 한참 동안 올라가니 학교가 하나 나왔다. 경수는 교장실에 들어서면서 크게 인사를 했다.

"어떻게 오셨습니까?"

"예. 이번에 신규 교사로 발령을 받아 왔습니다."

"아, 그래요? 반갑습니다. 안 그래도 선생님을 기다리고 있었습니다. 그래, 발령장을 봅시다."

경수는 서부교육청에서 받은 발령장을 교장 선생님께 드렸다. 발령장을 보시던 교장 선생님께서 야릇한 표정을 지으셨다.

"아이고, 선생님. 선생님은 상미초등학교에 발령을 받으셨네요. 여기는 성미초등학교인데 잘못 오셨습니다."

경수는 '발령을 받은 학교도 제대로 찾지 못하는 친구가 앞으로 교사 생활을 제대로 할 수 있을까'하는 듯한 걱정스러운 표정으로 쳐다보는 교장 선생님을 뒤로 하고 고개를 숙인 채로 급히 교장실을 빠져나왔다. 버스 차장 아가씨가 학교 이름이 비슷해서 그만 착각한 모양이었다.

경수는 성미초등학교 행정실에서 상미초등학교의 위치를 물었지만, 학교의 위치를 아는 사람이 없었다.

"수영 로터리 근처에 있는 학교 아니에요?"

"아니, 망미동 안쪽에 있는 학교인가 본데."

"연산동에서 버스를 타고 수영 로터리 근처에 내려서 한 번 물어보세요."

당시 상미초등학교는 개교한 지 1년밖에 되지 않았기 때문에 행정실 직원들도 잘 몰랐던 것이다.

"아가씨, 이 버스 상미초등학교로 갑니까?"

"예. 수영 로터리에서 내리시면 돼요."

"그럼, 수영 로터리에 좀 내려 주세요."

경수는 다시 버스를 타고 차장 아가씨에게 부탁을 했지만, 버스가 성미초등학교 행정실에서 설명한 것보다 더 많은 정류장을 지난다는 생각에 차장 아가씨에게 다시 물었다.

"아가씨, 상미초등학교는 아직 멀었습니까?"

"어머, 상미초등학교는 아까 지나왔는데……. 버스에서 내려서 길 건너편에서 다시 타세요."

차장 아가씨는 조금도 미안한 기색이 없이 당당하게 말했다. 경수는 할 수 없이 다시 버스를 타고 수영 로터리에 내렸지만, 상미초등학교의 위치를 아는 사람은 없었다. 경수는 수영 팔도시장에서 지나가는 사람들에게 상미초등학교의 위치를 물었지만, 학교 위치를 아는 사람은 없었다.

'도대체 학교가 어디에 있는 거야?'

경수는 수영 팔도시장을 몇 바퀴를 돈 후에야 겨우 상미초등학교를 찾았는데, 신설 학교라서 그런지 학교 담도 없고, 온 동네 개들이 다 모여서 체육 시간에 운동장을 뛰는 학생들과 함께 달리고 있었다. 교사 발령은 대체로 3월 1일자 혹은 9월 1일자이기 때문에 발령을 받으면 방학 중에 발령받은 학교를 방문하고, 교장 선생님께 발령 인사를 드리지만, 경수는 4월 1일자로 학기 중에 발령을 받았기 때문에 운동장에서 학생들이 체육 수업을 하고 있었던 것이다. 경수는 현관에서 다시 한 번 옷매무새를 바로 하고 교무실에 들어섰다.

"어떻게 오셨습니까?"

콧등에 안경을 걸친 나이가 제법 든 선생님께서 물었다.

"예. 구청에서 발령을 받아 왔습니다."

경수는 교육청에서 신규 교사로 발령을 받고 왔다는 의미로 대답했다.

"그래요? 지금 담당자가 없으니까 잠시 앉아서 기다리세요."

경수는 교무실 구석진 자리에 앉아 담당자가 오기를 기다렸지만 약 1시간이 지나도록 오지 않았다. 잠시 후에 점심 식사를 마치고 들어오시던 교감 선생님께서 경수를 보고 물었다.

"거기 계신 분, 어떻게 오셨습니까?"

"예. 서부교육청에서 신규 교사 발령을 받아 왔습니다."

그러자 아까 잠시 기다리라고 하던 선생님께서 벌떡 일어서더니 큰 소리로 말했다.

"아이고, 나는 우체국에서 저금 때문에 왔다는 것으로 알았는데. 아이고, 이거 미안하게 되었습니다."

경수는 교감 선생님 책상 위에 인사 서류를 놓고는 교감 선생님을 따라 교장 선생님께 인사를 하러 갔다.

"교장 선생님, 본교에 발령을 받은 신규 교사 문경수 선생님입니다."

경수는 교장 선생님께 공손한 태도로 인사를 하고 고개를 들었다.

"선생님, 나 알겠어요?"

경수는 고개를 들어 교장 선생님을 보는 순간에 자신의 눈을 의심했다.

'세상에 어떻게 이런 일이 있을 수 있을까? 이제 죽었구나.'

"교장 선생님, 그때는 제가 정말 죽을죄를 지었습니다. 한 번만 용서해 주시면 앞으로 교장 선생님 말씀을 잘 듣고 열심히 근무하겠습니다. 한 번만 용서해 주시기 바랍니다."

"선생님, 나를 기억은 하고 있습니까?"

경수는 아무 말도 하지 못하고 그저 송구스러운 자세만 취하고 있었다.

"내가 앞으로 문 선생님이 근무하시는 것을 잘 지켜볼 것입니다."

"예. 교장 선생님, 앞으로 열심히 근무하겠습니다."

교장 선생님은 경수가 교대 2학년 때, 교생 실습을 나간 동광초등학교(당시 동광초등학교와 남일초등학교가 현재 광일초등학교로 통합) 교감 선생님으로 교생들을 관리, 감독하셨는데 경수는 교생 대표로 교감 선생님께 교생들의 다양한 의견과 요구를 전달하는 과정에 약간의 갈등과 불화가 있었던 것을 교장 선생님께서 잊지 않고 기억하고 계셨던 것이다.

경수				1976년
己	庚	辛	壬	丙
卯	辰	亥	辰	辰

경수가 1976년 丙辰年에 발령을 받은 것은 천간 丙火는 편관으로 공직, 직장을 뜻하고, 지지 辰土는 년지와 일지의 辰土와 辰辰 자형으로 새로운 시작을 의미하기 때문에 소속, 조직의 새로운 시작이 있음을 알 수 있는데, 특히 일지 辰辰 자형으로 일신상의 변화, 변동이 있는 것이다.

또한 세운 천간 丙火는 월간 겁재 辛金을 丙辛합으로 합거시켰기 때문에 경쟁자를 제거한 것과 같고, 丙辛합水에서 水는 庚金 일간의 식상으로 일간의 활동 등을 뜻하지만, 교육, 양육, 보육 등으로 아랫사람인 학생을 뜻하기도 하므로 발령을 받았다고 볼 수 있다.

⊗ 31 ⊗
아~ 아~ 얄미운 사람, 원진살

1976년 초등학교 발령을 받고 얼마 지나지 않아서 현경이로부터 한 번 만나자는 연락이 왔다.

"왜요? 무슨 일이 있나요?"

경수는 시큰둥하게 대답했다.

"아니, 그냥 발령을 받았다고 해서 축하하려고 그러지요."

현경이는 경수와 영애 사이를 갈라놓은 원흉이기에 또 무슨 소리를 하려는가 하고 불안한 마음으로 약속 장소에 나갔다. 약속 장소는 부산진구 서면 아베크 커피숍이었다. 당시 젊은 커플들이 자주 만나던 곳으로 지금의 우리은행 건너편에 있었다. 경수가 약속 시간에 맞춰서 나갔더니, 현경이 대신 영애가 앉아 있었다. 경수가 영애와 다시 얼굴을 마주한 것은 졸업식장에서 헤어진 지 1년 6개월이 지나서였다.

"영애 씨가 여기 어쩐 일이에요? 나는 현경 씨가 좀 보자고 해서 나왔는데."

"그래요? 나도 현경이가 좀 보자고 해서 나왔는데."

경수와 영애의 만남은 현경이의 장난으로 또 그렇게 시작되었다. 1977년 丁巳年 봄에 경수는 영애에게 청혼을 했고, 그해 음력 10월에 결혼을 하기로 했다.

"경수 씨가 장남이 아니길 참 다행이에요."

"왜요? 내가 장남이면 안 돼요?"

"나는 장남에게는 절대로 시집을 가지 않기로 했어요."

"왜요? 장남이 어때서요?"

"아버지가 4남 3녀의 장남이에요. 그리고 저는 장녀이고요. 나는 우리 엄마가 없는 살림에 1년에 열 번 가까이 제사 지내는 것을 봤기 때문에 절대로 장남에게는 시집을 가지 않겠다고 결심을 했죠."

"그랬군요. 아, 내가 장남이 아닌 것이 참 다행이군요."

하루는 숙직을 하고 있는데, 교무실 전화벨이 울렸다.
"나는 영애 큰오빠인데, 자네를 좀 볼 수 있나?"
"지금 숙직 중이라서……."
"우리 집이 학교에서 얼마 떨어져 있지 않은데, 야간 경비 아저씨에게 잠시 맡기고 오면
안 될까?"
경수는 잠시 후에 영애 큰오빠 집으로 갔다.
"우리 영애가 입이 무거워서 좀처럼 말을 잘하지 않는데, 오늘 자네 이야기를 하길래 한
번 보고 싶었네."
"저도 만나 뵙게 돼서 반갑습니다."
"조금 있으면 아버지께서 오실 것이니 한 번 만나 보도록 하지."
"아니, 아버님까지 오신다고요?"
잠시 후에 영애 아버님께서 오셨다. 경수는 영애 아버님 앞에 다소곳이 무릎을 꿇고
앉았다.
"어디 문씨인가?"
"남평 문가입니다."
"됐어. 결재했네."
영애 아버님은 제대로 알아듣지도 못하는 말씀을 하시고는 무엇이 그리도 급하신지 급
히 자리를 떠났다. 영애 아버님은 당시 부산 철도 공작창에 각종 자재를 납품하고 계셨는
데, 결혼 후에도 OK라는 의미의 결재라는 말을 많이 하셨다.
영애 아버님은 연애결혼을 인정하지 않았기 때문에 영애 큰오빠가 중매를 하는 형식으
로 결혼 허락을 받았다. 당시 영애 큰오빠는 망미동에 살았는데, 경수 집에서 보면 동쪽
이었으니, 김해 할아버지 말씀대로 동쪽에서 귀인이 온 셈이다.
경수는 결혼 승낙을 받았지만, 얼마 후에 두 사람의 궁합이 좋지 않다는 이야기가 들려
왔다.
"아버님께서 철학원에 물어보니, 내 사주에 원진살이 있고, 또 우리 두 사람 사이에도
원진살이 있어서 궁합이 좋지 않다고 한 모양인데."
"우리 아버지가요? 원진살이 뭐예요?"

표준국어대사전에서 원진살을 검색해 보면 '부부간에 까닭도 없이 서로 미워하는 한때의 기운' 또는 '궁합에서 서로 꺼리는 살로 범띠와 닭띠(寅酉), 토끼띠와 원숭이띠(卯申), 용띠와 돼지띠(辰亥), 뱀띠와 개띠(巳戌), 쥐띠와 양띠(子未), 소띠와 말띠(丑午)는 서로 꺼린다고 한다'로 되어 있다.

그때는 원진살이라는 말을 들어도 아내와의 띠를 비교해 보지 않았지만 이제 와서 생각해 보니, 경수 일지 辰土와 아내 일지 亥水가 辰亥 원진살이었던 것이다.

경수				아내			
己	庚	辛	壬	庚	辛	庚	甲
卯	辰	亥	辰	寅	亥	午	午

경수 일지 辰土와 아내 일지 亥水 - 辰亥 원진살

일반적으로 궁합에서 가장 좋지 않은 것이 원진살이라고 한다. 원진살은 부부가 서로 안 보면 보고 싶지만, 서로 만나면 싸우게 되는 흉살이다. 옛날에는 원진살이 결혼 반대 요건 중의 하나였지만, 지금은 여성들이 직장 생활을 하여 퇴근을 하면 가정생활과 육아 등으로 힘이 빠져서 남편과 미워하고 싸울 일도 별로 없는 것 같기도 하고, 또 직장 생활로 부부간에 서로 떨어져 살고 있는 주말부부도 많아서 요즘에는 그렇게 큰 흉살로 보지 않는다고 한다.

"그럼, 우리 어떻게 해요?"

"뭘 어떻게 해요? 우리 결혼은 진행시켜야지요. 내가 사주나 궁합은 잘 모르지만, 내가 용띠이고, 영애 씨가 말띠이니, 용이 말을 타고 달리면 그것보다 더 좋은 그림이 어디 있겠소?"

용이 말을 타고 달리는 것을 청룡관이라고 한다. 경수는 결국 어른들을 설득시켜 결혼식을 올렸지만, 이제 와서 사주 공부를 하며 깨달은 것은 그 당시 철학원의 말이 전부 틀린 것은 아니라는 것이다. 아마 철학원에서는 경수 사주의 일지 편인이라든가 일지와 월지의 원진살, 부부간 일지끼리의 원진살 등을 걱정했던 것 같다.

경수					아내			
己	庚	辛	壬		庚	辛	庚	甲
卯	辰	亥	辰		寅	亥	午	午
	편인							

경수 사주의 일지는 아내 자리인데, 아내 자리에 辰土 편인인 시어머니가 앉아 있으니, 아내의 입장에서는 자신의 자리를 시어머니에게 빼앗긴 형상으로 아내와 시어머니의 사이가 좋을 수 없는 것이다. 또 아내의 자리인 일지 辰土와 부모 형제 자리인 월지 亥水가 辰亥 원진살로 경수의 부모 형제와 아내가 서로 원만한 관계를 유지하기가 매우 어려운 것이고, 경수의 할머니인 년지 辰土와 어머니인 월지 亥水 역시 辰亥 원진살이지만, 할머니는 경수가 태어나기도 전에 돌아가셨으니까 그것은 아무런 문제가 될 수 없는 것이다. 그런데 세월이 지나면서 아내와 어머니의 원진살 관계를 보면서 사주는 참으로 피할 수 없는 그 무엇이라는 것을 느끼곤 한다.

경수				아내 년주		아내				경수 년주
己	庚	辛	壬	○		庚	辛	庚	甲	○
卯	辰	亥	辰	午		寅	亥	午	午	辰
							辰亥 원진살			

경수의 일지가 辰土이므로 ○亥年을 만나면 辰亥 원진살이 되고, 아내는 일지가 亥水이므로 ○辰年生을 만나면 원진살이 되는데, 아내는 辰土 원진살 띠를 만난 것이다. 이것을 진여비결 인연법에서는 '日柱怨嗔이면 不宜定配한다(일주원진이면 불의정배한다)'라고 하여 일주 원진살 띠가 인연이 된다는 것이다.

진여비결에서 인연을 보는 법은 나의 사주와 상대방 년주를 비교하고, 상대방 사주와 나의 년주를 각각 비교하는 오주법 비결이다.

자신의 일지에서 원진살 띠를 만나면 처음에는 불같은 사랑이 일어나지만, 곧 사랑은 식고 서로 원망만 안고 돌아서서 다시는 안 보는 사이가 되는 것이다. 사주 안에 일지와 원진살이 있으면 그 원진살 띠를 인연으로 하지 않는다고 하지만, 혹시 원진살 띠를 인연한다면 원진살의 작용은 그대로 일어난다. 자신의 일지에서 상대방 년지가 원진살이면 동업 등을 하면 안 된다.

　궁합을 보러 가면 남녀 사이에 원진살이 끼어서 결혼을 만류하거나 반대하는 경우가 적지 않다. 궁합은 결혼할 남녀의 사주를 오행에 맞추어 부부로서의 길흉을 알아보는 것으로, 쉽게 말하자면 두 사람의 코드가 맞느냐 맞지 않느냐를 살피는 것이다.

　원진살은 부부간에 서로 떨어져 있으면 그립고 보고 싶지만, 서로 가까이 있으면 까닭도 없이 미워하는 한때의 기운으로 궁합에서 가장 좋지 않은 신살로 보기도 한다. 원진살은 지장간끼리 암장된 합이 있어 서로 헤어지지도 못하면서 서로가 서로를 끊임없이 극을 하여 마음의 평안을 이루지 못하게 하기 때문에 궁합에서 가장 피해야 할 신살 중의 하나로 원진살은 子未, 丑午, 寅酉, 卯申, 辰亥, 巳戌의 여섯 가지가 있다. 원진살이 해롭다는 근거는 다음과 같이 전해 오는데, 반드시 그런 것은 아니지만 그냥 참고삼아 적어 본다.

　범(寅)과 닭(酉)은 서로 활동하는 시간과 장소가 다르다. 범은 밤에 출현하는데, 닭이 울면 산으로 도망을 가야 하고, 낮이 되면 닭이 벼슬하고 활동하니 범은 닭을 미워하고 싫어하는 것이다. 닭은 범이 나타나면 잡아먹힐까 봐 두려워하니 서로 맞지 않는 것이다.

　토끼(卯)는 자신의 눈 색깔과 같은 원숭이(申)의 궁둥이를 싫어하며 또 토끼는 귀가 크고 잠이 많기 때문에 짹짹거리며 재주를 부리는 원숭이를 싫어하고, 원숭이는 눈이 붉고 귀가 큰 토끼를 싫어한다.

　신령스러운 용(辰)은 자신과 닮은 코를 가진 돼지(亥)를 미워하고, 돼지는 여의주를 가진 용을 싫어한다. 또 기우제를 지내고 용의 승천을 위해서 고사를 지내는데, 돼지머리를 사용하기 때문에 돼지는 용을 싫어한다.

　뱀(巳)은 개가 보기만 하면 물려고 하니, 개 짖는 소리만 들어도 싫어하고, 개(戌)는 혀를 자주 움직이는 뱀을 미워하고 싫어한다.

　말(午)은 거의 일을 하지 않지만, 소(丑)는 부지런하고 일을 많이 하기 때문에 소는 말을 매우 싫어한다. 서서 잠을 자는 말은 누워서 자는 소를 매우 미워하고 싫어한다. 추수철에는 소를 쉬게 하고, 말을 부리니 서로 놀고먹는 것을 싫어한다.

　양(未)은 쥐의 꼬리를 시기하고 싫어하며, 쥐(子)는 양의 배설물이 몸에 묻으면 몸이 썩어서 죽으니 싫어한다. 양은 쥐의 꼬리를 싫어하고, 쥐는 양의 뿔을 시기하고 싫어하니 매우 나쁜 궁합이다.

궁합에 원진살이 있는 사람은 평생을 살면서 항상 부부 불화, 쌍방 증오, 이별, 고독 등으로 고통스럽게 살아야 하느냐고 물으면 대답은 절대로 그렇지 않다는 것이다. 부부간의 불화와 고통은 원진살이 있어서 그렇다기보다는 서로가 서로를 이해하지 못하는 것이 더 큰 문제인 것이다. 부부가 서로를 진심으로 사랑하고 이해한다면 원진살은 아무것도 아닌 것이다. 다만, 사주에 원진살이 있는 사람은 사주에 원진살이 없는 사람보다 호불호의 감정 기복이 조금 심할 뿐이다. 사주에 원진살이 있다고 해도 고매하고 우아한 인격과 인품의 소유자라면 증오하는 마음이 울컥하더라도 스스로 통제할 수 있을 것이고, 사주에 원진살이 없다고 하더라도 자신의 감정을 통제할 수 없는 사람이라면 부부간의 갈등을 야기시킬 것이다. 옛날에는 서로의 띠를 가지고 혼사나 동업 등의 인연에 결부시키기도 했는데, 최근에는 띠끼리의 원진살은 그리 중요하게 보지 않는다.

일지와 상대방의 관계가 원진살이라면 무조건 상대방을 거부하거나 서로의 관계를 단절할 것이 아니라 상대방을 대할 때는 상대방의 입장에서 말이나 행동을 조금 더 신중하게 하고, 조금 더 배려하면 원진살의 흉에서 벗어날 수 있을 것이다.

또 상충살이라는 것도 여섯 가지가 있다. 사주에서는 육충이라고 하는데 서로 만나기만 하면 싸우게 되고 서로 미워하게 된다고 하여 역시 좋지 않은 신살로 보고 있다. 寅申冲은 호랑이띠와 원숭이띠, 卯酉冲은 토끼띠와 닭띠, 辰戌冲은 용띠와 개띠, 巳亥冲은 뱀띠와 돼지띠, 子午冲은 쥐띠와 말띠, 丑未冲은 소띠와 양띠이다.

궁합에서 원진살이나 상충살이 작용한다고 해도 진정으로 상대방을 사랑하고 배려한다면 이런 살들은 아무런 의미가 없는 것이다.

사람이 살아가는 과정은 오직 사주 여덟 글자에 의해서 살아가는 것이 아니고, 주변의 많은 사람들과 교류하고 관계를 맺으면서 살아가는 것이므로 마음에 드는 사람도 있고, 마음에 들지 않는 사람도 있을 수 있는 것이다. 그렇기 때문에 원진살이나 상충살에 너무 신경 쓰지 않아도 되는 것이다.

원진살은 인간관계에 있어서 서로 미워하고 싫어하는 살이다. 그래서 원진살은 결혼이나 동업의 파트너로 가장 꺼리는 살이다. 기존의 원진살은 띠를 중심으로 보았지만, 최근에는 태어난 날인 일지를 기준으로 본다. 왜냐하면 일주는 자신과 배우자를 나타내는 기둥이기 때문이다. 일반적으로 남녀의 일지끼리 맞추어 보아서 원진살이 되면 두 사람 간에 불화가 많기 때문에 결혼 궁합이나 동업자를 선택할 때에 다른 것은 보지 않더라도 원진살은 반드시 확인을 하는 것이 필요하다고 한다.

원진살은 남녀가 子日과 未日, 丑日과 午日, 寅日과 酉日, 卯日과 申日, 辰日과 亥日, 巳日과 戌日에 태어난 사람이 만나면 원진살이 되어 흉하다고 한다. 부부간에 원진살이 있으면 처음에는 서로 좋아하다가 금방 싫증을 내기 때문에 주말부부이거나 서로 떨어져 살아야 서로에게 이롭기도 하다.

사주 1

| 癸 | 壬 | 丙 | 乙 |
| 卯 | 辰 | 戌 | 巳 |

巳戌 원진살

사주 2

| 庚 | 丁 | 壬 | 壬 |
| 戌 | 酉 | 寅 | 辰 |

寅酉 원진살

사주 3

| 丁 | 甲 | 乙 | 癸 |
| 卯 | 申 | 卯 | 未 |

卯申 원진살

사주 1은 년지와 월지가 巳戌 원진살인데, 년지는 조상 자리이고, 월지는 부모 자리이므로 년지와 월지가 원진살이면 일간의 조부모와 부모 사이가 불화하여 어린 시절의 가정이 다소 불우했을 가능성이 매우 높다.

사주 2는 월지와 일지가 寅酉 원진살인데, 월지와 일지가 원진살이면 일간의 성장 과정에서 부모와 관계가 좋지 않았거나, 결혼 후에 형제나 부부간 관계가 좋지 않았거나, 고부간 갈등이 있을 수 있다.

사주 3은 월지와 일지가 卯申 원진살, 일지와 시지가 卯申 원진살인데, 일지와 시지가 원진살이면 배우자의 인연이 좋지 않으며, 배우자와 자식에게 인정을 받기 어려울 수 있다.

원진살은 단순히 부부 생활이나 연인 관계뿐만 아니라 부모님, 형제자매, 친척, 직장 상사, 친구, 동업자 등 다양하게 적용할 수 있다.

부부 관계에 있어서 월지끼리 원진살이면 월지는 가정궁이므로 결혼 전에 혼수 문제로 갈등을 빚을 수 있고, 결혼하고 얼마 되지 않아 가정 내의 문제로 불화가 있을 수 있다.

일지끼리 원진살이면 성격, 부부 생활 문제로 불화가 발생할 수 있다. 시지끼리 원진살이면 자식 출산 후부터 부부간 불화가 발생할 수 있으므로 항상 배우자의 입장을 배려하면서 언행을 조심해야 한다.

비겁이 원진살이면 형제, 동료, 친구, 동업 등의 관계에 문제가 발생할 수 있고, 식상이 원진살이면 일간의 활동, 사업, 투자, 직업, 여명의 자식 등에 제약이 발생할 수 있고, 재성이 원진살이면 재물의 손실 발생이 있을 수 있고, 관성이 원진살이면 직장에서 동료들 간의 문제, 직장 내 직위의 변동 문제, 남명의 자식 문제, 여명의 남편 문제가 발생할 수 있고, 인성이 원진살이면 문서, 서류, 학업, 상속, 인허가, 어머니 등에 문제가 발생할 수 있다.

경수				세운	아내				세운
己	庚	辛	壬	○	庚	辛	庚	甲	○
卯	辰	亥	辰	亥	寅	亥	午	午	辰
	辰亥 원진살		辰亥 원진살			辰亥 원진살			

사주에 원진살이 있다고 해서 항상 작용하는 것은 아니고, 사주에 있는 원진살은 원진살 기운만 가지고 있는데, 대세운에서 원진살의 두 글자 중 한 글자가 들어오면 원진살이 작용하는 것이다.

경수의 년지와 월지, 일지와 월지가 辰亥 원진살로 원진살의 기운만 가지고 있기 때문에 일지 辰土는 대세운에서 亥水가 들어오지 않으면 원진살이 작용하지 않을 것이고, 아내의 일지가 亥水이므로 대세운에서 辰土가 들어오지 않으면 원진살이 작용하지 않는 것이다. 다시 말하면 원진살을 작용하게 하는 문제의 범인은 바로 세운 지지인 것이다.

"선생님, 우리 형철이 전학 좀 시켜 주이소?"

형철이는 학교 교문 근처에 살고 있기에 형철이 할머니의 얼굴을 자주 보았다.

"할머니, 어디 이사를 가세요?"

"이사를 가는 것은 아닌데, 그냥 전학을 시켜 주면 안 됩니까?"

"할머니, 이사를 가지 않으면 전학이 어려워요. 이사를 가야 주민 센터에서 취학 통보서를 발급해 주는데, 그 취학 통보서가 있어야 전학을 받아 주기 때문입니다."

형철이 할머니는 무언가를 말하려는 듯하다가 결국 입을 다물었다.

"할머니, 우리 형철이에게 무슨 일이 있습니까?"

형철이 할머니는 고개를 숙인 채 아무 말도 하지 않았다.

"사실은 우리 형철이는 아버지와 살면 안 된대요."

한참 후에 형철이 할머니가 마지못한 듯이 입을 열었다.

"그게 무슨 말씀입니까? 왜 형철이는 아버지와 살면 안 된다는 것입니까?"

"우리 형철이하고 아버지는 서로 같이 살면 안 되는 살이 끼어 있다고 해요. 그래서……."

"할머니, 부모 자식 간에 그런 것이 어디 있어요? 전생에 부모 자식 간에 무슨 원수가 졌다고 함께 살 수 없다는 것이에요?"

"선생님이 몰라서 그렇지. 그런 게 있어요."

"누가 그런 무서운 소리를 해요?"

"내가 어디 가서 알아보니까 그렇다고 해요. 그러니 선생님, 우리 형철이 전학 좀 시켜 주세요."

결국 형철이는 외할머니 집으로 이사를 갔다. 그때는 그것이 무슨 말인지를 알 수 없었는데, 이제 생각하니 형철이와 아버지 사이에 원진살이 끼인 것이 아니었나 하는 생각이 든다.

❈ 32 ❈
부부간의 좋고 나쁨을 알아보는 궁합

"이 두 사람의 궁합을 좀 봐 주세요."

60대의 아주머니가 종이에 적혀 있는 생년월일을 책상 위에 놓으면서 말했다.

"두 사람이 얼마나 사귀었나요?"

"한 3년 정도 됩니다."

두 사람의 사주를 놓고 궁합을 보니, 두 사람 사이의 원진살과 천극지충 등으로 좋은 궁합이라고 말하기는 어렵다.

"궁합은 그런 대로 괜찮지만, 세상에 아무리 좋은 궁합도 평생 동안 세 번 이혼수가 있으니 항상 서로 사랑하고 이해하고 양보하면서 살라고 하세요."

두 사람의 궁합이 좋지 못하니 서로 헤어지는 것이 좋겠다는 말을 차마 하지 못해서 궁여지책으로 하는 말인 것이다. 두 사람이 평생 사랑하고 이해하고 양보하고 살아간다면 싸울 일이 없는데 굳이 궁합을 볼 필요가 있을까? 두 사람이 2~3년 정도 사귀었다면 사실 궁합이 좋지 않다고 해도 헤어지지는 않을 것이고, 또 궁합이 좋지 않다고 했을 때 "예, 알겠습니다. 우리 두 사람의 궁합이 좋지 않으니, 지금 당장 헤어지겠습니다. 그리고 내일부터 또 다른 사람을 알아보겠습니다"라고 말할 사람이 어디 있겠는가?

따라서 궁합은 비단 결혼을 앞둔 남녀 관계뿐만 아니라 사회생활을 하면서 만날 수 있는 모든 사람들과 서로의 성향을 파악할 수 있는 참고 자료로 활용해야지 궁합이 모든 인간관계의 성공 여부를 확정짓는다는 오류를 범해서는 안 될 것이다. 다만 남녀가 결혼을 할 때 궁합이 좋다면 참으로 다행스러운 것은 틀림없는 사실이다.

궁합이란 사람과 사람 간의 관계나 성향 등이 맞는지 안 맞는지를 알아보는 것이다. 다시 말하면 두 사람의 코드가 맞는지 안 맞는지를 알아보는 것이다. 옛날에는 궁합을 볼 때 대개 띠를 중심으로 궁합을 봤지만, 최근에는 사람의 심리에 따라 서로 코드가 맞는지 맞지 않는지를 구분하기도 한다. 좋은 궁합을 이야기할 때 남녀 간에 한 사람이 양일간일 경우 다른 사람은 음일간이면 좋고, 한 사람이 겨울 출생이면 다른 사람은 여름 출생이면 좋고, 한 사람이 양월생이면 다른 사람은 음월생이면 좋다고 한다. 이는 남녀 간에 음양의 조화를 이루기 때문이다.

❀ 궁합을 보는 첫 번째 방법은 일간의 특성을 서로 비교하는 방법이다.

일간과 일간의 관계는 다음과 같다.

남명 1	여명 1
일주	일주
庚	**辛**
○	○

남명 1과 여명 1의 경우는 남명 일간 庚金과 여명 일간 辛金이 같은 金 오행이므로 좋은 궁합으로 보지만, 일간 庚金과 일간 辛金이 서로 만나면 양금상살로 辛金은 庚金이 좋아서 따라다니나 辛金은 庚金에게 언젠가는 한 번 크게 박살이 나는 것으로 구설, 시비, 송사, 금전 문제, 교통사고 등으로 다치는 일이 발생할 수 있다. 일간의 오행이 서로 같다고 해서 무조건 좋은 궁합이라고 할 수는 없다. 특히 庚金과 辛金은 서로 칼이므로 금전 거래나 동업을 하면 서로 충돌과 갈등이 많으므로 절대로 금전 거래나 동업을 하면 안 된다. 庚金이 庚金을 만나거나 辛金이 辛金을 만나도 兩金相殺(양금상살)이라고 하여 이것 역시 두 칼이 부딪치면 갱갱하고 소리가 난다고 하여 갈등, 시비, 구설을 조심해야 한다.

남명 2	여명 2
일주	일주
乙	**壬**
○	○

남명 2와 여명 2의 관계는 여명 2의 일간 壬水가 남명 2의 일간 乙木을 水生木으로 생해 주는데, 남명이 여명을 생해 주든 여명이 남명을 생해 주든 서로 생해 주는 관계이면 좋은 궁합으로 본다.

남명 3	여명 3
일주	일주
丙	**辛**
○	○

남명 3과 여명 3의 경우는 남명 3의 일간 丙火와 여명 3의 일간 辛金이 丙辛合을 하므로 좋은 궁합으로 보는데, 丙火는 辛金을 빛내 주기는 하지만, 辛金이 자신의 본분을 지키지 못

해서 시비와 구설이 따르고, 또 한순간은 서로 좋아하다가 시간이 흐르면 서로 돌아서는 극의 현상이 나타날 수 있고, 또 서로 합으로 남명과 여명이 상대방에게 지나치게 집착하는 경향이 나타날 수도 있으므로 그렇게 좋은 궁합으로 보지는 않는다.

남명 4	여명 4
일주	일주
戊	壬
○	○

남명 4와 여명 4는 戊土剋壬水로 두 사람의 사이가 극의 관계이므로 일간 壬水인 여명이 자신을 극하는 일간 戊土인 남명을 만나면 심리적인 부담을 느끼게 되니 좋은 궁합으로 보기 어렵지만, 또 다른 통변은 壬水와 戊土를 함께 읽으면 임무로, 壬水가 책임감과 추진력을 가진 댐의 물로 할 일이 생겨 새로운 일을 할 수 있는 쓸모 있는 사람이 된다고 하니 그렇게 나쁜 궁합은 아닌 것 같다. 흐르는 물은 쓸모가 없고, 물을 가두어 두어야 농업용수, 공업용수, 가정용수 등으로 용도에 맞게 쓸 수 있기 때문에 壬水는 戊土를 만나야 제 역할을 할 수 있다. 또 戊土는 壬水의 편관이므로 직장, 직위 승진, 발전, 신분 변화, 질병 등도 한 번 살펴볼 수 있다.

위의 4가지 예시는 일간의 생극 관계로만 살펴본 것이기 때문에 두 일간 간의 생이 반드시 좋고, 극이 반드시 나쁘다는 것은 아니다. 일간의 생극 관계는 기본적인 특성만을 본 것이므로 남녀 사주의 전체 구조에 따라 궁합의 결과가 달라질 수 있다는 것을 명심해야 한다. 따라서 위의 방법으로 궁합을 보기보다는 궁합을 보기 전에 두 사람의 일간에 따른 심리적 특성을 한 번 살펴보는 것이 좋다.

※ 궁합을 보는 두 번째 방법은 일반적인 방법으로 남녀 일지의 합형충파해를 참고하는 방법이다.

남명 1	여명 1	남명 2	여명 2	남명 3	여명 3	남명 4	여명 4
일주	일주	일주	일주	일주	일주	일주	일주
甲	丙	丁	壬	丙	辛	戊	癸
辰	子	巳	戌	子	卯	午	卯

子辰 삼합(반합)　　　　巳戌 원진살　　　　子卯 형살　　　　午卯 파살

남명 1과 여명 1의 경우는 일지 (申)子辰合으로 대체로 무난한 것으로 보고, 남명 2와 여명 2의 경우는 일지 巳戌 원진살과 귀문관살로 좋지 않고, 남명 3과 여명 3의 경우는 일지 子卯 형살로 좋지 않고, 남명 4와 여명 4의 경우는 일지 午卯破로 좋지 않다고 볼 수 있다.

남녀 일지끼리 형충파해보다는 합이 좋다고 하는데, 일지 합에는 육합(지합), 방합, 삼합이 있다.

남명 1	여명 1	남명 2	여명 2	남명 3	여명 3	남명 4	여명 4
일주	일주	일주	일주	일주	일주	일주	일주
甲	丁	丙	己	丙	辛	戊	癸
戌	卯	寅	亥	子	丑	辰	酉
卯戌 육합		寅亥 선합후파		子丑 육합		辰酉 육합	

육합은 부부간의 합으로 보는데, 지지의 두 오행이 합을 하는 성질로 寅-亥가 합을 하여 木으로 변하지만 先合後破(선합후파)가 되고, 卯-戌이 합을 하여 火로 변하고, 辰-酉가 합을 하여 金으로 변하며, 巳-申이 합을 하여 水로 변하지만, 巳-申은 합인 동시에 형살, 파살이 되므로 처음에는 합이 되어 좋았다가 나중에 헤어질 때는 시비, 구설이 발생한다. 子-丑이 합을 하여 土로 변하고, 午-未는 합을 하여 다른 오행으로 변하지는 않지만 화기를 더한다.

남명 1	여명 1	남명 2	여명 2	남명 3	여명 3	남명 4	여명 4
일주	일주	일주	일주	일주	일주	일주	일주
甲	丁	丙	己	丙	己	戊	丁
戌	酉	寅	卯	子	亥	午	巳
酉戌 방합(반합)		寅卯 방합(반합)		亥子 방합(반합)		巳午 방합(반합)	

방합은 방위가 같은 3개의 지지가 합을 하는 것으로 寅卯辰은 목국으로 방향은 동방이고, 계절은 봄이다. 巳午未는 화국으로 방향은 남방이고, 계절은 여름이다. 申酉戌은 금국으로 방향은 서쪽이고, 계절은 가을이다. 亥子丑은 수국으로 방향은 북쪽이고, 계절은 겨울이 된다. 방합은 가족, 씨족, 혈족이 모여서 이루어진 결합체이기 때문에 방합의 결속

력은 사회적인 합인 삼합보다 더 강하게 작용한다. 또 방합은 사왕지인 子午卯酉가 월지에 있으면서 방합을 이룰 때 가장 강력하다고 할 수 있다.

남명 1	여명 1	남명 2	여명 2	남명 3	여명 3	남명 4	여명 4
일주	일주	일주	일주	일주	일주	일주	일주
甲	丙	丁	己	丙	庚	己	癸
戌	午	巳	丑	子	辰	卯	亥
(寅)午戌 삼합		巳(酉)丑 삼합		(申)子辰 삼합		亥卯(未) 삼합	

삼합은 사회와 가정, 개인과 단체의 합으로 寅午戌이 모이면 삼합은 화국이 되고, 巳酉丑이 모이면 삼합은 금국이 되고, 申子辰이 모이면 삼합은 수국이 되고, 亥卯未가 모이면 삼합은 목국이 된다. 이 삼합을 국이라고 하며, 이 삼합의 위력은 무궁무진하여 삼합이 변하여 육친에게 작용하는 힘은 절대적이라고 할 수 있다. 삼합은 사회적인 합으로 어떤 목적을 달성하기 위하여 합을 하였기에 오행 본연의 정체성은 잃지 않는 것으로 예를 들면 申子辰이 수국이 되었지만, 申金과 辰土가 자신의 금기와 토기를 잃지 않는 것이다.

⊗ 궁합을 보는 세 번째 방법은 두 사람의 사주 오행을 분류하고 합하는 것이다.

오행의 개수가 균등하면 대체로 무난한 궁합이라고 한다. 이것은 어느 오행이 지나치게 많거나 적으면 좋지 않기 때문이다.

남명

乙	癸	丙	庚
卯	未	戌	子

여명

丙	己	庚	辛
寅	卯	子	亥

오행	木	火	土	金	水	합계
남명 사주	2	1	2	1	2	8
여명 사주	2	1	1	2	2	8
합계	4	2	3	3	4	16

❀ 궁합을 보는 네 번째 방법은 두 사람이 서로 상대방의 용신을 가지고 있으면 좋다고 보는 것이다.

　남명의 사주에 여명의 용신이 있고, 여명의 사주에 남명의 용신이 있으면 좋은 것이다. 두 사람이 같은 용신인 것보다는 서로 다른 용신을 가지는 것이 좋다. 그 이유는 용신을 기준으로 하여 대운의 흐름에 따라 서로 운세가 좋고 나쁠 수가 있기 때문에 두 사람의 용신이 서로 다르면 한 사람의 운세가 좋지 않아도 다른 사람의 좋은 운세로 살아갈 수 있기 때문이다.

남명

甲	戊	戊	庚
子	辰	子	戌

용신 火

여명

乙	庚	乙	戊
酉	申	巳	午

용신 水

　남명은 子月의 戊土로 火가 필요하므로 火가 용신이고, 여명은 巳月의 庚金으로 물이 필요하므로 水가 용신이다. 남명은 여명의 용신인 水를 월지 子水, 시지 子水, 월지와 일지의 子辰合水, 일시와 시지의 子辰合水를 가지고 있어서 좋고, 여명은 남명의 용신인 火를 년지 午火, 월지 巳火 등을 가지고 있어서 좋다고 본다.

❀ 궁합을 보는 다섯 번째 방법은 남명은 신강사주, 여명은 신약사주이면 좋고, 또 남명은 양간, 여명은 음간이면 좋다고 보는 것이다.

　또 한 사람이 겨울 출생이면 다른 사람은 여름 출생이 좋고, 한 사람이 양월생이면 다른 사람은 음월생이 좋다고 본다. 이것은 남녀 간에 조화를 이룬다는 것이다.

남명   여명
庚   壬   己   丙   壬   己   辛   辛
子   子   亥   申   申   亥   卯   丑

남명은 일간 壬水를 생하는 년지 申金, 월지 亥水, 일지 子水, 시지 子水로 신강사주이고, 여명은 일간 己土를 생하는 오행은 년지 丑土뿐으로 신약사주이다. 남명은 양간이고, 여명은 음간이다. 남명은 亥月 출생이고, 여명은 卯月 출생이다. 따라서 이 두 사람의 궁합은 대체로 괜찮다고 할 수 있다.

궁합을 볼 때에 다섯 가지 방법 중에서 어느 한 가지만 고집하면 안 되고, 사주 전체를 세심히 살펴야 좋은 궁합을 구할 수 있지만, 좋은 궁합이라고 해서 결혼을 했는데도 오래가지 못하고 이혼을 하는 경우도 많기 때문에 궁합이 엉터리라는 말이 나오기도 하고, 또 사실 궁합을 보지 않고 결혼을 해도 잘사는 경우가 얼마든지 많기 때문에 궁합을 너무 맹신해도 안 될 것이다.

경수   아내
己   庚   辛   壬   庚   辛   庚   甲
卯   辰   亥   辰   寅   亥   午   午
        용신 火   용신 水

경수와 아내의 궁합은 다음과 같다. 첫째로 경수는 亥月의 庚金으로 사주가 차기 때문에 火가 용신이고, 아내는 午月의 辛金으로 사주가 뜨겁기 때문에 水가 용신으로 두 사람의 용신이 서로 다르기 때문에 좋은 궁합으로 볼 수 있다. 둘째로 경수는 아내의 용신인 水(년간 壬水, 월지 亥水, 년지와 일지 辰土 지장간 癸水)를 많이 가지고 있고, 아내는 경수의 용신인 火(년지와 월지 午火, 시지 寅木 지장간 丙火)를 많이 가지고 있어서 좋은 궁합으로 볼 수 있다. 셋째로 경수는 양간이고, 아내는 음간이라 서로 괜찮은 관계이다. 넷째로 경수는 亥月 겨울생이고, 아내는 午月 여름생이라서 좋다. 다섯째로 경수는 신강사주이고, 아내는 신약사주이므로 좋다. 여섯째로 경수는 亥水 양월생이고, 아내는 午火 음월생이라서 더욱 좋은 것이라고 하지만, 궁합은 그 어떤 경우에도 절대적인 것은 아니라는 것을 명심해야 한다.

경수와 아내의 궁합은 어느 정도 괜찮다고 하지만, 경수 사주의 일지 辰土는 庚金 일간의 인성으로 어머니인데, 아내의 자리인 일지에 시어머니가 앉아 있는 형상으로 시어머니와 아내의 관계가 원만할 수는 없는 것이다. 더구나 월지 亥水와 일지 辰土의 辰亥 원진살로 시어머니와 아내의 관계가 최악일 수도 있었지만, 아내가 교직 생활을 하면서 시어머니와 함께하는 시간이 그만큼 줄어들었기에 무난하게 살아온 것 같다.

궁합을 보는 방법 중에 오주법이라고 하여 남명의 사주와 여명의 년주, 여명의 사주와 남명의 년주를 통해서 인연을 찾기도 한다. 인연법 진여비결 해설은 단순히 배우자의 띠를 찾는 것에 국한되지 않고, 배우자의 띠를 인연하였을 때 어떤 일이 발생하는가를 알 수 있기 때문에 인연하는 여러 띠 중에서 일간에게 가장 적합한 인연을 선택하면 된다는 것이다. 사람이 행복하고 즐거운 인생을 살기 위해서는 세 가지의 조건이 필요하다고 한다.

첫째는 좋은 부모를 만나야 한다는 것이다. 부모는 어릴 때의 성장 환경이기 때문이다. 어떤 부모를 만나느냐에 따라 성장 환경이 달라지기 때문이다.

둘째는 어느 지역에서 태어났느냐 따라 인생의 진로가 바뀌게 되기도 한다. 두메산골에서 태어났느냐, 어촌에서 태어났느냐, 도시에서 태어났느냐, 서울특별시 강남구에서 태어났느냐에 따라 인생의 진로가 바뀌게 되는 것이다.

셋째는 자신의 의지 문제이다. 설령 앞의 두 가지 조건이 좋지 않다고 하더라도 자신의 의지에 따라 인생의 진로를 얼마든지 바꿀 수 있기 때문이다. 자신의 의지 문제 중에서 가장 중요한 것은 바로 학문과 배우자 선택이다. 앞의 두 가지 조건은 자신이 선택할 수 없는 어쩔 수 없는 조건이라고 하더라도 학문과 배우자 인연은 자신의 의지에 따라 얼마든지 다른 선택을 할 수 있기 때문이다. 물론 남녀가 서로 진정으로 사랑하여 결혼을 하고 행복하게 산다면 그것만큼 다행스러운 일은 없을 것이지만, 우선 사랑한다는 마음만으로 결혼을 한다는 것은 한 번쯤 재고해 보아야 할 것이다. 결혼을 한다는 것은 사랑을 전제로 해야 하지만, 사랑만 바라보고 결혼을 할 경우 어쩌면 결국 후회만 남을 수도 있기 때문이다. 결혼 생활을 위태롭게 하는 가장 큰 원인은 아마 서로에 대한 불신과 경제력일 것이다. 불신은 서로가 대화를 통해서 또는 생활의 신뢰를 통해서 해결할 수 있겠지만, 경제력은 그렇게 짧은 시간에 쉽게 해결할 수 있는 문제가 아니다. 우리가 죽을 만큼 사랑해서 결혼을 했지만, 앞문으로 가난이 들어오면 뒷문으로 사랑이 슬그머니 나간다는 말이 있듯이 결혼 조건의 하나인 경제력을 결코 무시할 수 없는 것이다. 여명이 남명을 선택할 때에 직업, 학력, 재물 등의 조건을 보는 것을 비난하면서 남명의 외모, 인간성 등의 조건만 보는 여명이 있다면 결혼을 후회할 확률이 매우 높다고 할 수 있다. 왜냐하면 결혼은 현실이라는 것을 아직 깨닫지 못했기 때문이다.

강인한 사람은 운명을 취사선택하지만, 나약한 사람은 운명을 수용하고 체념하기 때문에 인생을 결정짓는 중요한 요인은 운명 요소와 선택 의지의 조화라고 할 수 있다.

경수도 도반들이 인연법을 공부하자고 할 때에 다소 부정적인 생각을 가지고 있었다. 젊은 사람들이 이미 연애를 하고 사랑을 해서 결혼을 하겠다고 궁합을 보러 왔는데, 이제 와서 궁합이 좋지 않으니 헤어지는 것이 좋겠다는 이야기를 한다고 한들 다음날 헤어지는 남녀는 없을 것이고, 두 사람의 궁합이 좋지 않다는 이야기를 들으면 오히려 역술인을 원망하고 저주할지도 모르기 때문이다. 궁합을 보러 왔는데 인연이 아니면 어떻게 하느냐 하는 문제, 또 인연이 되는 배우자 띠가 한둘이 아닐 텐데, 한 띠의 인연을 선택하면 다른 띠 인연의 처리 문제, 기혼자의 배우자 띠가 인연이 아닌 경우는 어떻게 처리하는가 하는 문제 등으로 단순히 배우자 띠를 찾는 것은 별로 의미가 없다고 생각했던 것이다. 그런데 진여비결의 인연법을 공부하면서 인연법이 단순히 배우자의 띠를 찾는 것이 아니고, 그 배우자의 띠를 선택했을 경우에 어떤 일이 발생할 수 있는가를 예견할 수 있다는 것은 매우 충격적이었다.

경수는 년지와 일지 辰土, 시간 己土로 土 인성이 왕해서 일간이 강하므로 월지 亥水 지장간 甲木으로 왕한 土를 제어해야 하므로 亥水 지장간 甲木이 천간으로 투간되어 甲○年生인 아내와 인연이 된 것이다. 또 아내는 辛金 일간으로 午月에 출생하여 벌겋게 달아올라 있고 다시 庚金으로 제련되어 있어서 시급하게 壬水로 열기를 식혀 주고 또 辛金을 깨끗이 씻어 주어야 하기 때문에 본능적으로 壬○年生을 좇아 壬辰年生인 경수와 인연을 한 것이다.

아내 년주		경수				경수 년주		아내			
甲		己	庚	辛	壬	壬		庚	辛	庚	甲
午		卯	辰	亥	辰	辰		寅	亥	午	午

진여비결의 인연법을 보면 '淘洗珠玉이면 壬生定配한다(도세주옥이면 임생정배한다)'는 말이 있는데, 이 말은 辛金이 壬○年生, ○亥年生을 만나면 壬水와 亥水가 辛金을 깨끗하게 씻어 주어서 영롱하게 빛을 내는 보석이 되지만, 일간 辛金이 壬○年生이나 ○亥年生을 만나지 못하면 그릇이 작아진다고 하는 것이다. 아내는 경수 壬○年生을 만났으니 참으로 다행스러운 일이다. 또 경수 일간 庚金은 '火練眞金으로 丁○生을 定配한다(화련진금으로 丁○생을 정배한다)'는 말이 있는데, 이 말은 庚金이 있으면 무조건 丁火로 다듬어 주어야 한다는 것으로 경수의 사주에는 丁火가 없기 때문에 아내로 丁○年生을 만나거나 午火가 丁火의 건록이므로 ○午年生을 만나면 좋은데, 甲午年生 아내를 만난 것이다.

또 경수의 사주와 아내의 년주를 오주법으로 살펴보면 다음과 같다.

아내 년주		경수			
甲		己	庚	辛	壬
午		卯	辰	亥	辰

경수의 일간 庚金에서 아내 년간 甲木을 보면 재성이므로 경수는 대학 동기인 아내를 만나 돈에 대한 큰 걱정 없이 살 수 있었다.

남녀의 일지끼리 형충, 원진살, 귀문관살이 되면 부부간에 평생을 끊임없이 불화하면서 살아야 하기 때문에 좋은 궁합이 아니라고 하는데, 경수의 일지는 辰土이고 아내의 일지는 亥水로 辰亥 원진살과 귀문관살이지만 지금까지 40년을 넘게 함께 살아오며 부부 싸움을 한 기억이 거의 없는 것으로 보아 부부 일지끼리 형충, 원진살, 귀문관살인 사람들도 서로 상대방을 존중하고 배려하면서 살면 일지 형충과 신살의 흉이 삭감되어 행복하게 살 수 있다는 것이다.

❀ 33 ❀
가문 인연

최근에는 부모 인연이라고 하여 가문 인연을 보기도 한다. 부모 인연을 보는 것은 가문의 인연을 보는 것으로 조상에서 상대방 부모를 바라보는 것이다.

경수

己	庚	辛	壬
卯	辰	亥	辰

아내

庚	辛	庚	甲
寅	亥	午	午

조상 자리인 년지에서 상대방 부모 자리인 월지와 합이 되면 좋은 부모 궁합으로 보지만, 부모 궁합이 형충파해가 되면 좋은 궁합이라 할 수 없다고 한다.

경수 년지 辰土에서 아내 월지 午火를 보면 형충파해가 아니므로, 경수의 집안에서는 아내의 집안을 좋게 보고 있으며, 또 아내 년지 午火에서 경수 월지 亥水를 보면 역시 형충파해가 아니므로 아내 집안에서도 경수 집안을 좋게 본다고 할 수 있다.

월지 합은 사회적인 합이므로 월지끼리 합이 되는 경우는 같은 일을 하거나, 같은 직장에서 만났을 경우가 많다. 최근에는 午亥合을 인정하는 경향이 있는데, 만약 午亥合을 인정한다면 경수와 아내는 같은 교직 생활을 했던 것이 결코 우연은 아닌 것이다.

월지끼리 합이 되면 집안끼리 혼수 문제로 갈등을 빚지 않지만 월지끼리 형충파해 등이 되면 집안끼리 혼수 문제로 갈등을 빚을 수 있다고 하는데, 경수 월지 亥水와 아내 월지 午火는 형충파해가 아니므로 혼수 문제로 집안끼리 갈등을 느낀 적은 없었다.

또 남녀의 시지가 자식 자리인데, 이 시지 자식 자리끼리 합이 되면 부부가 설령 이혼할 일이 발생하더라도 쉽게 이혼하기 어렵다고 한다. 아마 자식 때문에 이혼을 하지 못하는 경우를 말하는 것 같다. 경수의 시지는 辰土이고, 아내의 시지는 寅木이므로 시지끼리 寅辰 방합으로 설령 황혼 이혼의 위기가 오더라도 자식 때문에 이혼을 하지 못할 것 같아서 참으로 다행이라는 생각이 든다

❋ 34 ❋
조선 최고의 시각 장애인 점쟁이, 홍계관

1460년, 조선 7대 세조 임금 시대에 홍계관은 원인을 알 수 없는 질병으로 시력을 잃게 되어 앞을 제대로 볼 수 없었다. 아들의 실명을 심각하게 생각한 홍계관 어머니는 홍계관을 데리고 의원을 찾았다.

"내 의술로는 이 아이의 병을 고칠 수가 없네."

의원의 말을 들은 홍계관 어머니는 낙심한 채 홍계관을 데리고 집으로 돌아오는 길에 어느 집 앞에 사람들이 많이 모여 있는 것을 보고 이상하게 여겨 주위 사람들에게 물어보았다.

"다들 여기서 뭐해요?"

"여기 그렇게 유명한 점쟁이가 산다고 해요."

"난 또 뭐라고. 못 맞히면 그게 점쟁인가? 잘 맞혀야 점쟁이지."

"그게 그냥 점쟁이가 아니에요. 눈도 안 보이는데, 기가 막히게 잘 맞힌대요."

홍계관 어머니는 눈이 안 보이는 점쟁이라는 말에 점쟁이를 찾았다. 홍계관 모자는 방문 앞에서 서성거렸다.

"뭘 보고 그리 서 있어. 어서 들어와서 앉아."

점쟁이는 붉은 천으로 두 눈을 감싸고 있었다.

"의원님은 어쩌다가 눈을……."

"억울하게 흉한 꼴을 좀 당했다. 왜 불만이냐?"

"아닙니다. 그게 아니고……."

"나야 흉한 꼴을 당해서 안 보인다지만, 넌 어린 게 벌써부터… 이리 좀 와 봐."

점쟁이는 두 손으로 홍계관의 얼굴을 이리저리 만져 보더니 한참을 크게 웃었다.

"놓고 가. 이놈 앞으로 살길이 막막해서 데리고 온 것 아니냐? 내가 먹고살게 해 줄 것이니, 놓고 가."

"엄마, 싫어."

"고생은 되겠지만, 잘만 가르치면 이 바닥에서 크게 될 놈이니까."

그날부터 홍계관은 점쟁이 밑에서 점치는 법과 굿하는 법 등 다양한 수련을 받았다. 그로부터 15년 후에 홍계관은 드디어 수련을 마쳤다.

"너는 이제 천신 제자이니라. 이제 돌아가서 많은 사람들의 눈물을 닦아 주어라."

집으로 돌아온 홍계관에게 어머니가 물었다.

"그래, 배울 것은 다 배우고 온 것이냐?"

"예. 지금부터 한 식경(30분)쯤 지나면 사람들이 몰려올 테니까 평상을 좀 닦아 놔요."

"사람들이 온다고?"

홍계관 어머니는 홍계관의 말을 반신반의하면서 평상을 닦았다. 잠시 후에 홍계관의 집에 사람들이 몰려들기 시작했다. 사람들이 홍계관을 어떻게 알고 몰려든 것일까? 그 이유는 다음과 같다.

홍계관이 집에 도착하기 전에 주막에 들렀는데, 한 사내가 술을 마시면서 큰 소리로 푸념을 털어놓았다.

"주모, 여기 술 한 병만 더 줘요."

"아니, 어째 훤한 대낮부터 술을 들이붓고 그래요?"

주모가 술병을 내려놓으면서 물었다.

"우리 마누라가 애가 들어섰다고 하잖아."

"아이고, 그러면 좋아서 입이 귀에 걸려야지."

"낳으면 뭘 하나. 또 딸일 것을. 좋기는 개뿔."

이때 주막에 들어선 홍계관이 한마디 했다.

"넷째는 아들이니까, 걱정하지 마시오."

"아니, 그걸 어찌 아시오. 이번이 넷째인 것을."

이때 주모가 홍계관 앞에 바짝 다가앉으면서 물었다.

"혹시 점을 좀 볼 줄 아시오?"

"뭐, 내가 그런 재주가 조금 있기는 하지."

"그럼, 당신이 맞히면 국밥 한 그릇을 그냥 드리지요."

"좋소. 무엇이 그리 궁금하오?"

"우리 아들이 하나 있는데, 나이가 꽉 찼는데도 아직 장가를 못 갔지 뭐예요. 어째 올해는 갈 수 있을까요?"

홍계관은 주모의 손을 잡고 지그시 눈을 감았다. 홍계관은 주모의 손을 탁 치면서 말했다.

"서방 몰래 업둥이라도 들였어? 딸만 둘인데, 무슨 아들 타령이야? 장난해?"

"아이고, 진짜 용하네. 용해."

주모는 손뼉을 치며 고함을 질렀다. 이 일로 홍계관은 유명한 점쟁이가 되었고, 홍계관의 소문은 조선 각지에 퍼져 나가기 시작했다. 그로부터 얼마 지나서 한 선비가 홍계관을 찾았다.

"점사를 보러 온 것이면 한 식경(30분)쯤 지나서 다시 오시오. 뭐가 그리 급하다고 꼭 두새벽부터 오시오."

"나는 점사를 보러 온 것이 아니네. 잠시 나와 함께 가 줄 곳이 있네만."

"어딜 말이오?"

선비는 거액의 돈을 마당에 던졌다. 의문의 선비를 따라 나선 홍계관은 세조 임금 앞에 나섰다.

"자네가 그 유명한 홍계관인가?"

"뭐, 유명하다면 유명한데……."

홍계관은 말을 잇지 못하고 그만 방바닥에 납작 엎드려 벌벌 떨었다.

"자네는 내가 누구인지 아는가?"

"이렇게 강력한 붉은 기운을 가진 분은 오직 이 나라에 한 사람, 주상 전하뿐이옵니다."

홍계관 옆에 서 있던 선비가 깜짝 놀라는 표정을 지었다.

"하하하. 역시 듣던 대로 영험하구나. 그럼, 과인이 너를 부른 이유를 알겠느냐?"

"예. 외람되오나 그것은 옥체에 손을 대어 보아야……."

"자, 손을 대어 보거라."

홍계관은 두 손으로 세조 임금의 손을 잡고 지그시 눈을 감았다. 홍계관은 세조가 조카 단종을 죽이는 핏빛 과거를 보았다.

"어떻게, 알겠느냐?"

"가려움증이 없어지지 않아서 부르신 것 아니옵니까?"

세조 임금도 깜짝 놀란 표정을 지으며 물었다.

"그럼, 방도도 알고 있겠구나."

"방도를 알고는 있사오나, 전하께서 원하지 않을 것이옵니다."

"그건 과인이 판단할 것이니, 어서 말해 보거라."

홍계관은 선뜻 입을 열지 못하고 머뭇거리고 있었다.

"어서 말해 보라고 하지 않았느냐?"

"전하, 원혼만 달래 주시면 되옵니다."

"원혼? 무슨 원혼을 말하느냐?"

"전하의 조카이셨던 선왕과 안평대군 그리고 금성대군의 원혼, 이렇게 무고하게 희생된 원혼을 달래……."

홍계관의 말이 끝나기도 전에 세조 임금은 책상을 치며 고함을 질렀다.

"그러니까 네놈의 말은 내가 패륜을 저질러서 천벌을 받고 있는 것이라는 말이냐?"

세조의 고함을 들은 홍계관은 사색이 되어 그저 벌벌 떨고 있었다.

"그러니까 전하께서 원하지 않으신다는 말씀을 드리지 않았습니까?"

"좋다. 네놈이 내가 낸 문제를 맞히면, 내가 네놈의 말대로 할 것이야. 한데 하나라도 틀린다면 임금을 기만한 죄로 네놈의 목을 내놓아야 할 것이야. 알겠느냐?"

"예. 전하."

"그럼, 자네 옆에 서 있는 자는 언제쯤 영의정 자리에 오를 수 있겠는가?"

세조 임금은 홍계관을 데리고 온 선비를 가리키며 물었다. 홍계관은 옆에 서 있는 선비의 손을 두 손으로 잡고 지그시 눈을 감았다.

"이분은 영의정에 오를 수 없사옵니다."

"오를 수 없다. 어째서?"

"이분은 내관이 아니옵니까?"

홍계관을 안내했던 선비는 내관이었던 것이다. 세조 임금은 이번에는 내관을 시켜 작은 상자를 하나 가져오게 했다.

"그럼, 이 상자 안에 들어 있는 것이 무엇이냐?"

홍계관은 두 손으로 상자를 잡고 지그시 눈을 감았다.

"발이 넷 달린 짐승으로 낮에는 숨어 있다가 밤이 되어야 먹이를 얻고, 사방에 굴을 파기 좋아하니, 이는 필시 쥐일 것이옵니다."

"쥐라고?"

세조 임금은 직접 상자를 열어 보았다. 상자 안에는 죽은 쥐 한 마리가 있었다.

"그래, 소문이 과장은 아니구나."

홍계관은 안도의 한숨을 쉬었다.

"그럼, 이 상자 안에는 쥐가 몇 마리가 들어 있느냐?"

홍계관은 다시 눈을 감고 깊은 생각에 잠기었다.

"왜? 모르겠느냐? 그렇다면 할 수 없지. 네가 목숨을 내놓아야지."

"예. 세 마리이옵니다."

"세 마리라고 하였느냐? 네 이놈, 네놈의 세 치 혀로 과인을 속이려 든 것이냐?"

홍계관은 그만 쥐의 수를 틀리고 말았다.

"아, 아니옵니다. 전하, 분명 세 마리이옵니다."

"닥처라. 돌팔이 주제에 선왕의 원혼이 어쩌고저쩌고, 과인이 벌을 받아? 여봐라. 이놈을 당장 끌고 가서 참형에 처하거라."

홍계관은 형장으로 병사들의 손에 끌려갔다.

"영험하기는? 개뿔. 자기 죽을 날도 제대로 못 맞히는 놈이."

홍계관은 형장으로 끌려가면서 여러 번 되뇌었다.

"분명 세 마리였는데, 대체 왜?"

잠시 후에 내관이 급히 세조를 알현했다.

"전하, 맞았사옵니다. 세 마리가 맞았사옵니다."

"뭐라? 세 마리가 맞았다고?"

"예. 혹시나 하여 배를 갈라 보았더니, 배 속에 새끼가 두 마리 있었사옵니다."

내관의 손에는 죽은 쥐새끼 두 마리가 있었다. 내관의 말을 들은 세조는 큰 한숨을 내쉬었다.

"용하기는 용한 놈이구나. 아차, 홍계관!"

세조 임금과 내관은 홍계관의 목숨을 구하기 위해 형장으로 달려갔다.

"당장 형을 멈추어라."

세조는 형을 멈추라고 고함을 질렀지만, 홍계관은 간발의 차이로 그만 참형을 당하고 말았다.

"내 성급함이 화를 자초하였구나."

세조 임금은 홍계관의 주검 앞에 무릎을 꿇으며 탄식했지만, 홍계관의 뛰어난 실력은 결과적으로 자신의 단명을 불렀던 것이다.[4]

---

4)   천일야사 61회(Channel A, 2018년 2월 19일 방영분)

❈ 35 ❈
결혼에 성공하다

경수				1977년	아내			
己	庚	辛	壬	丁	庚	辛	庚	甲
卯	辰	亥	辰	巳	寅	亥	午	午

경수는 1977년 丁巳年 음력 10월에 결혼을 했다. 여자 사주의 일지가 식상이면 일지 식상을 합할 때에 결혼을 하기도 한다. 그러나 식상을 충할 때에는 결혼을 하기도 하지만, 이별을 하기도 한다. 丁巳年의 세운 지지 巳火가 아내 일지 亥水 식상을 巳亥沖하여 일지 식상을 충했으므로 결혼하게 된 것이다.

경수가 또 세운 丁巳年에 결혼을 할 수 있었던 것은 세운 丁巳年 지지 巳火가 경수 사주의 가정궁인 월지와 巳亥沖을 했고, 아내는 배우자궁인 일지 亥水와 巳亥沖을 하고, 丁巳年의 천간과 지지가 모두 관성 남자이므로 결혼운이 들어온 것이다.

따라서 반드시 월지 합충만이 결혼을 하여 가정을 떠나는 것은 아니다. 년지는 조상 자리이고 토지 자리로 조상과 토지가 합충으로 흔들리면 일신상의 변동수가 생기는 것이다. 월지는 가정 자리로 가정이 합충으로 흔들리면 일신상의 변동수가 생기는 것이다. 일지는 배우자 자리로 일지가 합충으로 흔들리면 일간이나 배우자의 변동수가 생기는 것이다. 시지는 자식 자리, 가게, 사업처 등으로 시지가 합충으로 흔들리면 자식, 가게, 사업처의 변동수가 생기는 것이다.

월지는 가정이므로 가정을 합충하면 가정의 이동, 변동, 이사 등이 발생하는데, 특히 여명의 결혼을 월지가 충하는 해로 보는 것은 여명은 결혼을 하면 가정을 떠난다고 보기 때문이다. 그러나 현대 사회에서는 남명이든 여명이든 결혼을 하면 거의 대부분 분가를 하기 때문에 남명도 월지를 충하면 결혼과 분가로 볼 수 있다. 경수도 결혼 초기에는 분가를 했지만, 아내의 입덧이 심해지자 어머니와 집을 합쳤다.

아내				1977년
庚	辛	庚	甲	丁
寅	亥	午	午	巳

아내 역시 1977년 丁巳年에 지지 巳火가 일지 亥水와 巳亥冲을 하니, 자기 신변의 이동, 변동, 이사, 결혼 등이 발생했다고 보는 것이다.

남녀가 결혼할 운은 여러 가지가 있지만, 가장 기본적인 것은 세운의 지지가 사주 월지나 일지와 합을 하거나 충을 하는 경우이다. 일반적으로는 월지와 일지 충보다는 월지와 일지의 합이 더 좋다고 한다. 또 남명일 경우에 일간에서 세운의 천간과 지지를 봤을 때, 천간이 재성이고 지지가 관성이면 결혼할 운이 있다고 하는 것은 천간 재성은 여명이고, 지지 관성은 자식이기 때문인데 천간과 지지의 순서는 바뀌어도 관계없다. 여명의 경우에 일간에서 세운의 천간과 지지를 봤을 때, 천간이 관성이거나 지지가 식상이면 결혼할 운이 있다고 하는 것은 천간 관성은 남명이고, 지지 식상은 자식이기 때문이다. 또 남명일 경우에 세운 천간과 지지에 재성이 없고 자식 관성만 있어도 결혼할 운으로 볼 수 있다. 여명일 경우에 자식인 식상이 없고 남명인 관성만 있거나, 남명인 관성이 없고 자식인 식상만 있어도 결혼할 운으로 본다.

아내는 장남을 피해서 셋째 아들인 경수에게 시집을 왔지만, 결혼 이후 지금까지 시어머니를 모시고 명절 제사를 포함하여 1년에 6번이나 제사를 지내는 등 맏며느리의 역할을 해야 했다.

경수				1977년	아내			
己	庚	辛	壬	丁	庚	辛	庚	甲
卯	辰	亥	辰	巳	寅	亥	午	午

일간 庚金 앞에는 형제인 월간 辛金 겁재가 있지만, 일간 庚金에 의해 그 기세가 꺾이므로 庚金이 辛金에 비해 주도권을 잡는 형국이라 경수가 장남 역할을 할 수밖에 없는

것이다. 또 년지 화개살이면 장남 역할을 해야 한다.

경수의 형제는 4남 1녀인데, 대학 1학년 말인 1974년 1월에 아버지가 돌아가시고, 1975년 겨울에 큰형님이 결혼하여 분가하고, 1976년 3월에 작은형님이 결혼하여 분가하고, 1977년 11월에는 경수가 결혼을 하여 잠시 동래구 온천동 아내 학교 근처로 분가를 했다가 아내의 임신으로 입덧이 심해서 다시 본가로 들어와 지금까지 어머니와 함께 살고 있는 것이다. 아내는 장남에게 시집을 가지 않으려고 형님이 두 사람이나 있는 셋째인 경수를 선택했지만, 아내는 사주팔자를 벗어나지 못해서인지 지금까지 맏며느리의 역할을 하고 있는 것이다. 경수는 1977년 丁巳年에 결혼을 했는데, 여명이 ○巳年에 결혼을 하면 맏며느리 역할을 한다고 했다. 그러면 여명들이 巳火 세운이나 巳火 대운에 결혼을 하면 무조건 시부모님을 모시고 살아야 하느냐 하면 반드시 그렇지는 않을 것이다. 여명이 巳火 세운이나 巳火 대운에 결혼을 하더라도 시부모님을 모시지 않아도 되는 경우도 있을 것이다. 시부모님이 자식들과 함께 사는 것을 싫어하는 경우도 있을 것이고, 시부모님을 이미 다른 형제들이 모시고 있는 경우도 있을 것이고, 시부모님이 외국에 거주하고 있는 경우도 있을 것이고, 시부모님이 이미 돌아가셨을 수도 있기 때문이다.

남명 일지 인성이면 어머니를 모시고 살아야 하는 것이다. 또 남명 일지 인성이면 부모와 일찍 이별하거나 인연이 없고, 어머니에 대해 근심과 걱정이 많고, 어머니와 처의 관계가 불리하다.

경수는 가정 살림과 직장 생활을 병행하며 힘들어하는 아내를 바라보면서 평생 갚을 수 없는 고마운 마음과 미안한 마음으로 살았다. 경수는 아내보다 먼저 죽으면 경수 묘비명에, 아내가 먼저 죽으면 아내 묘비명에 다음과 같이 쓰고 싶었다.

여보, 고마워요.
나 같이 못난 사람과 함께 살아 줘서.

여보, 사랑해요.
이 세상에 둘도 없이 사랑하는 내 아이들과 함께하게 해 줘서.

여보, 미안해요.
끝까지 함께하지 못해서.

❀ 36 ❀
재물을 잃을 운수, 손재수

"부산 금정구 구서동에 주택공사에서 분양하는 아파트를 하나 사는 것이 어떻겠느냐?"
대한주택공사에 근무하는 작은 형님이 제안을 하였다.
"아파트를요? 우린 이제 막 결혼을 해서 그만한 여유는 없는데……."
"아파트 대금은 분할 상환이니까 너무 그렇게 걱정하지 않아도 된다."
우리는 1978년 戊午年에 금정구 구서동에 대한주택공사에서 시공한 17평형 아파트 하나를 분양받았다. 당시 구입 가격은 630만 원 정도로 기억하고 있다.

경수				1978년		22대운	
己	庚	辛	壬	戊	편인	甲	편재
卯	辰	亥	辰	午	정관	寅	편재
						〔戊丙甲〕	

1978년 戊午年의 천간 戊土는 庚金 일간의 인성으로 문서 문제가 발생하고, 세운 지지 午火는 庚金 일간의 정관으로 정식적으로 문서를 구입하였다는 것이다.

22甲寅 대운 역시 재성으로 재물이 들어오는 것으로 볼 수 있는데, 甲寅 대운이 비록 편재운이라 빚을 안고 아파트를 샀지만, 대운 지지 寅木의 지장간 丙火가 한기를 해소해 주니 좋은 결과가 있을 것이다.

그런데 평생 처음으로 자신의 집을 가졌다는 기쁨도 잠시뿐이었다. 경수에게 금전 사고가 생긴 것이다. 당시 경수와 아내가 근무하는 학교가 구서동 아파트에서 너무 멀었기 때문에 구서동 아파트는 전세를 놓고, 경수는 범천동에서 어머니를 모시고 남의 집에 전세살이를 하고 있었다. 그때는 1980년 庚申年으로 경수의 아들이 2살이었다. 그해 겨울 방학이 시작된 날, 집에 들어서면서 아이의 이름을 불렀다. 마루 아래에 아이의 신발이 있었지만, 아이는 여느 때와 다르게 문 밖으로 뛰어나오지 않았다. 순간 경수의 뇌리를 스치는 것은 '아, 드디어 큰일이 나고 말았구나'하는 생각이었다. 경수가 전세살이를 하던 집의 문간방에 경주가 고향인 할머니가 장성한 아들 둘을 데리고 전세살이를 하고 있었는데, 문간방 할머니의 아들들은 조그마한 회사에 다니고 있었다. 문간방 할머니는 경수의 아이를 친손자 돌보듯이 지극정성으로 보살폈고, 친할머니보다 더한 정성으로 키워 주었다. 문간방 할머니는 아이를 데리고 하루 종일 함께 놀아 주기도 하고, 문간방 할머니가 바깥에 볼일이 있을 때는 아이를 업고 다녀오기도 했다.

당시 경수 여동생이 직장 생활을 하면서 직장 새마을금고에서 싼 이자로 돈을 빌려서 이웃에 조금씩 빌려 주어 이자를 받아 어머니 용돈이라도 벌게 하려고 했던 것인데, 여동생이 새마을금고에서 빌려 오는 돈의 대부분을 문간방 할머니가 빌려 간 것이었다. 문간방 할머니가 처음에는 이자를 꼬박꼬박 잘 주시더란다. 그래서 이자 수입 재미를 본 어머니는 여동생에게 돈을 더 가져다 달라고 했던 것인데, 결국 그 돈이 사고를 내고 말았던 것이다. 문간방 할머니 역시 다른 곳에서 사채놀이를 하던 돈을 떼이는 바람에 자식 둘을 버려둔 채로 야반도주를 하고 말았다. 그때 사고가 난 돈의 액수가 1,075만 원이었으니까 2년 전인 1978년 戊午年에 분양받은 17평 구서동 주공아파트의 한 채 반에 해당하는 금액이었다. 그때 경수의 봉급이 8만 원 정도였으므로 적어도 10년 이상은 갚아야 하는 금액이었다. 이제 겨우 29살의 나이에 너무나 큰 금전 사고를 당하고 보니 도대체 어떻게 해야 이 일을 수습할 수 있을지 정말 막막했었다. 그래도 다행인 것은 문간방 할머니 아들이 전세금 150만 원 중에 절반인 75만 원을 주고는 그 집을 떠났다. 그 후에 들리는 소문으로는 문간방 할머니가 고향인 경주 불국사 근처에 살고 있다고 했지만, 손에 가진 것이 없어서 마지막으로 고향으로 떠난 문간방 할머니를 찾는다 해도 아무런 소용이 없을 것 같아서 더 이상 찾지 않았다.

경수가 지금도 다행으로 생각하는 것은, 당시 동네 사람들의 말에 의하면 할머니는 아이가 너무 귀엽고 사랑스러워서 아이를 데리고 야반도주를 하려는 생각도 했었지만 차마 아이를 데리고 갈 수는 없어서 혼자 갔다고 하는 것이다.

경수   1980년

己   庚   辛   壬   庚

卯   辰   亥   辰   申

1980년 庚申年은 세운 천간 庚金과 세운 지지 申金이 庚金 일간의 비견으로 강하게 들어오는데, 비견이든 겁재이든 일단 비겁이 들어오면 쟁재, 손재가 발생하기 때문에 처 문제나 재물 문제를 조심해야 하는 것이다.

❀ 37 ❀
채무로 이어지는 보증

상미초등학교에 첫 발령을 받고 근무한 지 몇 년이 지났을 때이다. 동학년 선배님께서 교실로 찾아왔다.

"아니, 선배님께서 저의 교실에 어쩐 일이십니까?"

"내가 자네에게 부탁할 일이 있어서 왔네."

"무슨? 제게 무슨 부탁이 있으십니까?"

"사실은 내가 이번에 망미동에 집을 하나 지으려고 하는데, 돈이 조금 모자라서 그래. 새마을금고에서 한 30만 원 대출을 하려고 하는데, 자네가 보증을 좀 앉아 주면 고맙겠네."

"대출 보증을 앉으라고요? 선배님, 그건 곤란합니다."

"아니, 대출금은 내가 갚는데, 문 선생은 보증만 앉으면 된다니까?"

"선배님이 갚지 못하면 제가 물어내야 하지 않습니까?"

"야, 이 사람아, 내가 왜 그 돈을 갚지 않는단 말인가? 내가 지금 학교에 근무하고 있지 않느냐 말이다."

"선배님, 그래도 보증하지 않겠습니다. 미안합니다."

그 후 선배님은 매일 교실로 와서 보증을 부탁했다. 경수는 결국 더 이상 견딜 수가 없어서 보증하고 말았다. 몇 달이 지난 후에 선배님이 출근을 하지 않았다. 선생님들 사이에 이상한 기류가 감지되었다. 선배님이 사표를 내고 야반도주를 했다는 것이었다.

며칠 후에 새마을금고에서 사무실로 한 번 나와 달라는 연락이 왔다.

"문 선생님, 배 선생님께서 사표를 내신 것 아시죠?"

"예. 알고 있습니다."

"선생님께서 보증하신 금액에 대해서는 대신 변제를 하셔야 합니다."

"아니, 새마을금고에서는 배 선배님이 사표를 내신 것을 몰랐습니까?"

"우리가 어떻게 알겠습니까? 선생님들도 모르고 있었는데. 원금과 이자가 몇 개월 연체가 되길래 연락을 드렸지요. 조만간 갚겠다고 하니까 우리는 그렇게 믿었지요. 선생님은 억울하시겠지만 변제 서류를 작성해 주셔야겠습니다."

학교에서는 여러 선생님들이 보증했는데 대부분 후배들이었다. 후배 중에 한 교사는 새마을금고에 가서 싸웠다고 한다.

"몇 달 동안 원금과 이자를 내지 않으면, 본인에게 연락도 해야겠지만, 보증한 사람들에게도 연락을 해 주어야지요. 이제 본인이 도망가고 없다고 무조건 우리보고 갚으라는 것은 너무한 것 아닙니까?"

후배는 새마을금고와 계속 다투다가 법원 최고장을 받는 10원짜리 동전을 30만 원어치 바꾸어서 새마을금고에 갖다 주었다고 한다. 당시 경수 월급이 10만 원 정도였는데, 30만 원을 갚는다는 것은 정말 무리였다. 경수는 다시 새마을금고에 가서 사정을 이야기했다.

"선생님, 지금 당장 대출금을 갚을 수 없지요? 그러면 이렇게 하면 어떻겠습니까? 선생님께서 오늘 30만 원을 대출받아서 보증한 것을 갚고, 오늘 대출받은 것은 36개월 동안 천천히 갚도록 하면 어떻겠습니까?"

경수는 달리 방도가 없어서 새마을금고의 제안을 받아들였다. 결국 경수는 36개월 동안에 대출금을 갚지 못해서 다시 한 번 36개월 대출을 받았다.

경수   1981년

己   庚   辛   壬   辛
卯   辰   亥   辰   酉

1981년 辛酉年은 庚金 일간의 겁재가 천간과 지지로 들어온다. 세운에서 비겁이 들어오면 손재수가 있어서 일간의 것을 다른 사람에게 줄 수 있기 때문에 금전 관리를 잘해야 하지만, 세운에서 겁재가 들어오면 손재수가 있어서 일간의 것을 다른 사람에게 빼앗길 수 있기 때문에 금전 관리를 정말 잘해야 한다.

세운 지지 酉金 겁재가 년지 辰土와 일지 辰土와 辰酉合金을 하여 비겁 金의 기세가 강하게 들어오니 정말 손재수를 조심해야 했던 것이다. 그 후 경수는 보증에 대해서는 어느 누구의 부탁도 들어주지 않았고, 자식들에게도 설령 아버지가 보증을 부탁한다고 해도 보증하면 절대로 안 된다고 신신당부를 했다.

❈ 38 ❈
터를 옮기는 이사

경수   1983년

己　庚　辛　壬　　　癸
卯　辰　亥　辰　　　亥

　1983년 癸亥年에 부산진구 범천동에서 동래구 사직동으로 이사를 한 것은 월지 亥水와 세운 지지 亥水의 亥亥 자형으로 직장, 가정 등의 변동, 변화, 이동이 발생한 것이다. 그러나 亥亥 자형은 좋지 않은 일로 변동, 이동을 하는 것으로 범천동에서 금전 사고로 급하게 이사를 했던 것이다.

　범천동에서 금전 사고가 났을 때에 경수와 아내는 봉급의 대부분으로 빚을 갚았다. 계속해서 쪼들리는 생활과 동네 사람들의 입방아가 정말 창피해서 더 이상 그 동네에 살고 싶지 않았다. 그러나 금전 사고가 나고 바로 이사를 하면 마치 도망이라도 가는 것처럼 보일까 봐 3년을 버티다가 1983년에 범천동을 떠나서 사직동으로 이사를 했다. 사직동에 새로 이사한 집은 2층 집이었는데, 계단 이용이 불편한 2살짜리 딸아이가 주로 실내 생활을 하다 보니 마당에서 햇빛을 받으며 마음껏 뛰어놀지 못하는 것이 항상 안타까웠다.

　또 한 번은 비가 내리는 오후에 유아원을 마치고 돌아오던 큰아이가 교통사고를 당할 뻔했던 사고가 있었다. 그날 오후에 유아원에서 학부모 회의가 있어서 학부모 회 준비에 바쁜 선생님들이 그만 하교 지도를 생략하고, 원아들끼리 집으로 돌아가게 했다. 큰아이는 친구가 우산을 가져오지 않아서 친구를 집까지 데려다 주려고 길을 건너는데 시내버스가 아이들을 피하려다가 맞은편에서 오는 택시와 정면충돌을 했는데, 버스 승객과 택시 기사가 많이 다치지 않아서 참으로 다행스러운 일이었다.

　경수는 그날 저녁에 동래구 온천장에서 친구들과 모임을 마치고 새벽녘에 대문에 들어

서는데, 마당 구석에 낯선 젊은이 서너 명이 서성거리고 있었다.

"아니, 누군데 이 시간에 남의 집에 있는 거요? 도대체 누구요?"

경수가 고함을 지르자 젊은이들은 엉거주춤하여 일어섰다.

"우리는 1층 세호 친구입니다."

"세호? 그 집에 제일 큰아이가 이제 초등학교 5학년이요. 집을 잘못 찾은 모양이니 어서 가 보시오."

젊은이들은 서로 눈치를 보더니 후다닥하고는 달아났다. 경수는 1층 태영이 아버지를 불렀다. 태영이네는 하필 그날따라 보일러 공사를 한다고 모두 건넌방에 자는 바람에 안방에 있던 장롱 속의 값진 패물과 귀금속을 몽땅 털린 것이다.

경수는 2층 계단 난간 밑에 젊은이들이 앉았던 곳에 가 보았다. 그곳에는 부엌칼이 세 자루나 땅에 꽂혀 있었다. 경수는 급히 2층으로 올라갔는데, 현관문이 굳게 닫혀 있었다.

경수가 살고 있던 집에는 모두 4가구가 살고 있는데, 1층은 회사에 다니는 태영이네, 술집을 경영하며 딸 하나를 데리고 사는 보슬이네, 그리고 술집에 나가는 아가씨였다. 그리고 2층에는 경수가 살고 있었는데, 술집에 다니는 사람들이 대부분 새벽에 들어오기 때문에 항상 대문이 열려 있었다.

1983년 癸亥年의 겨울은 건국 이래 부산에 가장 많은 눈이 왔다. 밤새 내린 눈으로 옥상에 있는 물탱크가 터졌고, 물탱크에서 새어 나온 물은 2층 계단을 온통 하얀 얼음으로 뒤덮어서 계단 출입조차 힘들었다.

또 어머니는 사직동에 이사를 온 후부터 자주 몸이 편찮았다. 식욕도 떨어지고, 등에는 종기가 나기 시작했다. 병원에서 내린 진단은 타향병이라고 했다. 타향병은 나이가 많은 노인들이 오래 살던 곳을 떠나면 생기는 병인데, 그 병을 낫게 하는 방법은 옛날 동네로 되돌아가는 길뿐이라는 것이었다.

경수는 이런저런 일을 겪고 나서 이제 사직동을 떠나야겠다고 생각했다. 그리고 범천동 아주머니들에게 전셋집이 나오면 연락을 해 달라고 부탁해 두었는데, 얼마 후에 범천동에서 전셋집이 나왔다는 연락이 왔다. 전셋집은 옛날 경수가 전세살이를 하던 집 건너편에 있는 노란 나무대문 집으로, 마당에는 여러 가지 진귀한 나무들이 심어져 있고 당시에는 그 동네에서 제일 잘사는 집이었다.

경수는 전셋집으로 알고 내려갔는데, 집주인인 상희 아버지가 하던 사업이 부도를 맞아서 팔려고 내놓았던 것이었다. 게다가 그 집의 권리는 이미 다른 사람에게도 넘어갔던 것이다. 상희 아버지는 경수에게 김 사장이라고 하는 새 주인의 전화번호가 적힌 쪽지를 건네주면서 꼭 이 집을 사라고 부탁했다.

경수는 다음 날 오후에 양정에서 철공소를 경영하는 김 사장을 찾았다.

"제가 전세로 얻으면 안 될까요?"

"우리는 돈이 급해서 빨리 팔아야 됩니다. 전세는 조금 어렵겠습니다."

작은 체구에 성실하게 보이는 김 사장은 난색을 표했다.

"집은 얼마에 내놓으셨습니까?"

"3,200만 원입니다. 별로 비싼 편은 아닐 것입니다."

"알겠습니다. 제가 그 집을 사고 싶은데, 저에게 며칠간의 여유를 주시겠습니까?"

"그럼, 일주일 안에 결정을 해 주시오. 더 이상은 기다릴 수 없습니다."

경수가 확인한 바, 그 집의 등기부등본에는 여러 건의 저당권이 설정되어 있었으며 건축 대장에는 김 사장도 상희 아버지도 아닌 다른 사람의 이름이 등재되어 있었다. 또 그 집은 시유지와 소방 도로를 무단 점유하고 있었다. 범천동 어르신 중 한 분은 그 집의 권리가 복잡하게 되어 있으니 사지 않는 것이 좋겠다는 조언도 하셨다. 당시에는 권리 분석 등을 잘하지 못했기 때문에 등기부등본이나 건축 대장 등에 조금이라도 하자가 있다는 생각이 들면 아예 거래를 하지 않았던 것이다. 그것보다 더 큰 문제는 범천동 집값이 3,200만 원인데, 현재 사직동 집에 걸려 있는 전세금이 800만 원이니, 2,400만 원이라는 큰돈을 마련할 재간이 없었다. 결국 경수는 며칠 동안의 고민 끝에 집을 사는 것을 포기하기로 하고 다시 철공소로 가서 김 사장을 찾았다.

"사장님은 몸이 조금 불편해서 일찍 들어갔습니다."

경수는 직원으로부터 김 사장 집의 약도를 받았다. 김 사장의 집은 양정초등학교 근처에 있었는데, 마당 한쪽에서는 지하수 공사가 한창이었고, 다른 한쪽에서는 그동안 밀린 공사 대금을 받기 위해 인부들이 모여 웅성거리고 있었다. 경수는 괜히 왔다는 생각이 들었지만 2층으로 올라갔다.

경수가 김 사장 사모님에게 집을 살 수 없는 사정을 설명하고 나서려는데, 마침 김 사장이 올라왔다.

"문 선생님이 어쩐 일입니까?"

"철공소에 갔더니, 사장님께서 댁으로 들어가셨다고 해서 집으로 왔습니다."

"그래, 집은 사기로 했습니까?"

"아닙니다. 아직 집을 살 형편이 되지 않아서……."

"그럼, 왜 오셨습니까?"

경수는 범천동 집에 관한 서류를 꺼내서 김 사장 앞에 내밀었다.

"이게 무슨 서류입니까?"

"사장님, 저는 범천동에서 오래 살아서 이 집에 대해서 잘 알고 있습니다. 이 집에 약간의 문제가 있어서 알려 주려고 왔습니다."

"아니, 집을 못 사신다면서……. 그래, 그 집에 무슨 문제가 있습니까?"

경수는 시유지 점유와 도로 점유 그리고 이웃집들과 경계선 문제 등을 상세히 이야기했다.

"문 선생님은 그 집을 사지도 못하면서 뭐하러 내게 그걸 알려 주는 거요?"

"그래도 사장님이 집주인이시니까, 그 집에 대해서 알고 계셔야지요. 그래야 다음에라도 참고가 될까 싶어서."

"나는 그 집에 대해서는 잘 모릅니다. 나는 빌려 준 돈을 못 받아서 잡은 집이지요. 나는 문 선생님이 그 집에 대해서 잘 아니까 샀으면 싶었지요."

경수는 남은 커피를 마저 마시고 자리에서 일어났다. 김 사장은 아쉬운 표정을 지으며 경수를 쳐다봤다.

"문 선생님, 그러면 2,400만 원이면 사시겠소?"

김 사장의 말에 막 방문을 나서려던 경수는 순간적으로 흠칫했다.

"사장님, 제가 사겠습니다. 그만한 돈은 제가 어떻게 해서든지 마련해 보겠습니다."

경수는 구서동 아파트를 당시의 시세보다 조금 싸게 내놓았다. 얼마 후에 부동산 사무실에서 연락이 왔다. 아파트를 사는 사람은 정년퇴직을 앞둔 공무원이었다. 연세도 많으신 분이 퇴직금으로 겨우 아파트를 마련하는 것이라며 깎아 달라는 통에 그만 50만 원이라는 큰돈을 깎아 주었다.

"도대체 당신은 정신이 있는 거요, 없는 거요?"

아파트 가격을 깎아 주었다는 말에 아내는 펄쩍 뛰었다. 당시 50만 원이면 아마 두 달 봉급 정도는 되었을 것 같기도 하다.

"그러면 어떻게 해요? 내일이면 60이 되는 어른이 그렇게 통사정을 하는데……."

"여보, 공무원 생활을 몇십 년 했다면, 사람의 관상 정도는 척 보면 알 거예요. 그러니 당신은 그 사람 연극에 속은 거예요."

아내는 기세가 등등했다.

"그래도 남을 속이는 것보다는 낫잖아?"

"그래서 평생 속고 살 거예요? 도대체 뭘 믿고 맡길 수가 있어야지. 내가 직접 가는 건데, 공연히 당신을 보냈어."

경수는 범천동 집에서 집들이를 하는 날에 김 사장 부부를 초대했다.

"내 이 집을 문 선생님에게 팔고 동생들에게 원망을 많이 들었습니다. 동생들도 이 집을 사고 싶었던 모양입니다."

김 사장이 집들이를 마치고 대문을 나서면서 한 말이 지금도 잊혀지지 않고 있다.

경수				1984년
己	庚	辛	壬	甲
卯	辰	亥	辰	子

1984년 甲子年 봄에 동래구 사직동에서 부산진구 범천동의 노란 나무대문 집으로 이사를 한 것은, 세운 천간 甲木은 일간 庚金의 편재이고 세운 지지 子水가 일지 辰土와 子辰合을 하여 일간의 이동, 변동 사항이 발생했던 것이다. 즉, 甲子年에 금전과 일신상의 이동, 변동 문제가 발생했던 것이다.

❀ 39 ❀
사주의 수호신, 택신(宅神)

　일반적으로 세운에서 일지와 월지를 충하면 이사를 가야 할 운이 발생한다고 한다. 사주 월지와 세운 지지가 합을 하면 본인이 정말 이사를 하고 싶어서 하는 것이고, 사주 월지와 세운 지지가 충을 하면 재테크, 도시 재개발 사업 등 실용적인 가치를 위해서 이사를 하는 것이다.

　일반적으로 사주와 대세운을 보면서 이사운을 말하지만, 그 이사운이 좋은지 나쁜지에 대해서는 사실 알기 어려운 것이다. 이때 이사운의 길흉을 알려 주는 것이 바로 택신이다. 택신은 옛날부터 집을 지키는 황구렁이를 말하는데, 사주에서의 집은 월주이므로 월주에 택신이 있다. 그래서 택신은 월주를 중심으로 구한다.

　옛날 우리 조상님들은 집마다 집을 지키는 동물이 있다고 보았는데, 그 동물은 대개 황구렁이로 집의 천장 위 또는 구들장 등 집 안 어딘가에 살면서 집을 지켜 주므로 이 동물을 해치면 집안에 우환이 생긴다고 하여 해치면 안 된다고 생각했다. 집 지킴이인 황구렁이가 집을 지켜 주듯이 사람에게는 사주를 지켜 주는 사주 지킴이가 있다고 하는데, 그것을 택신이라고 한다. 월주에서 택신을 찾아야 하고, 그 택신이 다쳐서는 안 된다.

〈 납음십이운성의 조견표 〉

구분	자생	자패	자관	자임	자왕	자쇠	자병	자사	자묘	자절	자태	자양
木	己	壬	癸	庚	辛	戊	己	壬	癸	庚	辛	戊
	亥	子	丑	寅	卯	辰	巳	午	未	申	酉	戌
火	丙	丁	甲	乙	戊	己	丙	丁	甲	乙	戊	己
	寅	卯	辰	巳	午	未	申	酉	戌	亥	子	丑
土	戊	己	丙	丁	庚	辛	戊	己	丙	丁	庚	辛
	申	酉	戌	亥	子	丑	寅	卯	辰	巳	午	未
金	辛	甲	乙	壬	癸	庚	辛	甲	乙	壬	癸	庚
	巳	午	未	申	酉	戌	亥	子	丑	寅	卯	辰
水	甲	乙	壬	癸	丙	丁	甲	乙	壬	癸	丙	丁
	申	酉	戌	亥	子	丑	寅	卯	辰	巳	午	未

사주 1

				택신	세운
壬	丙	戊	癸	癸	己
辰	寅	午	酉	亥	亥
				水	水

사주 1의 택신은 먼저 월간 戊土의 천간합을 구하면 戊癸合으로 택신의 천간 오행은 癸水이고, 지지는 월지 午火를 충하는 子水의 한 칸 뒤인 亥水이므로 사주 1의 택신은 癸亥이고, 납음오행은 水이다. 사주 1의 택신은 癸亥로 납음오행은 水이고, 세운 己亥年은 납음오행이 木이므로 水生木으로 己亥年은 이사를 해도 괜찮은 해이다.

사주 2

				택신	세운
丙	甲	庚	辛	乙	己
寅	申	寅	丑	未	亥
				金	木

사주 2의 택신은 먼저 월간 庚金의 천간합을 구하면 乙庚合으로 택신의 천간 오행은 乙木이고, 지지는 월지 寅木을 충하는 申金의 한 칸 뒤인 未土이므로 사주 2의 택신은 乙未이고, 납음오행은 金이다. 사주 2의 택신은 乙未로 납음오행은 金이고, 세운 己亥年의 납음오행은 木이므로 金剋木이 되어 己亥年에는 이사를 하는 것이 좋지 않다.

택신과 세운의 관계는 아래와 같이 모두 5가지의 경우가 있다.

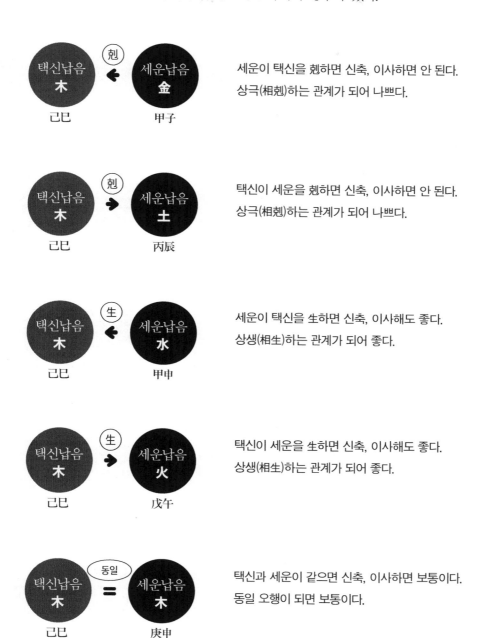

세운이 택신을 剋하면 신축, 이사하면 안 된다.
상극(相剋)하는 관계가 되어 나쁘다.

택신이 세운을 剋하면 신축, 이사하면 안 된다.
상극(相剋)하는 관계가 되어 나쁘다.

세운이 택신을 生하면 신축, 이사해도 좋다.
상생(相生)하는 관계가 되어 좋다.

택신이 세운을 生하면 신축, 이사해도 좋다.
상생(相生)하는 관계가 되어 좋다.

택신과 세운이 같으면 신축, 이사하면 보통이다.
동일 오행이 되면 보통이다.

경수				택신	1983년
己	庚	辛	壬	丙	癸
卯	辰	亥	辰	辰	亥
				土	水

경수 사주의 택신 천간은 월간 辛金을 合하는 丙火로 천간을 정하고, 지지는 월지 亥水를 충하는 巳火의 한 칸 뒤 지지 辰土로 정한다. 따라서 경수의 택신은 丙辰이고, 납음오행은 土이다.

이사운의 길흉은 택신 丙辰과 세운을 납음오행의 생극으로 살펴보는 것이다. 범천동에서 금전 사고가 있은 후에 동래구 사직동으로 이사를 갈 때가 1983년 癸亥年이었는데, 癸亥年은 납음오행이 水이다.

1983년 癸亥年의 이사운을 살펴보면 택신은 丙辰으로 납음오행이 土이고, 세운 癸亥는 水이므로 택신과 세운의 관계는 土剋水로 극의 관계이므로 이사운이 좋다고 할 수는 없는 것이다. 그래서 그런지 사직동으로 이사를 한 후에 어머니의 타향병, 아들의 교통사고 위기 등으로 마음고생을 많이 했던 것이다.

그 후 동래구 사직동에서 부산진구 범천동 집을 사서 이사를 한 때가 1984년 甲子年이다. 택신은 丙辰 土이고, 세운 甲子年 납음오행은 金이므로 土生金으로 이사, 신축 등에 큰 흉이 없어서 그런지 범천동에서는 큰 흉 없이 무던히 잘 살았던 것 같다. 경수는 그 집에 이사를 한 지 12년 후에 3층 건물을 세웠다.

사주				택신	2015년	1984년	1983년
己	庚	辛	壬	丙	乙	甲	癸
卯	辰	亥	辰	辰	未	子	亥
				土	金	金	水

2015년에 범천동에서 남구 용호동으로 이사를 했는데, 경수의 택신은 丙辰 土이고, 세운 乙未年의 납음오행은 金이므로 역시 土生金으로 이사, 신축에 길한 해이다. 그래서 그런지 남구 용호동으로 이사를 한 후에는 힘들었던 몇 가지 문제가 일시에 해결이 되었다.

❈ 40 ❈
교감 승진

　교직 사회의 승진 요건 중 가장 중요한 것은 바로 근무 평정이다. 근무 평정은 교사의 1년간 근무 상황, 학급 경영 실적, 업무 추진 실적 등을 참고로 하여 교장 선생님과 교감 선생님이 각각 평정하게 되어 있다.

　교사가 교감으로 승진하기 위해서는 근무 평정, 연구 점수, 연수 점수, 기타 부가 점수 등이 필요한데, 연구 점수, 연수 점수, 기타 부가 점수는 본인의 노력 여하에 따라 취득할 수 있지만, 근무 평정은 교장 선생님과 교감 선생님에게 평정 권한이 있어서 근무 평정을 잘 받기란 참으로 어려운 일이다. 또 최근에는 5년간의 근무 평정 중에서 점수가 높은 3년간의 근무 평정을 선택하여 승진에 반영하는 것으로 법이 바뀌었기 때문에 최소한 3년간은 근무 평정에서 1등을 받아야 한다.

　경수는 2002년 여름 방학 때에 교감 연수를 받았기 때문에 근무 평정만 잘 받으면 2003년 봄에 교감 발령을 받을 수 있었다.

　"문 부장님, 오후 3시에 교장실로 좀 내려오세요."

　교감 선생님의 전갈이 있었다. 12월 초였기 때문에 아마 근무 평정 문제인 것으로 직감했다. 교장실에는 경수보다 대학 2년 선배인 김 부장 선생님이 먼저 와 계셨다. 경수가 근무 평정에서 1등을 받으면 내년 3월에 발령이 날 것이고, 김 선배가 근무 평정에서 1등을 받으면 김 선배는 내년 여름 방학에 교감 연수에 차출이 되지만, 경수로서는 교감 발령이 최소한 6개월에서 1년 정도 늦어지는 것이다.

　"두 부장 선생님을 부른 것은 다름이 아니라 근무 평정 문제입니다. 두 부장 선생님 모두 근무 평정이 절실한 것은 잘 알고 있습니다. 부장 선생님의 학급 경영과 근무 상황 등을 기반으로 하여 교감 선생님과 의논을 하여 근무 평정을 내겠습니다. 지금부터 부장 선생님은 누가 근무 평정이 1등인지 알려고 하지 마십시오. 그리고 설령 알아도 모른 척

하시고, 절대로 입을 열지 마십시오. 부장 선생님, 이제 그만 가셔도 됩니다."

경수는 직감적으로 근무 평정이 2등이라는 생각이 들었다. 김 선배는 이번 교감 연수에 차출되지 못하면 앞으로도 차출되기 어렵다는 것을 잘 알고 있기 때문이다.

"교장 선생님, 오늘은 김 선배님과 저의 인생에 있어서 가장 중요한 고비이기도 합니다. 그런 중대한 말씀을 하실 때에 따뜻한 커피라도 한 잔 있으면 좋겠습니다."

"아, 그렇군요. 우리 문 부장님은 커피를 참 좋아하지요. 알았어요. 우리 모두 따뜻한 커피 한잔하면서 마음을 녹입시다."

경수는 그해 근무 평정에서 2등을 받았고, 2003년 9월 1일자로 부산시 동구 동영초등학교 교감 발령을 받았다.

경수

시	일	월	년		대운	52	42	32	22	12	2	2003년	2002년
己	庚	辛	壬			丁	丙	乙	甲	癸	壬	癸	壬
卯	辰	亥	辰			巳	辰	卯	寅	丑	子	未	午

2003년 (丁乙己) 천살

2002년 (丙己丁) 재살

2002년 壬午年과 2003년 癸未年은 丁巳 대운이다. 그런데 사주의 庚辛이 대운 丁巳와 대립하면서 월간 辛金이 丁火를 우선 맞이하고, 그 다음에 일간 庚金이 丁火를 맞이하게 되므로 사실 丁火에게 양보하는 형국이지만, 실제는 양보한 것이 아니라 경쟁자가 제거되는 것을 암시하고 있다. 그러므로 오히려 더욱 값진 운명을 암시하는 것이다.

庚金 일간이 2002년 세운 천간 壬水를 보면 庚発水原(경발수원)으로 식신인 세운 천간 壬水가 일간 庚金을 씻어서 빛나게 해 주고, 일간이 일을 하면 그 대가를 가져다준다. 壬午年의 지지 午火 지장간 丁火는 庚金 일간의 정관이기는 하지만, 재살 정관으로 눈에 드러나지 않는 정관이라서 근무 평정을 1등을 받지 못했고, 2003년 세운 천간 癸水는 庚金 일간을 녹슬게 하여 좋지 않지만, 癸未年의 지지 未土 지장간 丁火는 庚金 일간의 천살 정관이므로 천살인 임금님의 눈에 발탁되어 교감 발령이 난 것으로 볼 수 있다.

❀ 41 ❀
교감 전보

동영초등학교는 교감 급지로서는 하급지이기 때문에 통상 2년 만에 전보 발령이 난다. 2003년 9월 1일자로 발령을 받았으니까, 2005년 8월 31일이 2년째 되는 날이다.

"교감 선생님, 이번에 전보 신청을 하셔야 합니다."

지역교육청 초등교육과 인사 담당 장학사로부터 전화가 왔다.

"저는 전보 유예 신청을 해서 여기에서 1년간 더 근무하고 싶습니다."

"교감 선생님, 학교 위치가 산 위라서 교통도 불편할 텐데, 왜 유예 신청을 하십니까?"

"글쎄요, 나는 이 학교가 좋은데. 일단 1년간 유예 신청을 하겠습니다."

경수는 1년간 더 동영초등학교에서 근무했다. 교육청에서 볼 때는 동영초등학교의 위치가 산 위이고, 또 교통도 불편하게 보이는데 왜 전보 유예를 하는지 이해가 되지 않았던 모양이다. 더구나 이번에는 경력 교감으로 더 크고 좋은 학교로 전보할 수 있는데도 말이다. 그런데 사실 경수 집에서 학교까지 도보로 약 20분 정도 소요되므로 아침저녁으로 운동 삼아 천천히 걸으면 그런대로 괜찮았는데 굳이 집에서 멀거나 교직원 수와 학생 수가 많은 큰 학교로 가서 힘들게 근무할 필요가 있겠느냐 말이다. 어느새 1년이 또 지났다.

"교감 선생님, 이번에는 전보 신청을 하셔야 합니다."

"과장님, 이번 한 번만 더 전보 유예 신청을 하면 안 될까요?"

"교감 선생님, 이번에는 안 됩니다. 교감 선생님 같은 경력자가 소규모 학교에 계속 계시면 결국 신규 교감들이 대규모 학교에 발령이 나게 되지 않겠습니까? 그런데 신규 교감들이 대규모 학교의 학사를 어떻게 처리할 수 있겠습니까? 이번에는 내려오십시오."

경수   2006년

己   庚   辛   壬   丙
卯   辰   亥   辰   戌

　경수가 2006년 9월 1일 자로 남구 용호동 용성초등학교에 발령을 받은 것은 세운 丙戌
年의 천간 丙火는 관성으로 직장 등을 말하고, 지지 戌土는 인성으로 문서, 서류 등으로
년지 辰土와 일지 辰土를 충하므로 인사이동인 것이다. 또 세운 지지 戌土가 일지 辰土를
辰戌冲하므로 일신상의 변동이 있게 되는 것이다.

❀ 42 ❀
교장 승진, 인생의 꽃을 피우다

경수				대운	2009년
己	庚	辛	壬	丁	己
卯	辰	亥	辰	巳	丑

2009년 丁巳 大運과 세운 己丑年이 巳丑으로 반합을 하면서 대운 지지 巳火는 일간 庚金의 長生이 되어 庚金으로 하여금 날로 새롭게 만들어 주고, 다시 丁巳 대운의 천간 丁火는 일간 庚金을 火練眞金(화련진금)으로 보검을 만들어 주니, 이 어찌 좋지 않을 수가 있겠는가? 그리고 2009년 세운 己丑年의 己土인 인성은 대운의 길 중에 들어온 문서가 되니, 그것이 발령장이 된 것이다.

2009년 9월 1일자로 학교장 발령이 날 것이라는 연락을 받았다. 이때 대부분의 교장들이 고민을 해 보는 것은 가급적이면 대규모 학교로 가서 학교장으로서의 위용을 한 번 펼칠 것인가 아니면 소규모 학교로 가서 학교장으로서 맡은 바 임무에 충실하면서 낙향한 선비처럼 조용히 지낼 것인가 하는 것이다.

"교감 선생님, 교감 경력 6년이니 이제 대규모 학교장으로 가시는 것도 괜찮을 것 같은데……."

교장 선생님께서 조심스럽게 권유하셨다.

"교장 선생님, 첫 학교장 발령 학교는 소규모 학교로 하겠습니다."

"교감 선생님 생각은 그렇지만 나중에 후회하시지 않겠습니까?"

"소규모 학교에 가야 더 많은 일을 할 수 있을 것 같습니다."

"교감 선생님, 어느 학교를 희망하십니까?"

"용신초등학교가 적당할 것 같습니다."

"용신초등학교를 선택하시는 특별한 이유라도 있습니까?"

"우리 집에서 용신초등학교로 한 번에 가는 버스가 있습니다."

경수는 부산시 초등학교 교감 중에서 유일하게 버스를 타고 출퇴근을 하는 교감이라고 이미 소문이 나 있었다.

"용신초등학교의 전전임 박 교장 선생님이 계실 때에는 운동장에서 학생 교통사고가 있었고, 전임 최 교장 선생님은 학생 왕따 문제로 소송까지 벌어져서 큰 곤욕을 당하기도 했는데 괜찮으시겠습니까?"

"소송은 끝이 났고, 이제 조용한 것으로 알고 있습니다."

"그래도 아직 학부모 사이에는 그때의 앙금이 남아 있는 모양이던데 조심하셔야 할 것입니다."

2011년 초에 본교 도서실에서 구청 관계자와 학부모 간담회가 있었다. 경수는 학교장 자격으로 간담회에 함께 자리를 했다.

"우리 구청에서 지난 최 교장 선생님이 계실 때에 학생 놀이 시설 지원금으로 1,000만 원을 내려보냈는데, 어떤 놀이 기구가 설치되었는지, 또 학생들의 활용도는 어떤지가 궁금해서 겸사겸사 학부모님들과 간담회를 마련하였습니다."

놀이 시설에 대한 자세한 내용을 몰랐던 학부모들은 모두 박수를 치면서 구청의 학교 지원을 굉장히 고맙게 생각했는데, 문제는 그 다음의 내용이었다.

"우리 구청에서 지난번에 관내 우평초등학교에 약 4억 원을 지원하여 화장실 보수 공사 등으로 학교가 새 학교처럼 아주 깨끗하게 단장을 했습니다."

구청 관계자의 말이 채 끝나기도 전에 갑자기 학부모들의 표정이 일그러지며 여기저기에서 술렁거리기 시작했다.

"아니, 우평초등학교에 지원금을 준 것을 왜 우리에게 이야기하는 겁니까? 우리는 겨우 1,000만 원을 지원했다면서 우평초등학교에는 왜 4억 원이나 지원을 한 겁니까? 대답해 보세요."

처음에는 화기애애하던 분위기가 구청 측의 말실수로 갑자기 간담회 분위기가 험악하게 되었다.

"그게 아니고, 우리 구청에서는 관내 학교 지원 사업을 하고 있다는 것을 알리려는 것으로 앞으로 기회가 되면 용신초등학교에도 더 큰 지원을 하도록 하겠습니다."

"그러면 나중에 지원할 때 이야기하세요. 남의 학교 돈을 준 것을 왜 우리한테 자랑하는 겁니까?"

"우리 구청에서 분리수거로 지출하는 돈이 연간 몇 억이 넘습니다. 학부모님께서 분리수거를 잘해 주시면 예산 절감을 하여 그 돈을 다시 학교로 지원할 수 있다는 말씀을 드리는 것입니다."

"그러면 우평초등학교 학부모들은 분리수거를 잘해서 4억이라는 돈을 주고, 우리는 분리수거를 잘 못해서 겨우 1,000만 원밖에 주지 않은 겁니까? 무슨 말도 안 되는 소리를 하고 있어."

구청 측도 더 이상 할 말이 없는지 그만 입을 다물었다.

"우리도 분리수거를 잘하고 있습니다. 우리 집에 와 보세요. 우리가 분리수거를 얼마나 잘하고 있는지 두 눈으로 직접 확인해 보세요."

학부모들의 언성이 점점 더 높아졌다. 간담회는커녕 자칫 잘못하면 폭력 사태로 비화될 조짐까지 보였다. 구청으로서는 학부모들과 간담회를 통해 학교 지원 사업을 홍보하려다가 오히려 망신만 당한 꼴이 되고 말았다.

"다음은 본교 교장 선생님의 인사 말씀이 있겠습니다."

구청 직원이 학부모의 분위기를 반전시켜 보려고 급히 학교장을 내세웠지만, 경수가 인사를 하려고 단상에 서기도 전에 학부모들의 불평불만이 터져 나왔다.

"교장 선생님, 이 학교가 교장 선생님들의 휴식처입니까? 교장 선생님도, 선생님들도 2년 만에 전보가 되니, 학생들이 선생님과 친해지기도 전에 선생님은 떠나가고, 또 낯설고 새로운 선생님이 오시니, 학생들의 마음이 안정되지 않습니다. 교장 선생님은 이 학교에 몇 년 동안 계실 예정입니까?"

"오늘 이 간담회를 통해서 학부모님의 학교와 학생들에 대한 애정을 충분히 알게 되었습니다. 사실 본교에 발령을 받기 전에 본교에 대해 걱정스러운 여러 가지 이야기를 들었습니다마는 그래도 소규모 학교에 와서 교장 나름대로의 학교 경영을 잘할 수 있을 것이라는 소신이 있어서 왔는데, 오늘 학부모님들과 함께해 보니 앞으로 정신 바짝 차려야겠다는 생각을 해 봅니다. 학부모님들께도 아시다시피 저는 공무원입니다. 공무원은 인사 발령장 종이 한 장에 의해서 이리저리 근무지를 옮기는 것은 당연한 것 아닙니까? 그런데 오늘 학부모님들의 생각을 들어보니 본교 교장이나 선생님들이 오래 근무해 주시기를 희망하시는 것 같습니다. 선생님들의 전보 유예는 개인의 사생활 문제이기 때문에 제가 어찌할 수 없습니다마는 저의 전보는 학부모님들에게 맡기겠습니다. 학부모님들께서 지금 당장 시교육청으로 가서서 저를 정년퇴직할 때까지 용신초 교장으로 발령을 고정시켜 달라고 시위를 하셔도 좋고, 탄원서나 진정서를 제출해도 좋습니다. 시교육청에서 용신초 교장으로 정년퇴직 때까지 근무하라고 하면 근무하겠습니다."

"지금 교장 선생님께서 하시는 그 말씀이 정말입니까?"

"그렇습니다. 원하시면 학부모님들께 각서라도 써 드리겠습니다."

학부모 간담회는 그렇게 끝이 났고, 그 후 학교 정책이나 학교 행사에 딴지를 거는 사람은 한 사람도 없었다.

2011년 6월에 학부모 임원들이 교장실을 찾았다.

"교장 선생님, 금년 8월 31일이 되면 교장 선생님께서 본교에 오신 지 2년이 되는 날입니다. 지난번 간담회에서 교장 선생님의 근무 연한을 저희들에게 일임하셨지만, 교장 선생님께서도 때가 되면 본교를 떠나야 한다는 것을 저희들도 잘 알고 있습니다. 다만 저희들이 부탁하고 싶은 것은 금년 말까지 6개월만 더 근무하셔서 금년 교육 과정을 마무리하시고, 내년 3월에 다른 학교로 전보하시면 어떨까 하는 것을 건의하려고 합니다."

"나를 다른 학교로 보내 주신다고요? 나는 본교에서 정년퇴직을 하는 줄 알았는데, 학부모님들의 뜻대로 하겠습니다. 내년 3월에 전보 신청을 하겠습니다."

경수   2011년

己	庚	辛	壬	辛
卯	辰	亥	辰	卯

2011년 辛卯年은 세운 천간 辛金이 일간 庚金의 겁재가 되면서 년지 辰土와 일지 辰土가 세운 지지 卯木과 卯辰 해살로 일지가 해살이어서 일신상에 약간의 갈등이 있어야 했던 것이다. 해살은 주변 사람들과 갈등이나 원망이 발생하는 것으로 항상 말과 행동을 조심해야 한다. 해살은 지지 寅巳, 卯辰, 丑午, 子未, 申亥, 酉戌의 6가지인데, 寅巳는 형살이기도 하고, 丑午는 원진살과 귀문관살이기도 하다.

※ 43 ※
문학과 지혜의 별, 화개귀인

"문 교장, 사주를 보고 학생들의 재능을 찾는 방법이 있다는 이야기를 들어봤어?"

사주 공부를 함께하는 대학 동기가 물었다.

"아니, 사주를 보고 학생의 재능을 찾을 수 있다면, 그건 진짜 대박인데. 사주를 통해 어떻게 학생의 재능을 찾을 수 있다는 것이지?"

"나도 어느 잡지에서 본 것 같은데 자세한 것은 알 수 없네. 이제부터 한 번 알아봐야겠다."

우리는 수소문 끝에 사주로 학생의 선천 재능을 평가하는 곳이 서울에 있는 한국선천적성평가원이고, '사주를 이용한 성격 및 적성 검사 방법'을 2008년에 대한민국 특허청으로부터 특허(특허 제10-0834389)를 받았다는 것도 알았다.

"원장님, 선천적성검사방법을 배우고 싶은데 어떻게 하면 될까요?"

"부산에 수강생이 10명 정도가 되면 우리 강사진들이 내려가서 강의를 하겠습니다."

사주 공부를 하는 사람들 중에도 반신반의를 하는 사람들이 많아서 수강생 10명을 모은다는 것이 그리 쉬운 일이 아니었다. 주변 사람들을 설득하고 설득하여 겨우 8명을 모아서 이제 2명만 더 모으면 되는데, 함께 공부하기로 약속했던 사람들 중에 또 무슨 일이 있어서 하지 못한다고 하니 도저히 10명을 모을 수가 없어서 포기할 수밖에 없었다. 그런데 마침 2011년 부산시교육청에서 주최한 부산진로교육박람회에 한국선천적성평가원이 참여하게 되었다.

"교장 선생님, 우리가 마침 부산에 내려갈 일이 있으므로 부산에서 강의를 하도록 하겠습니다."

경수는 사주 공부를 함께하는 도반 중에서 수강생 5명을 겨우 모집하여 선천적성검사방법 강의를 들을 수 있었다. 사주를 통하여 학생들의 선천 재능을 검사할 수 있는 참으로 좋은 내용이었다.

"교장 선생님은 인식재능이 높아 문학가 스타일로 몽환적인 예술적 감성이 활용되는 활동을 하시면 크게 성공하실 수가 있겠습니다."

한국선천적성평가원에서 경수의 재능을 평가한 결과였다.

"몽환적인 예술적 감성이라는 말이 무슨 뜻입니까?"

"몽환적인 예술적 감성이란 교장 선생님은 아직 한 번도 가 본 적이 없는 곳을 마치 가 본 것처럼 글을 쓴다는 것이지요."

경수가 집필한 대표적인 소설은 역사 소설로, 단군을 주인공으로 하는 『환국의 강은 흐른다 1·2』와 『한 권으로 읽는 고구려 비사 900년』인데, 한국선천적성평가원의 평가 결과에 의하면 경수가 역사 소설을 쓰게 된 것도 그냥 우연한 일은 아닌 것 같다.

경수 사주의 년지, 일지 辰土가 화개살이다. 년지, 일지 辰土가 일간 庚金의 인성이니 화개귀인이다. 화개귀인은 인성이 화개살인 것을 말한다. 40년의 교사 생활, 40권이 넘는 도서 출판, 그리고 부경대학교 평생교육원에서 선천재능검사상담사과정을 강의하고, 공무원연금공단과 현대백화점 부산점에서 사주 강사 활동을 하는 것이 화개귀인과 전혀 무관하다고는 생각하지 않는다.

寅申巳亥가 주로 역마살이고, 子午卯酉가 주로 도화살이듯이, 辰戌丑未는 주로 화개살로 대체로 총명하며 예술의 별로 문학과 지혜가 있어서 명성을 떨치기도 한다. 화개살이 인성이면 학자의 기질이 있지만, 화개살이 너무 많으면 수도인의 운명이라고 할 수 있고, 특히 일지가 화개살이면 더욱 그런 경향이 강하다고 한다. 또 화개살이 공망이면 승려가 되기 쉽거나 현실에 제대로 적응하지 못하는 무능한 사람이 되기 쉽다. 또 화개살이 형충파해가 되면 문화적인 일로 분주하기도 한다. 화개살이 용신이면 문장가나 예술가로 대성하기도 한다. 화개살은 일지와 시지가 중심이 되지만, 년지와 월지도 영향을 미친다. 만약 화개살이 형충파해가 되거나 용신이 아니면 말재주는 있어서 말은 청산유수같이 잘하지만 때로는 허풍쟁이일 경우도 많다.

경수					아내			
己	庚	辛	壬		庚	辛	庚	甲
卯	辰	亥	辰		寅	亥	午	午
	화개		화개					

경수는 壬辰年生이므로 년지 삼합 申子辰에서 12신살을 보면 辰土가 화개살인데, 辰土는 庚金 일간의 인성이므로 화개귀인이다.

아내는 甲午年生으로 년지 삼합 寅午戌에서 12신살을 보면 戌土가 화개살이면서 인성인데, 지지에 戌土가 없으므로 화개귀인은 없는 것이다.

명리학 고서에 화개살이 공망이면 승려가 되기 쉽다고 했는데, 경수는 화개살인 辰土가 공망이 아닌데도 젊은 시절부터 출가하고 싶다는 생각을 자주 했다. 하지만 결국 출가는 하지 못했으나 1993년에 석가모니 소설을 출간했으니 이것을 어찌 우연이라고 할 수 있겠는가?

❀ **44** ❀
조선 최고의 관상가, 박유붕

조선 시대 말기, 관상가 박유붕은 관상을 잘 본다는 소문이 나면서 큰돈을 벌었지만, 박유붕의 마음속은 관직에 대한 열망으로 가득 차 있었다.

"좀 더 높은 곳에서 더 넓은 곳을 바라볼 수만 있다면……."

"하지만 자네는 관직을 얻을 관상이 아니라고 했지 않는가?"

관직에 대한 운이 없었던 박유붕은 고민을 하다가 반병신이 되어야 출셋길이 열린다는 점괘로 스스로 한쪽 눈을 찔러 반병신이 되었다. 관직을 얻고 싶어 관상을 바꾼 것이었다.

하루는 박유붕이 대원군과 함께 길을 걷고 있는 아들 희(조선 26대 고종 임금)를 보고는 제왕의 상이라며 큰절을 올린다.

"아니, 내 아들이 주상의 자리에 오른단 말이오?"

"예. 그렇사옵니다. 관상을 알면 천기를 안다고 했습니다. 어디 한 번 두고 보시지요."

얼마 후에 희는 임금의 자리에 올라 고종 임금이 되었고, 대원군은 박유붕을 불러 공을 치하하면서 복채를 주고자 하는데, 박유붕은 대원군에게 복채 대신 녹봉을 받는 관직을 요청하였고, 박유붕은 대원군의 선처로 남양부사로 발탁이 되어 정3품까지 올랐다.

당시는 안동 김씨의 세도가 하늘을 찌를 듯이 높았는데, 대원군은 안동 김씨와 좋은 관계를 유지하지 못했기 때문에 안동 김씨와 대립각을 세우면서 안동 김씨와 무관한 민씨 집안과 고종의 가례를 맺고자 했다.

"주상과 민씨 여인과는 가례를 맺으시면 아니 되옵니다."

관상가 박유붕이 결사반대를 했다.

"도대체 네가 이번 가례를 반대하는 이유가 무엇이냐?"

"민씨 여인은 큰 입 주변으로 가는 주름이 있는데, 이것은 필시 후사를 많이 둘 수 없는 상이옵니다."

"후사 문제는 후궁을 들이면 되지 않느냐?"

"또 한 가지 큰일이 있사옵니다. 만약 민씨 여인과 가례를 맺으시면 훗날 대원군님과 대립하게 될 것이옵니다."

"하지만 민씨 여인이 아니면 김씨 집안 여식을 중전으로 맞이해야 하지 않느냐?"

박유붕은 훗날 대원군과 명성황후의 대립과 갈등을 예고했지만, 안동 김씨의 세도에서 벗어나려는 대원군은 결국 민씨 여인을 고종의 황후로 받아들이게 되고, 민씨 여인이 바로 명성황후로 대원군의 집정을 물리치고 고종의 친정을 실현하였다. 명성황후는 통상, 수교에 앞장서서 1876년 일본과 외교 관계를 맺었으며, 임오군란 후에는 청나라를 개입시켜 개화당을 압박하고 친러시아 정책을 수행하다가 을미사변 때에 피살되었다.

박유붕은 고종의 가례가 끝난 후에도 대원군에게 민씨 여인을 반대하다가 결국 대원군의 미움을 받게 된다. 그 후, 명성황후는 고종의 첫 후사를 자신이 아닌 후궁에게 빼앗기고 말았는데, 이번에는 원자의 세자 책봉 문제가 발생했다. 대원군은 어전에서 수많은 신하들이 보는 앞에서 박유붕에게 원자의 관상을 물었다.

"저는 원자의 세자 책봉을 반대하옵니다."

주상과 신하들이 모두 숨죽이며 박유붕의 대답을 기다리는데 한참을 머뭇거리던 박유붕이 겨우 입을 열었다.

"네놈이 원자의 세자 책봉을 반대하는 이유가 무엇이냐?"

대원군은 박유붕의 멱살을 잡고 고함을 질렀다.

"아니옵니다. 원자마마께서는 산근(이마와 코로 이어지는 부위)이 낮고, 다른 사람에게는 없는 인중에 가로선을 지니고 계셔서 단명할 팔자이옵니다."

"네놈이 누구의 사주를 받은 것이냐? 바른대로 말하거라."

"아니옵니다. 저는 보이는 대로 말을 했을 뿐이옵니다."

박유붕은 명성황후의 사주를 받았을 것이라는 대원군의 오해를 받아 관직 생활도 끝이 나고 말았다.

"네놈은 다시는 내 앞에 나타나지 마라. 또 한 번 내 앞에 나타날 때는 네놈의 목을 베어 버릴 것이야."

고향으로 돌아온 박유붕은 집에서 소일하고 있었다.

"아니, 멀쩡하던 눈 하나까지 버리면서 열어 놓은 출셋길인데, 어찌하여 이리도 허망하게 돌아온 것이야?"

고향 친구가 안타까운 듯이 물었다.

"어찌 한 뼘밖에 안 되는 사람의 얼굴을 보고 뒷일을 읽어 내려고 했을꼬. 가장 중요한 것은 사람의 관상이 아니라 심상이었던 것을. 쯧쯧."

고종은 박유붕의 능력이 아까워서 다시 찾았지만, 박유붕은 결국 괴한의 습격으로 죽고 말았다.

'내가 단명할 팔자는 아니건만 어찌 이런 일이 있단 말인가? 사람의 관상만 믿고 세상의 관상을 보지 못한 죄가 이리도 무서운 것일 줄이야.[5]

박유붕은 남의 운명은 알았지만, 자신의 운명은 몰랐던 것이다. 우리 역학인들도 조금 배운 어설픈 지식으로 남의 운명에 대해 함부로 왈가왈부하거나 장담을 해서는 안 될 것이다.

인생이란 사주나 또 다른 방법을 통해서 자신의 운명을 잘 알고, 자신의 처지를 잘 알고 올바르게 처세를 한다면 반드시 그에 합당한 삶을 살 수 있는 것이다. 그래서 사주 개운법의 첫 번째 항목도, 두 번째 항목도, 세 번째 항목도 모두 '욕심을 버리라'는 것이다.

---

5) 천일야사 38회(Channel A, 2017년 9월 13일 방영분)

❋ 45 ❋
자신의 품위를 스스로 지키는 자존심

2012년 3월 1일자로 집에서 걸어서 20분 거리인 성중초등학교로 전보 발령이 났다. 학교 근무를 시작한 지 며칠도 되지 않았다.

"교장 선생님, 큰일 났습니다. 본교 6학년 남학생이 고소를 당했습니다."

교감 선생님의 얼굴이 사색이 되었다.

"아니, 무슨 초등학생이 고소를 당해요? 도대체 무슨 일입니까?"

"집단 폭행 사건이랍니다. 본교 학생들과 인근 학교 학생들과 집단 패싸움이 있었던 모양입니다."

교감 선생님으로부터 집단 폭행 사건에 대한 개략적인 이야기를 들었다.

"그래요? 고소당한 학생이 출석을 했으면 한 번 데리고 오세요."

잠시 후에 생각보다 작은 몸집의 상철이가 머뭇거리며 교장실로 들어왔다. 그런데 상철이의 눈초리가 어찌나 매섭던지 순간적으로 섬뜩한 생각이 들었다.

"네가 상철이냐? 여기 앉아라. 친구들과 함께 다른 학교 학생을 다치게 했다고?"

"아닙니다. 싸움은 저 혼자 했습니다. 친구들은 옆에서 구경만 했습니다."

"그래? 저쪽 학교에서는 집단 폭행을 했다고 하던데? 그리고 우리 쪽에는 중학생도 있었다고 하던데?"

"아닙니다. 저하고 일대일로 싸웠고, 그 친구는 중학생이 아니고 초현초등학교 6학년입니다. 친구의 덩치가 커서 그렇게 생각한 모양입니다."

"그랬구나. 그런데 왜 남의 학교까지 가서 싸움을 했니?"

"제 친한 친구가 초현초등학교에 전학을 갔는데, 그 학교 짱의 전화번호를 알려 주었습니다. 그래서 그 학교 짱과 통화를 하게 되었는데, 그 새끼가 우리 엄마를 욕하길래 한판 붙자고 했습니다."

"초현초등학교 짱이 뭐라고 욕을 했는데?"

상철이는 아무 말이 없다.

"그래, 우리 상철이가 효자구나. 우리 상철이가 엄마를 욕하는 것은 참기 힘들었던 모양이구나. 그래도 그렇지 교장 선생님이 현장 사진을 보니 그 친구가 흘린 피가 홍건하던데 때려도 너무 심하게 때린 것 같다. 잠시 후에 부산진경찰서에서 상철이를 조사하러 형사님들이 온다고 하는데 괜찮겠나?"

상철이가 이번에도 아무 말이 없다.

"상철아, 나중에 형사님들이 오시면 교장 선생님이 옆에 있을 테니까, 그날 있었던 일을 그대로 이야기하면 된다. 알았지?"

잠시 후에 형사들이 교장실에서 그날 폭행 현장에 있었던 본교 학생 8명을 조사하고 돌아갔다. 피해 학생 부모가 사건의 자초지종을 들었는지 며칠 후에 피해 학생 학부모가 고소를 취하했다는 연락을 받았다.

상철이가 몸집은 작지만, 동작이 매우 날래고, 주먹의 힘이 좋아서 어지간한 아이는 상철이의 상대가 되지 못했다. 사실 본교 남자 선생님들조차 상철이의 눈초리가 너무 무서워서 똑바로 쳐다볼 수 없다고 했다.

"상철아, 어머니는 뭘 하시니?"

"식당을 하고 있습니다."

"상철아, 내일 학교에 올 때, 어머니에게 네 생일을 한 번 물어보고 오너라."

"제 생일은 왜요?"

"교장 선생님이 우리 상철이가 어떤 사람인지 알고 싶어서 그래."

경수는 상철이의 폭행 사건이 있고 난 후에 시간이 날 적마다 상철이를 교장실로 불러서 이런저런 이야기를 나누었다.

상철(2000년 양력 11월 18일 18시)

정재	일간	정관	비견		대운	26	16	6
乙	庚	丁	庚			庚	己	戊
酉	辰	亥	辰			寅	丑	子
겁재	편인	식신	편인					
	괴강		괴강					

상철이 사주는 비록 일간 庚金이 亥月에 출생하여 그 힘을 잃었지만, 비겁과 인성이 각각 두 개씩이나 있어서 약하지 아니한데, 년지와 시지의 辰酉合, 일지와 시지의 辰酉合이 金인 비겁으로 변하여 일간 庚金을 더욱 왕하게 하여 신강사주로 볼 수 있다. 더욱이 월간 丁火가 일간 庚金을 제련시켜 주어서 다행이다. 그리고 일주가 庚辰 괴강살이라 고집이 세고, 자존심이 매우 강하다는 것을 알 수 있다.

괴강살은 장단점을 함께 가지고 있다. 괴강살이 있으면 일단 문장력이 좋은 사람이 많고 대체로 영민하고 총명하기는 하지만, 성정이 엄격하고 과단하여 사고의 위험도 매우 높다. 사주에서 괴강살을 일반적으로 좋지 않게 말하기도 하는데, 괴강살이 반드시 나쁜 것만은 아니다. 특히 오늘날과 같이 타인과 경쟁하고 상대방을 이겨야 하는 직업 전선에서는 오히려 필요한 살 중의 하나로 볼 수도 있지만, 항상 괴강살의 특성을 인지하고 주변 사람들과의 인간관계를 잘 유지해야 할 것이다.

"상철아, 너는 열심히 공부하면 많은 사람들을 거느리는 훌륭한 사람이 될 수 있지만, 나쁜 친구들과 어울려 다니면서 주먹질이나 하면 결국 교도소에 가는 인생밖에 되지 않는다. 상철이는 항상 무슨 사람이 되고 싶은지를 생각하며 살아야 한다."

경수는 상철이의 사주를 통변해 주면서 앞으로 어떻게 살아야 할지를 말해 주었다.

"예, 교장 선생님. 앞으로 친구들과 어울려 다니지 않고, 싸움도 하지 않고 열심히 공부하겠습니다."

상철이는 건성으로 대답을 했지만, 사실 상철이 사주를 보면 공부로 성공하기는 어렵다는 것을 알 수 있다. 일간 庚金의 인성은 년지와 일지의 辰土인데, 인성 辰土가 辰酉合, 辰酉合으로 金인 비겁으로 변했고, 辰土 인성이 辰辰 자형이기 때문이다. 辰土 인성이 酉金과 辰酉合金을 하여 인성이 비겁으로 변하면 학생 때는 학업에 학마가 따르고, 학업에 관심이 없으며, 다른 사람들보다 길게 공부를 해야 하는 대기만성형이고, 어머니가 자식 때문에 마음고생을 많이 한다. 또 어른이 되면 보증만 서면 물어 주게 되는 것으로 재물 관리를 잘해야 한다. 또 辰亥 원진살로 학문인 土 인성의 모양이 틀어진 것이다.

또 戊子 대운에 천간 戊土 인성이 들어왔지만, 시간 乙木의 乙木剋戊土로 극을 받고, 년지와 일지 辰土 인성은 대운 지지 子水와 子辰合水로 辰土 인성이 식상 水로 변했기 때문에 친구들과 어울려 다니는 것이다. 사주에서 土에 문제가 생기면 공부가 시원찮다. 특히 土가 인성이면 더욱 심하다. 상철이가 중학교 입학한 지 며칠 되지 않아 학교에서 친구를 폭행해서 학교 징계를 기다린다는 소문이 나돌기에 상철이를 불렀다.

"상철아, 이번에는 무슨 일로 싸웠니?"

"저는 교장 선생님이 시키는 대로 했습니다."

"내가 시키는 대로 했다니, 그게 무슨 말이냐?"

"교장 선생님께서 세 번까지 참다가 그래도 괴롭히거나 놀리면 때려도 된다고 하지 않았습니까? 그래서 저는 교장 선생님 말씀대로 했습니다."

"그랬구나, 잘했다. 상철아, 교장 선생님과 다시 한 번 약속을 하자. 이번에는 다섯 번까지 참는 것으로 하자."

상철이가 己丑年에 중학교 3학년이 되면 세운 천간 己土는 월간 丁火 정관인 학교의 기운을 설기시키고, 丑土는 庚金의 고지가 되며, 일지 辰土와 세운 지지 丑土가 辰丑 파살로 파살은 다시, 반복의 의미가 있으므로 전학을 하거나 복학을 하거나 학교를 휴학할 일이 한 번은 발생할 수 있는데, 辰土와 丑土가 모두 인성인지라 학문의 장애가 더욱 심한 것이다. 그 후 들리는 소문에 의하면 상철이가 학교를 그만두고 권투를 배우고 있다고 한다.

❀ 46 ❀
사주의 구조에 따라 학습 방법이 다르다

학교운영위원회를 마치고 운영위원들과 저녁 식사가 약속되어 있었다. 저녁을 먹은 후에 학교 현황에 대해 이런저런 이야기를 나누고 있었다.

"교장 선생님, 우리 큰아이가 지금 중학교 2학년인데, 자기 나름대로는 열심히 하는데도 도대체 성적이 오르지 않으니 어쩌면 좋습니까?"

도윤이 어머니가 걱정스러운 표정으로 입을 열었다.

"자식이 공부를 열심히 해도 성적이 오르지 않으면 걱정이지요. 어디 생일을 한 번 불러 보세요."

도윤(남)				2013년	2012년
戊	甲	己	庚	癸	壬
辰	午	卯	辰	巳	辰
백호	태극				
괴강		양인			

"도윤이는 머리가 아주 총명한 편입니다. 도윤이는 봄 출생으로 새싹처럼 흙을 밀고 나오는 힘은 강하고, 행동이 매우 활동적이지만, 고집은 조금 세겠습니다."

사주 천간에 甲木과 戊土가 있으면 禿山孤木(독산고목)으로 머리가 총명하다.

"맞아요. 평소에는 순한 편인데, 한 번 고집을 내면 감당이 어려워요."

"도윤이는 일을 잘 벌이기는 하지만, 일을 마무리하는 성향이 약하기 때문에 항상 마무리를 잘할 수 있도록 습관을 들여야 합니다."

"도윤이는 선행 학습을 하면 잘하는데, 막상 시험을 치면 성적이 제대로 나오지 않아서 걱정입니다."

"도윤이는 공부한 것을 수용하고 저장하는 속도가 느리므로 학습 포인트는 선행 학습과 같은 예습보다는 그날 배운 것을 철저히 이해하고 축적하는 복습이 더 필요합니다. 오직 복습을 통하여 순차적으로 배운 것을 저장해야 합니다."

도윤이는 사주에 인성이 없기 때문에 학습 내용을 수용하고 저장하는 능력이 부족한 것이다.

"교장 선생님, 도윤이가 복습 위주로 공부를 하면 성적이 오르겠습니까?"

"도윤이는 아마 반복해서 복습하는 것을 싫어하겠지만, 부모님께서 차근차근 지도하시면 될 것입니다."

"그런데 도윤이가 작년에는 공부를 그런 대로 잘했겠는데요."

작년 壬辰年은 인성운이다.

"예. 그런데 올해 들어서 갑자기 아이가 공부를 힘들어해서 걱정입니다."

"도윤이는 상급 학교로 진학할수록 체력과 끈기를 길러 주어야 합니다. 그리고 도윤이는 금년에도 공부를 잘할 수 있으니 너무 걱정하지 마시고 한 번 기다려 보십시오."

"교장 선생님, 우리 호철이도 한 번 봐 주세요."

"이거 운영위원회 좌담회가 철학원이 되어 버렸네. 그래, 호철이 생년월일을 한 번 불러 보세요. 그리고 다른 위원님들도 궁금한 것이 있으면 시간이 날 때에 교장실로 오십시오."

호철(남)

戊	戊	丁	戊
午	辰	巳	寅
	태극	황은	학당
양인		건록	문곡

"호철이는 여름 출생인데, 여름에는 물이 증발하니, 물의 성질이 약해지면서 응집력도 약해지지요. 호철이는 공부를 할 때에 집중력이 떨어질 수 있으므로 집중력을 키울 수 있는 습관을 기르도록 해야 할 것입니다. 공부를 할 때도 국어 공부를 하다가 금방 수학 공부를 하는 등 한 가지 공부를 꾸준하게 오랫동안 하기 어려울 것입니다. 쉽게 말하면 활동성은 강하지만, 엉덩이를 오랫동안 붙이지 못하는 것이지요."

"우리 호철이는 집중력만 기르면 공부를 잘할 수 있을까요?"

"그럼요, 집중력을 기르면 공부를 잘할 수 있지요. 그런데 우리 호철이는 공부를 열심히 해도 실전 시험과 자기표현이 약하기 때문에 그날 배운 것을 스스로 표현하고 가르치는 연습을 시켜야 합니다."

"그걸 어떻게 연습을 해요?"

"호철이가 선생님이 되어 그날 배운 것을 다른 사람에게 표현하고 가르치는 연습을 시켜야지요."

"다른 사람이 어디 있어요?"

"그거야 엄마, 아버지가 대신 해 주시면 되지요."

"호철이가 선생님이 되고, 엄마, 아버지가 학생이 되라고요?"

"그렇죠. 호철이는 자신이 배운 것을 표현하고 가르치는 과정에서 완벽한 학습이 이루어질 수 있지요. 또 호철이는 친구들과 함께 공부하는 것보다 혼자 조용히 공부하는 것이 좋겠습니다. 그리고 호철이는 대학을 갈 때는 공부가 잘될 것 같으니까 너무 걱정하지 않으셔도 괜찮을 것입니다."

호철이는 戊辰 백호대살 일주로 강력한 압력을 가지고 있기 때문에 마음만 먹으면 언제든지 열심히 공부를 할 수 있다. 퇴직한 후에 들리는 소문에 의하면 도윤이과 호철이는 학교생활을 잘하며, 공부도 나름대로 열심히 잘하고 있다고 한다.

준호(남)

庚	丙	丙	壬
寅	辰	午	午
학당		양인	양인
문곡			
장생			

대운

47	37	27	18	8
辛	庚	己	戊	丁
亥	戌	酉	申	未

준호가 어머니와 함께 철학원에 들어섰다. 준호 부모님은 시내 모처에서 유명한 족발 가게를 운영하고 있었다.

"준호는 공부보다 친구를 더 좋아하는구나."

시지 寅木 인성이 년지와 월지 午火 비겁과 합을 하여 火인 비겁으로 변했으니, 인성인 공부는 없어지고 친구인 비겁만 남아 있는 것이다. 준호 사주에 공부와 관련이 되는 시지 寅木 인성이 있기는 하지만, 寅午合火로 인성이 비겁으로 변했으니, 인성이 없는 것과 같은 것으로 공부에는 큰 관심이 없는 것이다. 이 관법을 진여명리강론에서는 化爲論(화위론)이라고 한다.

"선생님, 얘가 고등학교 2학년인데, 도대체 대학을 가려고 하지 않습니다. 어떻게 하면 좋겠습니까? 친구들하고 어울려 다니느라고 공부도 하지 않습니다."

준호는 사주에 비겁이 많은데, 비겁은 공부인 인성을 설기시키므로 공부가 어려울 수 있다. 또한 비겁이 많으면 일단 형제, 친구로 인한 어려움이 따를 수 있다는 것을 알 수 있다.

"준호는 왜 대학을 안 가려고 하지?"

"대학에 가서 4년 동안 등록금을 내면서 공부를 하는 것보다 차라리 지금부터 아버지 가게에서 일을 배우고 싶어요."

"어머니는 대학에 가라고 하는데, 아버지가 가게에서 일을 하라고 할까?"

"아버지는 알아서 하라고 해요. 어차피 나중에라도 제가 일을 해야 하잖아요? 그러니까 지금부터 하겠다는 것인데요."

"준호야, 지금 이 시대는 너도 알다시피 가게에 앉아서 손님 오기만을 기다리는 것이 아니고, 인터넷, SNS 등을 통한 홍보, 택배 등이 더 성행하고 있는데, 대학에서 경영학을 전공하면 가게 경영에 더 큰 도움이 되지 않을까?"

준호는 아무 말이 없다.

"선생님, 우리 준호가 대학을 갈 수 있을까요?"

옆에서 준호의 이야기를 듣던 어머니가 걱정스러운 표정으로 물었다.

"준호가 지금부터라도 열심히 공부를 한다면 대학은 갈 수 있을 것입니다마는 준호는 공부를 수용하고 저장하는 속도가 느리기 때문에 학습 과정은 예습보다 복습에 더 치중해야 할 것입니다."

"그런데 얘는 입만 열면 공부 이야기보다 돈 이야기를 먼저 해요."

준호는 현재 대운의 흐름이 재성운으로 흐르기 때문에 공부보다는 장사나 사업에 더 관심이 많은 것이다. 더구나 일지 辰土는 일간 丙火의 식상이면서 水의 고지인 관고인데, 사주에 관고가 있으면 대체로 가만히 앉아서 돈을 벌려고 하는 경향도 있다.

준호 사주는 戊申 대운부터 辛亥 대운까지 金 재성이 들어오기 때문에 돈을 벌 수는 있지만, 재성에 비해서 비겁이 너무 많은 군겁쟁재사주로 주변 사람들로부터 재물 관리를 잘해야 한다. 그렇지 않으면 중년이 되는 시기에 큰 재물 손실이 있을 수 있기 때문이다.

戊申 대운에는 대운 지지 申金 재성과 시지 寅木 인성이 寅申冲으로 시지 寅木 인성이 충을 받으므로 공부를 제대로 할 수 있을지 조금 걱정스럽기는 하지만, 사주에 학당귀인과 문곡귀인이 있으니 한편 다행스럽기도 하다. 또 년지와 월지 午火는 양인살로 경쟁력과 유능성을 말하기 때문에 준호가 마음만 먹으면 공부를 할 수 있을 것이다. 다만 한 가지 걱정스러운 것은 고등학교 3학년이 되는 내년 庚子年에는 사계단법으로 보면 시지 寅木 인성이 낙화가 되므로 공부에 대한 생각이 없어질 수도 있다는 것이다. 준호가 계속 대학을 가지 않겠다고 하니 엄마의 걱정은 이만저만이 아니다.

"준호 생각이 바뀔지도 모르니까 너무 걱정하지 마시고 조금 기다려 보세요. 내일 당장 대학 시험을 치는 것도 아니잖아요."

엄마와 함께 철학원을 나가던 준호가 뒤로 돌아섰다.

"교장 선생님, 대학 가겠습니다."

"그래? 아까는 대학에 안 간다고 했잖아?"

"대학에 가서 경영학을 공부하겠습니다. 그래서 아버지 사업을 떳떳하게 물려받겠습니다."

준호는 양인살을 가지고 있어서 기상이 원대하고 목표 의식이 분명하기 때문에 마음만 먹으면 공부를 잘할 수 있다.

현수(남)				2017	2016		대운	37	27	17	7
辛	壬	乙	戊	丁	丙			己	戊	丁	丙
亥	戌	卯	寅	酉	申			未	午	巳	辰
건록	괴강	천을	문창								
	백호		문곡								

재능 평가원 문을 열고 들어서는 어머니의 얼굴에는 병색이 완연했다. 현수는 마지못해 엄마의 손에 끌려온 것 같다.

"현수가 공부를 하지 않아서 엄마가 걱정이 많구나."

"원장님, 우리 현수가 왜 공부를 하지 않을까요?"

"우리 현수는 밖에 나가면 친구들에게 인기가 많구나. 그런데 올해는 친구들 때문에 조금 힘들겠는데."

세운 천간 丙火와 대운 천간 丁火는 재성으로 현수의 여자 친구인데, 대운 지지 巳火와 일지 戌土가 巳戌 원진살이기 때문에 여자 친구 문제로 골치가 아픈 것이다. 현수 어머니는 현수의 여자 친구 문제는 잘 모르는 것 같았다.

丁巳 대운의 지지 巳火가 일간 壬水의 건록인 시지 亥水를 巳亥冲하고, 대운 천간 丁火는 시간 辛金 인성을 극하니, 공부가 조금 어려울 수 있다. 관성을 공부로 보기도 하는데, 년간 정관 戊土가 일지 戌土 고지에 빠졌으므로 역시 공부는 조금 어렵다.

2016년에는 대운 지지 巳火와 세운 지지 申金과 년지 寅木과 시지 亥水의 寅申巳亥로 일간의 활동력이 매우 강해졌으니 집보다는 밖에 있는 시간이 더 많은 것이다.

"현수는 머리가 총명하고 강인하기 때문에 마음만 먹으면 열심히 공부할 수 있을 것 같은데……."

현수는 일주 壬戌 괴강살과 백호대살로 머리가 총명하고 지혜롭기 때문에 강한 힘으로 공부를 잘할 수 있다. 그러나 현수는 신약사주이기 때문에 자기 뜻대로 되지 않으면 힘들어하기 때문에 옆에서 어머니가 도와주어야 한다. 2016년 丙申年에는 세운 천간 丙火와 시간 辛金과 丙辛合水로 자신의 힘이 강해지고, 또 卯申 귀문관살로 공부를 하려고 할 것이다. 2017년 丁酉年에는 세운 지지 酉金이 월지 卯木을 卯酉冲하여 卯木 상관인 아랫사람이나 후배들을 충하여 떼어 내고 공부를 할 것이다.

가연(여)				2019년	대운	38	28	18	8
壬	丙	戊	甲	己		甲	乙	丙	丁
辰	子	辰	申	亥		子	丑	寅	卯
괴강		괴강	관귀						
		백호							

"가연이는 학교에 가기 싫은 모양이구나."

가연이는 아무 말이 없다. 가연이는 丙火 일간인데, 水인 관살이 너무 많아서 관살인 학교, 조직 등이 일간 丙火를 끄기 때문에 학교에 가기 싫은 것이다. 또 관살이 지나치게 많으면 친구들과 잘 어울리지 못하는 경향도 있다. 또 丙火 일간이 사주에 水가 왕하면 조울증과 우울증을 걱정해야 한다.

가연이의 현재 대운이 丁卯 대운인데, 대운 지지 卯木과 년지 申金의 卯申 귀문관살과 월지 辰土와 卯辰 해살로 정신적으로 고통을 받고 있음을 알 수 있다.

"어머니, 가연이는 야단을 치거나 나무라지 말고 항상 달래고 설득을 시켜야 합니다. 혹시라도 야단을 치면 자꾸 엇길로 나갈 수 있습니다."

사주에 관살이 많으면 조금만 야단을 치거나 비난을 하면 주눅이 들어서 움츠러들거나 정신적으로 더욱 큰 충격을 받기 때문이다.

"교장 선생님, 가연이를 유학을 보내면 어떨까요?"

"유학을 보내는 것도 한 가지 방법이기는 하지요. 가연이는 따뜻한 곳으로 유학을 보내도록 하세요."

"따뜻한 곳이면 어디를 말씀하시는 것예요?"

"호주, 일본 등을 말하지요."

"캐나다에 가연이 이모가 있는데, 캐나다는 안 될까요?"

"가연이는 사주가 차가운데, 캐나다도 차가운 곳이기 때문에 그렇게 좋은 곳은 아니지요."

2019년 己亥年에는 己土 상관이 들어오고, 亥水 편관이 들어오기 때문에 학교생활, 교우 관계 등을 조심해야 하고, 만약 계속 학교에 가지 않겠다고 하면 1년쯤 휴학을 해도 괜찮다.

가연이는 신약사주인데, 丙寅 대운이 되면 丙火 비견 친구가 들어오고, 寅木 인성이 들어온다. 가연이는 木火가 용신인데, 대운이 丙寅, 乙丑, 甲子로 흐르기 때문에 점차 좋아질 것이다. 또 寅木이 신약한 일간 丙火를 생해 주면서 왕한 수기를 설기시키기 때문에 좋은 대운이 될 것이다. 가연이는 신약사주이기 때문에 월주 백호대살과 시주 괴강살이 다소 걱정스럽기는 하지만, 그래도 백호대살이 있고, 대운이 木火 희용신으로 흘러가기 때문에 공부를 무난히 마칠 수 있겠다.

학생들의 학업에 관한 상담을 십성의 인성 중심으로 설명을 하는 것은 인성이 학습이기 때문이다. 학습이란 배울 學(학)과 익힐 習(습)인데, 사주에 문창귀인 등이 있거나 식상이 발달하였으면 머리가 총명하여 學은 되는데, 사주에 인성이 없는 경우에는 習이 되지 않는 경우가 많다. 인성은 책상 앞에 앉아 있는 집중력과 학습 내용을 복습하는 경향이므로 짧은 시간에 치는 시험에는 불리하지만, 오랜 시간 동안 공부하여 공부 누적량을 필요로 하는 대학 입시나 고시에서는 유리하다. 또 사주에 인성이 없으면 복잡한 것을 싫어하는 경향이 있다.

그러나 사주에 인성이 많으면 인성은 생각이기 때문에 쓸데없는 생각이 많아서 오히려 공부가 잘되지 않기도 한다. 또 인성이 태과하고 식상이 없으면 오히려 융통성이 부족하여 공부의 효과적인 면이 많이 떨어진다. 사주에 비겁이 많으면 투쟁성도 있고, 남에게 지기 싫어하는 경쟁심도 있어서 공부하는 학생에게는 좋은 것이다. 사주에 식상이 많으면 바깥 활동이 많아서 공부가 어렵고, 사주에 재성이 많으면 재성이 인성을 극해서 공부가 어렵지만, 관성이 많으면 인성을 생해 주어서 공부가 잘된다. 또 세운이나 대운에서 인성이 들어와도 공부가 잘된다. 인성은 한참 공부할 시기인 두 번째 대운에 있는 것이 가장 좋다.

사주의 년월에 편인이 있으면 소년 시절에 생활, 활동, 전공 등에 변화가 많아서 사춘기 때에 어려움을 겪는다. 학생 사주에 정인과 편인이 혼잡되어 있으면 무엇을 전공할지 혼란스럽다. 이럴 때에는 학생이 원하는 진로를 선택하도록 한다. 사주에서 정인과 편인이 혼잡할 경우 활동, 전공 분야, 직장 등에 시행착오, 변동 등이 많다.

❀ 47 ❀
자녀의 성적을 올려 주는 개운 비법

경수

己	庚	辛	壬
卯	辰	亥	辰

대운 12 2

癸	壬
丑	子

경수는 亥月인 겨울 출생으로 사주가 차가운데, 일간 庚金도 차가운 기운이기 때문에 따뜻한 火를 필요로 한다. 2대운과 12대운이 壬子와 癸丑으로 한기가 더해지니 공부가 제대로 될 수 없었고, 그것은 水인 식상이 木을 생하여 재성을 만들려는 인연이다. 그래서 중학교 진학을 포기하고 학교에서 학업에 열중하기보다는 재성을 생산하는 노동 현장으로 진출하게 되어 어린 나이에 돈을 벌었던 것이다.

그리고 년지와 일지의 辰辰土가 자형을 하고 있으니 한곳에 안주하지 못하며 전학을 많이 다니고, 선생님도 자주 바뀌고, 이사도 자주 하여 경수는 지금까지 살아오면서 20번이나 이사를 하였다.

또 시간 己土 정인과 년지와 일지 辰土 편인으로 인성이 혼잡되면 학과가 자주 바뀌어서 진로를 제대로 정하지 못하고, 재성이 많으면 진로를 정하기 어려운 것은 인성이 자기 진로를 가려고 해도 재성이 인성을 극하여 자기 진로로 못 가게 방해를 하는 것인데, 이것을 財剋印(재극인)이라고 한다.

사주에 인성 고지가 있거나 대운과 세운에서 인성 고지가 들어오면 학업 중단의 위험이 있으며, 월지 재성이면 공부는 뒷전이고, 돈을 버는 데 힘을 쓰고, 계산력이 아주 빠르지만, 사업을 하면 거의 실패하니 조심해야 한다.

사주에 재성이 많으면 반드시 인성을 잃게 되는 것은 돈이 원수가 되어서 재성이 인성을 극하는 財剋印(재극인)으로 공부하는 것을 막으니, 재다신약사주(재성이 많아서 신약된 사주)는 공부를 하고 싶어도 하기 어렵다. 재다신약사주는 財生殺(재생살)로 재성이 관살을 생하면 돈을 벌어도 건강을 해쳐서 몸이 아픈 경우가 많다.

오늘날과 같이 경쟁 사회에서 살아가는 부모들의 가장 큰 관심과 걱정은 자녀들의 공부일 것이다. '자녀가 공부를 잘하면 부모는 평생 걱정이 없다'는 말도 있지만, 자녀들이 공부를 잘하는 것이 어디 그리 쉬운 일인가? 그렇지만 자녀의 공부방 위치와 책상 방향, 자녀의 신장에 따른 책상과 의자의 높이 조절 등으로 학습 분위기를 만들어 주는 것도 부모의 역할 중 하나일 것이다.

자녀의 공부방이 결정되면 공부방의 중앙을 기준으로 해서 장성살 방향의 출입문과 창문은 폐쇄되어야 한다. 장성살은 년지를 기준으로 하는 12신살 중의 하나로 寅午戌年生은 午火(정남쪽)가 장성살 방향이고, 巳酉丑年生은 酉金(정서쪽)이 장성살 방향이고, 申子辰年生은 子水(정북쪽)가 장성살 방향이고, 亥卯未年生은 卯木(정동쪽)이 장성살 방향이다. 다시 말하면 삼합의 가운데 글자인 子午卯酉가 장성살인 것이다. 巳酉丑年生이라면 酉金이 장성살인데, 대문, 현관문, 방문, 창문 등이 酉金 장성살 방향인 서쪽에 있으면 중앙이 뚫렸기 때문에 순식간에 모든 기가 빠져나간다. 따라서 출입문이 장성살 방향에 있으면 학생은 불량 친구들과 어울리게 되고, 고3 수험생은 공부한 만큼 수능 점수가 잘 나오지 않아서 원하는 대학에 가기 어렵게 될 수 있다.

창문이 장성살 방향이면 햇빛과 바람이 들어오지 않게 막으면 되지만, 출입문이 장성살 방향이면 매우 곤란한 상황이 된다. 출입문이 장성살 방향이면 이사를 가는 것이 가장 좋은 방법이지만, 그것도 여의치 않으면 곤란한 상황이 올 수 있다.

출입문이 장성살 방향이면 매사불성이라고 하여 학생은 공부가 잘되지 않고, 사업가는 사업이 망하고, 실업자는 취업을 하려고 해도 취업이 잘되지 않고, 미혼자는 결혼 성사가 어렵고 설령 결혼이 성사된다고 하더라도 마음에 없는 사람과 결혼하게 되고, 직장 근무자는 업무 실적이 오르지 않는다고 한다.

그러나 사업가는 자신의 장성살 띠인 사람을 참모로 채용하면 큰 도움이 된다. 장성살은 장군을 의미하기 때문이다. 장성살 대운인 사람은 조직, 회사, 집 등에서 중심인물이 되고, 중요한 일을 맡으면서 중재자의 역할을 잘한다. 또 사업가가 비서를 구한다면 시녀처럼 전문적이고 애교까지 있는 자신의 연살(도화살) 띠인 사람이 가장 적격이다.

최근에는 자녀들의 학업을 위해서 양택의 원리에 따라 안방을 공부방으로 내어 주기도 하고, 학습 인테리어도 성행하고 있다. 자녀들의 공부방을 선정하고 꾸미는 데 도움이 되는 몇 가지를 제시한다.

　일반적으로 장남의 방은 동쪽이 좋고, 차남의 방은 북동쪽이나 북쪽이 좋다. 장녀의 방은 동남쪽이 좋고, 차녀의 경우에는 남쪽이나 서쪽이 좋다. 그리고 외동일 경우에는 남녀 구별 없이 동쪽이나 북동쪽이 좋다고 한다.

　공부방에는 어두운 색깔의 벽지, 띠로 구성된 벽지, 복잡하거나 요란한 무늬의 벽지 등을 피하고, 연녹색, 연분홍, 베이지, 흰색 등 밝은 색상의 벽지와 노랑, 연한 주황색 등이 조화를 이룬 커튼이 좋다. 또 공부방에는 밝지 않고 어두운 가구 배치도 피하는 것이 좋고, 벽에는 자녀가 이해하기 어려운 추상화를 걸어 두는 것보다 부드러운 풍경화 등을 걸어 두는 것이 좋다.

　수험생의 방을 북쪽과 북동쪽으로 배치하는 것은 차분하고 지적인 기운을 받으라는 것이다. 북쪽은 오행으로 水이고, 水는 지혜를 의미하기 때문이다. 북동쪽의 동쪽은 오행으로 木이고, 木은 창의와 성장을 의미하기 때문이다.

　학생 공부방의 책장은 학생의 키를 넘을 만큼 높은 것으로 하지 않는 것이 좋다. 왜냐하면 지진 등으로 책장이 넘어질 경우에 머리를 다치는 일이 있으면 안 되기 때문이다. 또 책은 책상 위, 책꽂이 등에 산만하게 쌓아 두지 않고 가지런히 배열하는 것이 좋기 때문에 공부를 잘하는 자녀로 키우고 싶다면 우선 정리 정돈을 하는 습관부터 길러 주어야 할 것이다.

　학생 공부방의 사방 구석에는 지름 10㎝ 정도의 살아 있는 푸른 대나무를 길이 120㎝ 정도로 잘라서 세워 두는 것이 좋다. 대나무 속의 얇은 막이 대나무 향을 뿜어내면서 공부방 안의 불순물을 제거한다고 한다. 가끔 누런 대나무 분재를 학생 공부방에 두기도 하는데, 그것은 이미 죽은 대나무이기에 대나무 향도 없지만, 공부방 안의 불순물을 제거하지도 못하기 때문에 아무런 도움이 되지 못한다. 또 공부방의 벽에는 장식을 많이 걸지 않는다. 만약 공부방이 허전하게 느껴진다면 자녀의 장래 진로와 관련 있는 그림, 사진이나 자녀의 용신과 부합하는 풍경화 한 점 정도만 거는 것이 좋다.

　공부방 책상의 방향은 12신살 중 천살 방향(zone)인데, 천살의 방위적인 측면은 조상, 선생님 방향으로 공부하는 학생의 책상을 천살 방향으로 두면 성적이 오르고 학습 능률이 오른다고 한다. 천살 방향은 寅午戌年生은 丑土(북동쪽)가 천살 방향이고, 巳酉丑年生

은 辰土(동남쪽)가 천살 방향이고, 申子辰年生은 未土(남서쪽)가 천살 방향이고, 亥卯未年生은 戌土(서북쪽)가 천살 방향으로 辰戌丑未가 천살 방향이다. 또 천살 방향은 조상 방향이므로 성경, 불경, 십자가 등 종교적인 그림이나 액자 등 종교 관련 물건을 두지 말아야 한다.

공부방의 책상이나 책꽂이 등을 한곳에 가지런히 배치하면 학생이 산만해지지 않고 온순하고 침착한 성격을 갖게 될 뿐만 아니라 학습 능력도 배가된다. 또 책을 가로로 쌓아 두지 않아야 한다. 책상 위 혹은 책꽂이에 책을 가로로 쌓아 두는 것은 운의 흐름을 가로막는 장애물이 된다.

공부하는 학생들의 책상이 학생의 신장에 비해 너무 높거나 낮아서, 혹은 의자가 학생의 신장에 비해 너무 높거나 낮아서 바르지 못한 자세로 오랫동안 공부를 하면 자세가 틀어져서 건강 상의 문제도 있지만, 바르지 못한 자세로 인해 학습 능률도 크게 오르지 않는다.

공부방 입구에는 큰 가구를 놓지 않는다. 방문 입구에서부터 창으로 흐르는 기를 막지 않기 위해서 문 옆에는 커다란 수납 가구를 놓지 않도록 한다. 또 벽에는 장식을 많이 걸지 않는다. 공부방 벽에는 가급적이면 못 자국을 내지 않는 것이 좋다. 벽에 생긴 홈 하나하나가 학생의 앞길에 장애물로 작용하기 때문이다. 공부방 공간이 너무 허전하게 느껴진다면 시계 한 개나 풍경화 한 점 정도만 거는 것이 좋다.

학생의 두침 방향은 반안살 방향이 좋은데, 寅午戌年生은 未土(남서쪽)가 반안살 방향이고, 巳酉丑年生은 戌土(서북쪽)가 반안살 방향이고, 申子辰年生은 丑土(북동쪽)가 반안살 방향이고, 亥卯未年生은 辰土(동남쪽)이 반안살 방향이다. 즉, 삼합의 가운데 글자인 子午卯酉 장성살의 다음 글자이다.

사주의 木은 봄으로 시작을 의미하는데, 사주에 木이 없으면 씨를 뿌리지 않아서 가을에 거두어들일 것이 없으니 결과가 없는 것이다. 학생 중에서 사주에 木이 없으면 지원 학교를 하향시키고, 사주에 木이 없으면 큰 결과를 기대하지 않는 것이 좋다. 또 학생 사주에 木이 없으면 일반적으로 목적의식이 없다고 한다.

공부에는 정인 공부와 편인 공부가 있는데, 정인 공부는 국어, 수학, 영어 등 정통 공부이고, 편인 공부는 종교, 철학, 역학 등을 말한다. 사주에 인성이 많거나 인성 고지(인성이 12운성의 고지를 만난 경우)가 있으면 집에 책이 많은 경우로 책을 모두 읽는 것은 아니지만, 책을 모두 읽지 않아도 눈으로 본 견문이 있기 때문에 아이들은 인성 속에서 자라게 하는 것이 좋다.

사주 1					사주2					사주 3			
乙	丙	丙	辛		壬	丁	庚	丁		辛	丙	己	戊
○	○	○	○		○	○	○	○		○	○	○	○

丙丁 일간은 대체로 머리가 총명하여 공부를 잘하는데, 칭찬을 해 주면 더욱 잘한다.

사주 1					사주 2					사주 3			
乙	壬	丙	辛		壬	癸	庚	丁		辛	壬	己	癸
○	○	○	○		○	○	○	○		○	○	○	○

壬癸水 일간은 머리가 총명하고 아이디어가 무궁무진하지만, 속이 깊어 감정 표현을 함부로 하지 않는다. 천간에 己土가 있으면 壬水는 己土濁壬(기토탁임 : 己土가 壬水를 흐리게 한다)으로 좋지 않고, 癸水는 己土剋癸水가 되어 좋지 않다.

사주 1					사주 2					사주 3			
己	甲	○	○		癸	甲	○	○		乙	甲	○	○
巳	○	卯	○		酉	○	申	○		丑	○	○	○
		양인					편관						

사주 4					사주 5					사주 6			
癸	己	○	○		癸	甲	○	○		乙	己	○	○
酉	○	巳	○		酉	○	卯	○		丑	○	卯	○
		양인					양인					편관	

사주 1~6처럼 甲己日生이 巳酉丑時에 출생한 것을 甲己日 금신격이라고 한다. 금신격은 암기력이 매우 뛰어나다. 또 사주 1, 2, 4, 5, 6처럼 甲己日 금신격이면서 월지에 양인살이나 편관이 있으면 암산 박사라고 한다.

공부방 그림(寅午戌 띠인 학생) 1

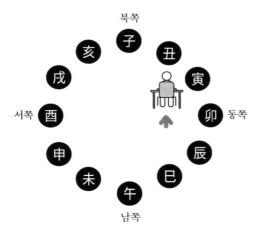

공부방 그림 1은 학생이 寅午戌 띠인 경우의 책상 방향이다. 寅午戌 띠는 丑土가 천살 방향이므로 북동 방향에 책상을 두면 학습 능률이 오른다. 화살표는 학생이 의자에 앉는 방향이다. 丑土 방향에 책상을 놓기 어려울 경우에는 책상이 丑土 방향에 걸치기만 해도 된다. 이때는 방위보다는 존(zone)의 개념이 더 강하다.

공부방 그림(亥卯未 띠 학생) 2

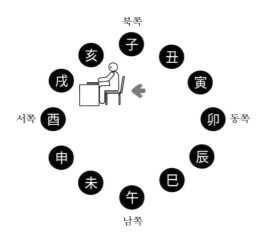

공부방 그림 2는 학생이 亥卯未 띠인 경우의 책상 방향이다. 亥卯未 띠는 戌土가 천살 방향이므로 서북 방향에 책상을 두면 학습 능률이 오른다. 화살표는 학생이 의자에 앉는 방향이다. 戌土 방향에 책상을 놓기 어려울 경우에는 책상이 戌土 방향에 걸치기만 해도 된다. 이때도 방위보다는 존(zone)의 개념이 더 강하다.

공부방 그림(申子辰 띠 학생) 3

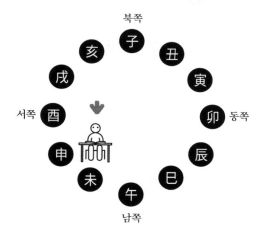

공부방 그림 3은 학생이 申子辰 띠인 경우의 책상 방향이다. 申子辰 띠는 未土가 천살 방향이므로 남서 방향에 책상을 두면 학습 능률이 오른다. 화살표는 학생이 의자에 앉는 방향이다. 未土 방향에 책상을 놓기 어려울 경우에는 책상이 未土 방향에 걸치기만 해도 된다. 이때도 방위보다는 존(zone)의 개념이 더 강하다.

공부방 그림(巳酉丑 띠 학생) 4

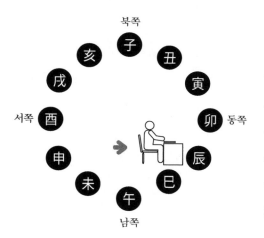

공부방 그림 4는 학생이 巳酉丑 띠인 경우의 책상 방향이다. 巳酉丑 띠는 辰土가 천살 방향이므로 동남 방향에 책상을 두면 학습 능률이 오른다. 화살표는 학생이 의자에 앉는 방향이다. 辰土 방향에 책상을 놓기 어려울 경우에는 책상이 辰土 방향에 걸치기만 해도 된다. 이때도 방위보다는 존(zone)의 개념이 더 강하다.

❈ 48 ❈
이입정사 달마도

2013년 癸巳年에 갑자기 그림을 그리고 싶다는 욕망이 솟구쳤다. 인터넷으로 학교 근처 미술 학원을 알아봤지만, 초등학생을 대상으로 하는 미술 학원은 있어도 성인 취미반이 있는 학원을 찾기가 쉽지 않았다. 며칠을 탐문한 결과로 남구 남천동에 이름 있는 수채화 학원을 찾을 수 있었다. 학원 원장님은 부경대 평생교육원 수채화 교실 강사로 활동 중이었다.

경수가 수채화 학원에서 처음으로 배운 것은 여러 가지 선과 도형을 그리는 것이었는데, 스케치북이 크고 무거워서 매일 가지고 다닐 수가 없어서 그날 그린 선이나 도형을 원장님의 스마트폰으로 찍어서 딸아이 스마트폰으로 전송하면 수채화를 20년 넘게 그린 집사람이 평가를 해 주곤 했다. 당시 경수와 아내의 휴대폰은 2G였기 때문이었다.

"당신, 그림에 소질이 있는 것 같은데, 진작 그림을 그렸으면 좋았을 텐데……."

"진짜로 내가 그림을 잘 그렸다고?"

"아니, 그림을 잘 그렸다는 것이 아니고, 그림을 처음 그리는 사람치고는 잘 그렸다는 것이지요."

선과 도형 그리기가 끝나자, 음료수 깡통 구긴 것, 과자 봉지 찢은 것, 방바닥에 굴러다니는 두루마리 화장지 등을 그리게 했다. 학원에서 그림을 그린 지 한 4개월이 지났을 때였다.

'아니, 내가 그리고 싶은 것은 이런 그림이 아닌데… 뭘까? 내가 무슨 그림을 그리고 싶었던 것일까?'

경수는 자신이 그리고 싶었던 그림이 자연을 대상으로 한 수채화도 유화도 아니라는 생각이 들자 학원을 그만두었지만, 가슴 저 깊은 곳에서는 그림을 그리고 싶다는 욕망이 계속 치솟았다. 그런데 도대체 무슨 그림을 그리고 싶은지 알 수가 없었다.

어느 날, 경수는 버스를 타고 퇴근을 하다가 길을 걷고 있는 스님을 보는 순간에 문득 그리고 싶었던 그림이 생각났다. 그 그림은 경수 집 2층에서 3층으로 올라가는 계단 벽에 걸려 있는 A4 크기의 누런 빛깔 종이인 황지에 그려진 그림으로 교사가 교실에서 수업을 하는 장면이었다. 그 그림은 약 20년 전에 당시 부산 동의공업대학 교수로 계시던 황 교수님(금산스님)께서 그려 주신 그림이었다. 황 교수님은 탱화와 달마도를 잘 그리셨는데, 황 교수님께서 경수에게 그림을 그려 주신 때가 바로 부산일보 전시장에서 개최되었던 황 교수님의 탱화 전시회였다. 경수는 그때 처음으로 황 교수님의 얼굴을 뵐 수 있었다. 황 교수님에 관한 이야기는 황 교수님을 잘 아는 고등학교 동기인 창국이로부터 자주 들어 왔다. 창국이에게 황 교수님의 전시회 소식을 듣고 부산일보 전시장으로 아내와 함께 갔다. 그날은 비가 내려서 길거리가 질퍽거렸지만, 전시장에는 수많은 사람들로 북적거렸다. 창국이 소개로 황 교수님께 인사를 드리고 전시회의 탱화와 그림을 구경하였다. 밖에 비가 내려서 그런지 비를 잠시 피할 요량으로 전시장에 들어온 사람들도 많았는데, 아마 공장에 다니는 듯한 아주머니 세 사람이 전시장 입구에서 조심스럽게 전시장을 들여다보더니 안으로 들어왔다. 아주머니들 중 두 사람은 탱화 등을 신기한 듯이 바라보다가 전시장 입구에 세워져 있는 금분으로 그린 높이 1m 50㎝ 정도의 부모은중경 병풍을 한참 바라보더니 그만 눈물을 글썽거렸다. 부모은중경은 중국 수나라 말기에서 당나라 초기에 간행된 불교의 경전으로 부모의 은혜가 지극히 크고 깊다는 사실을 알게 하는 한편 보은을 권장하는 내용이다.

"아주머니, 이리 와 보세요."

아주머니들이 황 교수님 앞으로 다가왔다.

"아주머니는 저 병풍을 보고 왜 우세요?"

"병풍 내용을 보니, 그만 돌아가신 엄마 생각이 났어요."

"아주머니들은 무슨 일을 해요?"

"범천동에 있는 삼화고무에 다녀요."

황 교수님은 책상 위에 A4 크기의 황지 두 장을 놓더니 붓을 들어 불과 몇 분도 되지 않아 고무신 공장의 벨트 위에 고무신들이 가지런히 놓여져 운반되는 작업을 하는 아주머니들의 모습을 그렸는데, 내가 특이하게 생각한 것은 벨트 옆에 서서 일하는 아주머니들을 학으로 의인화한 것으로 사람의 얼굴이 아니고 학의 얼굴이라는 것이다. 황 교수님은 두 아주머니에게만 그림을 주었다.

"저는 왜 안 줘요?"

한 아주머니가 항의하듯이 입을 삐죽거리며 말했다.

"아주머니는 이 그림을 가져가 봤자 그냥 똥이나 닦고 말 거예요."

두 아주머니는 황 교수님의 그림을 가슴에 품고 고맙다는 인사를 몇 번이나 하고 갔다. 옆에서 그 광경을 바라보던 사람들은 자기도 황 교수님께서 직접 그려 주시는 그림을 한 장 얻었으면 하는 눈치였는데, 황 교수님은 아무 말씀도 없이 모른 척하는 것 같았다.

그때 경수 눈에 확 들어오는 그림은 중국 당나라 승려이자 시인인 한산과 습득이 도를 깨친 뒤에 피리를 불고 춤을 추는 그림과 한산과 습득이 나루터에서 한가로이 낚시를 하는 그림이었다. 아내는 한산과 습득이 함께 춤을 추는 그림을 보고 있었다. 그 그림 밑에 달려 있는 리본에는 영문자 E가 적혀 있었다. 경수는 창국이를 살짝 불렀다.

"야, 창국아, 리본에 적혀 있는 E는 얼마냐?"

"E? 그거는 50만 원이지."

경수가 창국이에게 그림의 가격을 물은 것은 아내가 좋아하는 그림을 사 주고 싶었던 것인데, 당시에 50만 원은 결코 적은 돈이 아니었기에 그림 사는 것을 포기해야만 했다.

황 교수님은 다시 책상 위에 황지 한 장을 놓더니 일필휘지로 교실 안의 풍경을 그렸다.

"자, 이것은 우리 문 선생님이 가져가야지."

경수는 황 교수님께서 주시는 그림을 얼떨결에 받았다.

"교수님, 우리도 한 장 그려 주세요. 어디 문 선생만 후배이고, 우리는 후배가 아닙니까?"

여기저기에서 황 교수님께 불평을 쏟았다.

"그래, 나는 대학교수이기 때문에 교직에 있는 사람만 내 후배이고, 너희들은 내 후배가 아니다."

"교수님, 그런 게 어디 있습니까?"

"여기 있네. 자네들도 나중에 인연이 되면 그때 그림을 얻을 수 있겠지. 천천히 기다려 보게."

황 교수님의 전시회가 열린 지도 몇 년이 지났다.

"문 선생, 전에 말했던 한산과 습득이 춤을 추는 그림을 살래?"

창국이가 전화를 했다. 한산과 습득의 그림은 그해 부산시에서 부처님 오신 날인 초파일 기념 대형 포스터로 선정하여 옛날 부산 시청이 있던 광복동 입구에 전시되었던 기억이 난다.

"왜? 교수님께서 그 그림을 파신대?"

"그래, 교수님께서 사정이 있어서 팔기로 했다."

"그래? 지금은 그 그림 가격이 많이 올랐제?"

"아니, 30만 원이면 된다."

"아니, 한산과 습득이 춤을 추는 그림이 30만 원이라고?"

경수는 인근 새마을금고로 가서 30만 원을 대출하여 그림을 사서 3층 계단 벽에 걸어 두고는 대문 앞에서 아내가 퇴근하기를 기다렸다.

"여보, 내가 당신이 좋아하는 황 교수님 그림을 샀어요."

"황 교수님 그림? 어떤 그림인데요?"

"아, 한산과 습득이 춤을 추는 그림이지. 당신이 그때 전시장에서 그 그림을 한참이나 쳐다봤잖아요."

"내가 한산과 습득이 춤을 추는 그림을 좋아한다고?"

"그래, 그랬잖아요?"

"아닌데, 나는 당신이 창국 씨하고 그림 가격을 이야기할 때 그림이 너무 비싸서 살 수 없다는 생각에 마음이 아파서 다른 그림을 보고 있었는데, 내가 좋아하는 그림은 한산과 습득이 나루터에서 낚시하는 그림인데……."

경수는 그만 할 말을 잃고 말았다.

문득 20년 전에 황 교수님께서 그려 주신 교실 수업 그림이 생각났던 것이다. 그 그림은 2층에서 3층 사이 계단 벽에 걸어 두었는데, 경수는 계단을 오르내리면서 그 그림을 볼 때마다 참으로 마음이 편안함을 느낄 수 있었다. 경수는 황 교수님처럼 학을 의인화한 그림을 그리고 싶었던 것이었다.

경수는 창국이를 통해서 황 교수님이 계신다는 양산 이입정사를 찾았다. 황 교수님께 그림을 그리고 싶다는 말씀을 드렸다.

"그냥 수채화나 유화를 그리면 되지. 왜 그런 그림을 그리고 싶은데?"

경수는 선뜻 대답을 하지 못하고 머뭇거렸다.

"와, 나한테 말하기 힘든 이유가 있나?"

"그게 아니고, 사실은 제가 정년퇴직이 몇 년 남지 않았는데, 퇴직 후에 뭘 할까 고민을 하다가 사주 공부를 좀 했습니다. 그런데 학부모 중에 가끔 부적을 써 달라는 사람이 있는데 차마 교장이 부적을 써 줄 수는 없고 해서 그림을 그려 주고 싶었습니다. 그래서 나중에 철학원을 하더라도 식당을 하는 사람에게는 식당에 손님들이 북적거리는 그림을 그려 주고, 장사를 하는 사람에게는 가게에 손님들이 북적거리는 그림을 그려 주고, 공부하는 학생에게는 책상에 앉아 열심히 공부하는 그림을 그려 주고 싶었습니다."

"그만 내려가라. 교장 선생님 나이가 벌써 60이 넘었는데, 이 그림을 배우려면 10년은 걸린다. 나이 70이 되어서 이 그림을 그리기에는 너무 나이가 많지 않나? 대신 내가 몇 장 그려 줄 테니, 그것 가지고 내려가라."

황 교수님은 경수에게 결혼식 장면의 그림, 그리고 과일 행상을 하는 어머니가 장사를 마치고 큰애는 앞세우고, 작은애는 업고 뒤를 따르는 강아지와 함께 집으로 돌아가는 그림을 그려 주셨다.

경수는 명리 공부를 하는 친구들과 함께 경상남도 양산시 이입정사에 계시는 금산스님을 찾아뵙기도 하고, 학교 직원들과 함께 이입정사 진입로에 세워져 있는 대형 달마도를 구경하러 가기도 했다. 명리 도반 중에는 금산스님의 그림을 정말 귀한 마음으로 구입하기도 했다.

그런데 어느 날부터인가 금산스님과 전화 통화가 되지 않았다. 금산스님 휴대폰도 연결이 되지 않고, 이입정사도 전화를 받지 않았다. 나중에 창국이를 통해 알게 된 이야기는 금산스님께서 심장마비로 돌아가셨다는 것이다. 이제 겨우 60을 조금 넘은 나이에 불과한 스님께서 그렇게 허망하게 돌아가시다니 지금도 믿어지지 않는다.

금산스님의 생전의 꿈은 이입정사에서 통도사 자장암까지 임도 10㎞에 다양한 형상의 달마도를 제작하여 가로수 주변에 설치하는 것이었다. 금산스님께서는 이입정사 달마로드를 찾아오는 불자들에게 매일 접수 순서에 따라 20명에게 무료로 웃는 달마인 소소 달마를 보시하신다고 들었다. 이입정사의 선화원 갤러리에 가면 스님의 진품 작품을 감상할 수 있으며, 오전 10시부터 정오 12시까지 스님을 친견할 수 있다고 했는데, 이제 더 이상 스님의 용안을 볼 수 없다는 것이 참으로 안타까운 일이다. 금산스님이 돌아가신 후에 그 절이 팔렸다는 소식을 들었지만, 조만간 시간을 내어 금산스님이 계셨던 이입정사에 한 번 가 봐야겠다는 생각이 들었다.

경수   2013년

己   庚   辛   壬   癸   상관

卯   辰   亥   辰   巳   장생

　　2013년 癸巳年은 세운 천간 癸水가 庚金 일간의 상관인데 상관은 변화, 변동, 새로운 일을 의미하고 巳火는 庚金 일간의 장생에 해당된다. 장생은 새로운 욕구가 생기게 하는 작용을 하는데 특히 巳火는 색감과 관련이 있으므로 수채화 등 그림에 관심을 갖게 된 것이다. 그러므로 경수가 그림을 그리려고 한 것이 결코 우연이 아닌 것이다.

❀ **49** ❀
기흉 시술을 받다

"교장 선생님, 조퇴를 좀……."

2014년 甲午年 4월 초에 3학년 담임인 박 선생님의 얼굴이 사색이 되어 교장실에 들어섰다.

"왜, 무슨 일입니까?"

"지난번에 건강 검진을 했는데, 기흉이라면서 재검을 해야 한다고 합니다."

"기흉? 기흉이 뭐예요?"

"그게, 좀……. 폐에 구멍이 생기는 질환입니다."

"폐에 구멍이 났단 말입니까? 그러면 어떻게 되는 거예요?"

"저도 자세한 것은 잘 모르겠습니다. 일단 병원에 다녀와서 다시 말씀 드리겠습니다."

보건 교사에게 기흉에 대해 물었더니 큰 병은 아니고, 조금 신경이 쓰이는 질환이지만, 요즘은 의술이 발달하여 시술도 간단히 할 수 있다고 한다. 기흉은 주로 10~20대의 키 크고 마른 남성에게서 주로 나타나는 것으로 폐 조직에 구멍이 나는 질환인데, 폐에서 공기가 새어 나가 공기를 흡입해도 제대로 받아들일 수가 없기 때문에 기흉을 앓게 되면 숨을 쉬거나 걷기만 해도 가슴에 통증이 생기고, 폐가 제대로 움직이지 않아 호흡 곤란을 겪게 된다고 하니 겁부터 나기 마련이다. 폐와 직접적으로 연관이 있는 기흉을 예방하기 위해서는 절대적으로 흡연을 삼가야 하며, 평소 기흉의 원인이 될 수 있는 기관지 질환을 제때에 치료해야 한다. 또한 폐에 좋은 음식을 챙겨 먹는 것이 건강한 폐를 유지하는 데 도움이 되는데, 폐와 기흉에 좋은 음식은 홍삼 제품이라고 한다.

'박 선생님이 애를 먹겠구나. 박 선생님은 기독교인이라 담배도 피우지 않는데, 왜 그런 일이 일어났지?'

그런데 박 선생님의 재검 결과는 오진이었다. 경수는 매년 12월 말에 건강 검진을 받았는데, 그 이유는 건강 검진에서 질병이 발견될까 봐 두려웠기 때문이다. 건강 검진이라는 것이 몸의 건강 상태를 검사하는 의학적 진찰로 사전에 질병을 발견하여 치료함으로써 치료율이나 생존율을 높인다는 것에는 동의하지만, 사실 건강 검진이 두려운 것은 어쩔 수 없는 것이다.

'가만있자, 올해가 2014년 甲午年이니까 올해가 내게는 재살이구나. 재살은 수옥살이라 교도소나 병원 입원이 있을 수 있는데, 내가 학교 공금을 횡령하지는 않았으니까 교도소에 갈 일은 없을 것이지만, 혹시 건강에 문제가 있는 것은 아닐까? 더구나 재살에는 생각지도 않았던 갑작스러운 일이 잘 발생하는데 말이다.'

경수는 매년 12월 말에 건강 검진을 받는다는 나름의 철칙을 깨고 2014년 5월 중순에 학교 인근 종합 병원에서 건강 검진을 받았다. 내과 과장님의 표정이 어두워 보였다.

"교장 선생님, 2012년도 건강 검진 결과에 별다른 이상은 없었습니까?"

"콜레스테롤 증상이 있다고 했는데……."

"교장 선생님, 이 엑스레이 사진을 보시면 아시겠지만 기흉입니다."

"기흉이라니, 내가 말입니까?"

"예. 그렇습니다. 빨리 시술을 하시는 것이 좋겠습니다."

엑스레이 사진을 보니, 왼쪽 폐의 위쪽이 조금 쪼그라져 있었다. 경수는 과장님의 소견서를 가지고 급히 ○○대학병원을 찾았다. 몇 가지 검사를 마친 후에 흉부외과 병동에 병실이 없어서 암 병동에 입원을 했는데, 주위에 온통 암 환자뿐이라고 생각하니 괜히 기분이 이상해졌다.

병원에서 3일 후면 퇴원을 할 수 있다고 해서, 가족들에게 입원 이야기를 하면 괜히 걱정할까 봐 아내에게는 교육 연수를 가는 것으로 말해 두었다. 경수가 평소에 교육 연수를 잘 다니니까 아내는 정말 경수가 연수를 가는 줄 알았던 모양이다. 그런데 딸애가 눈치를 챈 것이다. 아버지가 3일이나 연수를 가신다면서 집에 들르지 않은 것도 이상하고, 또 세면도구와 옷가지도 없이 연수를 간다는 것이 아무래도 이상했던 모양이다. 결국 가족들이 알고 말았다.

다음날 저녁에 담당 의사 선생님이 2명의 전공의와 함께 병실에 들어왔다.

"교장 선생님, 지금부터 시술을 하겠습니다."

"아니, 병실 침대 위에서 수술을 하신단 말씀입니까?"

"예. 아주 간단한 것입니다. 너무 걱정하지 마십시오."

"아니, 그게 아니고. 수술을 하면 수술실에서 무영등도 수십 개를 켜고, 원장님과 수련의들이 2층에서 수술실을 내려다보고 수술 과정도 촬영해야 하는 것 아니에요?"

"하하하, 그건 수술을 할 때이고, 교장 선생님은 시술입니다. 수술은 칼로 배를 째는 것이고, 시술은 간단하게 처치하는 것입니다. 교장 선생님께서 드라마를 너무 많이 보셨구나."

시술을 받은 지 3일 후에 퇴원을 하였다.

"시술은 잘되었습니다마는 2개월 후에 오셔서 엑스레이를 한 번 더 찍으셔야 합니다."

2개월 후에 다시 병원을 찾았고, 엑스레이 결과를 보기 위해 흉부외과를 찾았다.

"교장 선생님, 문제가 생겼습니다."

"그게 무슨 말씀입니까?"

"기흉이 재발이 되었습니다. 이번에는 수술을 해야겠습니다."

의사 선생님도 난감한 표정을 지었다.

'아니, 아무리 남의 몸이라도 그렇지 처음 시술을 할 때 잘했으면 이런 일이 없었을 텐데. 도대체 어떻게 시술을 한 거야? 그럼 처음부터 수술을 하든지, 또 입원을 해야 한다고?'

경수는 기흉 시술 2개월 후에 다시 기흉 수술을 받아야 했다. 이번에도 1인실 병실이 없어서 우선 급한 대로 응급실에서 대기하고 있었다. 다음날 오후에 응급실 간호사가 흉부외과 병동에 2인실이 나왔다면서 병실로 옮기라고 했다.

"나 혼자 있는 거예요?"

"아닙니다. 2인실이에요. 병실에 함께하실 분은 노인이신데 폐렴 환자입니다."

"아니, 내가 지금 기흉으로 수술을 받아야 하는데, 폐렴 환자와 함께 입원을 시키면 어떻게 합니까?"

"그럼, 병실이 없는데 어떻게 해요? 폐렴 환자라도 괜찮습니다. 오늘 하루만 지내시면 내일 다른 병실이 나오는 대로 옮길 수 있도록 하겠습니다."

잠시 후에 폐렴 환자가 올라왔는데, 가만히 보니 아까 응급실에서 경수 바로 옆자리에 누워 계속 기침을 하면서 간병인이 연신 가래를 닦아 내던 바로 그 노인이었다. 잠시 후에 저녁밥이 나왔는데 노인의 기침 소리와 가래 끓는 소리에 병실에서 도저히 밥을 먹을 수가 없어서 복도 응접실에 앉아서 밥을 먹었다. 저녁을 먹은 후에도 경수는 병실에 들어가지 못하고 복도 응접실에서 서성거렸다. 노인의 기침 소리와 가래 끓는 소리는 복도까지 들려왔다. 밤이 깊어지자 병실에 들어가서 잠을 자야 하는데, 노인의 기침 소리에 병실에 들어갈 자신이 없었지만, 그렇다고 수액이 2개나 달린 폴대를 잡고 응접실에서 잠을 잘 수도 없는 일이었다. 결국 응접실에서 버틸 수 있는 데까지 버티다가 새벽 3시경이 되어서 할 수 없이 마스크를 5장이나 껴 쓰고 병실에서 잠을 잤다.

다음날 오전에 다른 2인실 병실로 옮겼다. 처음에는 경수가 혼자 있었는데, 오후에 젊은이가 입원을 했다. 젊은이는 다른 병원에서 기흉 수술을 받았는데, 기흉이 재발해서 다시 수술을 받으러 왔던 것이다.

"대학병원에 기흉 전문 교수님이 수술을 해 주신다고 해서 왔습니다."

"기흉 전문 교수님이 계신다고요? 그 교수님이 누구예요?"

젊은이가 말하는 교수님은 경수의 수술을 집도하시는 교수님이 아니었다.

'그럼, 지난번 시술처럼 또 잘못되어서 재수술을 받아야 하는 것은 아닌가?'하는 불안감이 엄습했다.

"나는 내일 기흉 수술을 받아야 하는데, 지금이라도 그 교수님께 말씀드려서 수술 교수님을 바꿀 수는 없을까요?"

"글쎄. 그게 쉬울 것 같진 않은데요."

젊은이의 표정은 그 교수님에게는 아무나 수술을 받을 수 있는 것은 아니고, 자신 정도의 사람이 되어야 그 교수님께 수술을 받을 수 있다고 말하는 것 같았다.

"문경수 님. 내일 아침에 수술을 하게 됩니다. 나중에 담당 간호사님이 오셔서 자세한 말씀을 드릴 것입니다."

잠시 후에 병실 담당 간호사가 들어왔다.

"간호사님, 혹시 대학병원에서 기흉 수술을 받다가 죽은 사람은 없죠?"

"기흉 수술을 받는데, 왜 사람이 죽어요? 기흉 수술은 간단한 거예요."

'그래. 사람이 죽고 사는 것도 다 자기 팔자이고, 기흉 수술을 받고 죽은 사람이 없다면, 누가 수술을 하면 어때.'

경수는 기흉 수술 전문 교수님께 수술을 받기 위해 먼 지방에서 온 젊은이를 뒤로 하고 수술한 지 일주일 후에 퇴원을 했다. 처음에는 2개월에 한 번씩 정기 검진을 받았고, 이제는 6개월, 1년에 한 번씩 정기 검진을 받고 있는데, 최근에는 2년 후에 검진을 하자는 판정을 받았다.

사람의 운명이라는 것이 참으로 묘한 것이다. 박 선생님이 기흉 진단을 받지 않았고, 또 경수가 재살이 아니었다면, 그해도 5월부터 7개월이라는 긴 시간을 보낸 후인 12월 말에 건강 검진을 받았을 것이고, 그렇게 되면 하루에 담배를 한 갑 정도 피우는 경수의 폐는 이미 많이 망가졌을지도 알 수 없는 일이었다. 우리는 살아가면서 우연이라는 말을 많이 쓰지만, 사실은 그것이 사주 속의 필연일지도 모른다는 생각이 들었다.

경수				세운	대운	62	52	42	32	22	12	2
己	庚	辛	壬	甲		戊	丁	丙	乙	甲	癸	壬
卯	辰	亥	辰	午		午	巳	辰	卯	寅	丑	子
육해	화개	망신	화개	재살								

경수는 辰生(辰 띠)이므로 申子辰 삼합을 기준으로 시작하여 사주의 지지에 해당하는 12신살을 찾으면 된다. 사주 지지의 12신살을 파악함으로써 사주 통변을 보다 쉽게 할 수 있는데, 일부 역술가 중에는 12신살을 인정하지 않는 경우도 있지만 경수는 12신살의 영험함을 이미 보았기에 12신살을 오행의 生剋制化(생극제화) 못지않게 중요한 통변 요소로 다루고 있다.

경수가 辰生으로 2014년 甲午年을 만났다면, 申子辰 띠에서 세운 지지 午火는 재살에 해당한다. 그러면 금년에는 재살에 해당하는 일들이 발생할 수 있다고 통변하면서 재살에 해당하는 신살의 내용을 조심하라고 하면 된다.

경수는 현재 69세이므로 62 戊午 대운에 해당된다. 대운 지지 午火 역시 재살에 해당하므로 특히 재살에 관해 조심을 해야 하는 것이다.

재살은 12신살 중의 하나이다. 재살은 역모동조자로 머리가 총명하여 임금의 비밀, 뒷배경 등을 파고들어 역마주동자인 겁살에게 보고하여 임금을 음해하고 원한을 사는 간첩 행위를 하다가 감금, 입원 등을 당하지만, 재살 띠에게 부탁을 하면 잘 들어주는 이중성도 있다. 재살 띠의 사람은 자기 실속만 채우기 때문에 동업, 채용을 하면 안 되고, 재살 방향의 이사도 좋지 않지만, 재살은 나의 비밀을 아는 사람이므로 병원은 재살 방향이 좋다.

재살은 갑작스러운 재난, 질병, 횡사, 납치, 구속, 송사 등의 관액이 발생하는 살이다. 재살은 수옥살이라고 하며, 이 방향에 공장, 공사, 건축물을 신축한다면 돌발 사고로 관재 시비, 민원이 발생하기도 한다. 재살 띠의 사람은 나보다 힘이 강한 사람이므로 재살 띠인 사람이나 재살 방향에서 오는 사람과는 가급적이면 시비를 붙지 않는 것이 좋다. 사주에 재살이 있으면 사물에 대한 아이디어가 뛰어나고, 사람이 매력이 있으며, 머리가 총명하다고 한다. 또 재살 대운에는 교통사고, 수술, 외과 질환 등이 우려된다고 하며, 학생은 법학, 경찰, 군인, 스포츠 학과 등이 좋다.

❈ 50 ❈
명리학으로 열어 가는 진로 상담

경수는 부경대학교 평생교육원에서 2012년부터 선천재능검사 상담사과정 강사 활동을 했는데, 2014년 2학기 수강생 중에 20년 동안 사주 공부를 하신 중학교 교장 선생님이 계셨다. 최 교장 선생님의 존함은 이미 부산 교육계에 소문이 자자해서 역학 공부를 하는 사람이면 모를 사람이 없을 정도로 유명하신 분이 강의실에 앉아 있고, 또 한편에는 甲乙丙丁도 모르는 그야말로 초보자 중의 초보자들도 강의실에 앉아 있었다.

"아니, 수강생 명단에 교장 선생님 성함이 있길래 설마설마했는데, 이미 도사 소리를 들으시는 교장 선생님께서 여기 어쩐 일로 오셨습니까?"

"교장 선생님 강의 들으러 왔지요."

"아니, 저한테 배울 것이 무엇이 있다고 오셨습니까? 그냥 집에 계시면 제가 수료증을 보내 드리겠습니다."

"사실 내가 사주 공부를 오래 했지만, 학생들 학업이나 진로에 관한 공부는 별로 하지 않았습니다. 그런데 교장 선생님 강의 내용을 보니 내가 찾던 내용이라서 수강 신청을 하게 되었습니다. 학교에 있다 보면 학생들의 진학이나 진로에 관한 노하우가 필요하거든요. 교장 선생님께서는 아무런 부담 없이 그냥 강의를 하시면 됩니다."

그런데 엎친 데 덮친 격으로 아까 자기소개를 할 때 보니 현재 철학원을 운영한다는 아줌마도 세 명이나 있었다. 진짜 요즘 젊은이들 말대로 '헐!'하고 싶었다.

"원장님들께서는 여기 어쩐 일로 오셨습니까?"

"이제 철학원도 일반 사주만 가지고는 운영이 어렵습니다. 우리 역시 일반 사주 공부를 했기 때문에 학생 진학이나 진로에는 약합니다. 그런데 10월이 되면 학부모들이 대학 입시 합격 여부나 진로에 대해서 문의를 하는데 사실 어려운 점이 많습니다. 그런데 부경대 평생교육원에서 진학과 진로에 관한 강의가 있다고 하길래 수강 신청을 했습니다."

"원장님께서도 집에 계시면 제가 수료증을 보내 드리겠습니다."

"그냥 우리는 아무것도 모른다고 보고 강의를 해 주시면 됩니다."

경수가 지금까지 학부모 연수, 자녀 교육 연수, 논술 연수, 우리말 띄어쓰기 연수, 재능 연수 등 수많은 강의를 했지만, 평생에 그렇게 어려운 강의를 하기는 처음이었다.

2014년 겨울에 최 교장 선생님의 전화가 왔다.

"교장 선생님, 지난번에 강의했던 진로 교육을 교장인 나보다는 실제 학생들과 접하는 우리 선생님들도 아시면 좋을 것 같아서 부산시교육청에 특수연수기관을 신청해서 중등 선생님 대상으로 연수를 개설했으면 하는데, 교장 선생님께서 강의를 해 주실 수 있습니까?"

"예. 저는 좋습니다마는 시교육청에서 사주를 인정해 주겠습니까? 연수 개설이 쉽지는 않을 것입니다."

"그건 제가 시교육청 연수 담당자와 협의해서 개설하도록 하겠습니다. 그럼, 교장 선생님께서는 강의를 해 주신다고 동의를 하신 겁니다."

이듬해 봄에 부산시교육청으로부터 특수연수기관으로 선정되어 진로 교육을 개설하게 되었다는 연락이 왔다. 세상에나! 시교육청에서 사주를 인정해 주다니, 물론 사주 공부가 아니라 사주 중에서 진로에 관한 내용이기는 하지만 말이다. 당시 부산시 해운대구 소재 신도중학교 스마트 교실에서 중등 교사 28명과 초등 교사 2명 대상으로 '명리학으로 열어 가는 진로 상담(기초)' 강의가 있었다.

학생 진로에서 비겁이 발달한 학생은 스포츠 등 신체적인 활동이 많은 분야가 좋고, 식상이 발달된 학생은 표현, 창작, 전문 기술, 재능 중심이 좋고, 재성이 발달된 학생은 사업, 금융 계통이 좋고, 관성이 발달된 학생은 공무원, 조직 생활, 관리자 계통이 좋고, 인성이 발달된 학생은 글과 학문 계통이 좋다. 글과 학문인 인성은 있는데, 조직 사회를 나타내는 관성이 없으면 연구, 교수, 자격증 분야 계통의 관리자로서 승진이 별로 필요 없는 직업을 선택하면 된다.

일반적으로 봄 출생의 학생들은 새싹처럼 땅을 뚫고 나오는 강력한 기운을 가지고 있어서 고집이 세고, 행동이 매우 활동적이지만 지나치면 주의력 결핍이나 과잉 행동 장애를 걱정해 보아야 한다.

여름에 출생한 학생들은 여름에는 물이 증발해서 물의 응집력이 약해지기 때문에 공부를 할 때 집중력이 떨어지므로 한 가지 공부를 오랫동안 하지 못한다. 그래서 집중력을 키우는 교육이 필요하다.

가을에 출생한 학생들은 가을은 수확의 계절로 거두어들이는 기운이 강하므로 공부와 독서 등을 잘할 수 있지만, 때로는 자신이 좋아하는 방면으로만 나아가는 경향이 있으므로 학생의 진로에 신경을 많이 써야 한다.

겨울 출생의 학생은 계절의 영향으로 활동성이 떨어지지만 기억과 생각은 잘하기 때문에 학생의 장점을 살려야 한다.

경수				대운	82	72	62	52	42	32	22	12	2	1974년
己	庚	辛	壬		庚	己	戊	丁	丙	乙	甲	癸	壬	乙
卯	辰	亥	辰		申	未	午	巳	辰	卯	寅	丑	子	巳
		문창												

12세부터 들어온 癸丑 대운은 천간 癸水가 상관으로 일간 庚金을 부식시키고, 丑土는 庚金의 12운성의 묘이므로 일간인 庚金이 학업을 계속하기 어려운 환경이었지만 다행히도 癸丑 대운 중 1966년 15세 丙午年에는 세운 천간 丙火가 월간 겁재 辛金을 丙辛合으로 잡아 주어서 일간 庚金이 홀가분해지므로 비로소 다시 학업을 시작할 수 있었던 것으로 중학교 공부가 시작된 것이라고 할 수 있다. 정관을 공부로 보기도 하기 때문에 세운 丙午年에 공부를 새로 시작할 수 있었다.

학생이 공부를 잘하려면 기본적으로 사주에 학당귀인, 문창귀인, 문곡귀인, 건록, 양인살, 괴강살, 백호대살, 귀문관살 등이 있어야 한다.

학당귀인은 12운성의 장생으로 총명하여 공부를 잘할 수 있다.

문창귀인은 학문에 정통하여 생전 문장이라고 하는데, 문창귀인은 지능지수가 매우 높은 반면에 면학을 하지 않고 지모로 공부하는 경향이 있지만, 면학을 하면 유명인이 될 것으로 예술계, 예능계, 자연계에 적합하다.

문곡귀인은 일간이 양간이면 학당귀인과 같은 오행이고, 일간이 음간이면 학당귀인을 충하는 오행으로 문창귀인이 생전 문장인 반면에 문곡귀인은 사후 문장으로 역사에 이름을 남기며 유명 학자가 되며, 문창귀인보다 차원이 높고 인문계에 적합하다.

일간	甲	乙	丙	丁	戊	己	庚	辛	壬	癸
학당귀인	亥	午	寅	酉	寅	酉	巳	子	申	卯
문창귀인	巳	午	申	酉	申	酉	亥	子	寅	卯
문곡귀인	亥	子	寅	卯	寅	卯	巳	午	申	酉

양인살은 양을 잡는 칼로 비유되며 매우 강한 성정을 의미하고, 양인살은 경쟁력과 유능성을 가지고 있기 때문에 프로로서의 능력과 자격을 갖추었다. 따라서 공부를 하거나 직업을 구성하는 데 양인살의 특출한 재능을 가지고 목적을 이룰 수 있다. 양인살은 경쟁심에 의한 노력이 따르는 공부로 인성을 대용해서 취득할 수 있는 자격증, 전문성을 말한다.

일간	甲	乙	丙	丁	戊	己	庚	辛	壬	癸
양인살	卯	寅	午	巳	午	巳	酉	申	子	亥

건록은 학업이 성숙하여 과거에 급제까지 할 수 있는 완전무결한 선비이다. 건록은 머리가 총명하여 국록을 받을 수 있는 관직에 임하는 것으로 자격시험에 합격하는 것을 말한다.

일간	甲	乙	丙	丁	戊	己	庚	辛	壬	癸
건록	寅	卯	巳	午	巳	午	申	酉	亥	子

괴강살은 북두칠성의 별인 괴강성의 기운을 받아 총명하고 지혜로우며, 괴강살의 직업으로 교사, 의사, 군인, 경찰, 검찰 등으로 본다. 이 직업들이야말로 공부를 잘하지 못하면 선택하기 어려운 것이다.

괴강살	庚辰	庚戌	壬辰	壬戌	戊辰	戊戌

백호대살을 혈광사라고 하여 교통사고, 사고, 수술 등으로 좋지 않게 말하지만, 사주에 백호대살이 있으면 일을 처리하는 데 있어서 끊고 맺는 힘이 강하기 때문에 공부를 잘할 수 있다고 본다.

백호대살	甲辰	乙未	丙戌	丁丑	戊辰	壬戌	癸丑

사주에 귀문관살이 있으면 총명성과 지혜로움으로 공부를 잘할 수 있고, 직업으로는 교육, 연구, 종교, 철학 등에서 두각을 나타내기도 한다.

귀문관살	寅酉	卯申	辰亥	巳戌	子未	丑午

형충의 사무관

2014년 甲午年 가을에 영양 교사가 교장실을 찾았다.

"교장 선생님, 시교육청에서 급식 예산 관련 업무 파견 요청을 하는데, 저는 가기 싫습니다. 교장 선생님께서 반대하시면 안 갈 수도 있다는데."

"김 선생님이 가기 싫다면 내가 파견을 수락할 이유가 없지 않습니까? 내가 몇 번은 거절해 보지만 결국은 가야 할 것입니다. 우리가 시교육청을 이길 수는 없지요."

점심시간마다 김 선생님은 학생들과 이야기를 나눈다.

"오늘 반찬 중에 무엇이 가장 맛있어요?"

"햄이 제일 맛있어요."

"다음에 또 햄을 해 줄게요. 오늘 점심 맛있게 먹어요."

김 선생님은 참으로 보기 드문 훌륭한 영양 교사였다. 점심시간이면 학생들과 급식의 영양과 맛에 대한 대화를 통해 다음 급식에 참고하였고, 또 영양 교사실에 6학년부터 차례로 매일 4명씩을 불러 함께 점심을 먹으면서 밥상머리 교육을 실천하였다. 또한 국수 등과 같은 특식이 나올 때는 반드시 사전에 음식 알레르기가 있는 학생들을 조사하여 음식 알레르기가 있는 학생들에게는 따로 급식하는 등 학생 한 명 한 명에게 신경을 쓰고 있어서 학부모들로부터 인기와 신뢰를 한 몸에 받고 있었다.

시교육청 사무관이 교장실을 찾았다. 사무관은 키가 크고 얼굴이 훤칠하며, 사람이 아주 순해 보였다.

"교장 선생님, 시교육청 급식 예산 담당자의 아이가 아파서 휴직을 신청했는데, 현재 이 업무를 맡을 사람이 본교 김 선생님밖에 없어서 파견 요청을 하려고 합니다."

"시교육청의 사정은 잘 알겠지만, 그렇다고 하더라도 본인이 희망을 하지 않는데, 강제로 보낼 수는 없지 않습니까?"

"시교육청에서 빨리 업무 담당자를 구하지 못하면 부산시 급식 예산 집행에 큰 문제가 생길 수 있습니다."

"우리가 시교육청 애로를 모르는 것은 아니지만, 우리 역시 정말 훌륭한 영양 교사를 보내고 싶지 않기 때문입니다."

"저희들이 일방적으로 발령을 내릴 수도 있지만, 그래도 본인의 희망을 우선하고자 합니다."

"그 말씀은 교장이 파견 요청을 수락하지 않아도 시교육청 마음대로 발령을 내릴 수 있다는 말씀인 것 같은데, 그러면 시교육청에서 그냥 발령을 내리시지요. 그게 제일 간단할 것 같은데."

서로의 상황을 주고받았지만 의견 차이는 조금도 좁혀지지 않았다.

"교장 선생님, 오늘은 이만 가겠습니다. 교장 선생님께서 협조를 해 주시면 고맙겠습니다."

시교육청 사무관의 표정이 밝지 않았다.

"아니, 여러 사람 힘들게 하지 마시고 그냥 발령을 내리시라니까요."

경수는 자신도 모르게 그만 큰 소리를 내고 말았다. 그 후 사무관이 2번이나 더 학교를 방문했지만, 김 선생님의 파견을 수락하지 않았다. 며칠 후에 김 선생님이 교장실을 찾았다.

"교장 선생님, 제가 시교육청으로 가야 할 것 같습니다. 조금 후에 시교육청 사무관님이 또 오신다고 하십니다."

"여러 곳에서 김 선생님에게 압력을 넣은 모양이군요. 그래요, 우리가 시교육청 소속 직원인데 무한정 반대만 할 수도 없지요. 시교육청에서 파견 요청을 할 정도이면 우리 김 선생님의 능력이 출중하다는 의미도 되니까 좋은 일이지요. 시교육청에 가서도 열심히 근무하세요."

잠시 후에 사무관이 들어왔다.

"교장 선생님, 직원 파견을 수락해 주서서 고맙습니다."

"사무관님께서도 여러 번이나 본교 방문하신다고 수고 많으셨습니다."

교장실에서 커피를 마시고 일어서려던 사무관이 웃으며 말했다.

"교장 선생님께서 사주 공부를 하신다고 들었는데, 제 사주를 한 번 봐 주시겠습니까?"

"알겠습니다. 사주를 적어 주시면 나중에 팩스로 보내겠습니다."

경수는 사무관의 사주를 풀이하고 팩스로 보내기 위해 행정실로 내려갔다.

"실장님, 최 사무관님이 겉보기에는 순하고 어질게 보이지만, 평소 주변 사람들과 갈등, 경쟁, 투쟁 등으로 사이가 별로 좋지 않을 것 같은데."

"교장 선생님, 최 사무관님은 이전에 시교육청 노조 간부였습니다."

"그래요? 그래서 사주가 온통 형충이었구나."

"사무관이 되면서 노조 활동을 그만두었습니다."

남명

丁	辛	乙	戊
酉	亥	丑	戌

건록

남명 辛亥 일주는 고란살로 외로움을 많이 탈 수 있으며, 다른 사람이 자신을 인정해 주면 아주 좋아하는 성향이다. 또한 시간 丁火 편관 화롯불은 일간 辛金 보석을 녹이므로 직장에 가면 스트레스를 많이 받을 수 있으며, 辛金 일간으로 다소 까칠한 면도 있다. 월지 丑土는 일간 辛金의 고지이므로 자신이 말을 하고도 그 말에 대해 곱씹는 성향도 있으며, 어떤 사안에 한 번 꽂히면 끝까지 밝히려는 성향도 있다.

천간은 丁(火)剋辛(金), 辛(金)剋乙(木), 乙(木)剋戊(土)로 극이 많고, 지지는 丑戌刑, 酉戌 해살 등으로 주변 사람들과 함께 웃으면서 잘 지내기는 어렵지만, 남명은 시지에 酉金 건록을 가지고 있어서 그래도 나름대로 식록과 의지처를 지니고 살아갈 수 있다.

아, 사람이 결국 사주 모양대로 살아가는구나. 사주의 격이 높으면 격이 높은 인생을 살게 되고, 사주의 격이 낮으면 격이 낮은 인생을 살게 되고, 사주에 형충이 많으면 항상 주변 사람들과 갈등으로 인한 고통을 안고 살아가야 하는 것이다. 그러나 설령 형충이 많은 사주라고 하더라도 자신의 사주를 알고 양보하고 배려하면서 산다면 훨씬 나은 인생을 살 수 있는 것이다.

❈ 52 ❈
아내의 악몽

정부에서 공무원 연금법 개정을 발표하니, 전국적으로 교사들의 명예퇴직 바람이 불기 시작했다. 부산시교육청에서도 교사들의 명예퇴직 신청이 너무 많아 예산 부족으로 명예 퇴직 신청을 모두 수용할 수 없을 지경이었다. 아내도 정년퇴직을 2년 정도 앞두고 명예 퇴직을 신청했다.

"40년 가까이 한 번도 결근을 하지 않고 근무를 했는데, 하루아침에 학교를 그만두는 것이 쉽지 않을 텐데. 요즘은 60살이라도 젊은 편인데, 명예퇴직을 하고 뭘 할 것인지 한 번 생각해 봐요."

"생각하기는 뭘 생각해요? 그동안 고생했으니, 이제 여행이나 다니면서 좀 여유롭게 살 아야지요."

"여행도 한두 번이지, 매일 갈 수 있는 것도 아닌데. 어쨌든 시간 계획표를 한 번 짜 보 는 것이 좋을 것 같은데……."

2014년 甲午年 9월 1일자로 아내의 명예퇴직이 확정되었다는 공문을 봤다. 명예퇴직이 확정된 아내에게 이상한 징후가 보이기 시작했는데, 그 이상한 징후는 아내가 악몽을 꾸 기 시작한다는 것이다.

"도대체 무슨 악몽을 꾼단 말이오?"

"누가 자꾸 내 돈을 뺏으려고 해요."

"당신 돈을? 당신이 무슨 돈이 있어서 빼앗긴다고 그래요?"

"내 퇴직금을 뺏으려고 해요."

"아니, 아직 퇴직금을 받지도 않았는데, 누가 당신 돈을 뺏는다고 해요? 그래, 도둑놈은 봤어요? 얼굴은 어떻게 생겼어요?"

"모르죠. 언뜻 생각하면 잘 아는 얼굴 같기도 하고……. 내가 돈을 가지고 방에 앉아 있으면 방문을 열고 들어와요. 그래서 내가 화장실로 도망을 가면 또 화장실로 따라와요."

"그래, 돈은 빼앗겼어요?"

"아니요. 그렇지만 저녁마다 돈을 빼앗기지 않으려고 도망을 다니느라 아침에는 다리가 아프고 일어날 힘이 없어요."

"그러면 오늘 저녁부터 잠을 잘 때에 베개 밑에 칼을 두고 자도록 해 봐요. 그러면 악몽을 꾸지 않을 거예요."

"칼을? 안 돼요. 어떻게 칼을 베개 밑에 두고 자요. 무서워서 안 돼요."

"그러면 케이크를 자를 때 사용하는 플라스틱 칼을 두고 자면 돼요."

그 후, 아내는 더 이상 악몽 이야기를 하지 않았다.

아내				대운	2014년
庚	辛	庚	甲	乙	甲
寅	亥	午	午	丑	午

아내가 퇴직 신청 이후에 금전 문제로 악몽을 꾼 것은 乙丑 대운과 세운 甲午年의 천간 甲乙木 재성이 지지로 丑午 원진살과 귀문관살에 해당되기 때문에 신경이 크게 쓰였던 모양이다.

❈ 53 ❈
아내와 투기

이웃 동네에서 건축업을 하시는 허 사장님의 전화가 왔다.

"교장 선생님, 누가 교장 선생님 집을 사고 싶어 하는데, 집을 파실 생각은 있으십니까? 지난번에 교장 선생님께서 집을 팔고 싶다는 말씀을 하신 것이 생각나서 전화를 했습니다."

"예. 집값만 제대로 계산해 주시면 팔고 싶지요."

"알겠습니다. 그런데 교장 선생님께서는 왜 그렇게 잘 지은 집을 팔고 이 동네를 떠나고 싶어 하십니까?"

"이 동네에서 40년 가까이 살았습니다. 또 주변에 자꾸 빌라가 들어서니, 동네에 낯선 사람들이 너무 많아서 동네도 옛날 같지 않아서 이제 떠나고 싶습니다."

"할머니는 이사하시는 것을 좋아하지 않으실 텐데."

"어머니는 아파트를 좋아하지 않지요. 그래서 우리가 아파트에 가지 못하고 평생 이 동네에서 살았습니다. 이제 떠나야지요. 이 동네에서 너무 오래 살았습니다. 그런데 평당 가격은 얼마를 생각하십니까?"

"건축업자는 평당 1,000만 원 정도로 생각하고 있는 모양입니다."

"알겠습니다. 허 사장님께서 한 번 알아봐 주시기 바랍니다."

경수가 살던 집은 범천동 중앙시장 건너편 대로에서 안쪽으로 두 블록을 들어가야 하기 때문에 당시 평당 400~500만 원도 쉽게 주려고 하지 않았다. 그런데 평당 1,000만 원을 준다고 하니 당장에라도 팔고 이 동네는 떠나고 싶었다.

며칠 후에 허 사장님이 집을 사겠다는 건축업자와 함께 교장실을 찾았다. 건축업자는 경수 집을 사서 허물고는 빌라를 짓는다고 했다. 이런저런 이야기 끝에 평당 가격을 물었다.

"평당 800만 원을 드리겠습니다. 교장 선생님 집은 나대지도 아니고, 또 제가 알기로는 3층집 전체를 콘크리트 공사를 했기 때문에 집을 철거할 때 굉장히 애를 먹을 것 같습니다. 그래서 철거 비용을 계산하지 않을 수 없습니다."

"아, 나는 평당 1,000만 원이라고 해서 집을 팔려고 한 번 생각해 보았는데, 평당 800만 원은 곤란하겠습니다. 일단 집에 가서 아내와 한 번 의논해 보도록 하지요."

그것으로 집을 파는 것은 일단락이 되고 말았다. 경수가 살고 있는 동네는 집에서 5분 정도만 걸으면 지하철이나 버스 등 대중교통을 이용하기에는 너무나 편리한 동네였다. 그러나 너무 오래되었기에 낡고 지저분한 이 동네를 벗어나서 새로운 동네에서 새로운 삶을 살겠다는 경수의 꿈은 그만 일장춘몽으로 끝나고 말았다. 그런데 한 번 집을 옮기겠다는 생각을 해서인지 더욱더 그 동네가 싫어서 얼른 떠나야겠다는 생각이 간절해졌다. 그러나 집을 처분하지 않고는 큰돈을 마련할 수가 없어서 집을 옮길 엄두를 낼 수 없었다.

몇 달 후에 아내가 꿈속에서 도둑놈에게 그토록 빼앗기지 않으려고 애를 썼던 퇴직금을 받았다. 아내가 그런 흉한 꿈을 꾼 것은 지금 생각하면 아내는 평생을 그저 교사 봉급으로 살았고, 퇴직금과 같은 큰돈을 만져 본 적이 없었기에 큰돈에 대한 심적 부담이 컸던 모양이었다.

"당신, 퇴직금 잘 챙겨요. 또 도둑놈이 따라오면 어떻게 해요?"

"이제 도둑놈 꿈을 꾸지 않으니 괜찮아요. 그런데 이 돈으로 뭘 해요?"

"글쎄, 뭘 하나 사 두면 좋겠는데, 아파트를 하나 사서 전세를 주면 되겠다."

"아니, 내 돈으로 아파트를 사서 왜 다른 사람 좋은 일을 시켜요?"

아내가 아파트를 사서 전세를 놓는 것을 이해하지 못하는 것은 자신의 돈으로 산 아파트를 다른 사람이 싼값으로 살지 않느냐는 것이다. 아내의 생각은 만약에 아파트 가격이 3억이고, 전세가가 2억 원이라면, 다른 사람이 2억을 내고 3억짜리 아파트에 사는데, 그 부족분 1억 원을 자신이 대신 납부한다고 생각하는 것이다. 더구나 자신도 한 번 살아 보지 못한 새로 지은 아파트라면 더더욱 그런 생각이 들 수 있을 것이다. 아내는 평생을 주식, 부동산 투기 등을 모르고 오직 교사 봉급으로 저축과 적금만으로 살아왔기에 아파트를 포함한 부동산 가격 폭등 등 투기에 대해서는 감각이 무딘 것이다.

아내				대운	2014년
庚	辛	庚	甲	乙	甲
寅	亥	午	午	丑	午

아내가 주식과 부동산 투기 등에 대해 부정적인 시각을 가지는 것은 아마 아내 사주에서 寅卯木인 재성이 공망이기 때문에 재물에 대해 끊임없이 갈망하고 추구하여 재물에 대한 한, 미련, 아쉬움을 갖기도 하지만 실제 재물에는 별로 관심이 없기 때문인 것 같다.

❈ 54 ❈
당신은 나의 로또

경수는 2015년 乙未年 2월 28일자로 정년퇴직 예정자였다.

"어머니, 아버지께서 내년 봄에 정년퇴직을 하시면 아버지 퇴직금과 어머니 퇴직금, 그리고 이 집을 평당 800만 원에라도 팔아서 이제 좀 깨끗하고 조용한 대단지 아파트로 가서 사시면 어때요?"

딸애가 제안을 했다. 사실 주택가에 살아 보면 가장 불편한 것 중의 하나가 주차 문제인데, 내 집 앞이라고 내 차만 댈 수 있는 것도 아니기 때문이다. 그래도 다행스러운 것은 1층 가게 세입자는 딸애가 주차할 공간을 항상 비워 두었다.

"나도 그런 생각이지만, 평당 800만 원을 받기는 좀 억울한 것 같아서 쉽게 결정을 내리지 못하고 있다."

"하지만 그냥 팔면 500만 원 받기도 어렵잖아요? 마침 빌라를 짓는다면서 800만 원이라도 준다고 하니 다행이잖아요."

"그건 그렇지만, 한 번 1,000만 원이라는 이야기를 듣고 나니까 800만 원은 귀에 들어오지 않는구나. 그래, 한 번 생각해 보자."

경수는 정말 급하면 평당 800만 원에라도 집을 팔 것이라는 생각으로 다음 날부터 아내와 함께 이사할 지역을 물색해 보기로 했다.

"아버지, 동래는 어때요? 얼마 전에 신축한 대단지 1차 아파트인데, 제가 보기에는 괜찮을 것 같은데."

"동래? 동래도 괜찮지."

경수는 아내와 딸애와 함께 얼마 전에 분양한 동래구에 있는 아파트를 찾았다. 아파트 가격은 생각보다 조금 높았지만, 문제는 신축 아파트를 분양한 지가 아직 1년이 되지 않아서 매매할 경우에 양도 소득세가 높기 때문에 매물이 없었다. 1차 아파트 옆에 2차 아파트를 분양할 예정이라고 하길래 공사 현장에 가 보았더니, 2차 아파트가 들어서는 지역은 골짜기였다. 지금은 산중턱에도 아파트를 짓고, 물가에도 아파트를 짓기는 하지만, 풍수에서 골짜기는 피하는 것이 좋다는 이야기가 있어서 좀 그렇다는 생각으로 포기하기로 했다.

"아버지, 해운대 동백섬 앞에 고층 신축 아파트가 있는데 한 번 가 보실래요?"

"동백섬 근처라면 굉장히 비쌀 텐데. 우리 형편에 맞을까?"

"당장 가시지 않으시면 전세나 월세 임대를 놓아도 되잖아요."

딸애가 인터넷으로 여기저기 알아본 모양이다. 딸애가 소개한 아파트는 42층으로 거실에서 동백섬이 내려다보여서 그야말로 전경은 끝내주는 위치였다. 또 아침저녁으로 아내와 함께 손을 잡고 동백섬을 산책한다는 것은 상상만으로도 즐겁고 신나는 일이었다. 그런데 아파트의 구조를 보니 뭔가 지금까지 봐 왔던 아파트의 구조와는 조금 다르다는 생각이 들었고, 또 아파트 건축 자재도 회사 브랜드와 해운대라는 지역에 걸맞지 않게 그렇게 고급스럽게 보이지 않았다.

"우리가 아파트에 살아 보지 않아서 그런지 모르지만, 한쪽 벽면이 통유리로 되어 있으니 밝은 것은 좋은데 뭔가 조금 불안한 느낌이 들기도 한다."

"아버지, 저도 아파트 창문을 통유리로 한 것은 처음 보는데 요즘 추세가 그런 모양이죠."

딸애가 우리 마음을 눈치챈 모양이었다.

"그래, 나도 그런 생각이고, 엄마는 건축 자재가 고급스럽지 않다고 하네."

사실 경수는 아파트의 거실이 통유리로 되어 있어서 낮에 낮잠이라도 자다가 그만 데굴데굴 굴러 떨어질 것만 같은 불안한 마음이 들었고, 또 아파트의 구조가 마치 원룸을 조금 크게 확장한 듯한 느낌을 받았다.

"아버지, 집으로 가는 길에 ○○아파트 한 번 보실래요?"

"○○아파트는 건축한 지 30년이 다 되어 갈 건데, 아파트가 너무 낡지 않았나?"

"그래도 사는 데는 크게 문제가 없을 거예요. 일단 한 번 가 보기나 해요."

경수는 아파트 인근 부동산 사무실에 들어갔다.

"33~35평 아파트를 하나 구입하고 싶은데."

"2차 아파트가 하나 나와 있습니다. 주인은 서울에 살고 있는데, 일단 한 번 구경이나 해 보시겠습니까?"

"아파트가 지금 비어 있는 거예요?"

"아닙니다. 세입자가 살고 있는데 미리 연락이 되지 않아서 지금 당장은 아파트 내부는 보기 어렵고 위치만 한 번 보여 드리겠습니다."

"주인에게 파실 의향이 있으신지 한 번 전화해 보세요."

부동산 중개사가 서울에 산다는 아파트 주인과 한참 동안 통화를 했다.

"주인이 11월 말에 결정을 해 준다고 합니다. 아마 팔지 않을 것 같습니다."

"아니, 아파트를 팔려고 내놓았다면서 왜 갑자기 안 판다고 그래요?"

"사실은 아파트 재건축에 대한 법이 바뀐 것을 아는 모양입니다. 아파트는 건축한 지 40년이 지나야 재건축을 할 수 있는데, 불과 3일 전에 30년만 되어도 재건축을 할 수 있다는 법이 발표되었습니다. 주인이 그것을 모를 리가 없지 않습니까? 여기도 얼마 전에 아파트를 내놓았다가 다들 집어넣었지요. 당분간은 아파트 매물이 없을 것입니다. 그리고 여기는 해운대에서 바다가 보이는 곳에 재건축을 할 수 있는 마지막 최적지라고 볼 수 있기 때문에 매물이 나와도 가격이 상당히 높을 것입니다."

"그랬군요. 그래도 일단 매물이 있으면 연락을 주세요."

집으로 돌아오는 길에 아무도 입을 열지 않았지만, 속으로는 며칠 전에만 왔었더라면 하는 아쉬움이 있었다. 며칠 후, 밤 10시경에 전화가 왔다.

"지난번에 오셨던 부동산입니다. 급매물이 하나 나왔는데, 지금 예약금을 조금 송금하면 좋겠습니다."

"그래요? 며칠 전에 이야기했던 그 아파트인가요?"

"아닙니다. 이것은 1차인데 위치도 좋고 전망도 훨씬 좋습니다."

"그래요? 몇 동 몇 호입니까? 평수는 몇 평입니까?"

"101동 507호입니다. 평수는 35평입니다."

"5층이군요. 5층은 너무 낮지 않나요? 가격은 얼마입니까?"

"5층이면 그리 낮은 편은 아닙니다. 그리고 가격은 ○억 원입니다."

건축한 지 30년이 다 되어 가는 아파트가 ○억이 넘는다는 것이 너무 과한 것 같았지만, 그래도 해운대라는 생각에 결정을 했다.

"알겠습니다. 그러면 문자로 계좌번호를 보내 주십시오."

"그런데 주인이 조건을 하나 걸었습니다."

"조건요? 무슨 조건입니까?"

"아파트를 보지 않는 조건입니다."

"아니, 내가 그 큰돈을 주고 사는 아파트를 구경도 하지 말고 사라고요? 그게 말이 됩니까?"

"아니, 그게 아니고 지난번에 아파트를 한 번 내놓았다가 다시 집어넣었는데, 그때 사람들이 너무 자주 집을 보러 와서 세입자가 열을 받은 모양이더라고요. 그래서 세입자가 이 핑계 저 핑계로 집을 잘 보여 주지 않는 모양입니다."

"알겠습니다. 설마 세입자들이 아파트 콘크리트를 뜯어먹지는 않았겠지요."

아내는 옆에서 전화 통화만 하고서 어떻게 상대방을 믿고 돈을 송금하느냐며 걱정을 한다.

"여보, 괜찮아요. 예약금이라고 해야 기껏 200만 원이잖아요. 지금 해운대 아파트를 하나 사는데, 그까짓 200만 원이 문제예요? 그리고 매물이 없다고 하잖아요?"

"그건 그 사람들이 사기하려고 하는 말인지 어떻게 알아요?"

"설마 부동산 업자가 내 돈 200만 원 사기하려고 하겠어요? 일단 믿고 합시다."

다음 날, 아파트 계약금으로 다시 3800만 원을 송금했다. 경수는 아내와 딸과 함께 계약 일자에 맞추어 부동산 사무실로 갔다.

"지금부터 아파트 매매 계약서를 작성하겠습니다. 전에 말씀 드렸던 서류하고 도장은 다 가지고 오셨죠?"

그런데 집주인 아주머니의 표정이 조금 이상하다는 생각이 들었다.

"아파트를 팔고 싶지 않은데……."

"아니, 지금 계약서를 작성하는데 그러시면 어떻게 합니까?"

부동산 실장님의 당황하는 기색이 역력했다. 실장님은 당장 눈앞에서 중개료 320만 원을 날릴 판이니 얼마나 황당했을까?

'아주머니가 재개발에 대한 소문을 들은 것일까? 아파트 가격을 조금 더 준다고 해 볼까?'

"조금 있다가 우리 아저씨가 오실 테니까, 그때 이야기합시다."

아주머니는 입을 다물고 새치름하게 앉아서는 아무 말도 하지 않았다. 부동산 실장님도 어쩔 수 없는지 난처한 표정을 지었다. 잠시 후에 아주머니의 남편이 부동산 사무실에 들어섰다. 우리는 서로 통성명을 했다.

"그런데 어르신을 어디서 많이 뵌 분 같은데, 혹시 학교에 계시지 않으셨습니까?"

"예. 학교에 있었습니다. 그런데 어떻게?"

"어느 학교에 계셨습니까? 초등학교입니까?"

"아닙니다. 한국대학교 공대입니다. 그리고 퇴직을 한 지도 오래됩니다."

"아, 그러시군요. 저는 초등학교 교장입니다. 그리고 그 공대에 내 친구도 교수로 근무하고 있는데……."

"그래요? 그 교수님 이름이 어떻게 되죠?"

"이길수입니다. 고등학교 동기입니다."

"아, 이길수 교수, 내가 잘 알지요. 이것 참 사람의 인연이 묘하군요."

부동산 사무실 분위기가 아까와는 달리 조금 부드러워졌다.

"사실은 우리가 이 아파트를 사위와 딸 이름으로 사 두었던 것인데, 사위가 갑자기 회사에 사표를 내고, 이 아파트를 팔아서 커피숍을 하겠다고 하는데, 평생 장사라고 해 본 적이 없는 아이들이 장사를 하겠다니 걱정이지요. 아이들은 프랜차이즈 시스템이라고 아무 걱정이 없다고 하지만, 우리 어른들은 보통 걱정이 아니에요. 잘못하다가는 아파트 날리고, 아이들까지 버릴까 싶어서 아파트를 팔려고 하기는 했지만 막상 팔려고 하니까 아쉬운 모양입니다. 그래서 그런 거예요."

'그래서 판다는 겁니까, 안 판다는 겁니까?'하고 묻고 싶었지만 꾹 참았다.

"교장 선생님이라고 하셨죠? 우리 올케언니도 초등학교 교장인데. 부산교대를 졸업했어요."

아까부터 아무 말없이 앉아 있던 아주머니가 느닷없이 입을 열었다. 남편은 오래 전에 퇴직을 했지만, 올케언니가 현직 초등학교 교장 선생님이라는 것을 자랑하고 싶었던 모양이다.

"아, 그렇습니까? 올케언니 성함이?"

"이형숙입니다. 지금 상정초등학교 교장 선생님입니다."

"아, 이 교장 선생님은 나하고 대학 동기입니다. 우리 아내와는 고등학교, 대학교 동기지요. 그리고 이 교장 선생님과 계 모임을 하고 있습니다. 나도 오빠를 잘 압니다."

"우리 오빠를 잘 알아요?"

"오빠가 연극을 했잖아요? 지금은 제법 자리를 잡은 것 같던데."

"예. 이제 자리를 잡았지요."

"지난번에는 CF도 하나 찍은 것으로 알고 있는데."

"그것도 알고 있어요?"

아주머니의 표정이 많이 밝아졌다. 아주머니는 고개를 돌려 실장님을 불렀다.

"실장님, 우리 계약서 씁시다. 그런데 교장 선생님, 이 아파트를 파는 데 조건이 있습니다. 우리 올케언니에게 절대로 저의 아파트를 샀다는 이야기를 하지 마십시오. 괜히 집안 이야기가 밖으로 새 나가는 것이 싫어서 그렇습니다."

"알겠습니다. 걱정하지 마십시오. 절대로 올케언니에게 이야기하지 않겠습니다."

경수				대운	2014년	아내				2014년
己	庚	辛	壬	戊	甲	庚	辛	庚	甲	甲
卯	辰	亥	辰	午	午	寅	亥	午	午	午
	乙	戊		丙	丙		戊			丙
	癸	甲		己	己		甲			己
	戊	壬		丁	丁		壬			丁

경수 사주의 일간 庚金은 戊午 대운과 甲午年으로 지지 午火가 午午 자형으로 문서인 편인 戊土가 동하므로 부동산 매입사가 발생한 것이다. 얼핏 보면 戊午 대운의 戊土가 편인으로 흉한 것으로 보이지만, 대운 午火 지장간 丁火가 일간 庚金을 火練眞金(화련진금)으로 보석, 보검으로 만들어 주니 부동산 매입 건을 길사로 판단한다. 아파트 계약을 마치고 돌아오는 길에 아내가 입을 열었다.

"여보, 내가 꿈속에서 봤던 도둑을 잡았어요."

"그래, 그게 누구예요?"

"이제 와서 가만히 생각하니, 그 도둑은 바로 당신이었어요."

"아니, 내가 왜 도둑이에요?"

"저 아파트를 당신 돈으로 산 것도 아닌데, 왜 당신 명의로 해요?"

"그럼, 아까 계약을 할 때 당신 명의로 해 달라고 하지 그랬어요?"

역시 천간의 재성은 임자 없는 재물이라 먼저 먹는 놈이 임자라는 것을 다시 한 번 실감할 수 있었다. 아내의 일간 辛金에서 보면 甲午年의 천간 甲木은 정재인 정상적인 돈으로 아내가 가지고 있는 것이 맞지만, 세운 甲午年 지지 午火가 아내의 년지와 월지 午火와 午午 자형으로 정재에 형살이 걸렸기 때문에 돈을 지니기 어려웠던 것이다.

아내는 신약사주이면서 년간 甲木 정재, 시지 寅木 정재와 일지 亥水 상관의 寅亥合木

으로 재성이 많기 때문에 재다신약사주인데, 재다신약사주는 재물을 벌기는 하지만 재물 관리를 제대로 하지 못하면, 그 재물은 모두 날아가는 것이다. 그래서 옛날부터 재다신약사주에게는 일찍 유산을 물려주지 말라는 말도 있다.

아, 경수에게 아내는 인생의 로또인 것이다!

❈ 55 ❈
이름 속에 깃든 운명의 비밀

2015년 가을에 시교육청으로부터 초등학교 방과후교육 강사들의 급수 수업 심사 요청이 있었다. 경수는 김태영 선배와 함께 10여 개 학교의 방과후교육 강사 수업 심사를 다녔다.

"교장 선생님께서 재능 평가원과 철학원을 개설했다는 소문이 자자합니다. 그래, 사업은 잘되십니까?"

심사 대상 학교의 후배 교장들은 철학원 경영이 궁금한 모양이다.

"사업은 무슨 사업? 그냥 세컨드 하우스처럼 활용하고 있지요."

"나도 정년이 얼마 남지 않아서 걱정이 많은데, 교장 선생님처럼 사주나 좀 배워 볼까 하는데 괜찮을까요?"

"사주라는 것이 참 재미있는 공부이기는 한데, 공부하기가 너무 어려워요. 일단 한 번 시작해 보십시오."

"사주? 그거 미신이잖아? 그건 종교도 아냐. 혹세무민에 불과한 거지."

옆에 앉아 있던 김태영 선배가 내뱉듯이 한마디 했다.

"선배님, 사주가 과학적으로 분석할 수 있는 학문은 아니지만, 그 나름대로 가치가 있으니까 수천 년 동안 우리 생활과 밀접한 관계를 맺으며 전승되어 내려오지 않았겠습니까?

"그건 어리석은 사람들이 사주를 종교처럼 생각하고 맹목적으로 믿어서 그런 것이지. 그게 과학적 근거가 있나, 뭐가 있나?"

"혹시 선배님 아버님이 생존해 계신다면 선배님의 이름을 지을 때 무엇을 근거로 하여 지었는지 한 번 알아보십시오."

"그건 무슨 소리야?"

"아마도 아버님께서 선배님 사주를 근거로 하여 이름을 지었을 것입니다."

며칠 후에 선배로부터 전화가 왔다.

"그러면 자네 이름은 완벽하게 잘 지은 이름인가?"

"아닙니다. 사실은 제 이름에 극이 많은데, 이름에 극이 많으면 좋지 않습니다."

이름은 사주에서 부족한 오행을 보충하기 위한 하나의 방법으로 먼저 발음오행을 배열해야 한다. 발음오행을 배열한다는 말은 이름을 우리말로 불렀을 때 성씨와 가운데 이름과 끝 이름 사이에 상극이 없고 상생이 되어야 한다는 것이다.

발음	ㄱ, ㅋ	ㄴ, ㄷ, ㄹ, ㅌ	ㅇ, ㅎ	ㅅ, ㅈ, ㅊ, ㅉ	ㅁ, ㅂ, ㅍ
오행	木	火	土	金	水

(훈민정음해례본을 토대로 土를 ㅁ, ㅂ, ㅃ, ㅍ, 水를 ㅇ, ㅎ으로 배분하기도 한다. 본서는 현재 역학계의 다수설인 훈민정음운해에 따라 土를 ㅇ, ㅎ, 水를 ㅁ, ㅂ, ㅍ으로 배분한다)

경수
문　　　경　　　수
水　　　木　　　金

경수의 한글 이름 오행은 끝 이름 수인 金에서 가운데 이름 경인 木을 金剋木하여 木이 극을 당하니 건강 면에서는 간, 담, 갑상선 등을 조심해야 한다. 또한 이름에 극이 있으니 좋은 이름이라고는 할 수 없다.

경수			원형이정			
文	**敬**	**秀**	원	형	이	정
木 4	金 13	木 7	20	17	11	24
			허망격	건창격	신성격	입신격

경수의 한자 이름 오행은 木, 金, 木으로 敬의 오행인 金이 성인 文을 金剋木으로 극하고, 끝 이름인 秀의 오행인 木을 金剋木으로 극하니 좋은 이름이라고 할 수 없다.

경수의 이름을 元亨利貞(원형이정)으로 풀어 보면 원격인 유년과 초년은 虛望格(허망격)으로 일시적인 성공은 있을지라도 모든 일이 쇠퇴하고 운기가 공허한 불길한 수리이다. 형격인 청년과 중년은 健暢格(건창격)으로 큰 뜻과 큰 계획을 품고 모든 난관을 극복하고 매진하여 초지일관으로써 대사를 완수하며, 인내심으로 결국 자립 대성하니 만인의 존중과 존경을 한 몸에 받는 대길의 수리이다. 이격인 중년과 장년은 新盛格(신성격)으로 매사가 순조롭고 스스로 노력하고 개척하는 일마다 좋은 결과를 맺게 되는 길한 수리이다. 정격인 61세 이후의 말년은 立身格(입신격)으로 두뇌가 뛰어나고 인화력이 출중하여 주변의 신망을 한 몸에 얻는 길격으로 지모와 재략이 출중하여 대업을 완수하고 그 공명이 천하에 알려지는 대길수이다.

경수의 이름을 보면 초년의 운세는 불리하지만, 청년과 중년과 말년은 대길한 수리이므로 그래도 괜찮은 이름이라고 할 수 있는데, 경수가 지금까지 살아온 삶과 크게 다르지 않다. 사주의 대운 풀이에서도 초년 壬子와 癸丑 대운으로 水가 왕하여 용신인 火를 끄기 때문에 초년고생은 결코 피할 수 없는 운명이었다.

우리는 흔히 이름이 좋다고 해서 뭐 그렇게 인생이 달라지겠느냐 하고 반신반의한다. 그러나 우리가 잘 알고 있는 에모토 마사루의 저서『물은 답을 알고 있다』에서 물에게 좋은 소리, 기쁜 단어를 들려주었을 때의 물의 모양과 욕설이나 흉한 소리, 나쁜 소리를 들려주었을 때의 물의 모양이 서로 다르다는 것, 그리고 식물을 기르면서 아름다운 음악을 들려주었을 때 식물의 성장 속도가 빨랐다는 연구 결과 등을 참고한다면 사람의 이름을 함부로 작명해서는 안 된다는 것이다.

좋은 이름과 나쁜 이름의 구별은 간단하다. 다른 사람이 내 이름을 부를 때에 내가 기분이 좋으면 내 이름은 좋은 이름이고, 다른 사람이 내 이름을 부를 때에 내가 기분이 좋지 않으면 나쁜 이름인 것이다. 만약 내 이름이 나쁜 이름이라면 다른 사람들이 내 이름을 부를 때마다 심한 스트레스를 받을 것이다. 따라서 아무리 좋은 소리와 뜻을 가진 이름이라 하더라도 내가 좋아하지 않는 이름은 좋은 이름이 아닌 것이다.

우리는 남의 이름을 들을 때에도 발음이 상생되고 이름의 뜻이 좋고 예쁜 이름을 들으면 자기도 모르게 입가에 미소가 번진다. 그러나 이름의 발음도 좋지 않고 뜻도 좋지 않은 이름을 들으면 자신도 모르게 눈살을 찌푸리게 된다.

작명은 한글 발음오행이 좋고, 원형이정이 좋고, 주역 64괘가 좋으면 그것만큼 좋을 수는 없지만, 만약 원형이정 배열이 길하지 않으면 연령대에 따라 작명을 하는 방법도 있다. 다시 말하면 신생아나 청소년기 학생 작명의 경우, 다른 격은 조금 나빠도 건강과 학업을 우선해야 하기 때문에 원격을 좋게 작명한 다음에 청년, 중년, 말년에 따라 재작명을 하는 경우도 있다.

작명에는 수리성명학, 음양성명학, 용신성명학, 측자파자성명학, 성격성명학, 오행성명학, 육효성명학, 주역성명학, 소리성명학 외에도 한자 삼원오행, 한자 획수 오행, 한글 획수 오행, 소리 성명학, 파동 성명학, 에너지 성명학 등 다양한 방법이 활용되고 있다. 대부분의 작명가들은 이런 성명학 이론 중에서 취사선택하여 작명에 활용하고 있다. 따라서 작명가들이 통일된 한 가지 작명법을 활용하는 것이 아니고 제각각의 작명법을 활용하기 때문에 작명상의 문제가 발생하고 있는 것이다. A작명소에서 작명한 이름을 B작명소에서 감명을 해 보면 좋지 않은 이름이라고 감명하는 경우도 있다. 이렇게 작명의 가치나 의의를 작명가들 스스로 훼손하고 있는 것이다. 따라서 작명 의뢰인도 이름을 받으면 그것이 가장 좋은 이름이라고 생각하고 사용해야지, 그 이름이 정말 좋은 이름인지 아닌지를 알기 위해 여기저기에서 다시 감명을 받을 경우 반드시 한 군데 이상은 좋지 않은 이름이라고 감명하게 될 것이다. 그러면 자신의 이름에 대해 좋지 않은 감정을 가질 수 있고, 또 다른 작명소에 계속 작명을 의뢰해야 할 것이다. 작명가들은 서로 작명하는 방법이 다를 뿐이지 의뢰인에게 가장 좋은 이름을 지어 주기 위해 최선을 다한다는 것을 잊지 말아야 한다. 일반적으로 이름에는 龍, 辰 등을 잘 넣지 않는다. 辰土는 깨끗한 물이 아니므로 여러 개가 있으면 썩는 물이 되기 때문이다.

용신초등학교에 근무할 때, 교무실 실무원의 이름이 양미였다. 그런데 선생님들이 양미를 부를 때마다 양미가 인상을 찌푸리는 것을 얼핏 보았다.

"양미 씨는 이름이 별로 마음에 들지 않는 모양이지요?"

"예. 누가 제 이름을 부르면 그냥 짜증이 납니다. 이름을 바꾸고 싶은데, 이름을 바꾸어도 될까요?"

"이름이 마음에 들지 않으면 당연히 바꾸어야지요. 그런데 양미 씨는 누가 이름을 부르면 왜 짜증이 나요?"

"잘 모르겠습니다. 그냥 짜증이 납니다."

"그건 내가 알지. 이름이 양미라서 그렇지요. 양미 씨는 학교에서 공부할 때 100점을 받아도 성적이 양과 미이기 때문이지요."

그 후 양미는 개명을 하였고, 선생님들이 개명한 이름을 불러 주면 기분이 매우 좋다고 했다. 양미는 어머니와 함께 살았으며 그리 넉넉한 형편은 아니었다.

"양미 씨는 소원이 뭐예요?"

"교장 선생님, 저는 너무 힘들게 살아서 돈을 많이 벌었으면 합니다."

"양미 씨처럼 성실히 살다 보면 언젠가는 돈을 벌 수 있을 거예요."

하루는 양미가 중고차를 몰고 왔다. 자동차 넘버는 42가 1516이었다.

"양미 씨, 웬 차예요?"

"서울에 살고 있는 오빠가 새 차를 사면서 줬어요."

"양미 씨는 이제 부자가 되겠다."

"왜요? 왜 제가 부자가 돼요?"

"사주에서 6은 정재로 정당한 재물을 말하는데, 양미 씨의 자동차 번호가 모두 6이잖아요. 그러니까 부자가 되는 것이지."

"자동차 번호가 모두 6은 아니에요. 제일 마지막 번호만 6인데요."

과학실 실무원 재희가 강력하게 두 손을 내저으며 부정을 한다.

"앞 번호 4와 2를 합하면 6이고, 뒤 번호 1과 5를 합해도 6이고, 5와 1을 합해도 6이지요. 그러니까 모두 6인 셈이지요."

양미가 로또 꿈을 꾸었는데, 1등의 번호와 색깔까지 맞춘 적이 있다면서 재희가 호들갑을 떤다. 그것도 한두 번이 아니라는 것이다. 그러면 양미가 로또 1등에 당첨되었느냐고? 아니, 로또 복권을 살 돈이 없어서 사지 못했단다. 그래서 나는 양미 지갑에 10만 원을 채워 주었다. 로또 꿈을 꾸었을 때 로또 복권을 사라고 했고, 1등에 당첨이 되면 반씩 나누기로 했다. 경수와 양미는 5등짜리 한 번 걸리지 못하고 2년이라는 시간을 보냈다.

이제 양미는 다른 학교로 전보되어 갔지만, 지금도 가끔 통화를 하면 통화 끝에 경수가 항상 하는 말이 있다.

"제발 잠 좀 자라. 그리고 꿈 좀 꿔!"

❀ 56 ❀
집을 팔다

경수가 살던 곳은 중앙시장 건너편으로 지하철과 대중교통이 편리하고, 주변에 대형 병원과 현대백화점이 있고, 버스로 세 정거장만 가면 서면 롯데백화점이 있어서 생활하기에는 참으로 편리했다. 그러나 오래된 주택 중심의 동네이기에 주변이 다소 지저분하고 소란스러웠으며, 집 앞쪽으로는 교통부가 있고, 집 뒤로는 조방로의 대로가 있어서 공기도 매우 좋지 않다는 단점이 있었다.

경수는 그동안 몇 번이나 아파트로 이사를 가려고 했지만, 어머니가 아파트 생활을 싫어하셔서 어쩔 수 없이 이사를 하지 못하고 옛날 살던 집을 헐어서 3층집을 짓고 그냥 눌러앉은 것이 무려 20년이 넘었다. 사실 최근에 집을 팔 기회가 몇 번 있었다. 그 전에는 그저 이 집을 팔겠다는 생각만 했지 실제로 집을 부동산에 내놓지는 않았다. 그러다가 2013년 癸巳年에는 집을 정식으로 부동산에 내놓았다. 며칠 후에 부동산에서 전화가 왔다.

"누가 집을 한 번 보고 싶다고 하는데, 언제쯤 집을 볼 수 있습니까?"

"집은 언제든지 볼 수 있습니다. 언제 보시겠는지 한 번 알아보십시오."

그런데 며칠이 지나도 부동산에서 전화가 없었다. 경수는 부산진시장을 거쳐서 퇴근을 하다가 학교 근처에서 부동산을 하는 박 사장을 만났다.

"박 사장님, 매입자가 언제 집을 보러 오신다고 했습니까?"

"매입자가 교장 선생님 집을 한 번 구경한다고 집 근처에 가서 동네 할머니들이 모여 있는 곳에서 집에 대해 이것저것을 알아본 모양입니다. 그랬는데 그 자리에 교장 선생님 모친이 계셨는데, 매입자에게 집을 팔지 않는다고 호통을 친 모양입니다."

경수				2015년	2013년	2012년
己	庚	辛	壬	乙	癸	壬
卯	辰	亥	辰	未	巳	辰

2012년 壬辰年에는 여러 사람이 집을 보러 왔지만 평당 가격 문제로 결국 무산되고 말 았다. 어떤 경우는 내일 계약을 하기로 했는데, 오늘 계약을 취소하겠다는 연락이 오기 도 했다.

"아니, 왜 갑자기 취소를 한대요?"

"집 옆에 주차장이 있어서 시끄럽다고 합니다."

부동산 박 사장님이 머쓱한 표정을 지으며 말했다.

"아니, 그러면 집을 사는 사람이 집 옆에 무엇이 있는지도 모르고 집을 산다고 했단 말 입니까?"

"아마 집을 사기 싫어서 그런 핑계를 대는 모양입니다."

"주차장은 땅 주인이 멀리 살고 있으면서 이 동네 노인에게 임대료를 조금 받고 우선 주 차장이라도 하라고 맡긴 것인데."

2012년 壬辰年은 지지 辰土가 사주 월지 亥水인 직장, 가정 등과 辰亥 원진살에 걸리기 때문에 매사가 매끄럽게 성사되지 못하고 무언가 조금 틀어지는 듯한 느낌을 받게 되는 것이다. 또 일지 辰土와 辰辰 자형으로 신상 변동이 매끄럽지 못한 것이다.

2013년 癸巳年은 지지 巳火가 사주 월지 亥水와 巳亥冲을 하여 가정사에 변동이 있을 수 있는데, 대개 미혼 남녀이면 결혼할 운이기도 하지만, 직장 변동이거나 집을 팔거나 이 사할 운으로도 본다. 아마 2013년 癸巳年의 지지 巳火가 월지 亥水와 巳亥冲을 하면서 정식으로 집을 팔려고 내놓은 것 같다.

실제로 집을 팔고 아파트로 이사를 한 해는 2015년 乙未年이다. 세운 乙未年의 천간 乙 木은 일간 庚金의 정재인데, 乙庚合을 하므로 정당한 돈이 들어오는 것이다. 乙未年의 지 지 未土는 일간 庚金의 인성이므로 서류인 것으로 천간 乙木 재성과 지지 未土 인성 서류 가 동시에 움직이니 집, 부동산 등을 사거나 파는 것이다. 집을 팔 때 월지 충을 하면 집 값을 생각했던 것보다 적게 받게 되고, 월지 합을 하면 생각보다 많은 돈을 받고 집을 팔 수 있다고 한다. 乙未年은 세운 지지 未土와 월지 亥水가 亥未合 목국 재성으로 생각보다 많은 가격을 받고 집을 팔았던 것이다.

❀ 57 ❀
세상에 공짜는 없다

교대 선배이면서 대학원 동기인 김수철 선배로부터 전화가 왔다.

"내가 몇 년 전에 박사 논문을 제출할 때, 자네가 논문 맞춤법을 교정해 준 것이 고마워서 밥을 한 번 사려고 전화했네."

"아이고, 선배님, 그게 언제 적 이야기인데 괜찮습니다."

"사실 나도 깜빡 잊고 있었는데, 문득 자네 생각이 나서 전화를 했네. 내가 자네 사무실 근처 대학에 강의가 있는데, 강의를 마치고 한 번 찾아가겠네."

"알겠습니다. 선배님께서 오시기 전에 전화라도 한 통 주시면 되겠습니다."

며칠 후에 선배님이 사무실로 찾아와서 사무실을 구경하고는 사무실 근처 생선구이 전문 식당에서 점심을 함께했다.

"사무실이 보기보다 좋아 보이는데, 나도 이런 것이 하나 있으면 좋겠다. 사무실 가격은 얼마나 하는가?"

"현재 가격은 8700만 원입니다마는 그렇게 비싼 편은 아닙니다. 선배님께서 이번 기회에 하나 장만하시죠? 식사 마치고 부동산 사무실에 한 번 가 보시겠습니까?"

경수는 선배를 모시고 부동산 사무실을 찾았다. 선배는 부동산 중개사에게 이런저런 이야기를 듣기도 하고 묻기도 했다. 며칠 후에 선배로부터 전화가 왔다.

"문 교장, 자네가 말한 사무실을 내가 하나 샀네."

"아, 그랬습니까? 사무실을 임대하셔도 되고, 또 개인 사무실로 활용해도 되니까 잘하셨습니다."

"자네 덕분에 사무실을 하나 샀으니까 점심이라도 사고 싶어서 전화를 했네."

"선배님, 괜찮습니다. 다음에 시간이 나시면 차나 한잔하러 오십시오."

며칠 후에 또 선배로부터 전화가 왔다.

"문 교장, 내가 좋은 사업을 하나 소개하고 싶은데, 시간을 좀 내줄 수 있겠나?"

"시간이야 내면 되지만, 도대체 어떤 사업입니까?"

"내가 자네 만나서 자세히 이야기를 해 줄게."

"선배님, 어떤 사업이든지 괜찮지만, 돈을 투자하는 것은 절대로 안 되니, 돈이 들어가지 않는 사업이라면 한 번 설명해 주십시오."

그 후, 선배로부터 그 어떤 연락도 없었다.

경수				2016년
己	庚	辛	亥	丙
卯	辰	亥	辰	申

세운에서 편관이 들어오면 생각하지도 않았던 의외의 일이 발생한다고 한다. 丙申年 세운 천간 丙火는 庚金 일간의 편관이므로 직장, 명예, 자식 문제라고 볼 수 있다. 또 세운 지지 申金 지장간 庚金은 庚金 일간의 비겁으로 형제, 친구, 동료, 동업자 등인데, 비록 천간에 용신인 丙火가 들어왔다고 하더라도 세운 지지의 申金이 일간 庚金의 비겁이므로 항상 금전, 보증, 동업 등에 신중을 기해야 한다. 우리가 살면서 가장 경계해야 할 사람은 가만히 있는데 돈을 벌게 해 주겠다고 연락을 하는 사람이다.

❊ 58 ❊
재물복이 많은 사주

　신수를 보거나 사주를 보는 사람들이 가장 궁금해 하는 것 중의 하나가 바로 재물 문제이다.

　"나는 언제쯤 돈을 벌 수 있을까요?"

　"내 사주에 재물이 들어올 운이 있기는 있습니까?"

　"이번에 직장을 그만두고 식당을 하려고 하는데 잘될까요?"

　이 세상 사람들 중에 돈을 싫어하고 돈을 마다하는 사람이 어디 있겠느냐마는 원하는 재물을 모두 가질 수만 있다면 얼마나 좋을까 하는 생각이 든다. 재물을 가지기 위해서는 기본적으로 사주에 재고가 있어야 한다. 재고는 글자 그대로 재물 창고이며, 土星인 辰戌丑未를 말하는 것이다.

　甲辰, 丙戌, 丁丑, 戊戌, 己丑, 辛未, 壬戌 일주는 재고귀인으로 재물을 창고에 두고 있어 부자가 되는 것을 의미한다. 사주에 재고귀인이 있으면 가난한 집에 태어나도 한 번은 부귀를 얻게 된다고 한다.

　부자가 되기 위해서는 사주에 재성이 있어야 한다. 재성은 일간이 극하는 오행을 말하는데, 남자에게 재성은 부친, 처, 재물이고, 여자에게 재성은 부친, 재물인 것이다. 재성에는 정재와 편재가 있는데, 정재는 일간과 음양이 다른 재성을 말하고, 편재는 일간과 음양이 같은 재성을 말한다. 예를 들면 丙火 일간의 재성은 庚金과 辛金인데, 일간 丙火의 辛金은 정재이고, 庚金은 편재이다. 정재는 부동산, 현금, 봉급, 임대 수입, 연금 등으로 고정적이고 정기적인 재물을 말하고, 편재는 사업 자금, 복권, 주식 등과 같이 재물의 크기나 수입의 시기 등이 고정되어 있지 않은 재물로 정재보다는 규모가 크기 때문에 한 번 들어올 때 크게 들어왔다가 한 번 나갈 때는 크게 나가는 경향이 있으므로 항상 조심을 해야 한다.

큰 부자가 되기 위해서는 무엇보다도 사주의 일간도 왕하고 재성도 왕한 신왕재왕해야 하고 시간에 재성이 있어야 하는데, 시간에 편재가 있으면 말년에 큰 부자가 된다고 한다. 시간에 정재가 있으면 실속 있는 알부자가 되는 것으로 은행에는 현금이 들어 있고, 정기적인 수입으로 은행 이자, 임대 수입, 부동산 수입 등이 있다. 따라서 부자가 되려면 기본적으로 재성이 왕성해야 한다.

특히 사업을 하려면 사주에 재성이 하나는 있어야 하는데, 만약 사주에 재성이 없으면 지장간에라도 있어야 한다. 그런데 사업을 하는 사람의 사주에 비겁이 많으면 일단 사업을 해서는 안 된다. 왜냐하면 비겁은 형제, 동료, 동업자 등이지만 결국은 일간이 자신의 재물을 가지고 비겁과 쟁재를 해야 하기 때문에 재물 관리를 철저히 하지 않으면 안 되기 때문이다.

사주의 식상은 재성을 생하는 관계이기 때문에 사주에 식상이 적당히 발달해 있어야 재물을 취득하는 수완이 뛰어나서 재물을 취득할 수 있다. 사주에 식신은 있으나 재성이 없으면 부자가 되기는 어려워도 굶어 죽지는 않는다고 한다. 사주에 식신이 발달되어 있으면 재물이 없어 힘이 들 때면 어디에선가, 누군가가 재물을 가져다준다는 것이다.

사주에서 재성은 매우 강한데, 일간이 매우 약한 것을 재다신약사주라고 한다. 丙火 일간의 재성은 金으로 사주에 金은 많은데, 金을 관리할 일간이 약하다면 결국은 재성을 관리하지 못하여 재물을 취득하지 못하고, 재물로 인하여 평생 고생을 하게 되는 것이다.

사주에서 관성이 발달하면 관직을 얻기 위해 재물을 소모하는 경우가 많고, 관성인 권위와 고상함을 추구하다 보니 재물 취득보다는 권력이나 명예에 더 관심이 많다.

사주에서 인성이 발달하면 재물을 취득하는 재주는 정말 없다고 본다. 인성은 재물을 취득하는 재주인 식상을 극하기 때문이다. 또한 인성은 학문, 윤리 등이므로 재물을 벌기 위한 장사와 사업과는 큰 관계가 없으므로 재물을 취득하기 어려운 것이다.

사주의 육친으로 부자가 될 수 있는 방법을 이야기했지만, 사주의 육친만으로 부자가 되는 것은 아니다. 부자가 되는 사주가 따로 존재한다고 하지만, 사주는 사주일 뿐으로 가장 중요한 것은 돈을 벌겠다는 노력과 삶의 태도에 따라 재물 축적 여부가 결정되는 것이다. 그래도 언제쯤 돈을 벌 수 있는가가 궁금하면 용신인 재성이 대운이나 세운에서 들어올 때 한 번 기대해 보자. 기문둔갑에서는 통기도에 없는 오행이 들어올 때 발복을 한다고 한다.

재다신약사주는 일간이 신약하여 재물을 감당할 능력이 없으므로 활동은 많지만 실속이 없거나 재물로 인해 해를 입기도 한다.

부자가 되기 위해서는 3가지 조건을 충족해야 한다.

첫째, 돈을 버는 능력이 있어야 한다.

둘째, 돈을 담을 그릇이 커야 한다.

셋째, 돈을 지키는 힘이 있어야 한다.

명리학에서는 이것을 식상과 재성과 관성으로 구분한다. 먼저 돈을 버는 기술인 식상이 돈 그릇의 크기를 나타내는 재성을 생하고, 재성은 다시 돈을 지키는 관성을 생한다. 따라서 식상만 발달한 사람은 돈을 버는 방법을 잘 알아도 남 좋은 일만 시키고, 재성이 약하면 큰돈을 벌지 못한다. 관성이 없는 사람은 돈을 벌어도 항상 돈이 새게 된다. 그러나 재성의 생을 받은 관성이 희용신이면 부와 더불어 명예와 권력도 갖게 된다.

명리학에서는 식신생재격을 가장 안정적인 부자 사주로 인정한다. 사주에서 식신은 정재, 정관, 정인과 함께 사길신의 하나로 글자 그대로 '먹는 신', '타고난 먹을 복', '베풂, 배려' 등을 말한다. 따라서 남에게 조건 없이 베푸는 사람이 결국 재물도 얻는다는 것이다.

경수				2016년	아내			
己	庚	辛	壬	丙	庚	辛	庚	甲
卯	辰	亥	辰	申	寅	亥	午	午
⌒	⌒	⌒	⌒			재살(경수 년지 기준)		
甲	乙	戊	乙					
		癸	甲	癸				
乙	戊	壬	戊					
⌒	⌒	⌒	⌒					

庚金 일간이 일지 辰土 지장간 乙木과 명암합을 하므로 기본적으로 재물에 대한 관심도 많고 재물도 있다. 그러나 일지 辰土가 형충을 맞을 때마다 辰土 지장간에서 투간된 乙木 재성이 월간 辛金의 극을 받아 재물이 많이 날아갈 수 있으므로 재물 관리를 잘해야 한다. 경수 사주 월지 亥水 지장간에 재물인 편재 甲木이 있고, 시지 卯木 지장간에 甲木 편재와 乙木 정재가 있으며, 아내가 甲午生(1954년생)으로 재살 인연이므로 그나마 끼니 걱정을 하지 않고 살 수 있었다.

⊗ 59 ⊗
죽은 사람의 넋을 기리는 천도

딸아이

○	○	乙	○
○	○	巳	戌

경수가 퇴근을 하자, 딸아이가 기다렸다는 듯이 입을 열었다.

"아버지, 오늘 친구들하고 철학원에서 사주를 봤는데 정말 잘 봐요."

"그래? 네 사주를 보고 뭐라고 하던데?"

"제 사주를 불렀더니 바로 할머니와 어머니 사이가 좋지 않다고 하던데요."

"그건 네 사주의 년지가 戌土이고, 월지가 巳火이니, 사주 공부를 조금이라도 한 사람이면 巳戌 원진살로 할머니와 어머니 사이가 좋지 않다고 한 번 찔러 볼 수 있지. 그리고 대한민국 천지에 시어머니하고 며느리 사이가 좋은 집이 몇 집이나 되겠노?"

"그래도 사주를 보자마자 바로 맞히는 것이 신기하잖아요?"

"나는 내 딸이 사주 보러 다니는 것이 더 신기하다."

며칠 후에 딸아이의 이야기를 들은 아내가 딸과 함께 철학원에 갔다 온 모양이다.

"뭐라고 그래요?"

"그 사람들 말하는 것이 다 그렇고 그렇지요. 뭐."

아내는 아무것도 아니라는 듯이 말을 하지만, 옆에 서 있는 딸아이의 얼굴 표정이 어둡게 보인다.

"철학원에서 내가 당신하고 살면, 당신 때문에 내가 일찍 죽는다고 그랬구면."

"아니, 그걸 어떻게 알았어요?"

"내 사주를 불러 주면 알 수 있지. 그리고 천도를 지내면 괜찮다고 그랬겠지."

"어머, 그랬어요. 그런데 그걸 어떻게 알았어요?"

"천도는 300만 원이라고 했을 텐데."

"맞아요. 그런데 그걸 어떻게 알았냐고요?"

"그게 사기꾼이라는 거예요."

"그 사람이 사기꾼이라는 것을 어떻게 알았냐고요?"

"사기꾼은 흉살을 먼저 이야기해서 내방객에게 겁을 준 다음에 천도 등을 지내도록 하거든."

경수				아내			
己	庚	辛	壬	庚	辛	庚	甲
卯	辰	亥	辰	寅	亥	午	午

부부 궁합을 볼 때에 가장 먼저 보는 것이 바로 일지의 상생상극 관계이다. 부부의 일지끼리 서로 합이면 일단 그런대로 괜찮은 궁합이라고 보고, 일지끼리 서로 충이나 형살이 되면 나머지 다른 조건들을 면밀히 살펴야 한다.

딸아이 사주의 년지 戌土와 월지 巳火의 巳戌 원진살로 할머니와 어머니의 사이가 그렇게 좋지 않을 것이라는 것을 유추할 수 있듯이 경수의 일지 辰土와 아내의 일지 亥水 역시 辰亥 원진살로 서로 사이가 좋을 수 없는 것으로 보는 것이다. 원진살은 원망과 미움 등을 말하지만, 때로는 두 사람 중에 한 사람이 죽을 때까지 싸운다고 하는 무서운 흉살이라고도 한다.

경수 사주의 월지 亥水와 일지 辰土는 辰亥 원진살로 일지 辰土는 처궁인 아내이고, 월지 亥水는 어머니궁이니, 결국 시어머니와 아내의 사이가 좋을 수 없는 것이다. 또 경수의 일지는 처궁인데, 처궁에 辰土 편인인 시어머니가 앉아 있으니, 시어머니와 아내의 사이가 결코 좋을 수 없는 것이다.

철학원을 갔다 온 아내는 천도를 지내지 않으면 남편이 일찍 죽는다는 이야기를 떨쳐 버리지 못하고 전전긍긍하는 것이 역력했다.

"저, 요새 다시 자꾸 악몽을 꾸는데, 천도를 한 번 지내면 안 될까요?"

"지난번에 말했던 그 철학원에서 말이요?"

"아니, 밀양 작은 올케언니 집 근처에 천도를 잘 지내는 스님이 있다고 하는데, 그 절에서 했으면 해요."

"천도를 지내야 당신 마음이 편하다면 천도를 지내도록 해요."

경수는 아내와 함께 천도에 필요한 물품을 준비해서 밀양 청도면에 있는 작은 절로 갔다. 천도를 지내는 비구니 스님의 모습을 보니 나름대로 정성을 다할 것이라는 생각이 들었다. 천도를 지내고 나서 비구니 스님과 함께 점심을 먹었다.

"스님, 우리 조상 중에 누가 아내를 괴롭히는가요?"

"할머니로 옷은 한복 같은 것을 입었는데 아주 남루한 모습이군요. 이제 새 옷으로 갈아입혔으니까, 아마 좋은 곳으로 가실 거예요. 그리고 사모님도 앞으로 악몽에 시달리는 일은 없을 거예요."

사실 경수는 천도의 효력을 믿는 것은 아니지만, 아내가 악몽에 시달린다고 하니까 한번 해 본 것이다.

"그런데 선생님의 자식들 뒤에 할아버지 한 분이 계셔서 항상 자식들의 뒤를 돌보아 주고 있습니다. 아마 자식들이 크면서 부모님 속을 썩인 일은 없었을 것입니다."

"그래요? 그 할아버지의 모습은 어떻습니까?"

"자세히 보이지는 않지만, 일단 키가 매우 큰 것 같고, 얼굴이 갸름하면서 눈이 제법 큽니다."

"스님, 우리 아버지입니다. 우리 아버지의 모습이에요. 우리 아버지가 저의 자식들을 돌봐 주신다는 말씀입니까?"

"할아버지의 손주들이죠. 할아버지가 얼마나 사랑스럽고 아껴 주고 싶겠어요."

경수는 이제 4살짜리 손녀의 재롱을 마음껏 즐기고 있지만, 젊은 나이에 일찍 돌아가신 아버지는 손자, 손녀의 얼굴도 모르니 그 한이 얼마나 컸으면 돌아가신 뒤에라도 손자, 손녀를 돌봐 주고 싶었던 것은 아닐까 하는 생각이 든다.

직업 유형

"원장님, 저는 앞으로 무엇을 하면 되겠습니까?"

자신에게 가장 좋은 직업은 자신이 가장 좋아하면서 가장 잘할 수 있는 것인데, 그런 직업을 구하는 것이 어디 쉬운 일인가? 대부분의 사람들은 지금의 직업이 적성에 맞지 않거나 사는 것이 힘들기 때문에 다른 직업을 찾는 것이다.

일이나 직업에는 자신이 가장 하고 싶은 것이 있고, 가장 좋아하는 것이 있고, 가장 잘할 수 있는 것이 있다. 자신이 가장 하고 싶은 것은 꿈이고, 가장 좋아하는 것은 취미이고, 가장 잘할 수 있는 것은 재능이고 능력이다. 우리는 가장 잘할 수 있는 재능과 능력을 직업으로 삼아야 한다.

명리학에서도 직업을 상담하는 것이 그렇게 쉬운 일은 아니다. 시중에 직업운에 관한 많은 책들이 있지만, 직업을 정확하게 맞히는 것이 그렇게 쉬운 일은 아니다.

직업 유형은 대체로 크게 5가지로 나눌 수 있다.

❈ 공직 및 직장형(관성 + 인성 + 비겁)

공직 및 직장형은 책임감이 강하고, 공적인 위치에서 주어진 업무에 대한 수행 능력이 우수하며, 창조성과 자율성보다는 조직, 단체, 국가를 위한 목표 지향성이 강한 것으로 官印相生(관인상생)의 성향이 매우 강하다.

⊗ 사업가형(비겁 + 식상 + 재성)

　사업가형은 활발한 활동을 통하여 반드시 결과를 얻고자 하므로 사회적인 평가나 지위보다는 자신에게 확실하게 돌아오는 이익에 더 관심이 많은 것으로 食神生財(식신생재)의 성향이 매우 강하다.

⊗ 전문가형(인성 + 비겁 + 식상)

　전문가형은 활동하는 자체에 의미를 두고 과정 중심으로 생각한다. 결과나 이득에 집착하기보다 일 자체에 목적을 두는 유형이다. 따라서 사업적인 기질보다는 연구하는 학자풍의 직업에 더 적합하며, 사업 분야에서는 학문적 성취로 누적된 노하우를 통한 컨설팅 업무 등이 가능한 것으로 印比食(인비식)의 성향이 매우 강하다.

⊗ 지도자형(재성 + 관성)

　지도자형은 명예 추구의 심리가 매우 강하여 사람들을 관리하고 조직을 구성하는 데 우수한 능력을 소유하고 있으며, 주어진 목표에 대한 실현 의지를 강하게 추구하는 결과 지향형이다. 최종적인 결과가 자신의 가치 판단에 중요한 기준이 되는 財生官(재생관)의 성향이 매우 강하다.

❀ 자격증 중심형(인성 + 비겁)

자격증 중심형은 인성인 글과 학문을 통해 자격증, 허가증 등으로 직업을 선택할 수 있다. 자격증 중심은 印比(인비) 구조이다.

경수

정인	일간	겁재	식신
己	庚	辛	壬
卯	辰	亥	辰
정재	편인	식신	편인

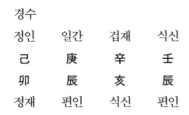

경수 사주의 십성은 인성 3개, 비겁 2개, 식상 2개, 재성 1개로 직업 유형 중에서 셋째에 해당하는 印比食(인비식) 구조인 전문가형에 속한다고 할 수 있다.

❈ 61 ❈
진시황

    중국을 통일한 진시황은 모든 것을 가졌지만, 오직 한 가지 없는 것이 있었으니 그것은 바로 황후였다. 진시황은 전국의 미인들을 궁중으로 불러들여 방탕한 생활을 했지만, 한 번도 황후를 간택한 적은 없었다.

    그러던 어느 날, 진시황의 여자로 간택된 한 미녀가 진시황과 동침한 후에 자신을 황후로 간택해 주기를 은밀히 제안했다가 황후라는 말에 격노한 진시황의 칼에 목숨을 잃게 되었는데, 진시황은 황후라는 말에 치를 떨 만큼 격노했다고 한다. 미녀들은 진시황이 어머니 조희의 음란한 생활에 대한 트라우마가 있다는 것을 몰랐던 것이다.

    진나라 소양왕 40년에 장남인 태자가 죽자, 차남인 안국군이 태자가 되었다. 안국군에게는 20여 명의 아들이 있었지만 특별히 총애를 하는 아들이 없었던 것은 안국군이 가장 사랑했던 화양 부인에게 아들이 없었기 때문이다. 그 20여 명의 아들 중에 자초가 조나라에 인질로 보내졌다.

    당시 조나라 수도 한단에 머물고 있던 거상 여불위가 자초를 보는 순간에 자초가 평생에 다시 없을 奇貨(기화)라는 것을 직감했다. 기화란 진귀한 상품, 또는 뜻하지 않게 찾아낸 물건을 의미한다.

    하루는 자초가 여불위 집에 놀러 왔다가 여불위의 애첩으로 미모의 무희인 조희를 보고는 자신에게 달라고 했다. 여불위는 매우 불쾌하고 화가 났지만, 자초에게 이미 많은 재물을 투자했고, 또 자초를 기화로 여겼기 때문에 조희가 임신한 사실을 숨긴 채 자초에게 바쳤다. 나중에 조희가 낳은 아들이 바로 진나라 시황제인 정이다.

    진나라와 조나라 사이에 전쟁이 발발하자, 진 소양왕이 장군 왕흘로 하여금 조나라 수도 한단을 포위하도록 하니, 조나라는 다급한 나머지 자초를 죽이려고 하였다. 이때 여불위가 자초를 감시하는 군사들에게 금 600근을 주고 자초를 진나라로 탈출시켰다. 조나라는 자초의 부인 조희와 아들 정을 죽이려고 했으나, 조희는 조나라 권세가의 딸이었기에 겨우 위기를 모면할 수 있었다.

소양왕이 죽고 둘째 아들 안국군이 즉위하여 진 효문왕이 되었다. 여불위는 자초를 후원하면서 진나라 왕의 후계자로 만들려고 노력했는데. 여불위는 화양 부인에게 직접 접근할 수 없었기에 화양 부인의 언니에게 접근하여 자초에 대한 칭찬을 끊임없이 했으며, 언니의 영향으로 화양 부인은 자초를 마음에 들어 하고, 안국군은 화양 부인의 설득으로 자초를 태자로 봉했다.

진 효문왕이 죽자, 태자인 자초가 즉위하여 장양왕이 되었다. 장양왕이 재위 3년 만에 죽자, 태자 정이 왕위를 이어받았고, 진왕 정의 생모 조희는 태후가 되었지만 진나라의 상국(영의정, 우의정, 좌의정을 통틀어 이르는 말)인 여불위와 여전히 사통을 하고 있었다. 진왕이 성장함에 따라 여불위는 조희와의 간통이 들통날 것을 우려하여 음경이 큰 노애를 환관으로 위장시켜 조희와 간통하게끔 만들었다. 결국 임신을 한 조희는 사람들에게 들킬까 두려워서 점을 치고는 잠시 궁궐을 떠나야 한다면서 거처를 옹으로 옮겼다. 노애는 이후에도 조희를 모시면서 수많은 상을 받았으며, 주변의 일을 마음대로 결정하였다. 노애의 집에는 노복이 수천 명이었고, 노애에게 벼슬을 얻으려고 식객이 된 사람들도 수천 명에 이르렀다.

진왕 정이 생모인 조희가 있는 옹에서 관례를 치르고 검을 차는 성인식을 가졌다. 그런데 누군가가 노애가 사실은 환관이 아니며, 조희와 간통하여 아들을 둘이나 숨겨 놓았고, 조희와 모의하여 진왕이 죽으면 자신의 아들을 후계자로 삼는다고 했다는 것을 고발하였다. 조희와의 간통이 들통난 노애는 진왕의 옥쇄와 태후의 인장을 도용하여 역모를 일으켰지만, 진왕의 군사들에게 패하고 말았다. 노애의 일당들은 모두 잡혀서 효수형에 처해졌다.

"노애를 거열형에 처하고, 삼족을 멸하라."

황실 마당에는 조희가 진시황 몰래 노애와의 사이에서 낳아 민가에서 키우던 두 동생이 자루에 담긴 채 울고 있었다.

"저 두 놈을 때려 죽여라."

진왕은 아버지 여불위를 차마 죽이지 못해서 지방으로 유배를 보냈는데, 여불위는 유배되는 도중에 독배를 마시고 자살했다. 조희도 멀리 유배를 떠났고, 죽고 나서 장양왕과 함께 채양에 묻혔다.

그런데 황실에 피바람을 일으킨 진시황이 황실에서 가장 좋은 차를 대접할 정도로 극진히 모시는 한 여인이 있었는데 아주 못생긴 과부 청이었다. 진시황은 청을 자주 황실로 불러들였다.

"내가 뭘 하나 물어봐도 되겠소?"

"그러시지요."

"대체 남편은 언제 잃은 것이요?"

"지아비께서는 몸이 약하여 혼례를 치룬 후에 얼마 되지 않아 죽었습니다. 저는 과부가 된 지 수십 년이 지났습니다."

"그래도 혼자된 몸으로 가문을 그리도 훌륭하게 이끌고 게다가 방탕한 생활에도 빠지지 않았소. 내 그대의 굳은 절개에 감동하였소."

"자고로 여자라 하면 평생에 한 분의 지아비를 모셔야 하는 것이 당연하지요. 과찬이십니다. 폐하."

"그대가 지킨 정절은 이 나라 모든 아녀자들이 보고 배워야 할 것이오."

진시황은 어머니 조 태후와 상반된 추녀 과부 청의 곧은 성품에 존경을 표하며 극진한 대우를 하는 한편 청에게 큰 건물을 지어 주기도 했다. 청은 과부의 몸으로 가업을 잘 지키고 타인에게 업신여김을 당하지 않았다고 진시황 본기에 기록되어 있다. 진시황의 어머니 조 태후는 비참하고 불쌍한 인생 말로를 보냈지만, 추녀 과부 청은 자신의 본분을 잘 알고 절제된 생활을 하였기에 폭군 진시황의 극진한 대우를 받을 수 있었다.

사주에는 개운법이 있다. 개운이란 운이 트이는 것을 말하는 것인데, 개운법의 첫 번째 조건은 자신의 처지를 잘 알고 권력욕, 독점욕, 물욕, 성욕, 소유욕, 식욕 등 지나친 욕심을 버리는 것이다. 두 번째 조건도 욕심을 버리는 것이고, 세 번째 조건 역시 욕심을 버리는 것이다.

❈ 62 ❈
인생의 아픔, 이혼

경수는 2012년도부터 부경대 평생교육원에서 선천재능검사상담사 강의를 하고 있었는데, 2014년 봄 학기에 대학 선배가 강의 수강을 하셨다. 하루는 선배가 강의실에 들어서면서 만면에 웃음을 띠고 큰 소리로 말했다.

"문 교장, 이 사주가 사람을 살렸어요. 사람을 말이오. 사주가 정말 좋은 학문이오."

"아니, 그게 무슨 말씀이십니까?"

강의실에 함께 있던 수강생들도 궁금한지 선배님을 쳐다보았다.

"내가 지난번에 여동생 때문에 골치가 아프다고 했잖아요?"

"예. 남편과 사이가 좋지 않아서 이혼을 하려고 한다는 여동생 말씀이십니까?"

"그렇지요. 그런데 그 문제를 이번에 깨끗하게 해결을 했어요."

"아니, 어떻게 해결을 하셨습니까?"

"문 교장한테 배운 사주로 해결을 했지요."

"아니, 선배님은 아직 甲乙丙丁 개념도 정확하지 않으신데, 무슨 사주로 그 큰 문제를 해결하셨단 말입니까?"

선배님의 이야기는 대강 이러했다. 선배님이 여동생에게 전화를 했다.

"최서방과 꼭 헤어져야 하겠나?"

"나는 이제 더 이상 남편과 살기 싫어요. 이제는 그 인간 꼴도 보기 싫어요."

"너는 최서방 꼴도 보기 싫다고 하지만, 최서방은 네가 그저 좋기만 할까? 사람은 서로 상대적인데, 네가 조금 양보를 하면 안 될까?"

"오빠는 우리 사정을 잘 모르면 그냥 계세요."

"내가 너의 사정을 어찌 너만큼 잘 알 수 있겠느냐마는 그래도 자식들도 있고 하니까 이혼만은 막아 보려는 생각에서 그러는 것이지."

"이제 서로 합의를 했으니까, 오빠도 더 이상 우리 문제에 대해서 왈가왈부하지 마세요."

"그래, 그렇게 하자. 하지만 내가 마지막으로 하나만 물어보자. 그러면 너는 지금까지 최서방에게 잘못한 것이 하나도 없는지 한 번 생각해 보아라."

"내가 뭘 잘못했는데……."

"최서방은 평생 돈을 벌어서 가족들의 생계를 감당했지만, 너는 그런 최서방에게 고맙다는 말을 한 번이라도 한 적이 있었나? 이제사 이야기지만, 최서방도 너의 그런 안하무인격인 태도에 많이 힘들어했다는 것을 너는 모르제?"

"내가 무슨 안하무인격이라고 그래요? 최서방이 그래요?"

"최서방이 말을 안 하면 내가 모를 것 같나? 네가 너 자신을 더 잘 알고 있잖아?"

"……."

"내가 사주 공부를 해 보니까, 네가 지금 이혼을 하려고 그렇게 설치는 것도 올해 네게 그런 운수가 들어와서 그런 것이니까, 올해만 지나면 조금 나아질 것이니 조금만 참고 있어 봐라."

"……."

여동생은 아무 말이 없었다.

"그리고 최서방과 이혼을 하면 앞으로 어떻게 살 것인지도 한 번 생각해 보아라."

"그럼, 올해만 지나면 조금 나아진다는 말입니까?"

"그래, 올해만 지나면 그 나쁜 운이 사라지니까 괜찮아진다. 그리고 내일 점심시간에 최서방에게 전화를 해서 점심 잘 먹었느냐고 한 번 물어보아라."

"그걸 어째 물어봅니까? 나는 쪽팔려서 그런 전화를 못합니다."

"글쎄, 전화 한 번 해 보라니까. 네가 전화를 하면 최서방이 얼마나 좋아할까? 그냥 모른 척하고 전화 한 번 해 봐라."

다음날 오후에 여동생으로부터 전화가 왔다.

"오빠, 내가 점심시간에 최서방에게 점심 잘 먹었느냐고 전화를 했는데, 최서방이 아무 말도 하지 않길래 내가 전화를 해서 기분이 나쁘냐고 물었더니, 내 전화가 너무 고마워서 눈물이 난다고 했어요."

"그랬구나. 그래, 이혼은 하기로 했나?"

"오빠가 올해만 지나면 괜찮다고 했잖아요?"

"그래, 올해만 지나면 되니까 조금만 기다려 봐라."

선배는 수강생들을 둘러보며 무슨 개선장군처럼 득의양양했다. 선배는 임시방편으로 계책을 꾸민 모양이다.

"그런데 선배님께서는 아직 사주를 잘 모르시잖습니까? 그런데 어떻게 여동생 사주를 보시고 그런 해결책을 내셨습니까?"

경수는 아무리 생각해도 이해할 수가 없었다.

"그래, 나는 사주 볼 줄은 몰라. 자네도 알다시피 이제 겨우 甲乙丙丁을 배우고 있잖아. 그런데 여동생은 내가 사주 공부를 많이 해서 사주를 아주 잘 보는 줄로 알고 있거든. 하하하."

그 후 선배님은 만나는 사람마다 사주의 유용성을 설파하신다고 한다.

⊛ 63 ⊛
운수가 좋은 날을 택일

"아버지, 봄이 출산을 제왕 절개로 하면 어떨까요?"

"왜? 무슨 일이라도 있나?"

"그게 아니고, 제왕 절개를 하면 산모가 힘이 덜 들잖아요?"

"그건 그렇다마는 단순히 산모를 위한 제왕 절개보다는 아기를 위한 자연 분만이 나을 것 같은데……."

제왕 절개 수술은 대개 산모나 아기의 건강 상태가 좋지 못할 경우이거나 아니면 산모의 미용을 위해서 하는 경우가 많지만, 자연 분만의 장점은 일반적으로 제왕 절개 수술에 따른 감염의 위험이 적고, 산모가 아기에게 안정적으로 모유를 수유할 수 있고, 산모의 건강 회복이 빠르며, 아기의 지능과 면역력을 높여 주고, 산모가 출산 후 산후 우울증에 걸릴 확률이 매우 낮다는 것이다. 제왕 절개로 태어난 아기는 자연 분만으로 태어난 아기보다 잠이 많고 조용하다는 조사 결과도 있는데, 이것은 제왕 절개 수술 시의 마취제에 의한 영향으로도 볼 수 있다고 한다.

"의사 선생님도 처음에는 자연 분만을 권유하셨는데, 산모의 나이도 있고 하니까 조금 걱정이 되는 모양입니다."

"알았다. 어쩌겠냐? 형편대로 해야지. 의사 선생님이 언제쯤 수술을 할 수 있는지도 한번 알아보아라."

"3월 13일이 예정일이니까, 3월 초순쯤이면 좋겠다고 합니다."

경수는 며칠 동안 고심을 하며 겨우 좋은 날을 몇 개 잡았다. 그런데 2월 23일 저녁에 급한 전화가 왔다.

"아버지, 지금 봄이 엄마 배가 아파서 병원으로 왔는데, 의사 선생님 말씀으로는 지금 당장 유도 분만을 하는 것이 좋겠다고 하는데 어쩌면 좋을까요?"

평소에는 사주를 별로 믿지도 않더니만 자식 문제가 되니 급한 모양이었다.

"우짜겠노? 의사 선생님이 시키는 대로 해야지. 일찍 태어나는 것도 지 팔자인 것을 우짜겠노?"

경수는 시계를 쳐다보니 戌時였다. 경수는 급히 만세력을 뒤적거렸다.

여명(戌時)				여명(辰時)				여명(巳時)				여명(午時)			
戊	辛	壬	丁	甲	壬	壬	丁	乙	壬	○	丁	丙	壬	壬	丁
戌	巳	寅	酉	辰	午	寅	酉	巳	午	○	酉	午	午	寅	酉

戌時 사주를 보니 우선 눈에 뜨이는 것이 년지 酉金과 월지 寅木의 寅酉 원진살, 일지 巳와 시지 戌의 巳戌 원진살과 귀문관살, 월지 寅木과 일지 巳火의 寅巳刑, 년간 丁火와 월간 壬水의 丁壬合木, 년간 丁火가 일간 辛金을 훼하므로 조금은 걱정이 되는 사주였다.

"의사 선생님은 자꾸 유도 분만을 권유하는데, 봄이 엄마는 유도 분만을 하지 않겠다고 합니다. 그래서 의사 선생님도 내일 아침에 제왕 절개 수술을 하자고 합니다."

"수술 시간은 辰時가 좋기는 한데, 辰時는 의사 선생님이 출근도 하기 전이라 수술이 어려울 것이고, 그래도 우선 급한 대로 巳時에라도 했으면 하는데, 의사 선생님께 한 번 부탁을 해 보는 것이 좋겠다."

"巳時에 수술을 하면 좋습니까?"

"巳時에 수술을 하는 것이 제일 좋은 것이 아니라 午時로 넘어가면 사주가 너무 조열해지니까, 그나마 巳時가 괜찮다고 보는 것이지."

잠시 후에 안도하는 듯한 아들의 전화가 왔다.

"아버지, 의사 선생님이 辰時에 제왕 절개 수술을 해 주시기로 했습니다."

"그래, 다행이다. 의사 선생님이 고맙구나."

그러나 辰時에 의사 선생님이 수술 준비를 했지만, 수술 시간이 지체되어 손녀는 결국 巳時에 태어났다.

평소 학부모 교육 강의를 다니면서 계란이 스스로 껍질을 깨고 나오면 병아리가 되지만, 다른 사람의 손에 의해서 껍질을 깨고 나오면 계란 프라이에 불과하다면서 자녀의 독립심과 면역력을 강조하였는데, 경수 자신의 손녀가 제왕 절개 수술을 해야 할 줄은 꿈에도 몰랐던 것이다. 물론 제왕 절개 수술이 나쁘다는 것은 아니다. 산모가 제왕 절개 수술을 하는 데에는 여러 가지 어려운 경우가 있겠지만 가급적이면 자연 분만을 하면 좋지 않겠느냐는 생각에 불과한 것일 뿐이다.

길일을 택일할 경우는 결혼, 출산, 입택, 개업, 이사 등이지만, 택일을 할 때에 피해야 할 흉일도 있음을 알아야 한다.

또 택일을 할 때 가장 먼저 피해야 할 날짜는 바로 伏斷日(복단일)이다. 복단일은 百事不利(백사불리)하여 백 가지 일이 엎어지고 끊어진다는 뜻으로 한마디로 말하면 재수가 없는 날이라는 것이다. 그런데 일부 사람들 중에는 엎드릴 伏(복)을 좋은 운수인 福(복)으로 오해를 하여 복이 있는 날로 택일을 해 주는 경우도 있는데 절대로 안 될 일이다. 복단일은 모든 일이 이롭지 못하여 이날은 평소에 하지 않는 일을 하면 좋지 않은데, 이것을 어기면 큰 낭패를 당할 수 있다. 특히 산소와 관련된 매장과 이장, 이사, 여행, 계약, 입시, 입사 원서, 신축, 개축 등 중요한 일을 할 경우 이날은 피하는 것이 좋다. 반면에 사귀던 사람과 헤어져야 하는 등 인간관계를 끊어야 할 경우에는 복단일에 하는 것이 좋다. 복단일은 매년 바뀌지만, 인터넷에 '복단일'을 검색하면 연도에 따른 복단일이 상세하게 나오는 것을 참조하면 된다.

백호대살 일시와 양인살 일시도 피하는 것이 좋은 것은 백호대살은 혈광사이고, 양인살은 칼이기 때문에 혹시나 수술수가 생길 수 있기 때문이다. 또 택일의 일진과 사주의 일지가 원진살과 귀문관살이 되는 날도 피하는 것이 좋다.

택일을 할 때에 백호대살, 원진살, 양인살, 신랑에게 불리한 달, 신부에게 불리한 달, 시부모에게 불리한 달, 친정부모에게 불리한 달, 삼재, 복단일 등을 빼면 결혼, 개업, 이사 등을 할 날이 1년에 며칠 없을 것이다.

그래도 사람들은 좋은 것이 좋다고 가급적이면 흉한 날을 피하려고 하는 것은 인간의 본능인 것이다. 우리가 이런 길일이나 흉일을 모두 믿을 수는 없지만, 항간에서 많이 활용되고 있는 결혼 택일 방법을 한두 가지 적어 본다.

결혼을 앞둔 사람들이 주로 걱정하는 한 가지는, 결혼을 할 때 흉한 해를 피해 달라는 것이다(결혼 흉년).

생년	子生	丑生	寅生	卯生	辰生	巳生	午生	未生	申生	酉生	戌生	亥生
남자	未年	申年	酉年	戌年	亥年	子年	丑年	寅年	卯年	辰年	巳年	午年
여자	卯年	寅年	丑年	子年	亥年	戌年	酉年	申年	未年	午年	巳年	辰年

또 자신이 태어난 해와 같은 날짜인 本命日(본명일)에도 결혼을 하지 않는다고 한다. 예를 들어 壬辰年生이면 壬辰日에 결혼을 하지 않는다는 것이다.

결혼 날짜를 택일할 때는 월지 삼합을 충하는 날을 택일하면 안 된다. 만약 辛亥月生이면 월지 亥水의 삼합을 하는 亥卯未에서 亥水를 충하는 巳日, 卯木을 충하는 酉日, 未土를 충하는 丑日을 택일하면 안 된다.

또 일반적으로 亥日을 혼인날로 잡지 않는 것은 혼인이 풀어지기 때문이고, 약혼식이나 첫 만남에 국수를 먹으면 일이 꼬인다고 한다. 사주 지지에 辰土가 있는 사람은 辰土를 충하는 戌月 또는 辰土가 합을 하는 酉月에 결혼을 많이 한다고 한다. 辰土는 고지이므로 이것을 열어 주는 것이 戌土이기 때문이다. 그러나 辰酉합과 같이 합에서는 辰戌丑未가 개고되지 않는다.

결혼 날짜 택일에 다음 몇 가지 조건을 참조한다면 정말 좋은 날을 택일할 수 있다. 택일은 신랑과 신부의 生氣福德(생기복덕)을 가려서 살을 제거하는 길일을 택하게 한다. 혼인 택일은 일시를 중요시하며 주로 여자 측에서 하는데, 이것은 전통적으로 여자의 배란 주기에 맞추어 빨리 임신이 되게 하고, 귀한 자식을 얻기 위한 방편이다. 그 외 일간 또는 일지가 합하는 날, 일간 또는 일지가 합하여 관성이나 재성으로 변하는 날이 좋다. 남자는 정재일이 좋지만, 정재일이 흉하면 인성일이나 비겁일도 좋다, 여자는 정관일이 좋지만, 정관일이 흉하면 인성일이나 식상일도 좋다. 용신과 희신에 해당하는 날, 조후상 반드시 필요한 날 등이다.

우리가 가장 조심해야 할 택일은 바로 제왕 절개 날짜를 잡아 주는 것이다. 이미 신생아의 년월은 정해졌고, 일시만 잡으면 된다고 쉽게 생각하면 간단하겠지만, 사실은 신생아의 평생 사주를 만들어 주는 것과 같은 것으로 매우 어렵고 위험한 과정인 것이다. 또 사실 제왕 절개 수술 날짜를 잡을 때 원하는 대로 좋은 날만 잡을 수는 없다. 그래도 어쩔 수 없이 수술 날짜를 잡아야 한다면 좋지 못한 요소를 제거한 날짜로 잡을 수밖에 없는 것이다.

제왕 절개 수술을 한다는 것은 신생아의 사주를 만들어 주는 것이기 때문에 정말 조심해서 택일을 해야 한다.

첫째, 신생아가 여아일 경우에 식상이 왕하지 않도록 해야 일간의 설기가 심하지 않게 되는데, 여명 식상이 왕하여 일간의 설기가 심하면 산후 질병으로 고생을 하게 된다.

둘째, 사주를 신약사주거나 극신약사주로 만들어서는 안 된다.

셋째, 사주에 인성이 왕하면 관살의 설기가 심하여 남아의 경우에는 자식과 직장 애로가 있고, 여아의 경우에는 남편과 직장 애로가 있게 된다.

넷째, 천간은 상론(야학신결 287~306쪽)을 참조하여 일간과 좋지 않은 관계는 피하고, 지지로는 형충파해, 원진살 등을 일지와 월지, 일지와 시지 중심으로 살펴보아야 한다.

다섯째, 출생 일시를 택일할 때는 백호대살, 양인살, 사주 내 형살, 원진살, 과숙살, 자형은 최대한 피하는 것이 좋다.

경수				월운	2019년
己	庚	辛	壬	庚	己
卯	辰	亥	辰	午	亥

경수 사주의 년지, 일지의 辰土가 화개살인데, 화개살을 충하는 것이 월살이다. 택일을 할 때 월살일을 택일하지 않는 것은, 월살이 화개살을 충하는 날이기 때문이다. 과거 농업 시대에는 월살을 고초살이라고 하여 씨 뿌리는 것을 금지하였다. 또한 월살일에는 혼인, 잔치, 이사, 집수리 등을 하지 않는다. 己亥年의 월살은 丑日이고, 庚午月의 월살은 辰日이다. 따라서 午月에 택일을 할 때에는 가급적이면 丑日과 辰日을 피하는 것이 좋다.

❈ 64 ❈
할아버지가 되다

세운에서 남명 일간의 관성이 들어오거나 여명 일간의 식상이 들어오면 자식 출산으로 볼 수 있다. 이것은 남명의 자식은 관성이고, 여명의 자식은 식상이기 때문이다.

또 여명은 인성운에 결혼을 하기도 하고 출산을 하는 경우도 많다. 인성은 혼인 신고 또는 출생 신고 등으로 등록, 등기 등을 의미하기 때문이다. 그러나 여명이 반드시 인성 운에 결혼을 하거나 출산을 해야 한다는 것은 아니고, 인성운에 결혼을 하지 않거나 출 산을 하지 않았다고 해서 흉하다는 것은 더더욱 아니다. 다만 그것은 결혼을 한 후에도 오랫동안 임신이 되지 않는 여명에게 출산의 단초를 제공할 수 있는 것으로 인성은 자식 식상을 조율할 수 있기 때문이다.

아내				1979년	1982년
庚	辛	庚	甲	己	壬
寅	亥	午	午	未	戌

1979년 己未年의 지지인 인성 未土가 아내 일지 식상 亥水와 亥未合을 해서 아들을 출 산하였는데, 세운 지지 未土가 辛金 일간의 인성이다. 1982년 壬戌年의 천간 壬水는 아내 辛金 일간의 식신으로 자식이고, 지지 戌土는 아내의 자식 자리인 시지 寅木과 寅戌合을 해서 딸을 출산하였는데, 세운 지지 戌土는 아내 辛金 일간의 인성이다.

며느리 일주				2017년 손녀 출생
○	己	○	○	丁(편인)
○	○	○	○	酉(식상)

2017년 丁酉年에 손녀가 출생했는데, 며느리가 己○ 일주이므로, 세운 천간 丁火는 己土 일간의 편인이고, 세운 지지 酉金은 己土 일간의 식상으로 자식인 것이다.

"교장 선생님, 이번에 손녀를 보셨다고요? 축하합니다. 그런데 기분은 어떠십니까?"
지인도 곧 손주를 보게 되니 여러 가지로 궁금한 모양이었다.
"그게 자식을 낳을 때와는 또 다른 느낌이지요."
"그래, 손녀의 사주를 한 번 풀어 보셨습니까?"
"그냥 대충 한 번 봤습니다."

손녀
○　壬　○　丁
巳　午　寅　酉

"우선 壬水 일간인데, 壬水는 바닷물, 호수 등으로 속이 깊고 겸손하며 지혜롭고 책임감이 강하다고 볼 수 있지요."
"손녀는 식신격이라서 성격이 활달하고 표현력이 좋아서 어학, 문학 등에 재주가 있겠습니다. 할아버지 DNA를 물려받으면 괜찮을 텐데 말입니다."
"글쎄요. 한 번 기다려 봐야죠."
"손녀의 머리는 총명하겠습니까?"
지인도 곧 손주를 보게 되니 여러 가지로 궁금한 모양이다.
"예. 壬午日生의 가장 큰 특징은 두뇌가 총명하고 박학다식하며 다정하면서 유순하다는 것이지요."
壬午日生은 두뇌가 총명하고 말솜씨가 뛰어난 편이지만, 평소 수행을 통해 몸과 마음을 바르게 해야 크게 성공할 수 있는 사주이다.
"손녀 출생 연도인 丁酉年이 복성귀인인 것 같은데……."
"그렇지요. 출생 연도인 丁酉는 복성귀인으로 부귀와 장수는 물론 명리가 따른다는 길성으로 명예와 재물을 취득할 수 있다고 하지요."
사주에 복성귀인이 있으면 어느 정도 복록은 예약된 것이라고 볼 수 있지만, 복성귀인이 형충파해 또는 공망이면 그 작용력 역시 감소된다.

"그래도 壬午日生은 일지 午火가 壬水 일간의 양인살인 子水를 충하는 비인살이므로 매사에 싫증을 잘 내고 지속성이 없어서 유시무종의 결점을 지닐 수 있으므로 항상 자신을 단련시켜야 하지요."

지인이 壬午 일주의 단점을 슬그머니 내비쳤다.

"그렇지요. 그것은 부모가 알아서 습관을 잘 들이면 되겠지요."

"손녀가 년간 丁火 정재로 할아버지와 아버지를 잘 만난 것 같습니다."

년월에 식신, 정재, 정관, 정인을 놓으면 가문과 부모의 은덕이 있다고 한다.

"글쎄, 할아버지보다 할머니를 더 잘 만난 것 같습니다."

"아니, 그건 왜요?"

"할머니가 손녀 옷과 온갖 동물 장난감을 직접 만들어서 보내고 있답니다."

"사모님 손재주가 좋은 것을 보니, 사주에 卯戌이 있는 모양이지요?"

"집사람 사주에 卯戌은 없지만, 午午가 있지요. 午午가 있어도 손재주가 있지요."

"일시에 재성이 있으면 처세가 좋고, 배우자가 성실하며 자손이 발복한다고 하는데, 손녀 사주가 그런 대로 괜찮은 것 같습니다."

"그래도 걱정스러운 것은 손녀 사주에 관살이 없는데, 관살이 없으면 목표 의식이 부족한 경우가 많고, 자기 절제가 미흡하다고 하지요. 따라서 자신의 목표를 종이에 적어 놓고 매일 읽으면서 자신을 가다듬으며 살아가면 크게 성공할 수도 있지요."

"월지 寅木 암록까지 있으니 대체로 좋은 사주로 봐도 되겠습니다."

암록은 건록과 육합이 되는 오행으로 사주에 암록이 있으면 보이지 않는 귀인이나 이웃의 도움으로 행운이 따른다고 한다.

壬午日生은 대체로 영감이 뛰어나며 온순하고 총명하며, 부부가 길연으로 백년해로하는 경우가 많은데, 특히 타향이나 타국에서 살면 아주 좋은 사주이다.

❈ 65 ❈
그림책으로 길흉화복을 알아보는 당사주

　당사주의 시원은 불분명하지만 일반적으로는 중국 당나라 때에 이허중이 사주팔자 중 년간을 중심으로 오행의 생극을 알아보는 방법을 통해서 인간 일생의 길흉을 판단하는 것으로 이용하였으며, 우리나라에는 조선 후기에 도입되어 이허중의 원문에 서민들이 알 기 쉽게 삽화를 삽입하여 만들어졌다고 한다.

　당사주의 또 다른 설은 다음과 같다.

　581년에 양견이 북주 정제로부터 제위를 선양받고 즉위해서 수나라를 건국했다. 수 문 제 양견은 첫째 아들인 양용 황태자가 평소 행실이 좋지 않다고 하여 폐위시키고, 둘째 아들인 양광을 후임 황태자로 책봉하였다. 황태자가 된 양광은 아버지 수 문제 양견의 후궁인 선화부인 진 씨를 범하려고 했는데, 이 소식을 들은 수 문제 양견이 양광을 문책 하려고 하자, 양광은 심복들을 시켜서 수 문제 양견을 살해했다.

　수 양제 양광은 아버지 양견을 살해하고 제위에 오르자마자 대대적인 토목 공사를 일 으켰고, 만리장성을 새로 쌓게 하였으며, 수 문제 양견이 중단시킨 대운하의 공사를 재개 시켜 이 과정에서 수십만 명의 사람들이 죽어 갔다.

　수나라의 4차례에 걸친 고구려 원정이 실패로 끝나자, 수나라의 국력은 순식간에 약화 되어 전국 각지에서 반란군이 일어나서 이합집산을 거듭했는데, 그중에서 최강의 세력을 구축한 것은 태원 유수의 이연이었다. 이연의 이모는 수 문제 양견의 독고황후이므로 수 양제 양광과는 이종사촌인 셈이다.

　이연이 관대하고 간략한 행정으로 백성들의 신임을 받으며, 인상이 범상치 않았고, 또 한 당시에 유행하던 도참설이 '深水(심수)가 黃楊(황양)을 몰함'인데, 이 말은 심수는 깊은 연못으로 이연의 이름이고, 회양목의 楊은 수나라 왕조의 성이므로 깊은 연못인 심수가 황양을 몰락시킨다고 하여 이연이 수나라를 멸망시킨다고 믿었기에 수 양제는 이연을 경계하고 미워했다. 이를 눈치챈 이연은 수 양제에게 살해당할 것을 피하기 위해 술과 여자를 가까이하는 등 타락한 생활을 가장하며, 황제의 측근들에게 뇌물을 바치면서 자신의 생명을 연명하고 있었다.

이때 오늘날의 터키라고 할 수 있는 돌궐족이 수나라의 내란을 틈타서 국경 지대인 마을을 습격했다. 태원 유수 이연은 고군아를 파견하여 돌궐을 토벌하고자 했으나 격퇴시키지 못하고 오히려 많은 군사를 잃고 말았다.

"태원 유수 이연을 강도로 압송하라."

수 양제의 엄명이 떨어졌다. 수 양제는 이연을 제거할 수 있는 참으로 좋은 기회라고 생각했다. 중국 양자강 하류에 있는 강소성의 강도에는 수 양제의 엄한 형벌이 기다리고 있을 것은 뻔한 일이니, 태원 유수 이연의 목숨은 바람 앞의 등불과 같았다.

"폐하는 무도하고, 백성들은 곤궁에 빠져 있습니다. 아버지께서 만약 절개를 지키시어 강도로 가신다면 오직 죽음만이 기다릴 뿐이옵니다. 또한 저희 집안은 멸망하고 말 것입니다. 민심에 순응하여 의병을 일으켜서 전화위복의 기회로 삼으셔야 할 것이옵니다."

수 양제의 소환을 받고 이연이 망설이고 있을 때에 둘째 아들 이세민이 간청했다.

"너는 어째서 그런 무서운 말을 하느냐? 누구의 사주를 받은 것이냐? 나는 너를 당장 체포하여 강도로 이송하겠노라."

"아버님, 제가 누구의 사주를 받았겠습니까? 아버지께서 저를 체포하여 형벌을 주시려면 마음대로 하시옵소서. 소자는 죽음도 두려워하지 않사옵니다. 하오나 기회는 지금 이때뿐이옵니다."

이세민은 조금도 동요하지 않고 침착하게 간청했다.

"아비로서 차마 너를 고발할 수 없구나. 차후로는 입조심을 하도록 하라."

이연은 이세민을 타일렀지만, 이세민은 다음 날 아침 또다시 아버지 이연을 찾아 눈물로써 호소했다.

"내가 어젯밤 네가 말한 것을 깊이 생각해 보니, 너의 말에 일리가 없는 것은 아니다. 다만 이제 패가망신하는 것도 네 탓이고, 또한 집안이 번창하는 것 또한 네 탓이다. 이 모든 것이 너의 탓인 것이다."

당시 수 양제는 강도의 이궁에서 미녀들에게 둘러싸여 유흥에 빠져 정사를 제대로 돌보지 않았다. 이연은 마침내 군사를 동원하여 반란을 일으켰는데, 이연은 돌궐족에게도 사자를 보내어 원병을 요청하였다.

결국 수 양제는 자신의 사위인 친위대의 우문화급에게 살해당함으로써 50년의 파란만장한 삶을 마감하였고, 이연은 양제의 아들 양유를 수나라 3대 황제로 추대했다가 결국 왕위를 빼앗아 당나라를 건국하여 당나라 고조가 되었다.

이때 돌궐족이 당나라 원병으로 오면서 돌궐족의 사주가 당나라로 유입되어 당사주로 발전된 것으로 보는 설도 있다. 터키인들은 자신들을 투르키에라고 부르는데, 투르키에라는 말은 돌궐족을 말한다. 돌궐은 몽골 고원에서 활약하던 튀르크계 민족으로서 돌궐은 튀르크(Turk)에서 나온 말로 지금의 터키(Turkey) 민족의 기원이라고 한다.

당사주는 중국 당나라 때부터 사용되어 온 사주 감명법으로 출생 해에 해당하는 별을 이용해서 운명을 감명하는 것이다. 일반 명리학자 중에는 당사주를 정통 명리학이 아니라고 무시하거나 가볍게 생각하는 사람들도 있지만, 당사주의 역사와 활용도를 감안하면 무조건 무시할 것만은 아닌 것 같다.

일반 명리는 명주의 생년월일의 간지와 상생상극과 오행의 강약, 대운과 세운의 길흉에 따라 운세가 결정되어진다는 것이지만, 당사주는 생년월일 간지의 상생상극과는 상관이 없고 오직 天貴(천귀), 天厄(천액), 天權(천권), 天破(천파), 天奸(천간), 天文(천문), 天福(천복), 天驛(천역), 天孤(천고), 天刃(천인), 天芸(천예), 天壽(천수)의 12가지 별로 길흉을 판단하는 것이다. 천귀, 천권, 천간, 천문, 천복, 천예, 천수의 일곱 별은 길성이고, 천액, 천파, 천역, 천고, 천인의 다섯 별은 흉성으로 본다.

당사주 12개 별의 기본적인 특징은 다음과 같다.

당사주 12 성좌	특징	당사주 12 성좌	특징
巳 천문	학문, 선비, 출세	午 천복	복록, 부귀, 식복
辰 천간	총명, 계략, 이별	未 천역	역마, 활동, 방황
卯 천파	파괴, 파재, 실패	申 천고	고독, 고립, 자립
寅 천권	권력, 세력, 파워	酉 천인	수술, 사고, 조상
丑 천액	재앙, 고난, 고통	戌 천예	예능, 재능, 기술
子 천귀	부귀, 영화, 존귀	亥 천수	장수, 수명, 고집

당사주를 구하는 방법은 아주 간단하다.

경수의 사주가 1952년 음력 10월 14일 卯時生이므로, 1952년생은 辰土 용띠이다. 辰土
에 해당하는 당사주는 천간이므로 년지 辰土 아래에 천간성을 적는다.

경수

卯時	14일	10월	辰年
			辰
			천간

다음에는 辰土 천간에서 음력 10월생이므로 辰土에서 시작하여, 남명이므로 순행으로
10칸을 가면 丑土로 천액성에 해당한다. 따라서 생월 10 아래에 丑土에 해당하는 丑 천
액성을 적는다.

경수

卯時	14일	10월	辰年
		丑	辰
		천액	천간

다음으로는 丑土 천액성에서 시작하여 남명이므로 순행으로 생일인 14칸을 가면 寅木
으로 천권성에 해당한다. 생일 14 아래에 寅 천권성을 적는다.

경수

卯時	14일	10월	辰年
	寅	丑	辰
	천권	천액	천간

다음은 생일 14 천권 寅木 자리를 子水 천귀성으로 보고 순행하여 卯木이 나올 때까지
나아가면 子 寅木 천귀성, 丑 卯木 천액성, 寅 辰土 천간성, 卯 巳火 천문성에 해당하므로

시지 卯木 아래 巳火 천문성을 적는다.

경수

卯時	14일	10월	辰年
巳	寅	丑	辰
천문	천권	천액	천간

경수의 사주에 따른 당사주 통변은 다음과 같다.

생년은 대략 20살까지를 말하는데, 辰 천간이 있으므로 머리는 총명하나 배우자운이 불리하다고 했는데, 배우자운이 불리하다는 것은 부부간의 문제보다는 아내가 어머니를 모시면서 편하지 않았다는 것을 의미하는 것 같다.

생월은 대략 40살까지를 말하는데, 丑 천액이 있으므로 부부 사이가 나쁘고, 부모 유산의 보유가 어렵다고 해서 그런지 부모로부터 물려받은 유산이라고는 아예 없었다. 경수는 아버지가 돌아가셨을 때 아버지가 평소 차고 다니시던 시계를 유품으로 챙겼지만, 그것도 46년이라는 긴 세월 동안 20번의 이사로 인해 이제 아버지의 유품인 시계가 어디에 있는지도 알 수 없다. 경수가 인생에게 가장 힘들었던 시기는 30~40대로 금전 사고로 인해 아내와 함께 10년간 빚을 갚아야만 했던 시기이다.

생일은 대략 60살까지를 말하는데, 寅 천권이 있으므로 권세를 떨치고 명예가 높아진다고 했는데, 초등학교 교장을 했으니 권세와 명성이 없었다고는 할 수 없겠다.

생시는 60살 이후를 말하는데, 巳 천문이 있으므로 퇴직한 이후에도 대학 평생교육원, 공무원연금공단, 현대백화점 등에서 사주 강의를 통해 명예의 별인 교육자의 길을 계속 걷고 있다.

부부 인연을 찾는 비결

"원장님, 저는 관성이 없어서 시집을 갈 수 없대요."

경수 옆 사무실에서 근무하는 최 양이 점심시간에 놀러 와서 걱정을 했다.

"누가 최 양이 시집을 가지 못한다고 해요?"

"어제 친구들과 유명하다는 철학관에 갔는데, 저는 사주에 관성이 없어서 시집을 갈 수 없대요."

"남편이 없기는 왜 없어. 남편이 없는데 어떻게 자식이 있을 수 있어?"

"제가 남편이 있다고요?"

"그럼, 식상인 자식이 몇 명이나 되는데, 남편이 없을 수가 있나? 이 세상에 아버지 없는 자식이 어디 있나? 남편이 없으면 남편을 찾아보든지 만들든지 해야지."

"남편을 어떻게 만들어요?"

"어디 한 번 남편을 만들어 봅시다."

최 양   2015년

庚	戊	戊	癸	乙
申	戌	午	酉	未

〔	〔	〔	〔
戊	辛	丙	庚
壬	丁	己	
庚	戊	丁	辛
〕	〕	〕	〕

여명에게는 정관이 남편인데, 일간 戊土인 최 양의 사주 천간과 지지에 남편인 정관 乙

木이 보이지 않고, 지장간에도 정관 乙木이 없어서 아마 남편이 없다고 한 모양이다.

여명 戊土 일간의 정관은 乙木인데, 지장간에도 乙木이 없다. 그러면 여자의 몸인 일지 戊土 지장간에서 丁火가 시지 申金 지장간 壬水와 丁壬合을 하므로 시지 지장간에 여명의 남편이 있는 것이다. 시지 지장간에서 월간 戊土와 시간 庚金이 투간 되었으므로 월간 戊土와 시간 庚金을 여명의 남편으로 보는 것이다.

월간 戊土 첫 번째 남편은 여명 일간 戊土와 같은 비견이므로 여명의 성격과 비슷하고, 일지와 월지가 午戌合을 하므로 서로 마음이 맞는 것이다. 만약 일지가 午火라면 午午 자형으로 일찍 헤어져야 했을 것이다. 다음에는 시간 庚金이 여명의 두 번째 남편인데 식신이므로 여명은 남편을 자식처럼 대하거나 아니면 남편이 철없는 자식 같은 성향일 수 있다. 여명의 두 번째 남편 庚金이 시간에 있으므로 여명은 일찍 결혼을 하면 실패할 가능성이 매우 높으므로 조금 늦게 결혼을 하는 것이 좋다. 또 여명 無官四柱(무관사주 : 사주에 관성이 없는 사주)는 결혼을 해도 외로운 경우가 많다고 한다.

"원장님, 사실은 몇 년 전에 사귀던 남자가 있었는데, 처음에는 서로 마음이 맞는 것 같았지만 시간이 지날수록 말을 함부로 하는 등 여러 가지가 마음에 들지 않아서 헤어졌습니다."

"최 양은 조금 늦게 결혼을 하면 좋은 남자를 만날 수 있으니 너무 걱정하지 않아도 돼요."

최 양의 첫 번째 남자는 戊午 양인살로 내면에는 외골수, 자기주장, 고집 등으로 주변 사람들과 갈등, 반목, 대립 등을 일으킬 수 있다.

"원장님, 앞으로 저는 어떤 남자를 만날까요?"

"최 양과 비슷한 성향의 남자는 이미 떠났고, 앞으로 만날 남자는 최 양이 자식처럼 귀여워할 남자일지도 몰라요. 어쨌든 남자를 사귈 때는 그 남자의 언행을 잘 살펴서 제대로 만나야 해요. 아무나 만나면 안 되고. 그리고 처음 남자 친구는 2015년에 헤어졌구면."

최 양은 월간 戊土 남자 친구와 지지로 午戌合을 하므로 잘 지낼 수 있었는데, 2015년 乙未年은 천간으로 남자인 乙木이 들어오면서 지지 未土가 일지 戊土와 戊未刑으로 남자 문제에 형살이 걸렸으니, 남자 친구와 시비, 송사, 이별이 발생하는 것이다. 또 세운 천간 乙木 남자는 지지 未土 고지에 빠져서 힘이 없는 남자이다.

진여비결 인연법에 의하면 최 양이 인연할 수 있는 남자의 띠는 많지만, 그중에서 먼저 눈에 띄는 것이 몇 가지 있다.

최 양   인연

庚	戊	戊	癸	○
申	戌	午	酉	巳

건록

'日主無根이면 正祿定配한다(일주무근이면 정록정배한다)'고 하는데, 이 말은 일간의 건록이 지지에 없다면 그 건록의 띠가 배우자로 인연할 수 있다는 것이다. 戊土 일간의 건록은 巳火인데, 지지에 巳火가 없으므로 ○巳年生이 인연이 된다는 말이다. 그런데 巳生을 선택하느냐 선택하지 않느냐는 일간의 의지이고, 때로는 건록이 자식으로 들어오기도 한다.

최 양

庚	戊	戊	癸	인연 1	인연 2	인연 3	인연 4
				甲	乙	○	○
申	戌	午	酉	○	○	寅	卯

'戊己希求하면 甲乙定配한다(무기희구하면 갑을정배한다)'고 하는데, 이 말은 戊己土인 흙은 나무를 키우는 것이 본능이고 목적이므로 년주 甲乙寅卯生을 인연할 수 있다는 것으로 甲○年生, 乙○年生, ○寅年生, ○卯年生을 말한다.

최 양

庚	戊	戊	癸	인연 1	인연 2
				癸	甲
申	戌	午	酉	○	○

'柱中二字이면 合冲定配한다(주중이자이면 합충정배한다)'고 하는데, 이 말은 사주 천간이나 지지에 같은 글자가 2개 있으면, 그 글자를 합하거나 충하는 인연을 맞이할 수 있다는 것으로 천간에 戊土가 2개 있기에 戊土와 합을 하는 癸○年生이나 戊土를 충하는 甲○年生 등을 인연할 수 있다는 것이다.

최 양					인연 1	인연 2	인연 3
庚	戊	戊	癸		壬	○	丁
申	戌	午	酉		○	巳	○
		丁					
		양인			합거	퇴신	투출

'羊刃得勢하면 合去定配한다(양인득세하면 합거정배한다)'고 하는데, 이 말은 사주에 양인살이 있으면 양인살을 처리하는 띠가 인연이 된다는 것이다. 양인살을 처리하는 방법에는 합거, 퇴신, 투출의 세 가지 방법이 있다. 午火가 양인살이므로 午火 지장간 丁火를 丁壬合으로 합거하는 壬○年生이 인연이 될 수 있고, 午火의 퇴신이라고 할 수 있는 午火의 한 칸 뒤 巳火인 ○巳年生이 인연이 될 수 있고, 午火가 투출한 천간 丁火로 丁○年生도 인연할 수 있다.

최 양					인연
庚	戊	戊	癸		○
申	戌	午	酉		寅

'三合一虛이면 虛一定配한다(삼합일허이면 허일정배한다)'고 하는데, 이 말은 삼합 중한 글자가 빠진 경우에 그 빠진 한 글자가 인연이라는 것으로 寅午戌 삼합에서 월지 午火와 일지 戌土는 있지만 寅木이 빠졌기에 ○寅年生을 인연할 수 있다.

최 양					2011년	2010년
庚	戊	戊	癸		辛(식상)	庚(식상)
申	戌	午	酉		卯(관성)	寅(관성)

일반적으로 여명 사주가 無官四柱(무관사주)이거나 官庫四柱(관고사주 : 관성이 12운성의 고지를 만난 경우)이면 남편과 인연이 약하거나 남편 복이 없거나 결혼이 어렵다고 한다. 그러나 식상과 관성이 함께 들어오는 해인 庚寅年과 辛卯年에는 결혼이 가능했지만, 이미 지나가 버린 해이기에 최 양은 당분간 결혼하기 어려울 것 같다.

❈ 67 ❈
어머니께서 돌아가시다

어머니는 울산에서 출생하여 부산으로 시집을 와서 재물에 아무런 욕심이 없는 남편과 자식 5남매(아들 4, 딸 1)를 키우시느라고 손에 물이 마를 날이 없었고, 평생을 힘들게 사셨다.

자식들이 모두 장성하여 출가한 후에는 어머니는 아침 일찍 일어나서서 운동복으로 갈아입으시고는 인근 초등학교 운동장을 돌면서 건강을 관리하셨다. 어머니는 2019년 戊戌年에 94세로 돌아가실 때까지 건강이 좋지 않아서 병원 출입을 한 적은 별로 없었다. 가끔 감기로 동네 내과에 다니기는 했지만, 안과, 치과, 이비인후과 등에는 평생 거의 간 적이 없다.

그러던 어느 날, 어머니가 갑자기 등이 아프다고 해서 병원에 갔더니, 골다공증으로 척추의 일부가 깨졌다 하여 시술을 하고는 약 20일 정도 병원에 입원해 있었다. 퇴원한 후에 척추의 다른 부위가 깨어져서 다시 시술을 하고 병원에 25일 정도 입원한 후에 퇴원을 했다. 어머니는 2번의 입원으로 거동이 불편해지기 시작했는데, 50일 가까운 입원은 결국 어머니를 걸을 수 없게 만들었다.

어머니				대운	2018년
戊	辛	己	○	己	戊
子	○	丑	丑	亥	戌
육해					

어머니는 辛金 일간에 木이 1개이고, 土가 4개이고, 金이 2개이고, 水가 1개인데, 월지가 丑土로 土의 기운이 매우 강하여 水가 심한 극을 받는 것이다. 물론 辛金이 중간에서

土生金生水로 통관을 시킨다고 하지만, 土가 水를 극하는 것은 어쩔 수 없는 것이다.

경수는 어머니 사주를 볼 때마다 강한 土가 약한 水를 극하니, 언젠가는 水인 신장, 방광 등으로 큰 고생을 할 것이라는 불안감을 떨칠 수 없었다. 더구나 시지 子水가 강한 土의 극을 받고, 또 子水가 육해살이므로 신장과 방광에 관한 질병인데, 시지에 있으니 말년에 고생을 하게 되는 것이다.

결국 어머니는 요양병원에 계시면서 대학병원에서 신장 시술을 받았고, 3개월마다 소변 주머니를 갈아 끼우는 시술을 해야만 했는데, 젊은 사람들에게는 간단한 시술이지만 연세가 90이 넘은 어머니에게는 보통 고통스러운 일이 아니었다.

"어머니 건강은 어떠십니까?"

서면에서 함께 역학 공부를 하는 도반이 물었다.

"글쎄, 매일 아침마다 병원에 들러 어머니를 들여다보지만 그냥 그렇지. 요양병원에서 무슨 치료를 해서 병이 나을 수 있겠습니까?"

"그렇지요. 걱정이 많이 되겠습니다."

"현재로 가장 큰 문제는 걸을 수 없다는 것이고, 다른 것은 신장에 문제가 있으니 배뇨에 문제가 생긴 것이지요."

"올해는 어머니 건강을 조금 생각하셔야 할 것입니다."

"戊己殺(무기살) 때문에 그렇습니까?"

"戊己殺도 그렇고, 여러 가지가 함께 겹치는 세운이라서 조금 걱정이 됩니다."

"그렇지 않아도 사주에 戊己殺이 있는데, 또 대운과 세운에서 戊己土가 들어오니 걱정은 됩니다."

戊己殺은 일명 白衣殺(백의살)이라고도 하는데, 사주 천간에 戊己土가 있거나 戊土 또는 己土가 있는데, 대운과 세운에서 己土 또는 戊土가 들어오면 작용하는 살로서 남이 잘못되어 가는 것, 망해 가는 것, 사망하는 것을 보는 것으로 장의사, 의료업, 간호사, 보험업, 수사관 등에 인연이 있다.

"己亥 대운의 지지 亥水는 辛金 일간의 목욕지가 되어 노인들의 몸을 씻어 주는, 다시 말해 염을 할 수도 있어서 노인에게는 별로 좋은 세운은 아니지요. 또 시간 戊土 인성이 세운 지지 戌土에 입고되기도 하고, 대운 천간 己土와 세운 戊戌土가 함께 시지 子水를 극하니 子水가 꼼짝하지 못할 것 같습니다. 교장 선생님 사주도 한 번 보시죠."

경수   대운   2018년

己	庚	辛	壬	戊	戊
卯	辰	亥	辰	午	戌

월살

"교장 선생님 사주에 편인 辰土가 있는데, 세운 지지 戌土가 년지, 일지 辰土와 辰戌冲, 辰戌冲을 하니 어머니가 심한 충을 받게 되는 것이지요. 또 대운과 세운 천간 戊土 편인이 세운 지지 戌土에 입고가 되니, 여러 가지로 걱정을 하지 않을 수 없겠습니다."

"그렇지 않아도 戊戌年의 지지 戌土가 월살인데, 월살은 시집간 며느리가 친정을 생각하며 밤하늘을 보고 우는 것이라고 하니 정말 걱정이 많습니다."

어머니   사망 시각(2018년 양력 8월 14일 오후 9시 20분)

戊	辛	己	○	壬	戊	庚	戊
子	○	丑	丑	戌	寅	申	戌

어머니의 사망 시각은 년주 戊戌, 일주 戊土, 시주 戊土로 강한 土가 들어와서 子水를 극하고, 丑戌刑, 丑戌刑으로 가정궁에 형살이 작용하고, 또 강한 土에 의해 일간 辛金이 땅에 묻히는 土多金埋(토다금매 : 土가 많아서 金이 묻히니, 金이 육친으로서 金의 역할을 제대로 할 수 없는 것이다) 현상까지 일어난 것 같다. 결국 어머니는 그해 8월에 돌아가시고 말았다.

나는 사주팔자대로 살았다

국립국어원 표준국어대사전을 보면 신수는 '한 사람의 운수'라고 되어 있다. 운수는 이미 정해져 있어 인간의 힘으로는 어쩔 수 없는 천운과 기수를 말하는데, 천운은 하늘이 정한 운명이고, 기수는 저절로 오고 가고 한다는 길흉화복의 운수라고 되어 있다. 결론적으로 신수는 이미 정해져 있는 운수로 저절로 오고 가기 때문에 인간의 힘으로는 어쩔 수 없는 길흉화복이라고 볼 수 있다.

丙申年(2016년) 신수

경수				월운	2016년
己	庚	辛	壬	己	丙
卯	辰	亥	辰	酉	申

2016년 丙申年 신수를 보면 다음과 같다. 신수는 세운 천간과 지지를 모두 참고한다. 일반적으로 천간의 월간 辛金 겁재는 일간이 신약사주라면 일간을 도와주어 우선은 도움이 되는 것 같지만, 결국은 일간의 재물을 탈취하므로 좋지 않다. 세운 丙申年의 천간 丙火가 丙辛合하여 월간 겁재 辛金을 제거하여 주기 때문에 천간 丙火를 좋은 운으로 본다. 천간 丙火와 월간 辛金이 丙辛合하여 水로 변하는데, 일간 庚金에서 보면 水는 식신으로 새로운 시작을 의미한다.

또 세운 丙申年의 지지 申金은 庚金 일간의 건록인데, 건록인 申金이 세운 천간 丙火로부터 火剋金을 당하니 건강을 조심해야 할 것이다.

경수는 고지혈증으로 병원에서 3개월마다 한 번씩 정기 검진을 받고 있다.

"고지혈증은 많이 나아졌는데……."

"왜? 다른 데가 이상이 있습니까?"

"갑상선에 이상이 있는 것 같은데. 2014년도에는 아무 이상이 없었는데, 지금 보니까 조금 이상이 있는 것 같습니다."

경수는 의사 선생님께서 아무렇지도 않게 던지는 한 마디 한 마디에 겁이 나고 피가 마르는 것 같았다.

"암이라는 말씀입니까? 그럼, 앞으로 어떻게 해야 합니까?"

"갑상선 유두암인 것 같은데, 일단 자세한 것은 조직 검사를 한 번 해 봐야 할 것 같습니다."

"그럼, 유두암이면 수술을 해야 합니까?"

"문제가 심각하면 수술을 해야 하지 않겠습니까? 그런데 갑상선 유두암은 갑상선암 중에서 가장 흔하고 착한 암으로 치료에 잘 반응하여 예후도 좋으니 그렇게 걱정하지 않아도 될 것입니다."

조직 검사 결과는 악성 종양으로 판정하기에는 어렵다고 판독되어 향후 추적 검사가 필요한 상태라고 했다. 마침 암 보험에 가입한 것이 있어서 보험금을 청구했더니, 병원에서도 정확한 병명을 내리지 못한 것을 보험회사가 명쾌한 병명을 밝혔다. '비독성 단순 갑상선 결절'로 결론은 보험금 지급이 안 된다는 것이었다. 왜냐하면 갑상선암이 아니고 그냥 갑상선이 조금 좋지 않은 정도이기 때문이다. 갑상선 유두암은 90% 이상이 발육이 매우 느린 암으로 환자와 함께 죽는다는 농담을 하기도 한다.

일반적으로 갑상선은 유전일 가능성이 높다고 하지만, 가족 중에 어느 누구도 갑상선 진단을 받은 사람이 없는데, 왜 갑자기 갑상선 진단을 받았는지 참으로 이해가 가지 않았다. 그런데 丙申年 酉月의 신수를 보니, 갑상선 소동의 이유를 알 수 있을 것 같기도 하다.

갑상선은 木의 기운이 주관하는 장부인데, 세운 丙申年의 지지 申金과 酉月의 金 기운이 왕해지면서 金剋木으로 卯木이 다치니 갑상선 문제가 발생한 것이다.

丁酉年(2017년) 신수

경수					2017년
己	庚	辛	壬		丁
卯	辰	亥	辰		酉

일 년 신수를 보는 방법은 참으로 다양하지만, 가장 기본적인 방법은 일간과 세운의 천간과 지지의 육친과 십성 관계를 살피는 것이다.

세운 丁酉年의 천간 丁火는 庚金 일간의 정관으로 남명에게는 명예, 직장 발전, 자식 경사 등으로 볼 수 있는데, 이번 丁酉年 壬寅月에 첫 손녀를 보게 되었다.

세운 丁酉年의 지지 酉金은 庚金 일간의 겁재이기에 쟁재로 인한 금전 손실이 예상되고, 겁재로 인한 인간관계의 갈등과 시비가 있을 수 있으므로 항상 언행에 조심해야 할 것이다.

또 다른 신수 해석은 다음과 같다.

丁酉年에는 천간 丁火와 년간 壬水가 丁壬合木으로 木인 재성으로 변하므로 재물과 관련된 문제가 발생함을 추리할 수 있고, 丁酉年의 지지 酉金은 년지 辰土, 일지 辰土와 辰酉合金으로 비겁이 되므로 식구가 늘어나는 형국이다.

2017년 丁酉年에는 사주에 酉金이 있는 사람은 酉酉 자형이 되므로 폐와 대장 질환을 조심해야 하는데, 비염, 축농증, 천식, 기침, 가래, 갑상선, 대장, 직장 등을 조심해야 한다. 여명은 특히 유방 질환을 조심해야 하고, 사주에 土가 많으면 유방암, 생식기, 위장, 비장 등을 조심해야 한다. 酉酉 자형은 흉살로 기계, 금속 등으로 인한 사고를 조심하고, 수술과 손재도 조심해야 한다.

寅木 호랑이띠는 寅酉 원진살과 들삼재가 되므로 금전 손재를 조심해야 한다. 옛말에 어려운 일이 있을 때는 물을 한 번 건너라는 말이 있는데, 가까운 곳에 있는 물을 한 번 건너는 것이 좋겠고, 물과 관련된 액세서리로는 상아 도장 등이 좋고, 水를 설기하는 것이 木이므로 벼락 맞은 대추나무 목도장이나 나무로 만든 액세서리 등을 지니면 액땜을 할 수 있다고 한다.

丁酉年의 천간 丁火는 일간 庚金의 관성인데, 관성은 비겁을 극하므로 형제, 동료, 동업자 등의 신상에 변동이 있을 수 있고, 학생은 전학, 전과, 편입 등의 문제가 발생할 수 있다.

丁酉年의 지지 酉金은 일간 庚金의 비겁인데, 비겁은 재성을 극하므로 여자 문제로 처와 불화가 발생할 수 있고, 재물 손실과 금전 문제로 고심을 할 수 있다.

남명				세운	경수				2017년
○	戊	○	○	丙	己	庚	辛	壬	丁
○	○	○	○	寅	卯	辰	亥	辰	酉
				（戊丙甲）					（庚辛）

　또 일간만 알고 사주를 모를 때에 신수를 보는 방법 중에 신수 속간법이라고 있는데, 일간과 세운 지지 지장간 중기의 관계로 보는 것이다.

　남명의 丙寅年 신수는 지지 寅木 지장간 戊丙甲에서 중기 丙火와 戊土 일간의 관계를 보는 것으로 중기 丙火는 戊土 일간의 편인이 된다. 丙火 편인이 좋은가 나쁜가는 고민하지 말고, 금년에는 남명에게 어머니, 학문, 종교, 사상, 생각, 사기 문서 등의 문제가 있을 수 있다고 보는 것이다.

　경수의 丁酉年 신수는 지지 酉金의 지장간 庚辛에서 酉金의 정기인 辛金과 庚金의 관계를 보는 것으로 정기 辛金은 庚金 일간의 겁재이므로 형제, 친구, 동업 등의 일이 발생한다는 것이다. 겁재에 관한 일이 좋은 일인가 나쁜 일인가는 사주 전체를 보고 통변해야 한다. 지장간이 2개인 子水, 卯木, 酉金은 지장간 정기인 癸水, 乙木, 辛金을 본다.

　또 丁酉年에는 세운 지지 酉金이 년지 辰土와 辰酉合을 하고 년지 辰土, 일지 辰土 편인이 동하여 辰辰 자형을 하니, 辰土 편인인 어머니의 건강이 우려된다. 그런데 辰月이 되어 어머니는 신체의 기본인 土気에 문제가 생겨 거동이 불편해져 요양병원에 입원하셨다.

戊戌年(2018년) 신수

경수				2018년
己	庚	辛	壬	戊
卯	辰	亥	辰	戊
				월살

戊戌年의 천간 戊土는 庚金 일간의 편인이므로 새로운 문서, 서류, 투자, 진로 등에 대한 희망을 가지고 있지만, 편인이기 때문에 생각은 해도 쉽게 행동으로 옮기지는 못한다. 세운 지지 戊土와 년지 辰土가 辰戌冲을 하면 사무실 교체 등 새로운 일이 발생하는 것은 년지 辰土가 조상, 토지, 터전 등이기 때문이다. 庚金 일간이 세운 천간 戊土를 보면 큰 산의 광맥으로 발복하기도 하지만, 또 한편으로 인성인 세운 戊戌이 일간 庚金을 매금하여 후원자 등 타인의 조력이 오히려 해가 되어 시비, 구설, 경매, 근저당 등 하자가 있는 문서가 들어올 수 있다. 辰戌冲으로 고지가 전부 열리기 때문에, 인성 문서를 취급할 때는 항상 조심해야 한다.

사주 년지 申子辰에서 12신살을 보면 戊戌年의 지지 戊土는 월살이므로 투자 및 금전 거래를 삼가야 하고, 건강을 조심해야 한다.

일지가 辰土이거나 戊土이면 일단 괴강살 기운이 강하다고 보고, 괴강살은 적극적이고 진취적이지만, 공명심과 출세욕이 매우 강하기 때문에 속전속결로 실패하는 일도 다반사이므로 항상 조심해야 한다.

남명 괴강살 일주는 교육, 군인, 장성, 검찰, 경찰 등으로 출세를 하고, 여명 괴강살 일주는 미인이면서 사회생활에서 출세도 하지만 대체로 남편을 무시하여 부부 관계가 좋지 않다. 여명 사주 지지에 辰戌丑未가 2개 이상 있으면 화개살과 과숙살 기운이 강하여 사는 것이 그렇게 즐겁지 않다고 하니, 인간관계에 있어서 항상 언행을 조심하고, 생활 속의 즐거움을 스스로 창출해야 할 것이다.

己亥年(2019년) 신수

경수   2019년

己   庚   辛   壬   己
卯   辰   亥   辰   亥

　　원진　　　　원진　　　　　　망신

　　　　　亥亥 자형

　　　　　甲木(편재)

己亥年의 천간 己土는 정인으로 공부, 계약, 출판 등의 일과 관련이 있고, 지지 亥水 식신은 새로운 일이므로 己亥年에는 새로운 일로 인해 문서를 잡을 일이 있다고 통변한다. 己亥年에 공무원 연금 공단에서 사주를 강의하게 되었고, 사주에 관한 책을 출판할 예정

이었는데, 코로나로 인해 출판이 늦어졌다. 다만 세운 지지 亥水와 년지, 일지 辰土와 辰亥 원진살과 귀문관살로 여러 가지로 신경 쓸 일도 많아질 것이다. 또 귀문관살이 들어오는 해에는 새로운 사업을 시작하거나 기존 사업을 확장하는 것보다는 기존 사업이나 현재 하고 있는 일의 내실을 다지는 것이 중요하다. 또 주변 사람들을 함부로 믿으면 낭패를 당할 일이 있으므로 항상 조심해야 한다.

건강으로는 세운 지지 亥水와 월지 亥水의 亥亥 자형으로 기관지가 좋지 않아 해수, 천식 등을 걱정해야 하는데, 금년 초부터 해수와 담으로 조금 고생을 하고 있다.

세운 지지 亥水와 월지 亥水의 亥亥 자형으로 亥水 지장간 甲木 편재가 투간되었는데, 월간 辛金 겁재가 월지 亥水의 형살로 움직였으므로 辛(金)剋甲(木)으로 투자, 금전의 손실 등이 예상된다. 아마 책을 출판하기 위한 투자인 것으로 보인다.

또 년지 申子辰에서 세운 지지 亥水를 보면 망신살이다. 망신살이 들어오는 운에는 함부로 남의 일에 깊이 관여하지 말고, 주변 사람들에게 불평불만을 하지 말아야 하고, 항상 언행을 조심하지 않으면 낭패를 당할 수 있다.

庚子年(2020년) 신수

경수

己	庚	辛	壬	庚
卯	辰	亥	辰	子
子卯	子辰	亥子	子辰	
형살	삼합	방합	삼합	
육해	화개	망신	화개	장성

庚子年의 가장 큰 이슈는 년지 辰土에서 세운 지지 子水를 보면 장성살로 일간이 주도권과 책임감을 가지고 어떤 일을 진행할 수 있다는 것이다.

庚子年의 천간 庚金은 일간 庚金과 같은 비견이므로 군신대좌라고 하여 지금까지 해 왔던 일을 변경하거나 아직 한 번도 해 본 적이 없는 일을 시작하기도 한다.

❀ 69 ❀
내 사주, 내가 푼다

경수

	양			대운	62	52	42	32	22	12	2	2018	2017
己	庚	辛	壬		戊	丁	丙	乙	甲	癸	壬	戊	丁
卯	辰	亥	辰		午	巳	辰	卯	寅	丑	子	戌	酉
(甲	(乙	(戊	(乙										
	癸	甲	癸										
乙)	戊)	壬)	戊)										

육해	화개	망신	화개
	辰亥 원진	辰亥 원진	

庚辰 일주는 일지 辰土 지장간 乙癸戊의 乙木 정재로 계산이 빠르고, 癸水 상관으로 유연하면서 직설적으로 표현하며, 戊土 편인으로 신비한 것에 관심이 많고 직관력에 의하여 판단한다. 즉, 직관에 의해서 계산을 하고, 그것을 합리적이고 유연한 방법으로 표현하는 것이다.

일간 庚金은 새롭게 바꾸려는 혁신적인 기질과 신용, 의리를 중시하는 경향이 있다. 庚辰 일주는 강한 압력을 가진 괴강살로 사관학교, 경찰대학, 세무대학, 철도대학 등 특수대학과 인연이 있다. 또 일지 辰土는 용으로 자신의 원대한 이상과 목표 등을 추진하려는 성향이 매우 강하다.

庚辰 일주는 교육, 활인업, 봉사, 종교 등에 관한 직장 생활을 하면 승진운이 좋지만, 사업이나 창업을 하면 안 되고, 항상 스스로 자신을 낮추어야 하고 스스로 좌천되어야 좋

은 운을 계속 유지할 수 있다.

庚辰 일주는 괴강살로 다른 사람들에 비해 지도자의 자리에 쉽게 오른다. 일간 庚金에서 일지 辰土를 보면 12운성의 양으로 교육, 부양, 양육, 양자, 입양, 활인업, 봉사 활동 등이 좋지만, 일지 양이면 남에게 베푼 만큼 받으려고 하는 성향도 있다.

庚辰 일주는 申酉 비겁이 공망이므로 형제 인연이 약하다. 공망은 없다거나 비어 있다는 의미보다는 끊임없이 추구하고 갈망하면서 한, 미련, 아쉬움을 갖는다고 하는데, 경수는 나름대로 형제들에게 원망을 들을 일을 하지 않았는데도 어느 순간에 형제들 간의 관계가 소원해지는 것을 느낄 수 있었다.

남명 사주에 庚辛金이 있으면 경제적 주도권을 쥐고 경제적 여유가 있으며, 금전에 대해 실리를 취하고 독자 노선을 지향한다. 재성운은 식상운이 오든지, 식상을 생하는 운이 오든지, 식상의 장생운이 오면 돈이 되는데, 대운에서 식상의 흐름이 좋지 않으면 큰돈을 벌 수 없다.

경수				대운	92	82	72	62	52	42	32	22	12	2
己	庚	辛	壬		辛	庚	己	戊	丁	丙	乙	甲	癸	壬
卯	辰	亥	辰		酉	申	未	午	巳	辰	卯	寅	丑	子

년간 壬水는 일간 庚金의 식신으로 의식주, 사업, 활동 등이며, 식신 壬水는 년지 辰土와 일지 辰土와 월지 亥水에 뿌리를 두고 있는데, 辰土는 년간 식신 壬水의 관성으로 일간은 명예, 조직에 기반을 두고 활동하는 것이다.

년간 壬水와 월간 辛金의 관계는 淘洗珠玉(도세주옥)으로 壬水가 辛金을 깨끗하게 씻어서 밝게 빛나게 하니 좋은 관계로 조상과 부모의 관계는 괜찮았다고 보지만, 일간 庚金과 월간 辛金의 관계는 兩金相殺(양금상살)로 서로 대립하는 관계이기 때문에 일간이 출생하기 전에 집안이 한 번 힘들었던 것으로 추정할 수 있다. 월간 겁재 辛金이 월지 亥水 망신살 위에 있으므로 아버지 대에 망신이 있었다는 것을 가늠할 수 있기 때문이다. 아버지는 사업도 하시고 직장 생활도 하셨지만, 어린 경수의 눈에도 아버지는 평생 돈에 대한 개념이 별로 없는 어진 분이시라 어린 시절 항상 돈에 쪼들리던 기억이 생생하다. 아버지는 영도에서 사업에 실패하고 부산진구 범천동에 살고 계시는 할머니 집으로 이사를 했다. 할머니 집에는 큰 나무 대문이 있었고 마당에는 꽃밭과 장독대와 우물이 있었으며, 큰 대청마루를 중심으로 여러 개의 방이 연결되어 있는 아주 큰 집이었다. 할머니 집에는 여러 친척들이 살고 있었는데, 할머니께서 가정 형편이 어려운 친척들을 모두 거두어들인 것이었다.

당시 아버지는 잠수부를 데리고 다니면서 6·25 전쟁 중에 바다에 침몰한 선박을 인양하는 사업을 하고 계셨기 때문에 집안일에 대해서는 신경을 쓸 여유가 없었을 것이다. 할머니가 돌아가시자 행랑채에 살던 친척이 아버지 몰래 할머니 집을 팔아먹고 도주했다. 그 후 경수는 결혼을 해서 지금까지 무려 20번의 이사를 했다. 아버지가 단 한 번 실수한 것으로 경수 가족은 오랫동안 남의 집으로 떠돌아다니면서 고생을 해야만 했던 것이다.

년간 식신 壬水가 년지 辰土에 입고했는데, 원래 식신이 입고되면 돈이 되지 않는다고 한다. 또 일지와 월지가 辰亥 원진살이므로 부모복은 없는 편이고, 월간 부친 자리 역시 겁재이므로 아버지 복도 없는 것이다.

년간 壬水와 월지 亥水는 庚金 일간의 식상인데, 식상은 일간이 일을 하여 돈벌이를 하는 것으로 년주는 국가적 활동이고, 월주는 사회적 활동이다. 그래서 그런지 경수는 40여 년의 공직 생활 동안 큰 과오 없이 무사히 정년퇴직을 할 수 있었던 모양이다.

경수				대운	92	82	72	62	52	42	32	22	12	2
己	庚	辛	壬		辛	庚	己	戊	丁	丙	乙	甲	癸	壬
卯	辰	亥	辰		酉	申	未	午	巳	辰	卯	寅	丑	子

월간 辛金은 겁재로 아버지 복은 없다고 하는데, 아버지가 재산 관리를 제대로 했다면 정말 큰돈을 상속받을 수도 있었지만, 아버지가 재물에 대해 무관심하여 정말 큰 재산을 날리고 말았던 것이다.

또 월간이 겁재이면 일간은 주변 사람들과 이야기를 할 때에 손해 보는 말을 하지 않고 항상 실속을 챙긴다. 일간은 말을 하기 전에 먼저 상대방의 감정이나 기분을 배려하면서 눈에 보이지 않는 목적을 가지고 이야기하며, 사람을 만날 때도 목적을 가지고 만난다.

겁재는 인간관계 단절과 정리를 의미하는데, 辛金 겁재가 월간에 위치하므로 부모 형제와 단절한 형태로 보인다. 겁재 대운에는 경제적 실리를 위하여 인간관계 단절, 정리를 한다고 하지만, 겁재는 야망, 경쟁, 투쟁 등으로 적극적으로 활동하기 때문에 큰돈이나 큰 재화를 다루는 사람은 겁재가 있어야 하고, 사주에 겁재가 있어야 부자 사주가 될 수 있다.

사주에 辛金이 있으면 辛金은 현침살과 천공살로 일간이 의도하지 않은 일로 인해 시비, 구설, 잡음이 발생할 수 있으므로 항상 언행을 조심해야 한다. 또 년월에 비겁이 있으면 조상 덕이 적고, 형제에 대한 아픔이 있으며, 집안을 책임질 일이 있다고 하며, 장남, 장녀이거나 장남, 장녀 역할을 해야 한다.

경수				대운	92	82	72	62	52	42	32	22	12	2
己	庚	辛	壬		辛	庚	己	戊	丁	丙	乙	甲	癸	壬
卯	辰	亥	辰		酉	申	未	午	巳	辰	卯	寅	丑	子

일간 庚金의 성향을 알아보면 庚金은 편관의 성향을 가지고 있기 때문에 명예를 좋아하고, 명예를 지속적으로 지키고자 노력하며, 자신의 성공과 발전을 위한 높은 이상과 목표를 가지고 있다.

일간 庚金이 일지 辰土 지장간 乙木과 乙庚合 명암합을 하고, 또 辰土 지장간 자체로 戊癸合을 하므로 매우 다정다감하지만, 다정도 지나치면 오히려 주변 사람들로부터 구설, 시비를 불러올 수 있으므로 항상 언행을 조심해야 한다. 일간 庚金의 성공 분야는 교육, 군인, 경찰, 스포츠, 법무 등이다.

일간 庚金에서 월지 亥水를 보면 金白水淸格(금백수청격)인데, 금백수청격은 金水 상관격으로 머리가 총명하여 교사, 박사가 많다. 금백수청격은 일반적으로 火가 용신이고, 일간 木에서 월지 火를 본다는 木火通明格(목화통명격)은 金이 용신이라고 한다.

총명한 머리 중에는 금백수청격과 목화통명격이 있는데, 금백수청격은 귀격으로 겨울에 태어난 金이 壬水를 보면 丙火가 있어야 좋아지는 것으로 금백수청격은 겨울에 태어난 금수상관격으로 보면 된다. 목화통명격은 木 일간이 火를 보는 것이지만, 巳午火 여름출생의 木 일간은 목화통명으로 보지 않는 이유는 巳午火 여름은 火氣가 강한데 또 巳午火가 되면 나무가 火에 타 버리기 때문이다. 금백수청격과 목화통명격은 대체로 머리가 총명하며 학문에 정진하여 성공하는 경우가 많다.

금백수청격은 제갈공명(촉한 유비의 권신)을 말하고, 목화통명격은 사마중달(위나라 조조의 권신)을 말하는데, 제갈공명을 사마중달보다 한 수 위의 전략가로 보는 것은, 金水는 木火를 극하기 때문이다.

경수 사주에서 일간 庚金, 년간 壬水 식신을 보면 壬水가 월지에 亥水 뿌리를 가지고 있기 때문에 말을 잘하는데, 식상의 뿌리가 없으면 허풍이거나 말에 대한 신용이 없다.

일간이 亥水 겨울의 庚金으로 사주가 차기 때문에 火를 조후용신으로 보는데, 火는 丙丁巳午가 있다. 천간으로 丙火가 들어오면 월간 辛金과 丙辛합으로 丙火 용신의 혜택을 볼 수 없지만, 때로는 丙辛합으로 겁재 辛金을 제거하는 이득도 있다. 또 丁火가 들어오면 년간 壬水와 丁壬합으로 丁火의 혜택을 보기 어렵다. 지지로 巳火가 들어오면 월지 亥水가 巳亥冲을 하여 巳火의 혜택을 볼 수 없지만, 午火가 들어오면 지지로 형충이 없으므로 가장 좋다.

그러나 사주에 없는 오행인 丙丁火가 대세운에서 들어와서 고지인 戌土에 입고되면 丙丁火 육친이 크게 다칠 수도 있기 때문에 항상 건강을 조심해야 한다.

또 丙火와 巳火 편관이 들어오는 세운에는 다소 심리적으로 위축되는 한 해가 될 수 있다. 벼슬과 명예 등은 고생을 많이 해야 하는 자리이거나 일간이 감당하기 어려운 자리일 수 있고, 발령을 받자마자 질병으로 고통을 받을 수 있으므로 항상 조심해야 한다.

경수

己	庚	辛	壬
卯	辰	亥	辰
〔	〔	〔	〔
甲	乙	戊	乙
	癸	甲	癸
乙	戊	壬	戊
〕	〕	〕	〕

대운	92	82	72	62	52	42	32	22	12	2
	辛	庚	己	戊	丁	丙	乙	甲	癸	壬
	酉	申	未	午	巳	辰	卯	寅	丑	子

경수 사주와 지장간에 관성인 火가 없기 때문에 無官四柱(무관사주)로 직장 생활도 어렵거니와 더구나 공직 생활은 더더욱 어렵다고 하는데, 어떻게 초등학교 교장까지 할 수 있었는지 항상 궁금하였다. 공무원 사주 중에 無官四柱(무관사주)가 있는데, 무관사주는 변화가 적은 직장, 반복적인 업무가 연속되는 직장, 승진보다는 안정적인 직장과 인연이 있다. 어떤 사람은 년지와 일지 辰土 지장간 乙癸戊에서 戊癸합을 관성 火로 보기도 하고, 일지 辰土 지장간 癸水와 월지 亥水 지장간 戊土의 戊癸합을 관성 火로 보기도 하지만 쉽게 납득하기 어려웠다. 사주에 관성이 없으면 일단 높은 고위직은 어렵지만, 대운이나 세운에서 용신이 오면 승진할 수 있다고 한다. 사주에 관성이 없으면 사회 전체를 생

각하는 이타적 심리가 부족한 것으로 타인을 배려하는 마음이 없고 자기중심적이지만, 사주에 인성이 있으면 조금 낫다고 한다.

흔히 '金水日生이 亥子丑月生이면 교원 생활을 한다'했고, 사주에 辰土와 丑土가 인성이거나 인성의 고지가 되면 공무원 사주라고 하는데, 경수 사주는 庚金 일간이 亥月에 출생했으므로 진여명리강론과 사주첩경의 내용과 일치하고, 또 년지 辰土와 일지 辰土가 庚金 일간의 인성이므로 공무원 사주라고 할 수 있다. 丑土는 인성인 己土의 고지이기도 하다.

경수의 사주 지지 辰土를 보면 화개살이면서 편인임을 알 수 있는데, 이것은 전통문화를 지켜나가는 일을 하게 되는 것을 의미하며 교육, 역사, 역학 등에 관심을 가지게 되는 것이어서 경수가 교육자의 길을 걷게 된 것임을 알 수 있다.

경수는 일지 辰土와 월지 亥水의 辰亥 원진살로 부모님이 원하는 길을 가지 않았다. 당시에는 전자공학이 대세이었기에 부모님의 진학 희망은 전자공학이었지만, 다른 친구들보다 출발이 2년이나 늦은 경수는 결국 교대를 선택했던 것이다. 庚辰 일주는 일지 辰土 편인으로 이공계, 종교, 철학, 역학 계통에 인연이 있다.

일간 庚金의 일지 辰土는 편인 효신으로 머리가 총명하고, 손놀림이 빠르며, 일을 처리하는 수완이 지혜로우며 대체로 자수성가형이 많다. 화개살이 가문의 시작점인 년지에 있거나 개인의 시작점인 일지에 있으면 머리가 총명하기는 하지만, 화개살인 辰戌丑未가 형충을 당하면 학생이 중간에 공부를 중단하는 경우가 많으며, 인성이 공망이면 공부에 대한 생각은 간절하지만, 학문적 성공은 조금 어렵다고 한다. 또 일지 辰戌丑未는 천살, 월살, 반안살, 화개살로 항상 주변 사람들에게 베풀면서 살아야 한다. 일지가 편인이면 일간의 건강에 신경을 많이 써야 한다. 또 일지는 배우자인데, 편인이므로 일간의 배우자 역시 건강에 신경을 많이 써야 한다.

경수				대운	92	82	72	62	52	42	32	22	12	2
己	庚	辛	壬		辛	庚	己	戊	丁	丙	乙	甲	癸	壬
卯	辰	亥	辰		酉	申	未	午	巳	辰	卯	寅	丑	子

시간 己土는 정인으로 인성이 시지에 있으면 어머니가 오래 장수하시고, 일간 庚金이 항상 책을 가까이 하며 공부를 늦게까지 할 수 있다. 시지 卯木은 일간 庚金의 정재로 일

간은 말년에 임대 수입, 은행 이자, 연금 등의 경제적인 수입이 있을 수 있다. 그런데 시지 卯木은 육해살로 木의 질병인 간담, 갑상선, 신경 계통 등의 질병을 조심해야 한다.

경수 사주의 년지 辰土, 일지 辰土, 시간 己土로 土 인성이 3개이므로 여러 가지 학문에 관심이 많아서인지 부산교대 초등교육학, 한국방송통신대학교 행정학, 국어국문학, 유아교육학, 방송정보학, 부산대학교 교육대학원 교육행정을 전공했지만, 이들 인성 辰辰은 서로 형을 하고 있으므로 공부를 쉽게 하지 못하고 남들보다 어렵게 공부를 한 것 같다. 그러나 대운이 甲寅, 乙卯, 丙辰인 봄철로 움직이면서 용신인 화기가 도래하니 교장으로까지 승진하였다. 그리고 학문의 모양을 볼 때는 인성을 보는데, 인성이 시지에 있으면 늦게까지 공부를 하게 되고, 어머니가 장수한다. 학교의 모양을 볼 때는 관성을 보는데, 관성이 시지에 있으면 늦게까지 학교에 몸담게 된다.

학문성을 그대로 사용하는 사주는 일지와 월지가 소통하는 사주인데, 일지와 월지가 서로 극을 하면 전공을 살리기 어렵고 졸업장 위주로 공부하지만, 일지와 월지가 생을 하면 전공을 살릴 수 있다. 경수는 여러 가지 공부를 했지만, 일지 진토와 월지 亥水의 관계가 土剋水로 일지 辰土가 월지 亥水를 극하여 전공을 다 살릴 수는 없었다.

경수				대운	2018년	아내				어머니			
己	庚	辛	壬	戊	戊	庚	辛	庚	甲	戊	辛	己	○
卯	辰	亥	辰	午	戌	寅	亥	午	午	子	○	丑	丑
										육해살			

경수 사주에 戊午 대운의 戊土와 세운 戊戌年의 戊戌土와 년지와 일지 辰土 지장간 戊土가 월지 亥水를 극한다. 월지는 어머니 자리이고 亥水는 신장과 방광이므로 어머니는 신장과 방광을 조심해야 하는데, 어머니는 2017년 丁酉年 12월에 신장 시술을 했으며, 향후 3개월에 한 번씩 소변 주머니 교체 시술을 해야만 했다.

어머니 사주 자체에도 土가 왕해서 시지 子水를 극하는데, 子水가 육해살로 장병인 것이다. 또 子水이므로 신장, 방광 등에 문제가 발생할 수 있는 것이다.

배우자 자리인 일지에 인성이 있으면 배우자를 밀어내고 아버지나 어머니를 모시는 것으로 아내는 시어머니를 모시고 살아야 할 팔자인 것 같다. 또 여명 일지가 재성이면 시어머니가 일지에 있으므로 시어머니와 함께 살기도 한다. 시지에 인성이나 재성이 있는 사람은 장남, 장녀이거나 장남, 장녀의 역할을 해야 한다고 하는데, 아내는 실제로 장녀이고 시지가 재성이어서 시어머니를 40년 넘게 모시고 살았던 것이다. 경수와 아내는 월간이 비겁인데 월간이 비겁이면 장남, 장녀이거나 장남, 장녀 역할을 해야 한다.

인성 어머니가 일지에 있으면 어머니가 처와 같이 행동하고 결혼 후에도 어머니가 간섭을 하는데, 어머니를 깔고 있으면 어머니 덕은 볼 수 있다고 한다. 경수는 어머니에게 경제적인 도움을 받은 것은 거의 없지만, 건강한 어머니의 유전자를 물려받아서 건강 면에서는 정말 큰 은혜를 입었다고 할 수 있다. 인성이 일지에 있는 사주는 어머니가 자식을 위해 적극적으로 도와주지만, 일지가 인성인 사주는 자존심이 강해서 하극상을 많이 한다고 한다.

사주에 인성이 많으면 권리 관계가 많아서 결재, 계약 등으로 도장 찍을 일이 많다고 보고 집세, 임대업 등에 관련이 있다. 인성이 많으면 편인 작용을 하기 때문에 도장 찍을 때는 항상 조심해야 한다. 사주에 인성이 없으면 어머니를 그리워하고 평생 학습을 추구한다.

퇴직 이후에 가끔 어깨가 아플 때가 있었다. 처음에는 컴퓨터 작업을 많이 해서 그런 줄 알고, 컴퓨터에 입력할 내용이 있으면 대학생 아르바이트를 고용하기도 했다. 어깨 마사지도 받아 보고, 한의원에서 침도 맞아 봤지만, 그 효과가 오래가지 않았다. 그런데 우연히 명리책을 보다가 사주에 辰辰 자형이 있으면 어깨가 자주 아프다는 것을 알게 되었고, 辰土運에는 辰辰 자형으로 비염이 발병하거나 비염으로 고생을 한다고 하는데, 경수는 오래전부터 비염으로 고생을 하고 있다.

사주에서 辰土는 한의사와 인연이 있다고 하는데, 경수는 고등학교 3학년 때에 서울 ○○대학교 한의학과에 입학할 수 있는 기회가 있었지만 당시 경제적인 어려움으로 포기해야만 했다. 또 辰土는 화개살이면서 인성이면 교육, 종교, 예술 등에 인연이 있다.

경수는 현재 戊午 대운을 지나고 있으며, 대운 천간 戊土는 편인으로 역학에 매진하고 있다. 또 대운 지지 午火 지장간 丙己丁에서 丙火는 월간 辛金 겁재를 丙辛合으로 제거해

주니 용신의 덕을 볼 수 있다. 丁火는 월간 辛金 겁재를 극하고, 일간 庚金을 火練眞金(화
련진금), 즉 보검, 보석으로 만들어 말년에 또 다른 명예가 생길 수 있다는 것을 암시하고
있다. 경수의 용신인 대운 지지 午火가 71세로 향하고 있으니 앞으로 무난한 삶을 살 것
이다

여보게,
나도 이제 사주 볼 줄 안다네

나의 운명은?

이 책을 일독한 후, 부록 '여보게, 나도 이제 사주 볼 줄 안다네'를 한 번
정독한 다음에 다시 본서를 읽으시면 필자의 사주 풀이 과정을 쉽게 이
해할 수 있을 것입니다.

❀ 01 ❀
오행의 종류

❀ 천간 오행의 종류

오행	木		火		土		金		水	
음양	양	음	양	음	양	음	양	음	양	음
천간	甲	乙	丙	丁	戊	己	庚	辛	壬	癸
특징	나무	화초	태양	촛불	산	논	무쇠	보석	바다	빗물

❀ 지지 오행의 종류(지지의 오행 분류를 제시하니 암기할 필요가 있다)

오행	木		火		土		金		水	
음양	양	음	양	음	양	음	양	음	양	음
지지	寅	卯	巳	午	辰, 戌	丑, 未	申	酉	亥	子
특징	범	토끼	뱀	말	용, 개	소, 양	원숭이	닭	돼지	쥐

❀ 천간과 지지 오행의 음양(천간과 지지를 오행으로 구분한 종합 정리표이다)

오행	木		火		土		金		水	
음양	양목	음목	양화	음화	양토	음토	양금	음금	양수	음수
천간	甲	乙	丙	丁	戊	己	庚	辛	壬	癸
지지	寅	卯	巳	午	辰戌	丑未	申	酉	亥	子

오행의 상생상극

(생극관계를 암기하시기 바랍니다)

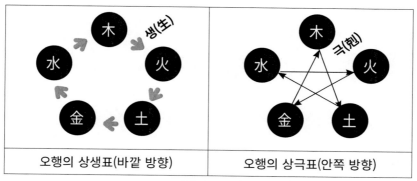

오행 상생 상극

○ **오행의 상생은 木生火, 火生土, 土生金, 金生水, 水生木이다.**

- 木生火 : 나무는 자신을 태워서 불을 지핀다.

- 火生土 : 불이 꺼지고 난 뒤의 재가 흙이 된다.

- 土生金 : 흙에서 금이 나온다.

- 金生水 : 바위 속에서 물이 나온다.

- 水生木 : 나무에게 물을 제공하여 생명을 유지시킨다.

○ **오행의 상극은 木剋土, 土剋水, 水剋火, 火剋金, 金剋木이다.**

- 木剋土 : 나무뿌리가 흙을 파헤친다.

- 土剋水 : 흙(제방)이 물길을 막는다.

- 水剋火 : 물이 불을 끈다.

- 火剋金 : 불이 쇠를 녹인다.

- 金剋木 : 쇠가 나무를 자른다.

사주 세우는 요령

(스마트 시대를 위한 방법)

Play 스토어 접속

하늘도마뱀 만세력, 원광 만세력 등 검색

스마트폰에서 하늘도마뱀 만세력, 원광 만세력 등의 어플리케이션으로 사주를 세울 수 있다(1952년 음력 10월 14일. 오전 6시 10분생).

설치 및 실행

생년월일시 입력

오행 종류	木	火	土	金	水
기본형	나무	불	흙	쇠	물
天干	甲乙	丙丁	戊己	庚辛	壬癸
地支	寅卯	巳午	辰戌丑未	申酉	亥子
오색	청색	적색	황색	백색	흑색
오상	인(인자)	예(예의)	신(신용)	의(의리)	지(지혜)
지역	강원도	경상도	충청도	전라도	함경도
신체	신경계	순환계	근육	뼈	혈액계
오장	간장	심장	비	폐장	신장
오부	담	소장	위	대장	방광
오방	동쪽	남쪽	중앙	서쪽	북쪽
오미	신맛	쓴맛	단맛	매운맛	짠맛
오기	風(풍)	熱(열)	濕(습)	燥(조)	寒(한)
숫자	3~8	2~7	5~10	4~9	1~6
자음	ㄱ, ㅋ	ㄴ, ㄷ, ㄹ, ㅌ	ㅇ, ㅎ(ㅁ,ㅂ,ㅍ)	ㅅ, ㅈ, ㅊ	ㅁ,ㅂ,ㅍ(ㅇ,ㅎ)

※ 훈민정음해례본의 경우에 土 오행은 ㅁ, ㅂ, ㅍ으로, 水 오행은 ㅇ, ㅎ으로 배분하기도
한다.

육십갑자와 공망표

甲 乙 丙 丁 戊 己 庚 辛 壬 癸	空亡:
子 丑 寅 卯 辰 巳 午 未 申 酉	戌, 亥
甲 乙 丙 丁 戊 己 庚 辛 壬 癸	空亡:
戌 亥 子 丑 寅 卯 辰 巳 午 未	申, 酉
甲 乙 丙 丁 戊 己 庚 辛 壬 癸	空亡:
申 酉 戌 亥 子 丑 寅 卯 辰 巳	午, 未
甲 乙 丙 丁 戊 己 庚 辛 壬 癸	空亡:
午 未 申 酉 戌 亥 子 丑 寅 卯	辰, 巳
甲 乙 丙 丁 戊 己 庚 辛 壬 癸	空亡:
辰 巳 午 未 申 酉 戌 亥 子 丑	寅, 卯
甲 乙 丙 丁 戊 己 庚 辛 壬 癸	空亡:
寅 卯 辰 巳 午 未 申 酉 戌 亥	子, 丑

첫 번째 甲子旬에서는 戌, 亥가 공망이 되고, 두 번째 甲戌旬에서는 申, 酉가 공망이 되고, 세 번째 甲申旬에서는 午, 未가 공망이 되고, 네 번째 甲午旬에서는 辰, 巳가 공망이 되고, 다섯 번째 甲辰旬에서는 寅, 卯가 공망이 되고, 여섯 번째 甲寅旬에서는 子, 丑이 공망이 된다.

공망은 항상 짝을 이루고 있고, 子와 丑, 寅과 卯, 辰과 巳, 午와 未, 申과 酉, 戌과 亥가 된다. 따라서 각 일주에 대한 공망은 두 개가 된다.

명리학의 핵심인 용신을 한 방에 해결한다

(내격 용신 잡는 법)

　내격 용신을 잡는 법은 크게 조후용신, 억부용신, 통관용신 등이 있다.

　조후용신은 사주의 온도가 차가운지 따뜻한지를 기준하여 용신을 정하는 것으로 반드시 그렇지는 않지만 기본적으로는 巳午未 여름에 출생했다면 사주가 더울 수 있으므로 水를 용신으로 하는 경우가 많고, 亥子丑 겨울에 출생했다면 사주가 차가울 수 있으므로 火를 용신으로 하는 경우가 많다는 것이다.

　억부용신의 억부는 누를 抑(억)과 도울 扶(부)이다. 신강사주는 일간의 힘을 설기시키고, 신약사주는 일간의 힘을 도와주어 사주를 중화시키는 데 필요한 오행이 바로 억부용신이다. 신강사주와 신약사주를 구별하는 방법은 득령과 득지와 득세를 살피는 것이다. 아래는 억부용신을 중심으로 기술하기로 한다.

⊗ 용신 정법 계산 기준표

時	日	月	年	구분
1	日干	1	1	천간
2	2	2.5	1.5	지지

　※ 숫자는 암기할 필요까지는 없고, 메모해 두면 편리하다.

✿ 신강사주와 신약사주

신강사주

丁	戊	辛	乙
巳	子	巳	未

火	戊	金	木
火	水	火	土

인성	土	식상	관성
인성	재성	인성	비겁

1	土		
2		2.5	1.5

신약사주

乙	戊	甲	戊
卯	午	寅	申

木	戊	木	土
木	火	木	金

관성	土	관성	비겁
관성	인성	관성	식상

	土		1
	2		

신강사주는 일간을 도와주는 비겁과 인성에 숫자를 부여하면 모두 7로 5.5를 초과하였다. 신강사주의 용신은 日干의 힘을 설기시키는 식상과 재성과 관성인 金水木이 용신이다.

신약사주는 일간을 도와주는 비겁과 인성에 숫자를 부여하면 모두 3으로 5.5를 초과하지 못하였다. 신약사주의 용신은 일간의 힘을 생해 주는 비겁과 인성인 火土가 용신이다.

❀ 고수들에게 드리는 용신 원리

(내격 용신의 흐름과 원리)

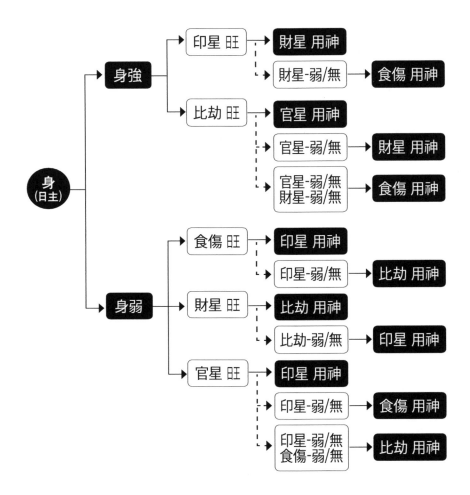

❈ 07 ❈
외격의 종류

외격에는 크게 종격과 화격이 있다. 종격에는 종강왕격과 종약격이 있고, 종강왕격에는 종강격과 종왕격(전왕격)이 있다. 종강격은 인성이 주류를 이루는 사주이고, 종왕격은 비겁이 주류를 이루는 사주이다. 그리고 종약격에는 종아격, 종재격, 종살격이 있다.

화격에는 갑기합화토격, 을경합화금격, 병신합화수격, 정임합화목격, 무계합화화격이 있다.

❈ 從格(종격)

∷ 從强旺格(종강왕격)

- 從强格(종강격)

종강격은 인성이 주류를 이루는 사주이다.

사주			
乙	甲	癸	癸
亥	寅	亥	亥

이 사주는 甲 일간이 亥月(水가 왕한 계절)에 출생하여 사주가 水 기운인 인성이 왕하여 인성 水運으로 좇아가야 하는 종강격이 되었다. 인성과 비겁이 되는 水木運에 발전을 한다.

- 從旺格(종왕격, 專旺格)

① 曲直仁壽格(곡직인수격)

곡직인수격은 甲乙日生이 지지에 寅卯辰 방합이나 亥卯未 삼합으로 이루어지는 것으로, 곡직인수격은 金運을 크게 꺼려 지지에 申酉가 있어 충파하거나 천간에 庚辛이 투출되어 있으면 파격이다. 용신은 水木이고, 기신은 土金이다.

丁	甲	戊	丙
卯	寅	戌	辰

※ 일간 甲木이 지지에 寅卯辰 방합으로 이루어져 木이 주류를 이루고 있다.

② 炎上格(염상격)

염상격은 丙丁日生이 지지에 巳午未 방합이나 寅午戌 삼합으로 이루어지는 것으로 염상격은 水運을 크게 꺼려 사주에 壬癸亥子가 있으면 파격이 된다. 또 金은 水를 생하며 동시에 木을 극하여 木生火를 방해하므로 金運을 피하는 것이다. 木火가 용신이고, 金水는 기신이다.

庚	丁	庚	丙
戌	未	寅	午

※ 일간 丁火가 지지에 寅午戌 삼합으로 이루어져 火가 주류를 이루고 있다.

③ 稼穡格(가색격)

가색격은 戊己日生이 辰戌丑未月에 출생하고, 지지에 辰戌丑未를 만나면 가색격이 성립된다. 그러나 대운이나 세운에서 水運 재성운을 만나면 좋지만, 木運 관성운은 좋지 않다. 가색격은 火土金이 용신이고, 水木은 기신이다.

丁	己	戊	丙
未	丑	戌	辰

※ 일간 己土가 지지에 辰戌丑未 등 土가 주류를 이루고 있다.

④ 從革格(종혁격)

종혁격은 庚辛日生이 지지에 申酉戌 방합이나 巳酉丑 삼합으로 이루어지는 것으로 土金은 용신이고. 木火는 기신이다.

癸	辛	己	辛
巳	酉	亥	丑

※ 일간 庚金이 지지에 巳酉丑 삼합으로 이루어져 金이 주류를 이루고 있다.

⑤ 潤下格(윤하격)

윤하격은 壬癸日生이 지지에 亥子丑 방합이나 申子辰 삼합으로 이루어지는 것으로 土가 水의 흐름을 방해하기 때문에 크게 기피한다. 윤하격은 金水가 용신이고, 木火는 관살 土를 생해 주기 때문에 기신이다.

庚	壬	辛	丁
子	寅	亥	丑

※ 일간 壬水가 지지에 亥子丑 방합으로 이루어져 水가 주류를 이루고 있다,

:: 從弱格(종약격)

- 從兒格(종아격)

종아격은 일간이 의지할 데 없이 매우 약하고, 식상이 왕하게 구성된 경우에 식상을 따라가는 사주를 말한다. 일간을 강하게 하는 인성운과 비겁운은 최대의 흉운이고, 관살운도 그 다음으로 좋지 않은 흉운이다. 식상운과 재성운은 길운이다.

乙	己	辛	癸
丑	丑	酉	丑

※ 일간 己土는 생을 받지 못해 의지할 데 없어 신약하다.

※ 지지는 酉丑合金으로 일간 己土의 식상만이 왕하게 구성되어 있어서 종아격으로 따라가야 한다.

- 從財格(종재격)

종재격은 일간이 의지할 데 없이 매우 약하고, 재성만이 매우 왕한 사주를 말한다. 일간을 강하게 하는 인성운과 비겁운은 최대의 흉운이고, 재성운이 최고의 길운이고, 식상운과 관살운은 중길의 운이 된다.

己	丁	辛	癸
酉	丑	酉	丑

※ 일간 丁火는 생을 받지 못해 의지할 데 없어 신약하다.

※ 지지는 酉丑合金, 酉丑合金으로 재성만이 왕하게 구성되어 있어서 종재격으로 따라가야 한다.

- 從殺格(종살격)

종살격은 일간이 의지할 데 없이 매우 약하고, 편관만이 매우 왕한 사주를 말한다. 일간을 강하게 하는 인성운, 비겁운과 식상운은 흉운이고, 관성운과 재성운은 길운이다.

辛	乙	辛	戊
巳	丑	酉	辰

※ 일간 乙木은 생을 받지 못해 의지할 데 없어 신약하다.

※ 지지는 巳酉丑金局, 辰酉合金으로 관살만이 왕하게 구성되어 있어 종살격으로 따라가야 한다.

✿ 化格(화격)

화격은 길격으로 성실하고 이지적으로 보지만, 오행의 편중으로 인한 애로나 고통 등이 있을 수 있다. 화격의 천간합은 다정다감한 성격으로 보지만, 다정도 병이라는 말이 있듯이 다정다감이 오히려 병이 될 수도 있다.

화격의 조건은 첫째, 일간이 월간이나 시간과 천간합을 하여 다른 오행으로 바뀌어야 한다. 둘째, 일간의 천간합 중에서 쟁합과 투합은 화격으로 성립되지 않는다. 화격이 되려면 일단은 앞의 첫째와 둘째 조건을 만족시킨 후에 다음의 조건 중에 하나가 성립되어야 한다. 첫째, 월지를 포함한 지지가 합 또는 국을 이루어야 한다. 둘째, 최소한 월지가 합화 오행과 같아야 한다. 셋째, 월지를 포함한 지지 3개가 합화 오행과 같아야 한다.

화격의 용신은 화한 오행이 용신이고, 용신을 생하는 오행이 희신이고, 용신을 극하는 오행이 기신이다.

:: 甲己合化土(갑기합화토)

- 甲己合化土는 일간이 甲木이나 己土이어야 한다. 그래야 甲己合土가 되기 때문이다.
- 일간과 합을 하는 甲木이나 己土가 월간이나 시간에 있어야 한다.
- 지지가 土 오행으로 구성되어 있어야 한다.

甲	己	壬	戊	일간 己土가 시간 甲木과 甲己合土를 하였다.
戌	未	戌	辰	년간에 戊土가 있고, 지지에 辰戌戌未가 있다.

:: 乙庚合化金(을경합화금)

- 乙庚合化金은 일간이 庚金이나 乙木이어야 한다. 그래야 乙庚合金이 되기 때문이다.
- 일간과 합을 하는 乙木이나 庚金이 월간이나 시간에 있어야 한다.
- 지지가 金 오행으로 구성되어 있어야 한다.

乙	庚	癸	甲	일간 庚金이 시간 乙木과 乙庚合을 하였다.
酉	寅	酉	申	지지가 金 오행으로 구성되어 있다.

:: 丙辛合化水(병신합화수)

- 丙辛合化水는 일간이 丙火 또는 辛金이어야 한다. 그래야 丙辛合水가 되기 때문이다.
- 일간과 합을 하는 丙火 또는 辛金이 월간이나 시간에 있어야 한다.
- 지지가 水 오행으로 구성되어 있어야 한다.

庚	丙	辛	壬	일간 丙火가 월간 辛金과 丙辛合을 하였다.
寅	辰	亥	子	년간 壬水와 지지에 년지 子水, 월지 亥水가 있다.

:: 丁壬合化木(정임합화목)

- 丁壬合化木은 일간이 丁火 또는 壬水이어야 한다. 그래야 丁壬合木이 되기 때문이다.
- 일간과 합을 하는 丁火나 壬水가 월간이나 시간에 있어야 한다.
- 지지가 木 오행으로 구성되어 있어야 한다.

壬	丁	己	乙	일간 丁火가 시간 壬水와 丁壬合을 하였다.
寅	亥	卯	未	년간 乙木과 월지 卯木과 시지 寅木이 있다.

:: 戊癸合化火(무계합화화)

- 戊癸合化火는 일간이 戊土 또는 癸水이어야 한다. 그래야 戊癸合火가 되기 때문이다.
- 일간과 합을 하는 戊土 또는 癸水가 월간이나 시간에 있어야 한다.
- 지지가 火 오행으로 구성되어 있어야 한다.

丁	戊	癸	乙	일간 戊土가 월간 癸水와 戊癸合을 하였다.
巳	子	未	巳	시간 丁火와 년지 巳火, 시지 巳火가 있다.

❀ 외격에 대한 총체도

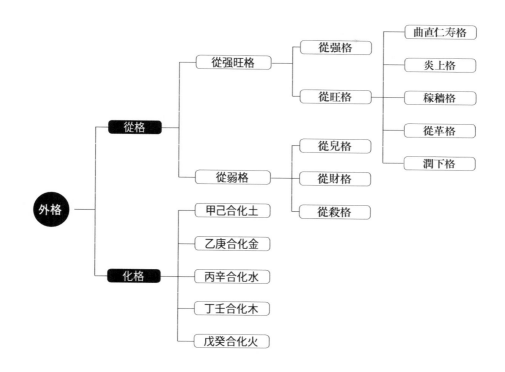

❀ 종격의 희기

❀ 화격의 희기

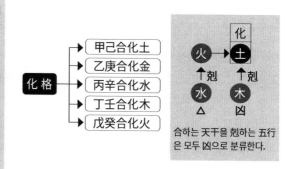

❈ 08 ❈
일주 기준 월별 조후 도표

(조후는 용신법의 백미이다)

日	月	寅	卯	辰	巳	午	未	申	酉	戌	亥	子	丑
甲	용신	丙	庚	庚	癸	癸	癸	庚	庚	庚	庚	丁	丁
	희신	癸	丙丁戊己	丁壬	丁庚	庚丁	庚丁	丁壬	丁丙	丁甲壬癸	丁丙戊	庚丙	庚丙
乙	용신	丙	丙	癸	癸	癸	癸	丙	癸	癸	丙	丙	丙
	희신	癸	癸	丙戊	甲	丙	丙	癸己	丙丁	辛	戊	甲	甲
丙	용신	壬	壬	壬	壬	壬	壬	壬	壬	甲	甲	壬	壬
	희신	庚	己	甲	庚癸	庚	庚	戊	癸	壬	戊庚壬	戊己	甲
丁	용신	甲	庚	甲	甲	壬	甲	甲	甲	甲	甲	甲	甲
	희신	庚	甲	庚	庚	庚癸	庚壬	庚丙戊	庚丙戊	庚戊	庚	庚	庚
戊	용신	丙	丙	甲	甲	壬	癸	丙	丙	甲	甲	丙	丙
	희신	甲癸	甲癸	丙癸	丙癸	甲丙	甲丙	甲癸	癸	丙癸	丙	甲	甲
己	용신	丙	甲	丙	癸	癸	癸	丙	丙	甲	丙	丙	丙
	희신	庚甲	丙癸	甲癸	丙	丙	丙	癸	癸	丙癸	甲戊	甲戊	甲戊
庚	용신	戊	丁	甲	壬	壬	丁	丁	丁	甲	丁	丁	丙
	희신	甲壬丙丁	甲庚丙	丁壬癸	戊丙丁	癸	甲	甲	甲丙	壬	丙	丙甲	丁甲
辛	용신	己	壬	壬	壬	壬	壬	壬	壬	壬	壬	丙	丙
	희신	壬庚	甲	甲	甲癸	己癸	庚甲	甲戊	甲	甲	丙	戊壬甲	壬戊己
壬	용신	庚	辛	甲	壬	癸	辛	戊	甲	甲	戊	戊	丙
	희신	丙戊	戊庚	庚	辛庚癸	庚辛	甲	丁	庚	丙	丙庚	丙	丁甲
癸	용신	辛	庚	丙	辛	庚	庚	丁	辛	辛	庚	丙	丙
	희신	丙	辛	辛甲	庚	辛壬癸	辛壬癸	丙	丙	甲壬癸	辛戊丁	辛	丁

명리학에서 알아 두면 편리한 신살류

❀ 천부 길신(天賦 吉神)

:: 삼기격(三奇格)

일간이 어렵고 힘들 때 귀인이 나타나서 조력해 주고, 또 일이 잘 풀리게 해 주며, 명예도 높여 주는 사주를 삼기격이라고 하고 귀격으로 본다. 삼기격에는 甲戊庚 천상삼기격, 乙丙丁 지하삼기격, 辛壬癸 인중삼기격이 있다. 삼기격은 반드시 일간이 포함되어야 한다.

甲戊庚 삼기격				乙丙丁 삼기격				辛壬癸 삼기격			
己	甲	戊	庚	丁	丙	戊	乙	壬	癸	辛	壬
巳	寅	寅	午	酉	午	寅	未	戌	巳	亥	午

:: 십간록(十干祿)

십간록은 일간을 기준으로 지지의 건록을 보는 것이다. 사주에 십간록이 있으면 국가의 공직자로서 임관되어 고위직에 오르고 재물과 함께 풍요로운 생활을 할 수 있다. 그러나 십간록이 사주 내에서 형충파해가 되면 길함이 없어진다.

일간	甲	乙	丙	丁	戊	己	庚	辛	壬	癸
지지	寅	卯	巳	午	巳	午	申	酉	亥	子

:: 월덕귀인(月德貴人)

사주에 월덕귀인이 있으면 태어날 때부터 부모복이 있고 풍족한 재물과 자애로운 가족 속에서 훌륭한 인물로 성장하게 되고 좋은 배우자를 만나게 된다.

월지	寅午戌	巳酉丑	申子辰	亥卯未
천간	丙	庚	壬	甲

:: 월덕합(月德合)

월덕합은 어두운 밤길을 밝은 달빛이 비추어 준다는 의미로 귀인들이 많이 따르는 길신이다. 또 월덕합은 하늘의 축복이라고 하여 하늘의 빛을 받아 각종 사고와 액난들이 피해 간다고 한다. 결혼, 이사, 경사일 등을 택일할 때 주로 활용한다. 특히 여명에 월덕합이 있으면 훌륭한 배우자를 인연한다고 한다.

월지	寅午戌	巳酉丑	申子辰	亥卯未
월덕귀인	丙	庚	壬	甲
월덕합	辛	乙	丁	己

:: 천덕귀인(天德貴人)

천덕귀인과 월덕귀인은 월지 중심으로 보는데, 사주에 이 길신이 있으면 조상의 유덕이 있고, 길한 사주는 더욱 길하고, 흉한 사주는 흉이 감소된다. 천덕귀인은 재앙이 소멸되는 길성이고, 월덕귀인은 관형, 기타 흉살이 소멸되는 길성이다.

월지	寅	卯	辰	巳	午	未	申	酉	戌	亥	子	丑
간지	丁	申	壬	辛	亥	甲	癸	寅	丙	乙	巳	庚

:: 천덕합(天德合)

천덕합은 원진살, 형살, 충살 등의 흉살과 교통사고와 같은 재앙을 막아 주는 길신으로 흉한 일을 겪더라도 하늘의 도움으로 귀인이 출현하여 흉을 길로 변하게 하여 준다. 천덕 합은 형충파해, 기신과 공존할 때도 길한 작용력이 천을귀인만큼 좋은 길신으로 결혼, 이 사, 경사 등을 택일할 때 주로 활용한다.

월지	寅	卯	辰	巳	午	未	申	酉	戌	亥	子	丑
천덕귀인	丁	申	壬	辛	亥	甲	癸	寅	丙	乙	巳	庚
천덕합	壬	巳	丁	丙	寅	己	戊	亥	辛	庚	申	乙

:: 천을귀인(天乙貴人)

귀인은 내가 어렵고 힘들 때 조력을 받을 수 있는 사람으로 귀인은 많으면 많을수록 좋 은 것이다. 천을귀인은 최고의 길신으로 인격이 뛰어나고, 두뇌가 총명하여 지혜가 있으 며, 공명 현달하여 많은 사람들로부터 존경과 추앙을 받게 된다.

일간	甲戊庚	乙己	丙丁	辛	壬癸
지지	丑未	申子	酉亥	寅午	巳卯

✿ 의료 길신(医療 吉神)

전문 의료인이 되기 위해서는 사주에 천사성, 천의성, 천희성, 철쇄개금살, 현침살 등이 있으면 좋다.

:: 천사성(天赦星)

천사성은 아픈 마음을 치유하여 주는 기능으로 전문 의료인이 되기 위해서는 사주에 천의성, 천사성, 십간록, 철쇄개금살 등이 있으면 좋다. 의대 교수 중에는 사주에 천사성과 함께 문곡귀인과 학당귀인을 가지고 있는 사람들이 많다.

월생	寅卯辰	巳午未	申酉戌	亥子丑
일주	戊寅	甲午	戊申	甲子

:: 천의성(天医星)

천의성은 월지를 기준하여 역으로 바로 뒤에 있는 지지가 천의성으로 월지가 寅月이면 丑土가 천의성이고, 丑月이면 子水가 천의성이다. 천의성은 인명을 구하는 교사, 의약, 간호, 종교, 역술, 침술 등을 말하며, 양일간은 의사, 한의사 등이고, 음일간은 약사, 간호사 등이다. 의사 중에 천의성과 양인살이 있으면 수술을 하는 외과 의사가 많다.

월지	寅	卯	辰	巳	午	未	申	酉	戌	亥	子	丑
천의성	丑	寅	卯	辰	巳	午	未	申	酉	戌	亥	子

:: 천희성(天喜星)

천희성은 월지를 기준하여 일시를 참고하며, 사주에 이 천희성이 있으면 흉한 일이 있어도 길한 일로 변한다는 길성이다. 천희성도 아픈 사람의 마음을 치유하는 기능이 있으므로 의사 중에 천희성을 가진 사람들이 많다.

월지	寅	卯	辰	巳	午	未	申	酉	戌	亥	子	丑
일시	未	午	巳	辰	卯	寅	丑	子	亥	戌	酉	申

:: 철쇄개금살(鉄鎖開金殺)

철쇄개금살은 자물쇠를 여는 열쇠라는 뜻으로 지지 중에 卯酉戌 중에 두 글자만 있어도 해당된다. 철쇄개금살 사주는 겉으로는 유연하게 보여도 내면은 냉정하고 다소 권위적인 면도 있다. 철쇄개금살은 두뇌 회전이 좋고, 통찰력과 선견지명이 뛰어나며 의사, 약사, 한의사, 종교인, 활인업, 교육자, 의약업, 법조인, IT 산업 등 타인을 위한 컨설팅이나 멘토 역할에 인연이 있다. 辛未, 辛亥, 辛丑 日柱가 卯酉戌月에 출생을 해도 활인업에 인연이 있다.

:: 현침살(懸針殺)

현침살은 일주와 시주 중심으로 대조하며 甲午, 甲申, 辛卯, 辛未를 말한다. 일반적으로 사주에 현침살이 있으면 의사, 의료, 간호사, 미용사, 디자이너 등에 관한 직업이 적합하다고 한다.

시주 또는 일주	甲午	甲申	辛卯	辛未

❀ 부귀·수명 길신(富貴·長壽 吉神)

:: 금여록(金輿禄)

금여록은 황금 金(금), 줄 与(여)를 쓰며 과거 임금님이 타시던 어가와 같이 귀족과 고급 관리가 타던 금으로 만든 수레라는 뜻이 있다. 부귀공명할 길성으로 알려져 있으며, 금여록이 사주에 있는 사람 중에는 미남, 미녀가 많다. 성격이 온유하고 너그러우며, 몸가짐이 단정하고 절도가 있어 많은 사람들이 따르고 큰 어려움에 봉착했을 때 주위 사람들의 도움으로 벗어나는 경우가 많다.

일간	甲	乙	丙戊	丁己	庚	辛	壬	癸
지지	辰	巳	未	申	戌	亥	丑	寅

:: 복성귀인(福星貴人)

복성귀인은 부귀하고 장수하는 길성으로 시지에 있는 것이 가장 좋고, 그 다음에 일지에 있는 것이 좋다. 사주에 복성귀인이 있으면 천복이 많고, 주위 사람들로부터 존경을 받으며, 윗사람으로부터 사랑도 받으므로 평생 큰 어려움 없이 잘살 수 있다. 설령 흉사가 생기더라도 주위의 도움으로 잘 해결된다.

일간	甲	乙	丙	丁	戊	己	庚	辛	壬	癸
일지 또는 시지	寅	丑	子	酉	申	未	午	巳	辰	卯

:: 암록(暗綠)

암록은 영민하며 다재다능하고, 귀인의 도움을 받기도 하며, 위기에 처했을 때도 주변 사람들의 도움으로 위기에서 벗어나 전화위복이 된다. 따라서 사주에 암록이 있으면 인덕이 있고, 재앙을 행운으로 변하게 하고, 부부간에 행운이 있고, 적선공덕으로 재물이 떨어지지 않는다. 또 사주에 암록이 있으면 생각하지도 않은 횡재수가 있다.

일간	甲	乙	丙戊	丁己	庚	辛	壬	癸
건록	寅	卯	巳	午	申	酉	亥	子
암록	亥	戌	申	未	巳	辰	寅	丑

:: 재고귀인(財庫貴人)

재고귀인은 甲辰, 丙戌, 丁丑, 戊戌, 己丑, 辛未, 壬戌 일주로 지지에 재물의 고지인 사고 辰戌丑未를 깔고 있어서 가난한 집에서 태어나도 점진적으로 발전하여 일대 부귀를 얻게 되며 재물을 얻게 된다는 행복한 길신으로 이것은 재물의 창고를 두어 자기 당대에 부자가 된다는 것이다.

일간에서 해당 지지를 봐도 해당이 되고, 세운에서 해당 지지가 들어올 때도 작용을 한다고 한다.

일주	甲辰	丙戌	丁丑	戊戌	己丑	辛未	壬戌

:: 천주귀인(天厨貴人)

천주귀인은 의식주를 주관하는 길신으로, 평생을 통하여 흉사보다는 길사가 더 많다. 천주귀인은 곳간에 곡식을 가득 담아 두는 길신의 모습으로 일생 동안 재복 이 많고, 근심이 없다.

일간	甲	乙	丙	丁	戊	己	庚	辛	壬	癸
지지	巳	午	巳	午	申	酉	亥	子	寅	卯

:: 태극귀인(太極貴人)

태극귀인도 길성 중 하나로, 평생에 뜻하지 않는 횡재수가 생기고 다복하게 살아가는 길성이다. 재앙을 제거하는 길신으로 복이 많고 학문이 높아 세인의 존경을 받는다고 한다. 사주에 태극귀인이 있는 사람은 선천적인 복이 많고, 처음과 끝이 같아 일관성이 있고, 주위 사람들의 후원을 많이 받는다.

일간	甲乙	丙丁	戊	己	庚辛	壬癸
지지	子午	卯酉	辰戌	丑未	寅亥	巳申

⊗ 학문 길신(学問 吉神)

:: 학당귀인(学堂貴人)

학당귀인은 총명하며 대문장인이 된다. 교사들 중에 학당귀인을 가지고 있는 경우가 많다. 사주에 학당귀인, 문창귀인, 문곡귀인이 있으면 시인, 수필가, 소설가, 기자, 방송인,

예술인, 연예인 등으로 명성을 높이게 된다.

일간	甲	乙	丙	丁	戊	己	庚	辛	壬	癸
지지	亥	午	寅	酉	寅	酉	巳	子	申	卯

:: 문창귀인(文昌貴人)

양일생의 문창귀인은 12운성이 병이 되는 지지이고, 음일생의 문창귀인은 12운성이 장생이 되는 지지이다. 사주에 문창귀인이 있으면 인격이 높고 총명하며, 학문에 정통하여 생전 문장이라고 하고, 문창귀인은 지능지수가 매우 높은 반면에 면학을 하지 않고 지모로 공부하는 경향이 있는데, 면학을 하면 유명인이 될 것이다. 학생이면 자연계가 적합하다.

일간	甲	乙	丙	丁	戊	己	庚	辛	壬	癸
문창귀인	巳	午	申	酉	申	酉	亥	子	寅	卯

:: 문곡귀인(文曲貴人)

문곡귀인은 문창귀인과 지지 충을 하는 것이다. 문곡귀인은 사후 문장가로 역사에 이름을 남기며 유명 학자가 된다. 문창귀인보다 차원이 높고 인문계에 적합하다. 사주에 문창귀인이 있는 사람이 타고난 머리로 공부를 잘한다면, 문곡귀인이 있는 사람은 열심히 노력을 해서 공부를 잘하는 사람이라 할 수 있다.

일간	甲	乙	丙	丁	戊	己	庚	辛	壬	癸
문곡귀인	亥	子	寅	卯	寅	卯	巳	午	申	酉

일간	甲	乙	丙	丁	戊	己	庚	辛	壬	癸
학당귀인	亥	午	寅	酉	寅	酉	巳	子	申	卯
문창귀인	巳	午	申	酉	申	酉	亥	子	寅	卯
문곡귀인	亥	子	寅	卯	寅	卯	巳	午	申	酉

양간의 학당귀인과 문창귀인은 서로 충을 하는 관계이고, 음간의 학당귀인은 문창귀인과 같은 관계이다. 양간의 학당귀인은 문곡귀인과 같고, 음간의 학당귀인은 문곡귀인과 충을 하는 관계이다. 문창귀인과 문곡귀인은 서로 충을 하는 관계이다.

❀ 관운 길신(官運 吉神)

∷ 관귀학관(官貴学館)

관귀학관은 관운이 있고 출세가 빠르며, 지혜가 있고 총명하여 학문에 전념하면 교육자, 문학가로 대성할 수 있다. 관귀학관은 직장 생활을 하면 남보다 승진과 출세가 빠르다. 연해자평에서는 戊己 일간의 申金을 관귀학관으로 보고, 명리정종에서는 戊己 일간의 亥水를 관귀학관으로 본다.

일간	甲乙	丙丁	戊己	庚辛	壬癸
지지	巳	申	申/亥	寅	寅

∷ 황은대사(皇恩大赦)

황은대사는 임금의 사면과 같은 힘이 위기와 고난에서 눈에 보이지 않는 힘으로 작용하여 나를 보살핀다고 한다. 그러나 형충파해 등이 있으면 안 된다. 황은대사는 월지 기준으로 일시를 참고하는데, 중죄를 저질러도 곧 특사를 받아 방면된다는 길성으로 택일에 활용된다. 황은대사가 사주에 있으면 국가 고시에 합격하고, 군왕의 은총으로 큰 벼슬을 하게 된다.

월지	寅	卯	辰	巳	午	未	申	酉	戌	亥	子	丑
일시	戌	丑	亥	巳	酉	卯	子	午	亥	辰	申	未

✿ 인간관계 길신(人間関係 吉神)

:: 연살(年殺)

연살(도화살)은 많은 사람들에게 사랑을 받고 그것을 마음껏 누리고 만끽하는 것이다. 그리고 가만히 있어도 이성이 찾아드는 것이다. 연살(도화살)은 대중의 인기이므로 특히 연예인들은 사주에 연살(도화살)이 있는 것이 좋다. 연살(도화살)은 출생한 생년을 기준으로 정한다.

생년	寅午戌	巳午未	申子辰	亥卯未
지지	卯	午	酉	子

:: 홍염살(紅艶殺)

홍염살은 연살과 비슷하기는 하지만, 연살과 달리 남녀 간에 허영심이 많고 사치와 외정을 좋아한다. 그러나 홍염살은 만인에게 사랑을 받는 팔자이기 때문에 사주에 홍염살이 있어야 유명 인사가 되기도 하고, 인기 있는 연예인이 되기도 한다.

일간	甲	乙	丙	丁	戊	己	庚	辛	壬	癸
지지	午	午	寅	未	辰	辰	戌	酉	子	申

✿ 인생 흉살(人生 凶殺)

:: 고란살(孤鸞殺)

孤鸞殺의 '鸞'은 봉황처럼 상상 속의 새로서 '난새'라고 불리는 길조이고, 신음살은 글자 그대로 '앓는 소리'를 말한다. 따라서 고란살은 짝을 잃은 외로운 난새를 말하는 것이고, 신음살은 고통 속에서 신음한다는 뜻이다. 결국 고란살과 신음살은 같은 말이다. 특히 고란살은 여명에게만 적용되는 흉살로 사주에 고란살이 있으면 고집이 세고 주관이 강하여 고독한 운명으로 남편과 이별, 사별을 하거나 남편이 자신을 돌보지 않아서 독수공방을 하기도 한다. 또한 결혼을 늦게 하거나 결혼을 하여도 실패할 확률이 높다고 하며, 남편의 무능으로 인하여 여명이 스스로 가정의 생계를 책임져야 하는 경우가 많다고 한다.

일주	甲寅	乙巳	丁巳	戊申	辛亥

:: 고신살과 과숙살(孤神殺과 寡宿殺)

고신과숙살은 공허, 외로움, 왕따, 이별, 별거, 사별, 사망 등의 작용과 관련이 있다. 고신과숙살운에는 결혼이 어렵고, 궁합으로도 고신과숙살 띠는 좋지 않다. 고신과숙살운에는 육친의 별거, 이별, 사망 등이 많다.

남명 사주의 고신살은 상처살로 홀아비가 될 팔자라고 보고, 여명 사주의 과숙살은 상부살로 과부가 될 팔자이며 이별, 파혼, 독수공방 등 외롭다는 의미이다.

과숙살	년지	고신살
丑	寅卯辰	巳
辰	巳午未	申
未	申酉戌	亥
戌	亥子丑	寅

:: 괴강살(魁罡殺)

괴강살은 일주에 놓여 있을 때에 가장 극명한 작용을 한다. 괴강살의 공통적인 특성으로 여명은 미모가 뛰어나고, 남명은 언변이 뛰어나다. 괴강살은 한마디로 '강한 지도력'이다.

괴강살은 총명, 용감, 과단, 결벽성이 특징이며, 대중을 제압하는 통솔력이 뛰어나다. 일주가 괴강살이면서 격이 양호하면 대권을 잡는다고 하지만, 일주의 괴강살이 충이나 형살을 맞으면 평생 동안 형액, 질병으로 고생하기도 한다. 괴강살은 남명보다 여명에게 있어서 흉살로 본다. 여명 사주에 괴강살이 있으면 용모는 아름다우나 고집이 세어 부부

궁이 불리하고, 여명이 가주가 되어 가족을 부양하는 경우가 많다.

괴강살	戊辰	戊戌	庚辰	庚戌	壬辰	壬戌

:: 양인살(羊刃殺)

양인살은 형벌을 관장하는 살로 강렬, 횡폭 등을 나타내고, 사주에 양인살이 있으면 불행을 당하는 경우가 많다고 한다. 그러나 양인살이 용신이 되면 영웅, 괴걸, 열사 등이 되기도 하고, 사주에 양인살이 있으면 강직하고 불굴의 기상과 용기로 무인 사주이다. 여명 사주에 양인살이 많으면 남편을 해치고 음란하다고 하니 항상 언행을 조심해야 한다.

일간	甲	乙	丙	丁	戊	己	庚	辛	壬	癸
지지 양인살 1	卯	寅	午	巳	午	巳	酉	申	子	亥
지지 양인살 2	卯	辰	午	未	午	未	酉	戌	子	丑

:: 음양차착살(陰陽差錯殺)

음양차착살은 일주와 시주 중심으로 참고하는데, 주로 여명에게 적용되는 흉살로 음양차착살이 있으면 남편으로 인한 눈물이 많고, 결혼이 늦은 편이다.

시주 · 일주	양차살	丙午	丙子	戊寅	戊申	壬辰	壬戌
	음착살	丁未	丁丑	辛卯	辛酉	癸巳	癸亥

:: 평두살(平頭殺)

평두살은 사주에 甲丙丁壬子辰이 3개 이상 있거나 사주에 3개가 있고 대운에서 한 글자를 더 만나면 작용하기도 한다. 평두살은 글자 그대로 甲丙丁壬子辰의 글자 윗부분이 일자로 쭉 평평하게 뻗어 있다는 것이다. 평두살의 특징은 사람이 다소 매정하고, 자신의 이익을 위해 사람을 사귀는 것이다. 자신의 목적을 달성하기 위해서는 수단과 방법을 가리지 않기 때문에 스스로 고립되어 고독을 자초하는 경우가 많다.

:: 해살(害殺)

해살의 가장 중요한 키워드는 일간이 주변 사람과 갈등을 일으키거나 원망을 하든지, 아니면 주변 사람이 일간과 갈등을 일으키거나 원망하는 것으로 항상 말과 행동을 조심하여 구설과 시비 등을 피해야 한다는 것이다.

해살	寅巳	卯辰	丑午	子未	申亥	酉戌

:: 효신살(梟神殺)

효신살은 올빼미 梟(효)와 귀신 神(신)을 쓰는 것으로 올빼미 귀신이 씌었다는 뜻이다. 중국에서는 올빼미를 동방불인지조라고 하는데, 어미의 포근한 사랑으로 자랐음에도 성장하면 어미의 배를 쪼아 죽인다고 하여 악조로 여겨진다. 사실은 어머니의 간섭이 심해서 자식과 어머니 사이에 갈등이 있다고 할 수 있다.

남명의 사주에 효신살이 있으면 어머니와 불화하고, 장가를 가서는 장모와 불화하게 되고, 여명의 사주에 효신살이 있으면 시부모와 불화가 생긴다고 한다. 효신살은 일지가 인성인 것을 말한다.

일주	甲子	乙亥	丙寅	丁卯	戊午	己巳	庚辰	庚戌	辛未	辛丑	壬申	癸酉

:: 천공살(天空殺)

천공살은 하늘 天(천)과 빌 空(공)을 쓰니, 하늘이 비었다는 의미로 모든 일의 진행이 여의치 못해서 결혼도 사업도 성공하기 어렵다고 하는 것이다. 사주에 천공살이 있으면 결혼, 사업 등의 실패와 함께 육친 간의 인연도 박하다. 천공살의 가장 큰 문제는 주변 사람들을 불신한다는 것이다. 또 천공살이 있으면 주변 사람들로부터 사기를 당하는 경우가 많다고 하니 조심해야 한다. 천공살에서 벗어나기 위해서는 주변 사람들과의 대인 관계를 개선해야 한다.

일간	甲	乙	丙	丁	戊	己	庚	辛
지지	申	酉	子	亥	子	亥	寅	卯

:: 백의살(白衣殺)

백의살은 일명 戊己殺(무기살)이라고도 하는데, 사주에 戊土와 己土가 함께 있는 사람을 말한다. 이런 사람들은 남이 잘못되어 가는 것, 망해 가는 것, 사망하는 것을 본다는 것으로 장의사, 의료업, 보험업, 수사관 등에 인연이 있다. 사주에 戊土나 己土가 있을 때, 대세운에서 己土나 戊土가 들어와도 백의살이 작용한다.

⊗ 신체 흉살(身体 凶殺)

:: 격각살(隔脚殺)

격각살은 부모 형제처럼 가까운 사람과 헤어져서 먼 타향에서 방랑하게 되는 흉살을 말하는데, 급각살과 같이 갑자기 몸이 상하게 되거나 교통사고 등으로 뼈가 부러지는 사고를 당하기도 한다. 격각살은 일지를 기준으로 한다.

일지	寅	卯	辰	巳	午	未	申	酉	戌	亥	子	丑
시지	辰	巳	午	未	申	酉	戌	亥	子	丑	寅	卯

:: 급각살(急脚殺)

급각살은 寅卯辰月生은 亥子, 巳午未月生은 卯未, 申酉戌月生은 寅戌, 亥子丑月生은 辰丑이 일지나 시지에 있는 경우를 말한다.

사주에 급각살이 있으면 신경통 계통의 질환이 많이 발생하고, 디스크, 뼈의 이상, 치아 이상, 풍질 등의 질환이 있기 쉬운데, 시지에 있는 것보다는 일지에 있는 것이 더 영향력이 크다.

월지	寅卯辰	巳午未	申酉戌	亥子丑
지지	亥子	卯未	寅戌	辰丑

:: 낙정관살(落井関殺)

낙정관살이 있는 사람은 특히 어린 시절에 조심해야 한다. 어린아이들은 물을 좋아하고, 높은 나무에 오르기를 좋아하고, 높은 곳에서 뛰어내리는 것을 좋아하기 때문에 각별히 조심해야 할 것이다. 낙정관살은 일간을 기준으로 일시를 대조하여 판단한다.

낙정관살이 있으면 주변 사람들에게 중상모략을 당하기 쉽고, 또 주변 사람들이 파 놓은 함정에 잘 빠지기도 하고, 사기를 당하기도 하므로 사주에 낙정관살이 있거나 대운과 세운에서 낙정관살이 들어오는 해는 특히 금전 관리, 문서 관리 등을 철저히 해야 한다.

일간	甲己	乙庚	丙辛	丁壬	戊癸
일지·시지	巳	子	申	戌	卯

:: 단교관살(斷橋関殺)

사주에 단교관살이 있으면 넘어지거나 높은 곳에서 떨어져서 팔이나 다리를 다칠 수 있다고 하며, 이 단교관살에 형살이 가중되면 이로 인한 수족 이상, 디스크 등이 있을 수 있다. 단교관살은 생월을 기준으로 생일과 생시를 살펴본다.

출생 월	寅	卯	辰	巳	午	未	申	酉	戌	亥	子	丑
일지 또는 시지	寅	卯	申	丑	戌	酉	辰	巳	午	未	亥	子

:: 백호대살(白虎大殺)

백호대살은 혈광사라고 하여 피를 보고 죽는 흉살이라고 하는데, 옛날에는 범식이라고 하여 호랑이가 어린아이를 물고 가는 것을 의미했으나, 요즘에는 교통사고를 조심해야 하는 것이다. 세운에서 백호대살이 들어오면 교통사고를 더욱 조심해야 한다.

백호대살	甲辰	乙未	丙戌	丁丑	戊辰	壬戌	癸丑

:: 천라지망(天羅地網)

천라지망을 국립국어원 표준국어대사전에서 찾아보면 '하늘에 새 그물, 땅에 고기 그물'이라는 뜻으로, '아무리 발버둥쳐도 벗어날 수 없는 경계망이나 피할 길 없는 재액을 이르는 말'이라고 되어 있다.

천라지망은 남명 사주의 술해 천라와 여명 사주의 진사 지망을 말하는데, 천라지망은 억압, 구속, 관재구설, 승진 탈락 등의 의미가 있으며, 사주에 천라지망이 있는 사람은 군인, 경찰, 소방관, 교도관, 수사관, 법관, 종교, 의사, 간호사, 역술인 등 활인업에 인연이 있다.

:: 탕화살(湯火殺)

사주의 일시에 寅午丑이 있으면 탕화살이라고 하여 뜨거운 불과 물에 의한 화상, 화재로 인한 부상, 총탄에 의한 부상, 우울증 음독, 비관주의, 염세주의, 중독, 집착 등의 위험을 내포하고 있다고 본다.

일지	寅	午	丑
지지	寅, 巳, 申	午, 辰, 丑	午, 未, 戌

:: 혈인살(血刃殺)

혈인살은 피 血(혈)과 칼날 刃(인)을 쓰며 칼처럼 날카로운 것에 의해서 피를 흘린다는 것으로 날카로운 칼, 유리, 쇠붙이 등에 의한 사고뿐만 아니라 생각하지도 않은 질병 등으로 몸에 칼을 대는 수술수를 말한다. 의료인의 경우 혈인살이 있어야 주사를 잘 놓는다고 한다.

혈인살은 보통 일주를 기준으로 하지만, 지지 전체에 해당하기도 한다. 사주에 혈인살이 1개 있으면 건강 문제나 교통사고 등으로 잠시 고생할 수 있지만, 혈인살이 2개 이상이면 항상 건강과 교통사고 등에 대비해야 할 것이다. 특히 건강 검진 등을 정기적으로 받아야 할 것이다.

일지 기준	寅申	卯未	辰午	巳巳	子戌	丑酉

参考 文献

선천적성상담사 2급 매뉴얼, 김기승, 한국선천적성평가원, 2012

야학신결, 윤경선, 김재근, 김초희, 조소민, 창조명리, 2017

사주명리학과 인연법 진여비결해설, 설진관, 창조명리, 2017

진여명리강론 Ⅲ, 신수훈, 창조명리, 2019

문태식 약력

(소설가 · 동화 작가)

┃ 학력

1952년 부산 영도 출생
1975년 부산교육대학 졸업
1986년 한국방송대학교 행정학과 졸업
1990년 부산대학교 교육대학원(교육행정 석사)
1994년 한국방송대학교 국어국문과 졸업
1996년 한국방송대학교 유아교육과 졸업
2001년 한국방송대학교 방송정보학과 졸업

┃ 경력

1992년 제16회 한국방송대학교 문학상 동화 가작 수상
1993년 제17회 한국방송대학교 문학상 동화 당선 수상
1995년 부산 MBC 아동문학대상 동화 가작 수상
1999년 제1회 한국방송통신대학교 '자랑스러운 방송대인상' 수상
2000년 제8회 대교문화 눈높이 교육상 대상 수상
2004년 한국 사도 대상 수상
2005년 제5회 한새 스승상 수상
2011년 제4회 동명대상 교육 부문 수상
前 통일부 통일교육 전문위원
前 성남초등학교 교장
前 부경대학교 평생교육원 재능 평가 강사
現 한국선천적성평가원 부산 센터장
現 공무원연금공단 부산지부 사주명리학과 구성학 강사
現 현대백화점 부산점 문화 센터 사주명리학과 구성학 강사

▎저서

『나는 우리 아이들을 사랑합니다』, 고려원, 1990

『우리가 아이를 사랑한다는 것은』, 양서원, 1992

『소설 석가모니』, 다모아출판사, 1993

『부산시 초등학교 학교재량시간용 한자 교재 3~6년』, 부산남부교육청, 1994

『제6차 교육과정에 따른 초등학교 한자 교재』, 필문당, 1995

『알기 쉽고, 배우기 쉬운 만드는 한자 1·2·3·4』, 세진사, 1997

『초등학교 한자 교재 신사자소학 1·2』, 세진사, 1997

『부산시 초등학교 학교재량시간용 한자 교재 5년』, 부산남부교육청, 1999

『상고역사소설 환국의 강은 흐른다 1·2』, 우석출판사, 1999

『우리말 띄어쓰기 길잡이』, 세진사, 2003

『좋은 시와 아름다운 노래』, 부산남부교육청, 2003

『부산시 교육감 인정 한자교재 신나는 한자 1~5단계』, 천재교육, 2003

『서울시 교육감 인정 한자교재 통통 한자 1~5단계』, 장원한자, 2004

『서울시 교육감 인정 한자교재 즐거운 한자 1~5단계』, 천재교육, 2005

『서울시 교육감 인정 논술은 내 친구 1·2·3』, 천재교육, 2006

『한 권으로 읽는 고구려 비사 900년』, 경향미디어, 2006

『튀는 생각, 바른 논리 초등 논술 1~6학년』, 에듀모아, 2008

『부산시 교육감 인정 소중한 나를 가꾸는 보건 5~6년』, 동화사, 2009